《深圳统计年鉴—2015》编委会名单

EDITORIAL BOARD AND STAFF

编 辑 说 明

1.为方便国外读者查阅，本年鉴在目录、统计图表及指标解释等内容上按中英文对照编辑。

2.本年鉴全面系统地介绍了深圳市国民经济和社会发展情况，主要指标着重反映了2014年深圳市经济和社会各方面所取得的成就，也反映了深圳建市以来历年统计数据。统计资料内容分为19个部分，即：（1）综合；（2）国民经济核算；（3）人口和劳动力；（4）工业和能源；（5）建筑业；（6）运输和邮电；（7）农业；（8）固定资产投资；（9）房地产开发；（10）商业和物价；（11）财政收支；（12）金融保险业；（13）对外经济贸易和旅游；（14）劳动工资；（15）科学技术；（16）文化和教育；（17）卫生、社会保障和社会福利业；（18）城市建设和环境保护；（19）人民生活。为了便于读者正确使用资料，还附上了主要统计指标解释。

3.根据最新掌握到的统计资料以及国家新的统计制度之规定，本期年鉴对过去发表的一些重要统计资料重新予以核实，对部分历史数据进行了调整。因此，读者在使用历史资料时，凡与本年鉴有出入的，均以本年鉴为准。

4.本年鉴中的部分数据由于单位取舍不同产生的计算误差均未作机械调整。

5.为便于读者使用，本年鉴特编制了主要指标的定基指数、环比指数和年平均增长速度。本年鉴中所列指数和年平均增长速度均按可比口径计算。

6.本年鉴使用的符号说明：“...”表示该项统计指标数据不足本表最小单位数；“空白”表示数据不详或无该项数据；“#”表示其中项；“*”表示另有注解。

7.限于我们的水平，本年鉴仍存在不足乃至错漏，希望读者不吝批评指正，帮助我们改进编辑工作，以期更好地为广大读者服务。

三、人口和劳动力
POPULATION AND LABOR FORCE

四、工业和能源

INDUSTRY AND ENERGY

五、建筑业

CONSTRUCTION

六、运输和邮电

TRANSPORT,POSTAL AND TELECOMMUNICATION SERVICES

七、农业

AGRICULTURE

八、固定资产投资

INVESTMENT IN FIXED ASSETS

九、房地产开发

REAL ESTATE DEVELOPMENT

十、商业和物价
COMMERCE AND PRICE

十四、劳动工资

LABOR FORCE AND WAGE

十五、科学技术

SCIENCE AND TECHNOLOGY

十六、文化和教育

CULTURE AND EDUCATION

十九、人民生活
PEOPLE'S LIVELIHOOD

01 第一部分

综合

GENERAL SURVEY

CHAPTER

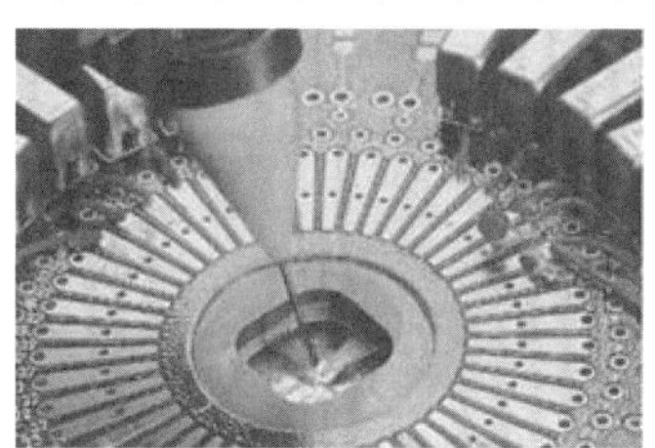

1-1 行政区划（2014年）

ADMINISTRATIVE DIVISION（2014）

单位：个 (unit)

地 区	Region	街道办事处 Urban Subdistrict Office	居民委员会 Neighbourhood Committees
全 市	**Total**	**57**	**795**
福田区	Futian	10	115
罗湖区	Luohu	10	115
盐田区	Yantian	4	22
南山区	Nanshan	8	105
新宝安区	New Baoan	6	138
新龙岗区	New Longgang	8	117
光明新区	Guangming	2	28
坪山新区	Pingshan	2	30
龙华新区	Longhua	4	100
大鹏新区	Dapeng	3	25

1-2 分区土地面积、人口及人口密度（2014年）

TOTAL LAND AREA， POPULATION AND DENSITY OF POPULATION IN DISTRICTS（2014）

地 区	Region	土地面积 (平方公里) Land Area (sq.km)	年末常住人口 (万人) Year-end Permanent Population (10 000pesons)			人口密度 (人/平方公里) Density Of Population (person/sq.km)
				户籍人口 Registered Population	非户籍人口 Non-registered Population	
全 市	**Total**	**1 996.78**	**1 077.89**	**332.21**	**745.68**	**5 398**
福田区	Futian	78.66	135.71	83.35	52.36	17 253
罗湖区	Luohu	78.75	95.37	55.92	39.46	12 110
盐田区	Yantian	74.64	21.65	5.87	15.78	2 901
南山区	Nanshan	187.17	113.59	71.03	42.56	6 069
新宝安区	New Baoan	396.69	273.65	42.13	231.52	6 898
新龙岗区	New Longgang	388.59	197.52	42.49	155.03	5 083
光明新区	Guangming	155.44	50.42	6.17	44.25	3 244
坪山新区	Pingshan	165.94	33.15	4.44	28.72	1 998
龙华新区	Longhua	175.58	143.45	16.51	126.95	8 170
大鹏新区	Dapeng	295.32	13.37	4.31	9.06	453

注： 1、按照国家目前的人口统计制度以及市政府《深圳市人口统计监测办法》，自2006年起，深圳户籍人口指拥有深圳红印户口，在深圳居住半年以上的人口。
Note: Since 2006, according to the country's current demographic system and Shenzhen demographic monitoring methods promulgated by Shenzhen Municipal government, the data of registered population refers to people who have registered and lived in Shenzhen over half a year.
2、经请示广东省统计局，原“暂住人口”更改为“非户籍人口”。深圳非户籍人口指常住人口中，没有深圳红印户口的人口。
With the permission of Statistics Bureau of Guangdong Province, the figure of transient population has changed to the figure of non-registered population. Non-registered population now refers to the people non-registered among resident population.

1-3 各时期国民经济和社会发展统计指标总量及年均增长速度

ANNUAL AVERAGE GROWTH RATE OF MAIN NATIONAL ECONOMIC AND SOCIAL DEVELOPMENT INDICATORS OF EACH PERIOD

年 份 Year		年末常住人口(万人) Year-end Permanent Population (10 000persons)	户籍人口 Registered Population	非户籍人口 Non-registered Population	年末从业人员(万人) Year-end Total Employed (10 000persons)	在岗职工 Staff and Workers	私营个体劳动者 Urban Self-Employment	镇村劳动者 Laborers of Town and Village
1979		31.41	31.26	0.15	13.95	4.02	0.41	9.52
1980		33.29	32.09	1.20	14.89	4.86	0.38	9.65
"六五" 时期	**"Sixth Five-year" Period**							
1981		36.69	33.39	3.30	15.36	5.31	0.13	9.92
1982		44.95	35.45	9.50	18.49	8.28	0.11	10.17
1983		59.52	40.52	19.00	22.37	12.57	0.22	9.58
1984		74.13	43.52	30.61	27.26	18.33	0.50	8.43
1985		88.15	47.86	40.29	32.61	22.66	0.64	9.31
年均增长速度(%)	**Annual Average Growth Rate(%)**	**21.5**	**8.3**	**101.9**	**17.0**	**36.1**	**11.0**	**-0.7**
"七五" 时期	**"Seventh Five-year" Period**							
1986		93.56	51.45	42.11	36.04	25.88	0.93	9.23
1987		105.44	55.60	49.84	44.30	32.29	1.10	10.91
1988		120.14	60.14	60.00	54.53	41.74	1.69	11.10
1989		141.60	64.82	76.78	93.65	48.24	2.19	43.22
1990		167.78	68.65	99.13	109.22	55.41	3.36	50.45
年均增长速度(%)	**Annual Average Growth Rate(%)**	**13.7**	**7.5**	**19.7**	**27.3**	**19.6**	**39.3**	**40.2**
"八五" 时期	**"Eighth Five-year" Period**							
1991		226.76	73.22	153.54	149.32	64.89	4.87	79.56
1992		268.02	80.22	187.80	175.97	71.10	12.33	92.54
1993		335.97	87.69	248.28	220.81	78.11	38.84	103.86
1994		412.71	93.97	318.74	273.00	82.29	54.63	135.73
1995		449.15	99.16	349.99	298.51	88.75	72.17	137.12
年均增长速度(%)	**Annual Average Growth Rate(%)**	**21.8**	**7.6**	**28.7**	**22.3**	**9.9**	**84.7**	**22.1**
"九五" 时期	**"Ninth Five-year" Period**							
1996		482.89	103.38	379.51	322.12	89.13	87.14	145.42
1997		527.75	109.46	418.29	353.53	91.18	103.59	158.55
1998		580.33	114.60	465.73	390.33	91.93	114.79	183.32
1999		632.56	119.85	512.71	426.89	92.52	120.86	213.22
2000		701.24	124.92	576.32	474.97	93.36	139.88	240.91
年均增长速度(%)	**Annual Average Growth Rate(%)**	**9.3**	**4.7**	**10.5**	**9.7**	**1.3**	**14.2**	**11.9**
"十五" 时期	**"Tenth Five-year" Period**							
2001		724.57	132.04	592.53	491.30	94.88	152.68	242.94
2002		746.62	139.45	607.17	509.74	101.76	166.88	240.22
2003		778.27	150.93	627.34	535.89	108.20	187.72	239.00
2004		800.80	165.13	635.67	562.17	135.88	204.16	220.97
2005		827.75	181.93	645.82	576.26	165.38	210.87	198.71
年均增长速度(%)	**Annual Average Growth Rate(%)**	**3.4**	**7.8**	**2.3**	**3.9**	**10.4**	**8.6**	**-3.8**
"十一五" 时期	**"Eleventh Five-year" Period**							
2006		871.10	196.83	674.27	609.76	184.25	250.77	172.78
2007		912.37	212.38	699.99	647.11	193.04	279.83	172.20
2008		954.28	228.07	726.21	682.35	198.35	301.97	179.98
2009		995.01	241.45	753.56	723.61	220.16	326.52	175.12
2010		1 037.20	251.03	786.17	758.14	251.09	376.60	128.53
年均增长速度(%)	**Annual Average Growth Rate(%)**	**4.6**	**6.7**	**4.0**	**5.6**	**8.7**	**12.3**	**-8.3**
"十二五" 时期	**"Twelfth Five-year" Period**							
2011		1 046.74	267.90	778.85	764.54	261.43	408.35	92.48
2012		1 054.74	287.62	767.13	771.20	277.90	430.71	60.47
2013		1 062.89	310.47	752.42	899.24	445.84	441.83	–
2014		1 077.89	332.21	745.68	899.66	448.93	438.43	–
以1979年为基期年平均增长速度(%)	**Annual Average Growth Rate from 1979(%)**	**10.6**	**7.0**	**27.5**	**12.6**	**14.4**	**22.1**	**-**

年 份 Year		本市生产总值(万元) Gross Domestic Product (10 000yuan)	第一产业 Primary Industry	第二产业 Secondary Industry	第三产业 Tertiary Industry	人均GDP (元/人) Gross Domestic Product Per Capita (yuan)	固定资产投资额 (万元) Investment in Fixed Assets (10 000yuan)	房地产开发投资 Investment in Real Estate Development
1979		19 638	7 273	4 017	8 348	606	5 938	
1980		27 012	7 803	7 036	12 173	835	13 801	
“六五”时期	**"Sixth Five-year" Period**							
1981		49 576	13 343	16 019	20 214	1 417	29 684	
1982		82 573	18 960	31 439	32 174	2 023	73 750	
1983		131 212	22 614	55 848	52 750	2 512	108 320	
1984		234 161	25 932	106 606	101 623	3 504	194 572	
1985		390 222	26 111	163 586	200 525	4 809	333 235	
年均增长速度(%)	**Average Annual Growth Rate(%)**	**50.3**	**13.8**	**86.9**	**49.2**	**25.1**	**89.0**	
“七五”时期	**"Seventh Five-year" Period**							
1986		416 451	32 907	163 185	220 359	4 584	248 551	
1987		559 015	46 519	220 463	292 033	5 349	285 193	
1988		869 807	57 005	359 230	453 572	6 477	436 191	
1989		1 156 565	68 615	505 361	582 589	6 710	499 919	
1990		1 716 665	70 220	769 319	877 126	8 724	623 380	112 000
年均增长速度(%)	**Average Annual Growth Rate(%)**	**22.4**	**8.7**	**33.1**	**16.2**	**2.6**	**13.3**	
“八五”时期	**"Eighth Five-year" Period**							
1991		2 366 630	808 36	1 126 084	1 159 710	11 997	912 324	255 600
1992		3 173 194	105 914	1 522 432	1 544 848	12 827	1 782 322	714 900
1993		4 531 445	108 615	2 420 214	2 002 616	15 005	2 477 875	1 027 700
1994		6 346 711	134 152	3 357 972	2 854 587	16 954	2 819 413	1 304 600
1995		8 424 833	124 122	4 221 435	4 079 276	19 550	2 758 243	1 030 368
年均增长速度(%)	**Average Annual Growth Rate(%)**	**30.9**	**-0.4**	**33.4**	**29.6**	**9.5**	**34.6**	**55.9**
“九五”时期	**"Ninth Five-year" Period**							
1996		10 484 421	148 796	5 065 924	5 269 701	22 498	3 275 270	1 248 251
1997		12 974 208	147 660	6 174 083	6 652 465	25 675	3 930 657	1 366 545
1998		15 347 272	151 764	7 434 976	7 760 532	27 701	4 803 901	1 674 854
1999		18 040 176	150 445	9 005 486	8 884 245	29 747	5 695 878	2 152 541
2000		21 874 515	155 656	10 860 852	10 858 007	32 800	6 196 993	2 609 694
年均增长速度(%)	**Average Annual Growth Rate(%)**	**15.9**	**2.9**	**16.5**	**15.4**	**6.2**	**17.6**	**20.4**
“十五”时期	**"Tenth Five-year" Period**							
2001		24 824 874	160 413	12 297 665	12 366 796	34 822	6 863 749	3 156 364
2002		29 695 184	166 587	14 647 171	14 881 426	40 369	7 881 459	3 884 445
2003		35 857 235	142 048	18 174 235	17 540 952	47 029	9 491 016	4 126 636
2004		42 821 428	123 264	22 112 353	20 585 811	54 236	10 925 571	4 342 432
2005		49 509 078	97 385	26 425 225	22 986 438	60 801	11 811 542	4 236 865
年均增长速度(%)	**Average Annual Growth Rate(%)**	**16.3**	**-8.6**	**19.0**	**13.6**	**11.8**	**13.8**	**10.2**
“十一五”时期	**"Eleventh Five-year" Period**							
2006		58 135 624	69 675	30 600 890	27 465 059	68 441	12 736 693	4 620 940
2007		68 015 706	69 412	34 165 740	33 780 554	76 273	13 450 037	4 610 422
2008		77 867 920	82 896	38 604 708	39 180 316	83 431	14 676 043	4 404 897
2009		82 902 842	66 894	38 264 628	44 571 320	85 060	17 091 514	4 374 590
2010		97 733 062	64 670	45 205 050	52 463 342	96 184	19 447 008	4 584 693
年均增长速度(%)	**Annual Average Growth Rate(%)**	**13.3**	**-14.7**	**13.1**	**13.7**	**8.4**	**10.5**	**1.6**
“十二五”时期	**"Twelfth Five-year" Period**							
2011		115 158 598	65 541	53 391 059	61 701 998	110 520	20 609 180	5 147 362
2012		129 714 672	63 018	57 251 831	72 399 823	123 451	21 944 319	7 368 421
2013		145 726 689	57 955	62 867 608	82 801 126	137 632	23 914 648	8 769 001
2014		160 018 207	55 778	68 120 218	91 842 211	149 495	27 174 226	10 694 855
以1979年为基期年平均增长速度(%)	**Annual Average Growth Rate from 1979(%)**	**23.5**	**-1.5**	**29.9**	**22.8**	**11.4**	**27.2**	**20.9**

注：1.本表按当年价格计算。2013年起，开始使用新的国民经济行业分类（GB/T 4754-2011）。

Note:Data of this table are calculated at curret prices. The new Industrial Classification of the National Economy (GB/T 4754-2011) is introduced starting from 2013 annual statistics.

2.根据全国第三次经济普查结果，对2009-2013年全市生产总值进行了修订（以下相关表同）。

The data of GDP from 2009 to 2013 have adjusted by THE 3rd CHINA ECONOMIC CENSUS(The same applied to the following tables).

1-3 续表 2 continued

年 份 Year		公共财政预算收入(万元) Local Financial Revenue (10 000yuan)	公共财政预算支出(万元) Local Financial Expenditure (10 000yuan)	农业总产值(万元) Gross Output Value of Agriculture (10 000yuan)	工业总产值(万元) Gross Output Value of Industry (10 000yuan)	轻工业 Light Industry	重工业 Heavy Industry	社会消费品零售总额(万元) Retail Sales of Consumer Goods (10 000yuan)
1979		1 721	2 971	13 106	7 128	6 307	821	11 259
1980		3 043	4 003	16 938	10 632	9 265	1 367	19 615
"六五"时期	**"Sixth Five-year" Period**							
1981		8 787	8 411	24 181	26 692	25 172	1 520	34 229
1982		9 163	8 815	26 929	38 833	34 453	4 380	54 185
1983		15 605	15 025	29 083	75 993	61 513	14 480	123 794
1984		29 435	27 954	40 416	172 132	137 698	34 434	201 107
1985		62 894	58 651	45 821	246 662	194 108	52 554	265 642
年均增长速度(%)	**Annual Average Growth Rate(%)**	**83.3**	**71.1**	**9.1**	**91.3**	**89.0**	**104.5**	**68.4**
"七五"时期	**"Seventh Five-year" Period**							
1986		74 160	68 073	49 552	340 227	266 318	73 909	273 712
1987		87 521	69 688	73 772	558 311	433 738	124 573	324 364
1988		146 521	110 992	99 404	1 012 739	779 258	233 481	502 430
1989		228 668	173 007	108 015	1 477 470	1 080 785	396 685	545 741
1990		217 037	198 073	119 205	2 202 180	1 657 859	544 321	667 580
年均增长速度(%)	**Annual Average Growth Rate(%)**	**28.1**	**27.6**	**14.9**	**46.9**	**43.2**	**60.3**	**20.2**
"八五"时期	**"Eighth Five-year" Period**							
1991		273 291	243 012	143 063	3 153 966	2 233 705	920 261	828 341
1992		429 599	420 035	185 297	4 347 007	2 971 348	1 375 659	1 148 908
1993		672 507	593 327	192 880	6 896 969	4 655 394	2 241 575	2 641 333
1994		743 992	746 181	224 776	11 014 065	6 351 224	4 662 841	3 639 756
1995		880 174	934 041	232 653	12 922 075	7 008 231	5 913 844	4 269 434
年均增长速度(%)	**Annual Average Growth Rate(%)**	**32.3**	**36.4**	**-0.4**	**36.9**	**28.3**	**52.5**	**31.2**
"九五"时期	**"Ninth Five-year" Period**							
1996		1 317 490	1 380 376	273 246	15 305 964	8 580 027	6 725 937	4 888 502
1997		1 420 557	1 394 181	270 889	18 175 704	10 151 182	8 024 522	5 372 464
1998		1 643 884	1 767 714	298 174	21 573 817	11 141 650	10 432 167	5 732 419
1999		1 842 085	2 108 978	299 662	24 435 849	12 381 928	12 053 921	6 385 915
2000		2 219 184	2 250 441	311 359	30 715 227	13 731 333	16 983 894	7 350 188
年均增长速度(%)	**Annual Average Growth Rate(%)**	**20.3**	**19.2**	**6.0**	**20.8**	**17.1**	**24.3**	**11.5**
"十五"时期	**"Tenth Five-year" Period**							
2001		2 624 944	2 537 019	327 111	37 476 713	13 861 331	23 615 382	8 320 412
2002		2 659 287	3 077 761	340 757	46 823 584	15 832 485	30 991 099	9 419 443
2003		2 908 370	3 489 526	337 406	67 976 472	21 459 058	46 517 414	10 951 323
2004		3 214 680	3 775 720	299 939	85 888 321	24 175 842	61 712 479	12 506 411
2005		4 123 785	5 991 560	217 369	101 745 351	27 406 557	74 338 794	14 416 103
年均增长速度(%)	**Annual Average Growth Rate(%)**	**13.2**	**21.6**		**24.7**	**18.3**	**27.1**	**14.6**
"十一五"时期	**"Eleventh Five-year" Period**							
2006		5 008 827	5 714 231	180 017	122 784 801	29 658 032	93 126 769	16 804 604
2007		6 580 555	7 279 677	171 380	143 628 918	35 687 625	107 941 293	19 308 050
2008		8 003 603	8 898 555	187 859	162 837 576	44 451 550	118 386 026	22 765 855
2009		8 808 168	10 008 394	154 760	158 286 329	39 239 987	119 046 342	25 679 436
2010		11 068 166	12 660 668	150 467	188 796 600	46 801 421	141 995 179	30 007 629
年均增长速度(%)	**Annual Average Growth Rate(%)**	**21.8**	**16.1**		**14.8**	**12.8**	**15.5**	**15.6**
"十二五"时期	**"Twelfth Five-year" Period**							
2011		13 395 728	15 905 599	152 533	212 730 916	53 500 744	159 230 172	35 208 736
2012		14 820 800	15 690 071	148 572	223 089 847	58 544 922	164 544 925	40 087 794
2013		17 312 618	16 908 280	139 479	240 440 285	64 571 965	175 868 320	45 004 559
2014		20 827 326	21 661 841	129 156	258 099 411	67 789 093	190 310 318	49 189 983
以1979年为基期年平均增长速度(%)	**Annual Average Growth Rate from 1979(%)**	**30.8**	**28.9**	**-**	**33.8**	**30.2**	**40.4**	**25.3**

注： 国家统计局从2005年取消农业总产值1990年不变价，故不可比。

Note: From 2005, the National Bureau of Statistics has cancelled the index, Gross Output Value of Agriculture (at 1990 Constant Prices), so it is incomparable with other years.

1-3 续表 3 continued

年 份	Year	全社会货运量(万吨) Freight Traffic Volume (10 000tons)	全社会客运量(万人) Passenger Traffic (10 000person)	港口货物吞吐量(万吨) Cargo Handled at Seaport (10 000tons)	邮电业务总量(万元) Revenue from Postal and Telecommunications Services (10 000yuan)	进出口总额(万美元) Total Imports and Exports (USD10 000)	出口总额 Exports	进口总额 Imports
1979				10	138	1 676	930	746
1980				30	190	1 751	1 124	627
"六五"时期	**"Sixth Five-year" Period**							
1981				70	340	2 807	1 745	1 062
1982				91	520	2 534	1 597	937
1983				141	567	78 642	6 230	72 412
1984				210	923	107 247	26 539	80 708
1985				327	1 761	130 632	56 340	74 292
年均增长速度(%)	**Annual Average Growth Rate(%)**			**36.1**	**56.1**	**136.9**	**118.8**	**159.9**
"七五"时期	**"Seventh Five-year" Period**							
1986		1 521	3 973	302	2 633	184 696	72 552	112 144
1987		1 627	4 268	485	4 880	255 784	141 354	114 430
1988		1 704	5 858	734	14 826	344 277	184 949	159 328
1989		1 383	6 349	956	21 293	375 259	217 428	157 831
1990		1 349	8 833	1 292	55 356	1 570 136	815 165	754 971
年均增长速度(%)	**Annual Average Growth Rate(%)**			**31.6**	**78.9**	**33.2**	**39.7**	**27.2**
"八五"时期	**"Eighth Five-year" Period**							
1991		1 486	6 400	1 563	84 927	1 947 635	986 240	961 395
1992		1 801	8 135	1 956	114 492	2 357 562	1 200 019	1 157 543
1993		2 050	10 218	2 541	174 045	2 820 392	1 421 776	1 398 616
1994		2 604	8 531	3 002	259 432	3 498 281	1 830 921	1 667 360
1995		3 542	8 261	3 080	368 945	3 876 960	2 052 736	1 824 224
年均增长速度(%)	**Annual Average Growth Rate(%)**	**21.3**	**-1.3**	**19.0**	**46.1**	**19.8**	**20.3**	**19.3**
"九五"时期	**"Ninth Five-year" Period**							
1996		3 647	8 281	3 021	462 261	3 905 342	2 120 781	1 784 561
1997		3 853	8 515	3 357	610 111	4 500 921	2 561 844	1 939 077
1998		4 048	8 484	3 444	764 658	4 527 417	2 639 611	1 887 806
1999		4 274	8 754	4 663	982 686	5 042 750	2 820 811	2 221 939
2000		4 697	9 346	5 697	1 336 000	6 393 982	3 456 333	2 937 649
年均增长速度(%)	**Annual Average Growth Rate(%)**	**5.8**	**2.5**	**13.1**	**29.4**	**10.5**	**11.0**	**10.0**
"十五"时期	**"Tenth Five-year" Period**							
2001		5 147	9 869	6 643	1 419 000	6 861 055	3 747 955	3 113 100
2002		5 778	10 644	8 767	1 644 200	8 723 148	4 655 704	4 067 444
2003		6 761	10 453	11 220	1 980 300	11 739 941	6 296 201	5 443 733
2004		7 954	12 277	13 537	2 660 100	14 728 302	7 784 632	6 943 670
2005		9 807	12 901	15 351	3 208 000	18 281 689	10 151 829	8 129 860
年均增长速度(%)	**Annual Average Growth Rate(%)**	**15.9**	**6.7**	**21.9**	**26.3**	**23.4**	**24.0**	**22.6**
"十一五"时期	**"Eleventh Five-year" Period**							
2006		11 320	13 957	17 598	3 795 000	23 738 573	13 609 556	10 129 017
2007		13 678	15 030	19 994	5 135 400	28 753 345	16 849 299	11 904 046
2008		19 568	154 263	21 125	6 117 500	29 995 499	17 971 995	12 023 504
2009		22 367	146 281	19 365	6 765 200	27 016 306	16 197 825	10 818 481
2010		26 175	156 048	22 098	2 937 000	34 674 930	20 418 355	14 256 575
年均增长速度(%)	**Annual Average Growth Rate(%)**	**15.2**	**4.6**	**7.6**	**20.5**	**13.5**	**14.8**	**10.8**
"十二五"时期	**"Twelfth Five-year" Period**							
2011		28 901	168 444	22 325	3 562 600	41 409 312	24 551 760	16 857 552
2012		30 335	185 011	22 807	5 635 800	46 683 020	27 136 163	19 546 857
2013		27 514	12 111	23 398	6 229 900	53 747 437	30 570 191	23 177 246
2014		29 384	15 113	22 324	7 169 900	48 774 049	28 436 157	20 337 892
以1979年为基期年平均增长速度(%)	**Annual Average Growth Rate from 1979(%)**	**-**	**-**	**24.6**	**-**	**30.1**	**30.5**	**29.7**

注： 1.根据广东省交通运输厅新方案要求，自2014年起，客货运量、周转量已按2013年全国交通运输业经济统计专项调查口径填报，上年同期数亦按可比口径相应调整。

Note: According to the Guangdong Provincial Department of Transportation requirements for the new program, from 2014, the data of freight(passenger) traffic and turnover volume have been given by 2013 National Transportation Survey caliber special economic statistics, the data of 2013 have been adjusted by the same caliber.

2.邮电业务总量1989年以前按1980年不变价格计算，1990-2000年按1990年不变价格计算；2001-2009年按2000年不变价格计算；2011年按2010年不变价计算，2010年数据相应调整。

Revenue from Postal and Telecommunications Services in 1989, calculated at 1980 constant prices; from 1990 to 2000 at 1990 constant prices; 2001-2009 at 2000 constant prices; 2011 calculated at 2010 constant prices, 2010 data has adjusted.

1-3 续表 4 continued

年 份 Year		国内金融机构人民币存款(万元) RMB deposits of domestic financial institutions (10 000yuan)	国内金融机构人民币贷款(万元) RMB loans of domestic financial institutions (10 000yuan)	医院数(个) Hospital (unit)	医院病床(张) Hospital Beds (unit)	卫生技术人员(人) Medical Technical Personnel (person)	# 执业医师(人) Licensed Doctors (person)
1979		10 125	7 523	25	597	988	364
1980		20 284	13 422	24	643	1 088	438
“六五”时期	**"Sixth Five-year" Period**						
1981		48 713	23 944	24	790	1 270	518
1982		63 707	63 013	26	717	1 609	708
1983		112 554	119 471	30	1 023	2 343	1 073
1984		349 763	451 034	29	1 634	3 064	1 484
1985		302 567	537 014	31	1 885	3 857	1 862
年均增长速度(%)	**Annual Average Growth Rate(%)**	**71.7**	**109.1**	**5.3**	**24.0**	**28.8**	**33.6**
“七五”时期	**"Seventh Five-year" Period**						
1986		551 112	730 855	32	2 028	4 657	2 217
1987		808 545	1 065 176	34	2 225	5 117	2 408
1988		1 317 381	1 536 202	35	2 496	5 715	2 754
1989		1 376 310	1 789 834	35	2 838	6 451	3 103
1990		1 946 923	2 386 157	38	3 108	6 996	3 426
年均增长速度(%)	**Annual Average Growth Rate(%)**	**45.1**	**34.8**	**4.2**	**10.5**	**12.6**	**13.0**
“八五”时期	**"Eighth Five-year" Period**						
1991		3 009 164	2 797 500	41	3 498	7 618	3 737
1992		5 504 616	3 707 067	45	4 466	8 571	4 247
1993		6 573 461	5 015 868	45	5 168	9 888	4 798
1994		9 333 699	6 421 390	48	6 040	11 034	5 347
1995		12 029 322	7 863 364	63	6 640	12 449	6 050
年均增长速度(%)	**Annual Average Growth Rate(%)**	**43.9**	**26.9**	**10.6**	**16.4**	**12.2**	**12.0**
“九五”时期	**"Ninth Five-year" Period**						
1996		15 334 600	9 652 000	65	7 105	14 652	7 266
1997		18 227 000	12 025 800	72	7 813	14 932	7 400
1998		22 383 700	15 503 700	72	8 353	14 975	7 191
1999		25 589 900	18 481 600	71	8 720	15 143	7 062
2000		31 690 000	22 921 800	72	9 616	15 720	7 418
年均增长速度(%)	**Annual Average Growth Rate(%)**	**21.4**	**23.9**	**2.7**	**7.7**	**4.8**	**4.2**
“十五”时期	**"Tenth Five-year" Period**						
2001		40 925 700	28 607 500	75	10 542	17 135	8 097
2002		49 527 300	35 142 800	77	11 808	18 615	7 853
2003		60 794 800	45 250 500	85	12 607	21 234	8 909
2004		71 007 500	52 427 700	87	14 186	22 895	9 846
2005		84 781 600	61 680 400	97	15 577	25 681	10 961
年均增长速度(%)	**Annual Average Growth Rate(%)**	**21.8**	**21.9**	**6.1**	**10.1**	**10.3**	**8.1**
“十一五”时期	**"Eleventh Five-year" Period**						
2006		95 404 200	67 553 200	99	16 193	43 266	16 238
2007		114 957 900	79 654 500	101	16 766	46 877	17 450
2008		130 112 400	90 584 600	100	18 435	50 608	18 807
2009		169 381 900	116 463 400	101	19 872	53 778	19 963
2010		202 107 500	137 081 600	107	21 166	54 081	20 122
年均增长速度(%)	**Annual Average Growth Rate(%)**	**19.0**	**17.3**	**2.0**	**6.3**	**16.1**	**12.9**
“十二五”时期	**"Twelfth Five-year" Period**						
2011		227 823 900	157 149 600	110	22 322	58 059	21 517
2012		259 102 400	173 054 700	115	26 124	61 961	22 831
2013		298 309 900	198 035 800	117	27 079	65 782	24 221
2014		324 977 500	226 711 000	122	28 853	69 936	25 728
以1979年为基期年平均增长速度(%)	**Annual Average Growth Rate from 1979(%)**	**34.5**	**34.3**	**4.6**	**11.7**	**12.9**	**12.9**

1-3 续表 5 continued

年 份 Year	在校学生数(人) (person) Students Enrollment			职工工资总额(万元) Total Wage of Staff and Workers (10 000yuan)	在岗职工年平均工资(元) Average Yearly Wages (yuan)	城镇居民人均可支配收入(元/人) Per Capita Disposable Income of Urban Residents (yuan/person)
	普通高等学校 Institutions of Higher Education	普通中学 Regular Secondary Schools	小 学 Primary Schools			
1979		13 686	47 022	2 952	769	
1980		12 296	49 168	4 366	979	
"六五"时期 "Sixth Five-year" Period						
1981		13 088	51 560	5 930	1 132	
1982		17 080	54 538	10 000	1 366	
1983	216	20 982	56 319	16 142	1 545	
1984	1 236	27 636	62 021	35 306	2 179	
1985	3 206	35 334	70 277	51 912	2 418	1 915
年均增长速度(%) Annual Average Growth Rate(%)		**23.5**	**7.4**	**64.1**	**19.8**	
"七五"时期 "Seventh Five-year" Period						
1986	3 478	40 208	77 884	59 773	2 452	1 817
1987	4 330	44 910	84 601	80 013	2 677	2 091
1988	4 710	43 267	96 474	134 218	3 388	2 569
1989	4 419	45 056	104 041	179 042	3 858	3 657
1990	3 964	46 473	111 711	227 392	4 304	4 127
年均增长速度(%) Annual Average Growth Rate(%)	**4.3**	**5.6**	**9.7**	**34.4**	**12.2**	**16.6**
"八五"时期 "Eighth Five-year" Period						
1991	3 779	50 625	118 460	307 950	5 016	4 564
1992	3 653	55 857	127 978	403 790	5 931	5 783
1993	3 680	60 337	139 272	619 647	8 145	7 737
1994	4 227	66 073	147 186	852 332	10 572	10 503
1995	5 291	71 540	157 210	1 076 083	12 276	12 771
年均增长速度(%) Annual Average Growth Rate(%)	**5.9**	**9.0**	**7.1**	**36.5**	**23.3**	**25.3**
"九五"时期 "Ninth Five-year" Period						
1996	6 493	76 949	170 983	1 284 558	14 507	16 296
1997	7 601	82 155	190 192	1 479 515	16 531	18 579
1998	8 497	86 009	215 652	1 674 771	18 381	19 214
1999	10 568	91 260	256 060	1 890 338	20 714	19 520
2000	14 123	106 996	313 852	2 113 366	23 039	20 906
年均增长速度(%) Annual Average Growth Rate(%)	**21.7**	**8.4**	**14.8**	**14.6**	**13.2**	**10.4**
"十五"时期 "Tenth Five-year" Period						
2001	18 556	126 190	363 657	2 441 713	25 941	22 760
2002	26 778	150 654	415 097	2 832 799	28 218	24 941
2003	32 106	179 628	469 684	3 259 896	30 611	25 936
2004	41 251	211 224	526 419	4 192 834	31 928	27 596
2005	45 314	240 508	566 278	5 167 453	32 476	21 494
年均增长速度(%) Annual Average Growth Rate(%)	**26.3**	**17.6**	**12.5**	**18.1**	**7.4**	**7.5**
"十一五"时期 "Eleventh Five-year" Period						
2006	5 1220	256 630	564 891	6 296 568	35 107	22 567
2007	58 910	279 180	575 160	7 335 805	38 798	24 301
2008	65 632	298 939	585 852	8 674 142	43 454	26 729
2009	66 952	316 024	589 481	10 029 764	46 723	29 245
2010	67 324	334 752	618 459	12 338 778	50 456	32 381
年均增长速度(%) Annual Average Growth Rate(%)	**8.2**	**6.8**	**1.8**	**19.0**	**9.2**	**8.5**
"十二五"时期 "Twelfth Five-year" Period						
2011	70 004	346 942	651 307	14 384 948	55 143	36 505
2012	75 570	359 643	683 058	16 421 777	59 010	40 742
2013	82 401	371 735	730 232	28 135 080	62 619	44 653
2014	87 674	378 690	793 178	32 879 754	72 651	40 948
以1979年为基期年平均增长速度(%) Annual Average Growth Rate from 1979(%)	**21.4**	**10.0**	**8.4**	**30.3**	**13.9**	**-**

1-4 主要年份国民经济主要指标比例关系

PERCENTAGE OF MAIN NATIONAL ECONOMIC INDICATORS IN MAIN YEARS

年 份 Year	以从业人员为100 Employment=100			以本市生产总值为100 Gross Domestic Product=100			以工农业总产值为100 Gross Output Value of Industry and Agriculture=100		
	第一产业 Primary Industry	第二产业 Secondary Industry	第三产业 Tertiary Industry	第一产业 Primary Industry	第二产业 Secondary Industry	第三产业 Tertiary Industry	农 业 Agriculture	轻工业 Light Industry	重工业 Heavy Industry
1979				37.0	20.5	42.5	64.8	31.2	4.0
1980				28.9	26.0	45.1	61.4	33.6	5.0
1985				6.7	41.9	51.4	15.7	66.4	17.9
1990	6.1	69.8	24.1	4.1	44.8	51.1	5.1	71.4	23.5
1995	1.5	66.0	32.5	1.5	50.1	48.4	1.8	53.3	44.9
2000	0.8	57.0	42.2	0.7	49.7	49.6	1.1	44.2	54.7
2001	0.7	55.7	43.6	0.7	49.5	49.8	0.9	36.7	62.5
2002	0.8	55.8	43.5	0.6	49.3	50.1	0.7	33.6	65.7
2003	0.8	57.0	42.2	0.4	50.7	48.9	0.5	31.4	68.1
2004	0.5	57.6	41.9	0.3	51.6	48.1	0.3	28.1	71.6
2005	0.5	57.7	41.8	0.2	53.4	46.4	0.2	26.9	72.9
2006	0.3	57.4	42.3	0.1	52.6	47.3	0.1	24.1	75.8
2007	0.1	54.1	45.8	0.1	50.2	49.7	0.1	24.8	75.1
2008	0.1	54.1	45.8	0.1	49.6	50.3	0.1	27.3	72.6
2009	0.1	53.9	46.0	0.1	46.1	53.8	0.1	24.8	75.1
2010	…	51.5	48.5	0.1	46.2	53.7	0.1	24.8	75.1
2011	…	50.1	49.9	0.1	46.3	53.6	0.1	25.1	74.8
2012	…	52.0	48.0	0.1	44.1	55.8	0.1	26.2	73.7
2013	…	48.6	51.4	…	43.2	56.8	0.1	26.8	73.1
2014	…	48.0	52.0	…	42.6	57.4	0.1	26.3	73.6

1-4 续表 1 continued

年 份 Year	以工业总产值为100 Gross Output Value of Industry=100		以固定资产投资总额为100 Investment in Fixed Assets=100	
	轻工业 Light Industry	重工业 Heavy Industry	非房地产开发项目 Non-Real Estate Development	房地产开发项目 Real Estate Development
1979	88.5	11.5	100.0	
1980	87.1	12.9	100.0	
1985	78.7	21.3	100.0	
1990	75.3	24.7	82.0	18.0
1995	54.2	45.8	62.6	37.4
2000	44.7	55.3	57.9	42.1
2001	37.0	63.0	54.0	46.0
2002	33.8	66.2	50.7	49.3
2003	31.6	68.4	56.5	43.5
2004	28.1	71.9	60.3	39.7
2005	26.9	73.1	64.1	35.9
2006	24.2	75.8	63.7	36.3
2007	24.8	75.2	65.7	34.3
2008	27.3	72.7	70.0	30.0
2009	24.8	75.2	74.4	25.6
2010	24.8	75.2	76.4	23.6
2011	25.1	74.9	75.0	25.0
2012	26.2	73.8	66.4	33.6
2013	26.9	73.1	63.0	37.0
2014	26.3	73.7	60.6	39.4

年 份 Year	以货运量为100 Freight Traffic=100				固定资产投资总额相当于国内生产总值（%） Investment in Fixed Assets as Percentage of GDP（%）
	铁路 Railways	公路 Highways	水运 Waterways	民航 Civil Aviation	
1979					30.2
1980					51.1
1985					85.4
1990	10.9	78.2	10.9		33.7
1995	6.2	76.8	16.9	0.1	32.7
1996	5.8	77.1	17.0	0.1	31.2
1997	7.0	76.8	16.1	0.1	30.3
1998	6.4	79.3	14.2	0.1	31.3
1999	6.0	81.5	12.3	0.1	31.6
2000	6.0	81.4	12.5	0.1	28.3
2001	5.7	82.9	11.3	0.1	27.6
2002	4.7	83.4	11.7	0.1	23.2
2003	4.7	80.4	14.8	0.1	26.5
2004	4.5	80.3	15.1	0.1	25.5
2005	4.0	75.4	20.4	0.2	24.0
2006	2.7	69.9	27.1	0.2	21.9
2007	2.4	67.4	30.0	0.2	19.8
2008	2.7	71.2	25.8	0.3	18.8
2009	2.1	78.8	18.8	0.3	20.8
2010	1.5	75.8	22.4	0.3	20.3
2011	1.4	75.0	23.3	0.3	17.9
2012	1.3	77.9	20.5	0.2	16.9
2013	1.3	74.9	23.5	0.2	16.6
2014	0.4	71.4	27.9	0.3	17.0

1-5 主要年份国民经济和社会发展主要指标平均每人水平

PER CAPITA MAIN NATIONAL ECONOMIC AND SOCIAL DEVELOPMENT INDICATORS IN MAIN YEARS

单位：元 (yuan)

年 份 Year	本 市 生产总值Gross Domestic Product	农业总产值 Gross Output Value of Agriculture	工业总产值 Gross Output Value of Industry	公共财政预算收入 Local Financial Revenue	社会消费品零售总额 Retail Sales of Consumer Goods	职工年平均货币工资 Average Money Wage of Staff and Workers	城市居民可支配收入 Per Capita Disposable Income of Urban Residents
1979	606	405	220	53	348	769	
1980	835	524	329	94	606	979	
1985	4 809	565	3 040	775	3 274	2 418	1 915
1990	8 724	606	11 192	1 403	3 393	4 304	4 127
1995	19 550	540	29 986	2 042	9 907	12 276	12 771
2000	32 800	467	46 057	3 328	11 021	23 039	20 906
2001	34 822	459	52 569	3 682	11 671	25 941	22 760
2002	40 369	463	63 654	3 615	12 805	28 218	24 941
2003	47 029	443	89 156	3 815	14 363	30 611	25 936
2004	54 236	380	108 783	4 072	15 840	31 928	27 596
2005	60 801	267	124 952	5 064	17 704	32 476	21 494
2006	68 441	211	144 550	5 897	19 784	35 107	22 567
2007	76 273	192	161 067	7 379	21 652	38 798	24 301
2008	83 431	201	174 470	8 575	24 392	43 454	26 729
2009	85 060	159	162 404	9 037	26 347	46 723	29 245
2010	96 184	148	185 804	10 893	29 532	50 456	32 381
2011	110 520	146	204 162	12 856	33 791	55 143	36 505
2012	123 451	141	212 317	14 105	38 152	59 010	40 742
2013	137 632	132	227 083	16 351	42 504	62 619	44 653
2014	149 495	121	241 127	19 458	45 955	72 651	40 948

1-5 续表 continued

年 份 Year	生活用电量 (千瓦时) Electricity for Residential Consumption (kwh)	每百人拥有电话(部) Number of Telephone Sets Per 100 Persons (set)	每万人拥有 Per 10 000 persons		★人均公园绿地面积 (平方米) Urban Public Green Areas (sq.m)
			医生 (人) Number of Doctors (person)	医院病床(张) Number of Beds in Hospital (bed)	
1979			12	19	
1980			13	19	
1985			21	21	
1990	302	7	20	19	
1995	292	18	13	15	12.7
2000	500	57	11	14	14.2
2001	495	84	11	15	14.7
2002	439	118	11	16	9.5
2003	537	158	12	16	10.8
2004	548	174	13	18	12.0
2005	660	212	14	19	16.1
2006	687	215	20	19	16.1
2007	805	244	21	18	16.1
2008	752	246	21	19	16.2
2009	812	234	21	20	16.3
2010	814	243	20	20	16.4
2011	858	274	22	21	16.5
2012	993	296	23	25	16.6
2013	982	286	24	25	16.7
2014	1 124	362	25	27	16.8

注： 1、2002年以前为特区数，2002年及以后为全市数。
Note: The data before the year 2002 are calculated from special region, the data from 2002 are calculated from the whole city.
2、人均公园绿地面积未根据第六次全国人口普查数据进行调整。
The data of urban public green areas have not adjusted according to the sixth National Population Census.

1-6 主要年份国民经济和社会发展主要指标平均每天水平

AVERAGE DAILY LEVEL OF MAIN NATIONAL ECONOMIC AND SOCIAL DEVELOPMENT INDICATORS IN MAIN YEARS

年 份 Year	本 市 生产总值 (万元) Gross Domestic Product (10 000yuan)	工业总产值 (万元) Gross Output Value of Industry (10 000yuan)	农业总产值 (万元) Gross Output Value of Agriculture (10 000yuan)	固定资产投资总额(万元) Investment in Fixed Assets (10 000yuan)	公共财政预算收入 (万元) Local Financial Revenue (10 000yuan)	货运量 (万吨) Freight Traffic (10 000 tons)	客运量 (万人) Passengers Traffic (10 000 person-times)	特快专递 (份) Express Mail (Unit)
1979	54	20	36	16	5			
1980	74	29	46	38	8			
1985	1 069	676	126	913	172			
1990	4 703	6 033	327	1 587	595	3.70	24.20	1 025
1995	23 082	35 403	637	7 557	2 411	9.70	22.63	4 158
2000	59 930	84 151	853	16 978	6 080	12.87	25.61	9 173
2001	68 013	102 676	896	18 805	7 192	14.01	27.00	9 573
2002	81 357	128 284	934	21 593	7 286	15.83	29.16	9 345
2003	98 239	186 237	924	26 003	7 968	18.52	28.64	12 323
2004	117 319	235 310	822	29 933	8 807	21.79	33.63	16 179
2005	135 641	278 754	596	32 358	11 298	26.87	35.34	22 137
2006	159 276	336 397	493	34 895	13 723	31.01	38.24	30 082
2007	186 344	393 504	466	36 849	18 029	37.68	41.18	36 164
2008	213 337	446 130	515	40 208	21 928	53.61	422.64	45 205
2009	227 131	433 661	424	46 826	24 132	61.28	400.77	49 973
2010	267 762	517 251	412	53 279	30 324	71.71	427.53	60 603
2011	315 503	582 824	418	56 464	36 701	79.18	461.49	4 000
2012	355 383	611 205	407	60 121	40 605	83.11	506.88	3 481
2013	399 251	658 741	382	65 520	47 432	75.38	33.18	2 575
2014	438 406	707 122	354	744 50	57 061	80.50	41.41	1 959

注：1.特快专递从2011年开始调整口径。

From 2011, the statistical coverage of Express Mail have been adjusted.

2.根据广东省交通运输厅新方案要求，自2014年起，客货运量、周转量已按2013年全国交通运输业经济统计专项调查口径填报，上年同期数亦按可比口径相应调整。

According to the Guangdong Provincial Department of Transportation requirements for the new program, from 2014, the data of freight(passenger) traffic and turnover volume have been given by 2013 National Transportation Survey caliber special economic statistics, the data of 2013 have been adjusted by the same caliber.

1-6 续表 continued

年 份 Year	自来水 供水量 (万吨) Tap Water Supply (10 000tons)	用电量 (万千瓦时) Electricity Consumption (10 000kwh)	公共汽车 客运人数 (万人次) Bus Passengers (10 000 person-times)	社会消费品零售总额(万元) Retail Sales of Consumer Goods (10 000yuan)	出生人数 (人) Births (person)	死亡人数 (人) Deaths (person)	结婚 (对) Marriages (couple)	离婚 (对) Divorces (couple)
1979				31	22	5		
1980				54	19	5	6	
1985			14.20	728	15	4	18	
1990		985	60.13	1 829	29	5	28	1
1995	157	2 503	96.96	11 697	35	5	36	3
2000	252	5 215	117.26	20 138	49	9	39	6
2001	267	5 816	128.96	22 795	49	6	39	6
2002	296	7 120	141.60	25 807	62	5	40	6
2003	336	8 861	139.00	30 004	44	6	53	9
2004	370	10 693	143.80	34 264	54	6	79	13
2005	382	12 060	278.40	39 496	66	7	64	15
2006	398	13 348	337.22	46 040	72	6	112	17
2007	423	15 557	497.61	52 899	94	7	98	19
2008	430	15 993	535.44	62 372	101	7	113	19
2009	411	16 046	585.21	70 355	97	8	134	21
2010	429	18 179	642.82	82 213	102	17	105	22
2011	442	19 069	647.61	96 462	114	8	149	27
2012	439	19 784	625.49	109 830	168	12	146	32
2013	436	19 994	603.23	123 300	163	9	147	43
2014	450	21 608	618.46	134 767	185	22	166	43

1-7　企业登记发展情况

THE DEVELOPMENT OF ENTERPRISES REGISTRATION

单位：户　　　　　　　　　　　　　　　　　　　　　　　　　　　　　　　　　　(unit)

年份 Year	企业总数 Total Number of Enterprises	按企业登记类型分 Grouped By Status of Enterprises Registration			按产业分 Grouped By Industry			按注册资本分 Grouped By Registered Capital					
		内资企业 Domestic-funded Enterprises	外资企业 Foreign-funded Enterprises	私营企业 Private Enterprises	第一产业 Primary Industry	第二产业 Secondary Industry	第三产业 Tertiary Industry	100—499万元 (10 000 yuan)	500—999万元 (10 000 yuan)	1000—2999万元 (10 000 yuan)	3000—4999万元 (10 000 yuan)	5000—9999万元 (10 000 yuan)	1亿元以上 (Over 100 million yuan)
1979	501	497	4		1	219	281						
1980	839	821	18		1	400	438						
1981	1 125	1 086	39		2	383	740						
1982	1 798	1 710	88		3	713	1 082						
1983	2 177	1 940	237		6	710	1 461						
1984	4 314	3 761	553		10	1 258	3 046						
1985	6 853	5 972	881		14	1 950	4 889						
1986	7 958	6 902	1 056		21	2 601	5 336						
1987	15 448	14 328	1 120		163	5 718	9 567						
1988	16 341	14 387	1 954		175	4 022	12 144						
1989	18 596	16 026	2 570		212	4 993	13 391	579	365	566	200	203	212
1990	19 827	15 403	3 895	529	210	5 807	13 810	651	425	646	229	231	232
1991	22 948	16 629	5 295	1 024	227	6 947	15 774	767	497	756	257	259	260
1992	28 676	18 469	7 639	2 568	235	9 166	19 275	1 022	643	994	337	324	318
1993	41 768	25 742	11 802	4 224	295	13 070	28 403	1 820	1 021	1 538	492	448	420
1994	55 867	31 916	14 767	9 184	269	17 249	38 349	2 568	1 326	1 988	601	533	487
1995	70 785	37 860	16 765	16 160	426	21 255	49 104	3 431	1 596	2 416	717	627	557
1996	82 952	44 410	18 011	20 531	456	22 783	59 713	4 418	1 861	2 862	800	714	616
1997	92 244	47 659	17 093	27 492	452	24 216	67 576	5 916	2 179	3 464	924	833	701
1998	92 699	45 027	16 161	31 511	422	23 966	68 311	7 198	2 466	3 904	1 046	918	763
1999	101 942	47 100	17 997	36 845	428	26 453	75 061	8 867	2 818	4 353	1 144	1 013	829
2000	107 457	46 220	18 151	43 086	397	27 769	79 291	10 982	3 239	4 897	1 259	1 107	911
2001	120 391	46 328	19 175	54 888	382	31 114	88 895	14 399	3 780	5 711	1 407	1 262	1 025
2002	123 923	37 519	19 461	66 943	341	32 103	91 479	18 483	4 406	6 518	1 544	1 381	1 134
2003	151 036	39 316	21 883	89 837	359	39 659	111 018	24 219	5 200	7 532	1 715	1 547	1 254
2004	181 314	34 278	22 728	124 308	349	47 695	133 270	31 996	6 317	8 730	1 878	1 696	1 388
2005	209 443	32 998	24 252	152 193	333	55 579	153 531	39 404	7 618	9 824	2 030	1 837	1 483
2006	244 291	25 480	27 055	191 756	347	65 220	178 724	47 121	8 925	10 901	2 169	1 979	1 602
2007	283 734	24 423	32 248	227 063	348	75 381	208 005	53 798	11 055	11 961	2 326	2 111	1 719
2008	281 238	18 473	32 898	229 867	309	74 044	206 885	59 538	12 658	12 781	2 437	2 197	1 802
2009	307 242	16 793	33 386	257 063	302	80 052	226 888	67 746	13 773	13 874	2 585	2 314	1 910
2010	360 912	16 087	35 207	309 618	312	88 870	271 730	78 118	15 220	15 379	2 776	2 483	2 060
2011	417 531	14 278	36 096	367 157	313	92 747	324 471	90 779	18 071	19 513	2 953	3 100	2 690
2012	481 030	12 584	36 969	431 477	344	93 601	387 085	108 436	22 280	24 010	3 461	3 944	3 153
2013	630 060	10 004	38 241	581 815	475	105 257	524 328	154 473	32 900	34 219	4 435	5 841	5 280
2014	843 977	8 250	39 758	795 969	1 340	119 645	722 992	246 435	54 903	53 509	6 967	9 628	9 141

注：　本表数据来源为市场监督管理局。
Note: Data in this table are provided by Market Supervision Administration of Shenzhen Municipality.

主要统计指标解释

行政区划 指国家对行政区域的划分。根据有关法规规定，我国的行政区域划分如下：(1)全国分为省、自治区、直辖市；(2)省、自治区分为自治州、县、自治县、市；(3)自治州分为县、自治县、市；(4)县、自治县分为乡、民族乡、镇；(5)直辖市和较大的市分为区、县；(6)国家在必要时设立的特别行政区。

平均增长速度 平均增长速度表明社会经济现象在一个较长的时期内逐期平均增长变化的程度，它不能根据各个环比增长速度直接求得，但与平均发展速度之间存在着一定的数量关系：平均增长速度＝平均发展速度－1。

平均发展速度是一种根据环比发展速度计算的序时平均数,由于各时期对比的基础不同，所以计算平均发展速度不能采用一般的序时平均数的计算方法，计算方法分为水平法和累计法。水平法，又称几何平均法，即将环比发展速度按连乘法用几何平均数公式计算。累计法，也称方程法，根据一段时期内各年发展水平总和与基期水平的关系，列出方程式计算平均发展速度。水平法着重考虑最后一年所达到的发展水平；累计法着重考虑整个时期累计发展水平的总量。

企业(单位)登记注册类型 是以在工商行政管理机关登记注册的各类企业为划分对象，以工商行政管理部门对企业登记注册的类型为依据，将企业登记注册类型分为内资企业、港澳台商投资企业和外商投资企业三大类。内资企业包括国有企业、集体企业、股份合作企业、联营企业、有限责任公司、股份有限公司、私营公司和其他企业；港澳台商投资企业和外商投资企业分别包括合资经营企业、合作经营企业、独资经营企业和股份有限公司。对不在工商行政管理部门进行登记注册的行政机关、事业单位和社会团体，主要按其经费来源和管理方式进行划分。

国有企业 指企业全部资产归国家所有，并按《中华人民共和国企业法人登记管理条例》规定登记注册的非公司制的经济组织。不包括有限责任公司中的国有独资公司。

集体企业 指企业资产归集体所有，并按《中华人民共和国企业法人登记管理条例》规定登记注册的经济组织。

股份合作企业 指以合作制为基础，由企业职工共同出资入股，吸收一定比例的社会资产投资组建，实行自主经营，自负盈亏，共同劳动，民主管理，按劳分配与按股分红相结合的一种集体经济组织。

联营企业 指两个及两个以上相同或不同所有制性质的企业法人或事业单位法人，按自愿、平等、互利的原则，共同投资组成的经济组织。联营企业包括国有联营企业、集体联营企业、国有与集体联营企业和其他联营企业。

有限责任公司 指根据《中华人民共和国公司登记管理条例》规定登记注册，由两个以上、五十个以下的股东共同出资，每个股东以其所认缴的出资额对公司承担有限责任，公司以其全部资产对其债务承担责任的经济组织。有限责任公司包括国有独资公司以及其他有限责任公司。

股份有限公司 指根据《中华人民共和国公司登记管理条例》规定登记注册，其全部注册资本由等额股份构成并通过发行股票筹集资本，股东以其认购的股份对公司承担有限责任，公司以其全部资产对其债务承担责任的经济组织。

私营企业 指由自然人投资设立或由自然人控股，以雇佣劳动为基础的营利性经济组织。包括按照《公司法》、《合伙企业法》、《私营企业暂行条例》规定登记注册的私营有限责任公司、私营股份有限公司、私营合伙企业和私营独资企业。

其他企业 指上述企业之外的其他内资经济组织。

外资企业 指依照《中华人民共和国外资企业法》及有关法律的规定，在中国内地由外国投资者全额投资设立的企业。

Explanatory Notes on Main Statistical Indicators

Divisions of Administrative Areas refers to the division of administrative areas by the State. The relative laws stipulate that 1) the whole country is divided into provinces, autonomous regions and municipalities directly under the Central Government; 2) provinces and autonomous regions are further divided into autonomous prefectures, counties, autonomous counties and cities; 3) autonomous prefectures are further divided into counties, autonomous counties and cities; 4) counties and autonomous counties are further divided into townships, ethnic townships and towns; 5) municipalities directly under the Central Government and large cities are divided into districts and counties, 6) the State shall, when necessary, establish special administrative regions.

Average Annual Growth Rate shows the average growth rate of social and economic development during a longer period. It can not be directly calculated by chain based growth rate. The relation is:

Average Annual Growth Rate = Average Speed of Development - 1

Average speed of development is the time series average of speed which calculated by chain based. Because the reference bases during the different periods are not same, average speed of development can not be calculated by the general method. Level approach and accumulative approach for calculating average speed of development rate are applied. The "level approach", or the method of calculating the geometric average, is derived by the formula of geometric average of the chain–based speeds of development, or comparing the level of the last year of the interval with that of the beginning year; the other is called the "accumulative approach" or the "algebraic average", "equation" method, which is derived by the summation of the actual figure of each year in the interval divided by the figure in the base year. The level approach focuses on the level of the last year, while the accumulative approach emphasizes the aggregate development in the duration.

Registration Status of Enterprises Enterprises are classified into 3 categories, namely domestic–funded enterprises, enterprises with investment from Hong Kong, Macau and Taiwan, and enterprises with foreign investment, according to the registration status of an enterprise in industrial and commercial administration agencies. Domestic–funded enterprises include State–owned enterprises, collective–owned enterprises, cooperative enterprises, joint ownership enterprises, limited liability corporations, share–holding corporations Ltd., private enterprises and other enterprises. Included in the enterprises with investment from Hong Kong, Macau and Taiwan and enterprises with foreign investment are joint–venture enterprises, cooperative enterprises, sole investment enterprises and share–holding corporations Ltd. For government agencies, institutions and social organizations which are not registered in industrial and commercial administration agencies, they are classified mainly by their sources of funding and manner of management.

State-owned Enterprises refer to non–corporation economic units where the entire assets are owned by the State and which have been registered in accordance with the Regulation of the People' s Republic of China on the Management of Registration of Corporate Enterprises. Not included from this category are solely State–funded corporations in the limited liability corporations.

Collective-owned Enterprises refer to economic units where the assets are owned collectively and which have been registered in accordance with the Regulation of the People' s Republic of China on the Management of Registration of Corporate Enterprises.

Cooperative Enterprises refer to a form of collective economic units (enterprises) where capitals come mainly from employees as their shares, with certain proportion of capital from the outside, where production is organized on the basis of independent operation, independent accounting for profits and losses, joint work, democratic management, and a distribution system that integrates remuneration according to work with dividend according to capital share.

Joint Ownership Enterprises refer to economic units established by two or more corporate enterprises or corporate institutions of the same or different ownership, through joint investment on the basis of voluntary participation, equality, and mutual benefits. They include State joint ownership enterprises; collective joint ownership enterprises; joint State–collective enterprises; and other joint ownership enterprises.

Limited Liability Corporations refer to economic units established with investment from 2–50 investors and registered in accordance with the Regulation of the People' s Republic of China on the Management of Registration of Corporations, each investor bearing limited liability to the corporation depending on its share of investment, and the corporation bearing liability to its debt to the maximum of its total assets. Limited liability corporations include solely State–funded limited liability corporations and other limited liability corporations.

Share-holding Corporations Ltd. refer to economic units registered in accordance with the Regulation of the People' s Republic of China on the Management of Registration of Corporations, with total registered capital divided into equal shares and raised through issuing stocks. Each investor bears limited liability to the corporation depending on the holding of shares, and the corporation bears liability to its debt to the maximum of its total assets.

Private Enterprises refer to profit–making economic units invested and established by natural persons, or controlled by natural persons using employed labour. Included in this category are private limited liability corporations, private share–holding corporations Ltd., private partnership enterprises and private–funded enterprises registered in accordance with the Company Law, the Law on Partnership Business and Interim Regulations on Private Enterprises .

Other Domestic-funded Enterprises refer to domestic–funded economic units other than those mentioned above.

Enterprises with Sole (exclusive) Foreign Investment refer to enterprises established in the mainland of China with exclusive investment from foreign investors in accordance with the Law of the People' s Republic of China on Wholly Foreign–owned Enterprises and other relevant laws.

Share–holding Corporations Ltd. with Foreign Investment refer to share–holding corporations Ltd. established with the approval from the former Ministry of Foreign Trade and Economic Relations in line with relevant State regulations, where the share of investment from foreign investors exceeds 25% of the total registered capital of the corporation. In case the share of foreign investment is less than 25% of the total registered capital, the enterprise is to be classified as domestic–funded share–holding corporation Ltd.

第二部分 国民经济核算

NATIONAL ECONOMIC ACCOUNTING

CHAPTER

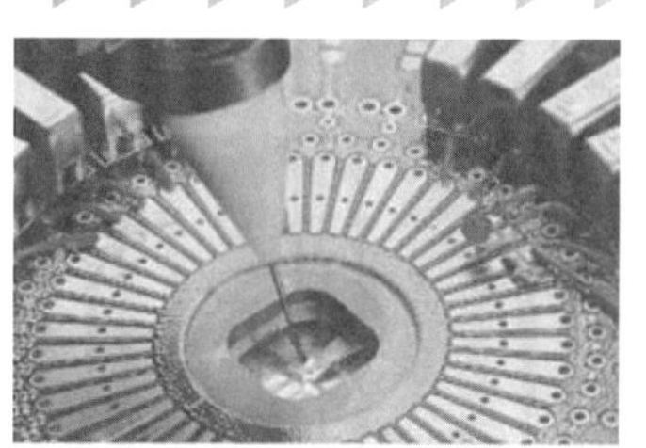

2-1 本市生产总值

GROSS DOMESTIC PRODUCT

单位：万元 (10 000 yuan)

年 份 Year	本市生产总值 Gross Domestic Product	第一产业 Primary Industry	第二产业 Secondary Industry	第三产业 Tertiary Industry	#工业 Industry	#建筑业 Construction
1979	19 638	7 273	4 017	8 348	2 313	1 704
1980	27 012	7 803	7 036	12 173	3 726	3 310
1981	49 576	13 343	16 019	20 214	8 311	7 708
1982	82 573	18 960	31 439	32 174	9 540	21 899
1983	131 212	22 614	55 848	52 750	22 466	33 382
1984	234 161	25 932	106 606	101 623	51 802	54 804
1985	390 222	26 111	163 586	200 525	102 137	61 449
1986	416 451	32 907	163 185	220 359	106 606	56 579
1987	559 015	46 519	220 463	292 033	164 445	56 018
1988	869 807	57 005	359 230	453 572	274 787	84 443
1989	1 156 565	68 615	505 361	582 589	400 579	104 782
1990	1 716 665	70 220	769 319	877 126	644 947	124 372
1991	2 366 630	80 836	1 126 084	1 159 710	928 846	197 238
1992	3 173 194	105 914	1 522 432	1 544 848	1 176 087	346 345
1993	4 531 445	108 615	2 420 214	2 002 616	1 810 085	610 129
1994	6 346 711	134 152	3 357 972	2 854 587	2 671 299	686 673
1995	8 424 833	124 122	4 221 435	4 079 276	3 370 548	850 887
1996	10 484 421	148 796	5 065 924	5 269 701	4 186 130	879 794
1997	12 974 208	147 660	6 174 083	6 652 465	5 193 120	980 963
1998	15 347 272	151 764	7 434 976	7 760 532	6 315 047	1 119 929
1999	18 040 176	150 445	9 005 486	8 884 245	7 801 018	1 204 468
2000	21 874 515	155 656	10 860 852	10 858 007	9 627 492	1 233 360
2001	24 824 874	160 413	12 297 665	12 366 796	11 053 418	1 244 247
2002	29 695 184	166 587	14 647 171	14 881 426	13 367 060	1 280 111
2003	35 857 235	142 048	18 174 235	17 540 952	16 724 227	1 450 008
2004	42 821 428	123 264	22 112 353	20 585 811	20 597 743	1 514 610
2005	49 509 078	97 385	26 425 255	22 986 438	24 925 775	1 499 480
2006	58 135 624	69 675	30 600 890	27 465 059	28 971 777	1 629 113
2007	68 015 706	69 412	34 165 740	33 780 554	32 418 834	1 746 906
2008	77 867 920	82 896	38 604 708	39 180 316	36 630 065	1 974 643
2009	82 902 842	66 894	38 264 628	44 571 320	35 924 336	2 340 292
2010	97 733 062	64 670	45 205 050	52 463 342	42 303 613	2 901 437
2011	115 158 598	65 541	53 391 059	61 701 998	49 908 802	3 482 257
2012	129 714 672	63 018	57 251 831	72 399 823	53 433 981	3 817 850
2013	145 726 689	57 955	62 867 608	82 801 126	58 523 065	4 512 043
2014	160 018 207	55 778	68 120 218	91 842 211	63 623 886	4 661 169

注：1.本表按当年价格计算。2013年起，开始使用新的《国民经济行业分类》（GB/T 4754-2011）。
Note:Data of this table are calculated at curret prices. The new Industrial Classification of the National Economy (GB/T 4754-2011) is introduced starting from 2013 annual statistics.
2.根据全国第三次经济普查结果，对2009-2013年全市生产总值进行了修订（以下相关表同）。
The data of GDP from 2009 to 2013 have adjusted by The 3rd National Economic Census(The same applied to the following tables).

单位：万元 2-1 续表 continued（10 000 yuan）

年 份 Year	#交通运输、仓储和邮政业 Transportation,Storage and Post Services	#批发和零售业 Wholesale and Retail Sales	#住宿和餐饮业 Hotels and Catering Services	#金融业 Financial Intermediation	#房地产 Real Estate	人均GDP(元) Gross Domestic Product Per Capita(yuan)
1979	1 175	3 111	1 050	1 586	467	606
1980	1 798	4 301	1 452	2 325	688	835
1981	2 908	7 104	2 398	3 883	1 152	1 417
1982	4 890	10 758	3 631	6 274	1 850	2 023
1983	7 715	16 868	5 694	11 183	3 181	2 512
1984	14 866	29 948	10 108	22 865	6 301	3 504
1985	25 519	55 943	18 882	46 522	14 759	4 809
1986	35 475	59 200	21 278	50 620	15 420	4 584
1987	54 144	71 776	30 897	62 962	17 347	5 349
1988	71 317	114 899	41 883	119 543	35 016	6 477
1989	90 993	117 160	42 744	150 856	53 831	6 710
1990	112 692	152 877	51 823	240 157	91 396	8 724
1991	147 651	239 760	59 056	266 849	155 372	11 997
1992	166 595	333 580	84 904	332 492	236 652	12 827
1993	190 248	449 485	144 272	405 899	328 708	15 005
1994	245 271	583 961	288 170	596 275	472 171	16 954
1995	400 524	779 177	405 147	887 865	673 506	19 550
1996	497 713	1 128 234	432 463	1 118 350	842 883	22 498
1997	481 983	1 339 511	478 192	1 562 531	955 661	25 675
1998	536 162	1 532 951	538 158	1 809 703	1 062 525	27 701
1999	610 210	1 822 078	573 446	1 965 044	1 193 283	29 747
2000	756 738	2 271 487	613 559	2 215 391	1 585 464	32 800
2001	819 819	2 618 467	633 105	2 393 224	1 818 950	34 822
2002	1 009 667	3 174 034	728 976	2 487 213	2 348 995	40 369
2003	1 249 987	3 901 304	713 120	2 620 765	3 184 157	47 029
2004	1 848 718	4 601 916	841 186	2 730 843	4 110 367	54 236
2005	2 156 867	5 202 044	971 905	3 056 820	4 449 012	60 801
2006	2 507 328	5 738 239	1 166 653	4 626 637	5 202 636	68 441
2007	2 909 418	6 608 000	1 262 695	7 657 042	6 130 153	76 273
2008	2 984 966	7 729 584	1 655 958	9 693 615	4 900 481	83 431
2009	3 027 986	8 643 036	1 708 693	10 991 122	6 772 994	85 060
2010	3 495 305	10 687 180	2 033 964	13 170 664	7 495 301	96 184
2011	3 858 535	13 230 138	2 344 084	15 649 317	8 579 914	110 520
2012	4 109 201	16 297 209	2 547 355	17 163 650	10 888 097	123 451
2013	4 632 911	18 484 128	2 735 863	19 510 048	12 032 709	137 632
2014	5 004 047	19 621 414	3 179 989	21 949 263	13 238 647	149 495

2-2 本市生产总值三次产业构成

COMPOSITION OF GROSS DOMESTIC PRODUCT BY THREE INDUSTRIES

单位：%　　(%)

年 份 Year	本市生产总值 Gross Domestic Product	第一产业 Primary Industry	第二产业 Secondary Industry	第三产业 Tertiary Industry	#工业 Industry	#建筑业 Construction
1979	100	37.0	20.5	42.5	11.8	8.7
1980	100	28.9	26.0	45.1	13.8	12.2
1981	100	26.9	32.3	40.8	16.8	15.5
1982	100	22.9	38.1	39.0	11.6	26.5
1983	100	17.2	42.6	40.2	17.1	25.5
1984	100	11.1	45.5	43.4	22.1	23.4
1985	100	6.7	41.9	51.4	26.2	15.7
1986	100	7.9	39.2	52.9	25.6	13.6
1987	100	8.3	39.4	52.3	29.4	10.0
1988	100	6.6	41.3	52.1	31.6	9.7
1989	100	5.9	43.7	50.4	34.6	9.1
1990	100	4.1	44.8	51.1	37.6	7.2
1991	100	3.4	47.6	49.0	39.3	8.3
1992	100	3.3	48.0	48.7	37.1	10.9
1993	100	2.4	53.4	44.2	39.9	13.5
1994	100	2.1	52.9	45.0	42.1	10.8
1995	100	1.5	50.1	48.4	40.0	10.1
1996	100	1.4	48.3	50.3	39.9	8.4
1997	100	1.1	47.6	51.3	40.0	7.6
1998	100	1.0	48.4	50.6	41.1	7.3
1999	100	0.8	49.9	49.3	43.2	6.7
2000	100	0.7	49.7	49.6	44.0	5.7
2001	100	0.7	49.5	49.8	44.5	5.0
2002	100	0.6	49.3	50.1	45.0	4.3
2003	100	0.4	50.7	48.9	46.6	4.1
2004	100	0.3	51.6	48.1	48.1	3.5
2005	100	0.2	53.4	46.4	50.4	3.0
2006	100	0.1	52.6	47.3	49.8	2.8
2007	100	0.1	50.2	49.7	47.6	2.6
2008	100	0.1	49.6	50.3	47.1	2.5
2009	100	0.1	46.1	53.8	43.3	2.8
2010	100	0.1	46.2	53.7	43.3	2.9
2011	100	0.1	46.3	53.6	43.3	3.0
2012	100	0.1	44.1	55.8	41.2	2.9
2013	100	…	43.2	56.8	40.2	3.1
2014	100	…	42.6	57.4	39.8	2.9

2-3 本市生产总值指数

INDICES OF GROSS DOMESTIC PRODUCT

（以1979年为100） （1979=100）

年 份 Year	本市生产总值 Gross Domestic Product	第一产业 Primary Industry	第二产业 Secondary Industry	第三产业 Tertiary Industry	#工业 Industry	#建筑业 Construction	人均GDP Gross Domestic Product Per Capita
1980	162.7	103.0	175.8	209.5	163.3	197.0	163.0
1981	250.2	132.0	445.6	307.9	406.5	512.1	231.8
1982	396.4	182.2	730.5	504.9	415.5	1 266.1	314.7
1983	627.5	192.8	1 181.7	873.5	869.2	1 713.0	389.3
1984	1 003.3	198.8	2 347.6	1 392.7	2 003.6	2 932.6	486.6
1985	1 249.4	196.8	4 011.2	1 550.9	4 383.4	3 378.4	499.1
1986	1 283.1	231.8	4 269.3	1 537.1	4 825.1	3 324.3	457.7
1987	1 609.0	242.0	5 767.9	1 882.1	7 226.5	3 287.7	499.0
1988	2 186.6	225.1	8 306.0	2 547.1	10 603.7	4 398.9	527.7
1989	2 595.5	280.0	11 472.9	2 678.4	15 030.4	5 423.9	488.0
1990	3 439.1	298.5	16 760.4	3 286.1	22 789.5	6 508.7	566.4
1991	4 677.1	312.8	23 700.4	4 358.6	31 743.9	10 023.4	688.2
1992	6 229.9	313.7	30 607.2	6 090.4	38 297.6	17 530.9	731.0
1993	8 155.5	316.0	42 975.4	7 448.8	52 846.0	26 192.0	783.9
1994	10 677.8	298.4	58 131.1	9 463.8	74 928.7	29 569.3	827.9
1995	13 220.5	292.0	70 843.7	12 015.5	92 642.5	33 777.8	890.5
1996	15 492.8	297.6	82 475.8	14 230.3	110 244.6	35 259.1	964.9
1997	18 103.5	297.3	95 820.1	16 784.5	129 316.9	38 863.6	1 039.9
1998	20 861.0	304.8	111 553.5	19 136.4	151 218.1	44 109.5	1 092.9
1999	23 936.1	326.1	129 288.0	21 709.3	176 713.4	48 648.0	1 145.6
2000	27 688.0	336.3	152 186.1	24 600.4	212 486.7	49 653.6	1 205.1
2001	31 660.3	358.2	173 737.4	28 203.0	245 677.9	51 029.4	1 289.1
2002	36 671.2	380.2	204 425.1	32 187.2	292 815.9	53 214.6	1 447.0
2003	43 706.9	323.8	255 881.6	36 520.0	370 866.4	58 684.2	1 663.9
2004	51 264.6	270.4	309 273.6	41 482.2	455 543.4	57 627.5	1 884.7
2005	58 991.9	215.1	363 773.2	46 558.8	541 351.4	57 689.9	2 102.9
2006	68 764.0	149.4	423 164.6	54 492.0	632 621.5	61 995.3	2 349.8
2007	78 965.9	137.9	483 306.5	62 995.6	726 488.4	63 798.4	2 570.4
2008	88 532.5	125.9	540 583.6	70 841.4	816 681.7	64 102.7	2 753.4
2009	98 129.8	106.3	589 548.7	79 969.3	885 584.4	78 891.7	2 922.5
2010	110 261.1	97.1	672 322.2	88 420.7	1 008 024.9	93 328.3	3 149.8
2011	121 297.6	90.8	751 568.1	95 935.0	1 128 071.6	102 665.9	3 379.1
2012	133 461.2	90.9	806 233.6	107 911.1	1 209 879.3	110 461.3	3 686.9
2013	147 520.1	66.6	884 139.1	120 103.9	1 330 779.2	115 559.6	4 044.2
2014	160 516.3	58.8	952 545.6	131 767.1	1 438 796.6	117 383.4	4 352.9
年平均增长率 Average Annual Growth Rate	**23.5**	**-1.5**	**29.9**	**22.8**	**31.5**	**22.4**	**11.4**

注： 本表按可比价格计算。
Note: Data in this table are calculated at constant prices.

2-4 本市生产总值指数

INDICES OF GROSS DOMESTIC PRODUCT

（以上年为100） (Preceding Year=100)

年 份 Year	本市生产总值 Gross Domestic Product	第一产业 Primary Industry	第二产业 Secondary Industry	第三产业 Tertiary Industry	#工业 Industry	#建筑业 Construction	人均GDP Gross Domestic Product Per Capita
1980	162.7	103.0	175.8	209.5	163.3	197.0	163.0
1981	153.8	128.2	253.5	146.9	248.9	259.9	142.2
1982	158.4	138.0	163.9	164.0	102.2	247.2	135.8
1983	158.3	105.8	161.8	173.0	209.2	135.3	123.7
1984	159.9	103.1	198.7	159.4	230.5	171.2	125.0
1985	124.5	99.0	170.9	111.4	218.8	115.2	102.6
1986	102.7	117.8	106.4	99.1	110.1	98.4	91.7
1987	125.4	104.4	135.1	122.4	149.8	98.9	109.0
1988	135.9	93.0	144.0	135.3	146.7	133.8	105.8
1989	118.7	124.4	138.1	105.2	141.7	123.3	92.5
1990	132.5	106.6	146.1	122.7	151.6	120.0	116.1
1991	136.0	104.8	141.4	132.6	139.3	154.0	121.5
1992	133.2	100.3	129.1	139.7	120.6	174.9	106.2
1993	130.9	100.7	140.4	122.3	138.0	149.4	107.2
1994	130.9	94.4	135.3	127.1	141.8	112.9	105.6
1995	123.8	97.9	121.9	127.0	123.6	114.2	107.6
1996	117.2	101.9	116.4	118.4	119.0	104.4	108.4
1997	116.9	99.9	116.2	117.9	117.3	110.2	107.8
1998	115.2	102.5	116.4	114.0	116.9	113.5	105.1
1999	114.7	107.0	115.9	113.4	116.9	110.3	104.8
2000	115.7	103.1	117.7	113.3	120.2	102.1	105.2
2001	114.3	106.5	114.2	114.6	115.6	102.8	107.0
2002	115.8	106.1	117.7	114.1	119.2	104.3	112.3
2003	119.2	85.2	125.2	113.5	126.7	110.3	115.0
2004	117.3	83.5	120.9	113.6	122.8	98.2	113.3
2005	115.1	79.6	117.6	112.2	118.8	100.1	111.6
2006	116.6	69.5	116.3	117.0	116.9	107.5	111.7
2007	114.8	92.3	114.2	115.6	114.8	102.9	109.4
2008	112.1	91.3	111.9	112.5	112.4	100.5	107.1
2009	110.8	84.4	109.1	112.9	108.4	123.1	106.1
2010	112.4	91.4	114.0	110.6	113.8	118.3	107.8
2011	110.0	93.5	111.8	108.5	111.9	110.0	107.3
2012	110.0	100.1	107.3	112.5	107.3	107.6	109.1
2013	110.5	73.3	109.7	111.3	110.0	104.6	109.7
2014	108.8	88.3	107.7	109.7	108.1	101.6	107.6

注： 1、本表按可比价格计算。
Note: Data in this table are calculated at constant prices.
2、2011年由于国家统计局在我市开展房屋租赁业调查试点，涉及核算方法调整，因此本表2011年数据按上年同口径计算。
The data of 2011 in this table are calculated at the same caliber of last year, because of accounting method adjustments by National Bureau of Statistics survey pilot to carry out the rental industry in the city.

2-5 三次产业贡献率

SHARE OF THE CONTRIBUTIONS OF THE THREE STRATA OF INDUSTRY

单位：%　　　　(%)

年 份 Year	本市生产总值 Gross Domestic Product	第一产业 Primary Industry	第二产业 Secondary Industry	第三产业 Tertiary Industry	#工业 Industry	#建筑业 Construction
1980	100	1.9	12.3	85.8	6.5	5.8
1981	100	13.5	31.4	55.1	17.8	13.6
1982	100	14.0	19.8	66.2	0.4	19.4
1983	100	1.9	19.8	78.3	12.6	7.2
1984	100	0.6	31.6	67.8	19.3	12.3
1985	100	−0.3	68.7	31.6	61.9	6.8
1986	100	42.3	77.8	−20.1	83.9	−6.1
1987	100	1.3	46.7	52.0	47.2	−0.5
1988	100	−1.2	44.7	56.5	37.4	7.3
1989	100	5.5	78.8	15.7	69.3	9.5
1990	100	0.9	63.7	35.4	58.9	4.8
1991	100	0.5	57.0	42.5	46.3	10.7
1992	100	…	45.2	54.8	27.0	18.2
1993	100	0.1	65.3	34.6	48.4	16.9
1994	100	−0.3	61.1	39.2	56.1	5.0
1995	100	−0.1	50.8	49.3	44.6	6.2
1996	100	0.1	52.1	47.8	49.6	2.5
1997	100	…	52.0	48.0	46.8	5.2
1998	100	0.1	58.0	41.9	50.9	7.1
1999	100	0.3	58.6	41.1	53.1	5.5
2000	100	0.1	62.1	37.8	61.1	1.0
2001	100	0.3	49.0	50.7	47.9	1.1
2002	100	0.3	55.3	44.4	54.0	1.3
2003	100	−0.5	66.1	34.4	63.6	2.5
2004	100	−0.5	63.8	36.7	64.3	−0.5
2005	100	−0.4	63.7	36.7	63.7	0
2006	100	−0.4	52.6	47.8	51.2	1.4
2007	100	−0.1	51.0	49.1	50.5	0.5
2008	100	−0.1	51.8	48.3	51.7	0.1
2009	100	−0.1	44.2	55.9	39.4	4.8
2010	100	…	59.0	41.0	55.3	3.7
2011	100	…	54.4	45.6	51.5	2.9
2012	100	…	34.1	65.9	31.8	2.3
2013	100	−0.1	41.9	58.2	40.7	1.3
2014	100	…	39.8	60.2	39.4	0.5

注：产业贡献率指各产业增加值增量与GDP增量之比。

Note:Industrial contribution rate refers to the proportion of the increment of every industrial value added to the increment of GDP.

2-6 三次产业拉动力

CONTRIBUTION OF THE THREE STRATA OF INDUSTRY

单位：百分点 (percentage points)

年 份 Year	本市生产总值 Gross Domestic Product	第一产业 Primary Industry	第二产业 Secondary Industry	第三产业 Tertiary Industry	#工业 Industry	#建筑业 Construction
1980	62.7	1.2	7.7	53.8	4.1	3.6
1981	53.8	7.3	16.9	29.6	9.6	7.3
1982	58.4	8.2	11.5	38.7	0.2	11.3
1983	58.3	1.1	11.5	45.7	7.3	4.2
1984	59.9	0.4	18.9	40.6	11.6	7.3
1985	24.5	−0.1	16.8	7.8	15.2	1.6
1986	2.7	1.1	2.1	−0.5	2.3	−0.2
1987	25.4	0.3	11.9	13.2	12.0	−0.1
1988	35.9	−0.4	16.0	20.3	13.4	2.6
1989	18.7	1.0	14.7	3.0	13.0	1.7
1990	32.5	0.3	20.7	11.5	19.1	1.6
1991	36.0	0.2	20.5	15.3	16.7	3.8
1992	33.2	...	15.0	18.2	9.0	6.0
1993	30.9	...	20.2	10.7	15.0	5.2
1994	30.9	−0.1	18.9	12.1	17.4	1.5
1995	23.8	...	12.1	11.7	10.6	1.5
1996	17.2	...	9.0	8.2	8.5	0.5
1997	16.9	...	8.8	8.1	7.9	0.9
1998	15.2	...	8.8	6.4	7.8	1.0
1999	14.7	...	8.6	6.1	7.8	0.8
2000	15.7	...	9.7	6.0	9.6	0.1
2001	14.3	...	7.0	7.3	6.9	0.1
2002	15.8	...	8.8	7.0	8.5	0.3
2003	19.2	−0.1	12.7	6.6	12.2	0.5
2004	17.3	−0.1	11.0	6.4	11.1	−0.1
2005	15.1	−0.1	9.6	5.6	9.6	0
2006	16.6	−0.1	8.7	8.0	8.5	0.2
2007	14.8	...	7.5	7.3	7.5	0
2008	12.1	...	6.3	5.8	6.3	0
2009	10.8	...	4.8	6.0	4.3	0.5
2010	12.4	...	7.3	5.1	6.8	0.5
2011	10.0	...	5.4	4.6	5.2	0.3
2012	10.0	...	3.4	6.6	3.2	0.2
2013	10.5	...	4.4	6.1	4.3	0.1
2014	8.8	...	3.5	5.3	3.5	0.0

注： 1、本表按可比价格计算。
Note: The data in this table are calculated at constant prices.
2、产业拉动指GDP增长速度与各产业贡献率之乘积。
Industrial pulling rate is the growth rate of GDP multiplying industrial contribution rate.

2-7 各行业增加值

VALUE ADDED BY SECTOR

单位：万元　　　　（10 000 yuan）

指标名称	Item	2013	2014
合计	**Total**	**145 726 689**	**160 018 207**
农林牧渔业	Agriculture, Forestry, Animal Husbandry and Fishery	59 902	57 991
工　业	Industry	58 523 065	63 623 886
建筑业	Construction	4 512 043	4 661 169
批发和零售业	Wholesale and Retail Sales	18 484 128	19 621 414
交通运输、仓储和邮政业	Transportation,Storage and Post	4 632 911	5 004 047
住宿和餐饮业	Hotels and Catering Services	2 735 863	3 179 989
信息传输、软件和信息技术服务业	Information Transmission, Software and Information Technology	8 010 530	9 180 533
金融业	Financial Intermediation	19 510 048	21 949 263
房地产业	Real Estate	12 032 709	13 238 647
租赁和商务服务业	Leasing and Business Services	4 308 865	4 738 665
科学研究和技术服务业	Scientific Research and Technical Service	3 624 817	4 131 849
水利、环境和公共设施管理业	Management of Water Conservancy, Environment and Public Facilities	620 983	686 581
居民服务、修理和其他服务业	Services to Households, Repair and Other Services	1 601 021	1 842 242
教育	Education	2 168 356	2 566 533
卫生和社会工作	Health and Social Work	1 608 719	1 851 433
文化、体育和娱乐业	Culture ,Sports and Entertainment	704 226	740 815
公共管理、社会保障和社会组织	Public Management, Social Security and Social Organizations	2 588 503	2 943 150
第一产业	Primary Industry	57 955	55 778
第二产业	Secondary Industry	62 867 608	68 120 218
第三产业	Tertiary Industry	82 801 126	91 842 211

2-8 各行业增加值比重
PROPORTION OF VALUE ADDED BY SECTOR

单位：%　　　　(%)

指标名称	Item	2013	2014
合计	**Total**	**100.0**	**100.0**
农林牧渔业	Agriculture, Forestry, Animal Husbandry and Fishery	0.0	0.0
工 业	Industry	40.2	39.8
建筑业	Construction	3.1	2.9
批发和零售业	Wholesale and Retail Sales	12.7	12.3
交通运输、仓储和邮政业	Transportation,Storage and Post	3.2	3.1
住宿和餐饮业	Hotels and Catering Services	1.9	2.0
信息传输、软件和信息技术服务业	Information Transmission, Software and Information Technology	5.5	5.7
金融业	Financial Intermediation	13.4	13.7
房地产业	Real Estate	8.2	8.3
租赁和商务服务业	Leasing and Business Services	2.9	3.0
科学研究和技术服务业	Scientific Research and Technical Service	2.5	2.6
水利、环境和公共设施管理业	Management of Water Conservancy, Environment and Public Facilities	0.4	0.4
居民服务、修理和其他服务业	Services to Households, Repair and Other Services	1.1	1.1
教育	Education	1.5	1.6
卫生和社会工作	Health and Social Work	1.1	1.2
文化、体育和娱乐业	Culture ,Sports and Entertainment	0.5	0.5
公共管理、社会保障和社会组织	Public Management, Social Security and Social Organizations	1.8	1.8
第一产业	Primary Industry	…	…
第二产业	Secondary Industry	43.2	42.6
第三产业	Tertiary Industry	56.8	57.4

2-9 各行业增加值增长率

GROWTH RATE OF VALUE ADDED BY INDUSTRIES

单位：%　　　　　　　　　　　　　　　　(%)

指标名称	Item	2013	2014
合计	**Total**	**10.5**	**8.8**
农林牧渔业	Agriculture, Forestry, Animal Husbandry and Fishery	−31.5	−10.7
工　业	Industry	10.0	8.1
建筑业	Construction	4.6	1.6
批发和零售业	Wholesale and Retail Sales	14.3	6.9
交通运输、仓储和邮政业	Transportation,Storage and Post	10.9	8.1
住宿和餐饮业	Hotels and Catering Services	4.3	11.6
信息传输、软件和信息技术服务业	Information Transmission, Software and Information Technology	14.1	12.5
金融业	Financial Intermediation	11.9	10.3
房地产业	Real Estate	4.7	10.2
租赁和商务服务业	Leasing and Business Services	13.0	8.3
科学研究和技术服务业	Scientific Research and Technical Service	22.8	10.3
水利、环境和公共设施管理业	Management of Water Conservancy, Environment and Public Facilities	6.5	9.7
居民服务、修理和其他服务业	Services to Households, Repair and Other Services	8.9	14.2
教育	Education	8.0	15.6
卫生和社会工作	Health and Social Work	15.8	13.9
文化、体育和娱乐业	Culture ,Sports and Entertainment	0.3	3.9
公共管理、社会保障和社会组织	Public Management, Social Security and Social Organizations	8.2	9.7
第一产业	Primary Industry	−26.7	−11.7
第二产业	Secondary Industry	9.7	7.7
第三产业	Tertiary Industry	11.3	9.7

2-10 各行业增加值构成项目（2014年）

COMPONENTS OF VALUE ADDED BY SECTOR（2014）

单位：万元 （10 000 yuan）

行 业	Sector	本市生产总值 Gross Domestic Product	劳动者报酬 Laborers' Remun-eration	生产税净额 Net Taxes on Production	固定资产折旧 Depreciation of Fixed Assets	营业盈余 Operating Surplus
合计	**Total**	**160 018 207**	**74 725 983**	**26 348 508**	**15 206 590**	**43 737 126**
农林牧渔业	Agriculture, Forestry, Animal Husbandry and Fishery	57 991	57 991			
工 业	Industry	63 623 886	32 416 313	9 039 670	6 437 700	15 730 203
建筑业	Construction	4 661 169	2 518 422	728 851	138 560	1 275 336
批发和零售业	Wholesale and Retail Sales	19 621 414	7 495 027	8 769 237	460 923	2 896 227
交通运输、仓储和邮政业	Transportation,Storage and Post	5 004 047	3 092 461	500 399	1 049 436	361 751
住宿和餐饮业	Hotels and Catering Services	3 179 989	2 178 381	296 064	307 921	397 623
信息传输、软件和信息技术服务业	Information Transmission, Software and Information Technology	9 180 533	2 950 114	1 077 022	670 533	4 482 864
金融业	Financial Intermediation	21 949 263	5 848 733	2 376 599	327 713	13 396 218
房地产业	Real Estate	13 238 647	4 035 961	2 183 998	3 908 744	3 109 944
租赁和商务服务业	Leasing and Business Services	4 738 665	2 815 699	530 765	821 951	570 250
科学研究和技术服务业	Scientific Research and Technical Service	4 131 849	2 297 976	512 953	219 975	1 100 945
水利、环境和公共设施管理业	Management of Water Conservancy, Environment and Public Facilities	686 581	376 170	61 477	110 620	138 314
居民服务、修理和其他服务业	Services to Households, Repair and Other Services	1 842 242	1 592 085	81 877	47 429	120 851
教育	Education	2 566 533	2 267 149	45 154	192 139	62 091
卫生和社会工作	Health and Social Work	1 850 907	1 645 294	20 570	154 648	30 395
文化、体育和娱乐业	Culture ,Sports and Entertainment	740 815	419 315	100 844	156 543	64 113
公共管理、社会保障和社会组织	Public Management, Social Security and Social Organizations	2 943 676	2 718 892	23 028	201 755	1
第一产业	Primary Industry	55 778	55 778			
第二产业	Secondary Industry	68 120 218	34 879 502	9 752 654	6 566 821	16 921 241
第三产业	Tertiary Industry	91 842 211	39 790 703	16 595 854	8 639 769	26 815 885

注：本表按当年价格计算。
Note: Data of this table are calculated at current prices。

2-11 支出法本市生产总值

GROSS DOMESTIC PRODUCT BY EXPENDITURE APPROACH

单位：万元 (10 000 yuan)

年 份Year	支出法本市生产总值 Gross Domestic Product by Expenditure Approach	最终消费Final Consumption Expenditure	资本形成总额 Gross Capital Formation	货物和服务净流出 Net Exports of Goods and Services	最终消费率 (消费率)(%) Final Consumption Rate (%)	资本形成率 (投资率) (%) Capital Formation Rate (%)
1992	3 173 194	1 158 215	1 526 307	488 672	36.5	48.1
1993	4 531 445	1 617 614	2 213 934	699 897	35.7	48.9
1994	6 346 711	2 093 226	3 017 863	1 235 622	33.0	47.6
1995	8 424 833	2 742 676	3 804 542	1 877 615	32.6	45.2
1996	10 484 421	3 507 440	4 640 491	2 336 490	33.5	44.3
1997	12 974 208	4 505 396	5 359 184	3 109 628	34.7	41.3
1998	15 347 272	5 428 294	6 259 278	3 659 700	35.4	40.8
1999	18 040 176	6 470 653	7 370 863	4 198 660	35.9	40.9
2000	21 874 515	8 613 333	8 650 841	4 610 341	39.4	39.5
2001	24 824 874	10 796 286	9 395 196	4 633 392	43.5	37.8
2002	29 695 184	13 754 155	10 966 553	4 974 476	46.3	36.9
2003	35 857 235	17 012 523	13 302 226	5 542 486	47.4	37.1
2004	42 821 428	20 460 613	16 210 006	6 150 809	47.8	37.9
2005	49 509 078	17 951 987	20 673 753	10 883 338	36.3	41.8
2006	58 135 624	21 154 977	22 775 100	14 205 547	36.4	39.2
2007	68 015 706	24 967 129	24 216 107	18 832 470	36.7	35.6
2008	77 867 920	29 201 616	25 454 037	23 212 267	37.5	32.7
2009	82 902 842	34 418 024	25 437 628	23 047 190	41.5	30.7
2010	97 733 062	40 951 969	28 980 966	27 800 127	41.9	29.7
2011	115 158 598	47 145 838	34 594 086	33 418 674	40.9	30.0
2012	129 714 672	55 001 978	36 167 703	38 544 991	42.4	27.9
2013	145 726 689	60 014 810	42 664 101	43 047 778	41.2	29.3
2014	160 018 207	68 747 459	47 279 007	43 991 741	43.0	29.5

注： 本表按当年价格计算。
Note: Data of this table are calculated at current prices.

2-12 各区生产总值

GROSS DOMESTIC PRODUCT BY DISTRICT

单位：万元

年 份 Year	全市 Total	福田区 Futian	罗湖区 Luohu	盐田区 Yantian	南山区 Nanshan
2000	21 874 515	5 027 506	2 937 569	506 406	5 035 461
2001	24 824 874	5 656 978	3 175 776	609 770	5 710 571
2002	29 695 184	6 688 282	3 717 578	801 778	6 771 890
2003	35 857 235	7 972 713	4 271 370	1 039 501	8 285 677
2004	42 821 428	9 210 878	4 894 426	1 238 610	9 849 216
2005	49 509 078	10 340 815	5 301 055	1 474 060	11 363 967
2006	58 135 624	11 647 097	5 933 161	1 721 439	12 665 819
2007	68 015 706	13 133 597	7 108 138	2 021 615	14 658 195
2008	77 867 920	15 204 504	8 162 693	2 264 261	16 713 631
2009	82 902 842	16 359 674	8 848 615	2 520 353	17 294 987
2010	97 733 062	18 788 014	10 363 416	2 881 114	20 459 279
2011	115 158 598	20 934 837	12 024 593	3 270 442	24 432 827
2012	129 714 672	23 757 257	13 582 520	3 661 787	28 360 020
2013	145 726 689	27 146 439	14 942 336	4 104 196	32 230 645
2014	160 018 207	29 590 406	16 253 301	4 501 469	34 649 427

注：1、本表按当年价格计算。
Note: Data of this table are calculated at current prices。

2、宝安区包含光明新区、龙华新区，新宝安区不含光明新区、龙华新区；龙岗区包含坪山新区、大鹏新区，新龙岗区不含坪山新区、大鹏新区。后同。
The data of Guangming and Longhua are included in Baoan, the data of Guangming and Longhua are excluded in New Baoan;The data of Pingshan and Dapeng are included in Longgang,the data of Pingshan and Dapeng are excleded in New Longgang (The same applied to the following tables).

(10 000 yuan)

宝安区 Baoan	新宝安区 New Baoan	光明新区 Guangming	龙华新区 Longhua	龙岗区 Longgang	新龙岗区 New Longgang	坪山新区 Pingshan	大鹏新区 Dapeng
4 681 824				3 685 749			
5 309 682				4 362 097			
6 484 846				5 230 810			
7 847 425				6 440 549			
9 775 229				7 853 069			
11 736 821				9 292 360			
15 252 352				10 915 756			
18 240 558				12 853 603			
20 868 748		1 860 863		14 654 083			
22 321 547		2 224 317		15 557 666		1 682 619	
26 910 483		2 870 674		18 330 756		2 276 698	
32 882 453		3 858 603		21 613 446		2 778 511	
35 078 623		5 045 967		25 274 465		3 452 486	
39 435 743	20 442 625	5 835 962	13 157 156	27 867 330	21 532 826	3 871 849	2 462 655
44 982 436	23 681 533	6 320 136	14 980 767	30 041 168	23 210 811	4 237 273	2 593 084

2-13 各区生产总值指数
INDICES OF GROSS DOMESTIC PRODUCT BY DISTRICT

（以上年为100）

年 份 Year	全市 Total	福田区 Futian	罗湖区 Luohu	盐田区 Yantian	南山区 Nanshan
2001	114.3	113.4	111.3	116.5	115.1
2002	115.8	113.7	111.8	126.6	115.6
2003	119.2	116.5	111.5	127.0	121.7
2004	117.3	112.9	111.4	116.5	117.1
2005	115.1	110.9	107.8	118.5	114.8
2006	116.6	114.0	113.4	116.2	112.7
2007	114.8	112.7	112.9	116.0	110.6
2008	112.1	110.3	109.1	110.9	112.1
2009	110.8	110.2	107.7	110.2	111.4
2010	112.4	110.8	108.7	110.5	112.2
2011	110.0	108.5	108.2	110.0	111.6
2012	110.0	109.0	108.6	110.0	111.6
2013	110.5	110.3	109.2	110.1	112.0
2014	108.8	108.9	108.0	108.9	109.0

注： 本表按可比价格计算。
Note: Data in this table are calculated at constant prices.

(Preceding Year=100)

宝安区 Baoan	新宝安区 New Baoan	光明新区 Guangming	龙华新区 Longhua	龙岗区 Longgang	新龙岗区 New Longgang	坪山新区 Pingshan	大鹏新区 Dapeng
114.3				120.4			
118.7				116.9			
120.4				122.3			
122.9				120.1			
119.1				118.6			
121.0				119.2			
118.2				118.5			
113.3				114.2			
112.2				110.9			
115.1		128.2		113.0		127.7	
114.5		128.5		111.8		114.5	
108.4		125.1		111.4		115.2	
109.0	111.6	115.5	104.0	110.7	111.2	113.1	
109.1	109.6	111.0	108.0	108.9	109.5	110.0	103.7

2-14 各区分行业增加值（2014年）

VALUE ADDED OF SECTOR BY DISTRICT （2014）

单位：万元

行　业	Sector	福田区 Futian	罗湖区 Luohu	盐田区 Yantian	南山区 Nanshan
本市生产总值	**Gross Domestic Product**	**29 590 406**	**16 253 301**	**4 501 469**	**34 649 427**
农林牧渔业	Farming,Forestry,Animal Husbandry and Fishery	14 579	1 366	318	10 190
工业	Industry	1 679 498	1 069 863	612 418	18 930 573
建筑业	Construction	338 198	197 382	202 945	650 808
批发和零售业	Wholesale and Retail Trade	6 792 707	3 273 780	659 423	2 142 973
交通运输、仓储和邮政业	Transport,Storage and Post	884 556	576 980	1 062 324	875 580
住宿和餐饮业	Hotels and Catering Services	469 589	440 282	67 439	377 726
金融业	Financial Intermediation	9 676 164	5 824 880	502 459	1 935 526
房地产业	Real Estate	2 264 415	1 360 515	499 985	1 976 122
其他服务业	Other Services	7 470 700	3 508 253	894 158	7 749 929
第一产业	Primary Industry	14 579	1 366	318	8 275
第二产业	Secondary Industry	2 007 845	1 264 700	811 407	19 483 061
第三产业	Tertiary Industry	27 567 982	14 987 235	3 689 744	15 158 091

注：　本表按当年价格计算。
Note: Date of this table are calculated at curret prices.

(10 000 yuan)

宝安区 Baoan	新宝安区 New Baoan	光明新区 Guangming	龙华新区 Longhua	龙岗区 Longgang	新龙岗区 New Longgang	坪山新区 Pingshan	大鹏新区 Dapeng
44 982 436	**23 681 533**	**6 320 136**	**14 980 767**	**30 041 168**	**23 210 811**	**4 237 273**	**2 593 084**
16 197	4 920	8 261	3 016	15 341	4 209	6 289	4 843
23 807 877	11 353 004	3 850 032	8 604 841	17 523 657	13 537 873	2 509 812	1 475 972
1 766 233	719 435	475 469	571 329	1 505 603	995 099	374 905	135 599
4 438 099	2 638 909	446 958	1 352 232	2 314 432	1 834 386	329 705	150 341
1 284 592	982 324	76 103	226 165	320 015	245 200	46 092	28 723
1 277 446	749 925	145 198	382 323	547 507	446 964	62 454	38 089
2 595 223	1 679 507	231 981	683 735	1 415 011	1 178 097	167 722	69 192
4 423 849	2 406 794	382 581	1 634 474	2 713 761	2 337 836	288 344	87 581
5 372 920	3 146 715	703 553	1 522 652	3 685 841	2 631 147	451 950	602 744
16 197	4 920	8 261	3 016	15 043	4 127	6 167	4 749
25 524 838	12 024 248	4 325 501	9 175 089	19 028 367	14 532 201	2 884 598	1 611 568
19 441 401	11 652 365	1 986 374	5 802 662	10 997 758	8 674 483	1 346 508	976 767

2-15 各区分行业增加值指数（2014年）

INDICES OF VALUE ADDED OF SECTOR BY DISTRICT（2014）

（以上年为100）

行 业	Sector	福田区 Futian	罗湖区 Luohu	盐田区 Yantian	南山区 Nanshan
本市生产总值	**Gross Domestic Product**	**108.9**	**108.0**	**108.9**	**109.0**
农林牧渔业	Farming,Forestry,Animal Husbandry and Fishery	148.9	83.0	72.5	95.8
工业	Industry	105.6	104.2	100.9	108.5
建筑业	Construction	102.8	101.3	100.3	103.4
批发和零售业	Wholesale and Retail Trade	106.7	107.2	107.4	106.3
交通运输、仓储和邮政业	Transport,Storage and Post	107.5	106.0	111.0	107.3
住宿和餐饮业	Hotels and Catering Services	109.1	111.6	114.7	106.7
金融业	Financial Intermediation	109.6	108.3	111.2	113.0
房地产业	Real Estate	108.3	106.4	117.6	109.8
其他服务业	Other Services	111.6	110.9	110.9	111.1
第一产业	Primary Industry	154.1	87.1	77.5	80.1
第二产业	Secondary Industry	105.2	103.8	100.8	108.4
第三产业	Tertiary Industry	109.2	108.4	111.3	109.9

注： 本表按可比价格计算。
Note: Data in this table are calculated at constant prices.

(Preceding Year=100)

宝安区 Baoan	新宝安区 New Baoan	光明新区 Guangming	龙华新区 Longhua	龙岗区 Longgang	新龙岗区 New Longgang	坪山新区 Pingshan	大鹏新区 Dapeng
109.1	**109.6**	**111.0**	**108.0**	**108.9**	**109.5**	**110.0**	**103.7**
70.9	70.8	70.9	70.7	82.5	82.5	82.6	82.4
108.8	109.7	112.3	106.2	110.1	111.2	110.8	101.1
102.4	102.6	102.3	102.3	99.8	99.2	102.1	98.4
107.4	107.2	109.0	107.9	106.7	106.7	106.7	107.0
109.7	109.7	108.4	111.0	107.2	106.8	110.0	107.3
112.9	109.8	113.4	118.6	108.5	108.0	114.3	106.7
113.6	113.6	114.2	113.7	110.4	110.4	114.0	108.8
111.1	111.8	109.0	111.7	106.9	106.0	112.3	116.5
110.7	110.2	110.7	112.7	108.9	108.7	112.0	109.6
74.4	76.0	73.6	75.9	83.9	84.2	83.6	84.1
108.4	109.3	111.4	106.0	109.3	110.4	109.8	100.9
110.3	110.1	110.1	111.6	108.1	107.7	110.6	109.3

主要统计指标解释

国内生产总值（GDP） 指按市场价格计算的一个国家（或地区）所有常住单位在一定时期内生产活动的最终成果。国内生产总值有三种表现形态，即价值形态、收入形态和产品形态。从价值形态看，它是所有常住单位在一定时期内生产的全部货物和服务价值与同期投入的全部非固定资产货物和服务价值的差额，即所有常住单位的增加值之和；从收入形态看，它是所有常住单位在一定时期内创造并分配给常住单位和非常住单位的初次收入之和；从产品形态看，它是所有常住单位在一定时期内最终使用的货物和服务价值与货物和服务净出口价值之和。在实际核算中，国内生产总值有三种计算方法，即生产法、收入法和支出法。三种方法分别从不同的方面反映国内生产总值及其构成。

对于一个地区来说，称为地区生产总值或地区GDP。

增加值 指常住单位生产过程创造的新增价值和固定资产的转移价值。它可以按生产法计算，也可以按收入法计算，按生产法计算，它等于总产出减去中间投入；按收入法计算，它等于劳动者报酬、生产税净额、固定资产折旧和营业盈余之和。

劳动者报酬 指劳动者因从事生产活动所获得的全部报酬。包括劳动者获得的各种形式的工资、奖金和津贴，既有货币形式的，也有实物形式的，还包括劳动者所享受的公费医疗和医药卫生费、上下班交通补贴、单位支付的社会保险费、住房公积金等。对于个体经济来说，其所有者所获得的劳动报酬和经营利润不易区分，这两部分统一作为劳动者报酬处理。

生产税净额 指生产税减生产补贴后的差额。生产税指政府对生产单位从事生产、销售和经营活动以及因从事生产活动使用某些生产要素（如固定资产、土地、劳动力）所征收的各种税、附加费和规费。生产补贴与生产税相反，指政府对生产单位的单方面转移支付，因此视为负生产税，包括政策性亏损补贴、价格补贴等。

固定资产折旧 指一定时期内为弥补固定资产损耗按照规定的固定资产折旧率提取的固定资产折旧，或按国民经济核算统一规定的折旧率虚拟计算的固定资产折旧。它反映了固定资产在当期生产中的转移价值。各类企业和企业化管理的事业单位的固定资产折旧是指实际计提的折旧费；不计提折旧的政府机关、非企业化管理的事业单位和居民住房的固定资产折旧是按照统一规定的折旧率和固定资产原值计算的虚拟折旧。原则上，固定资产折旧应按固定资产的重置价值计算，但是目前我国尚不具备对全社会固定资产进行重估价的基础，所以暂时还不能采用这种办法。

营业盈余 指常住单位创造的增加值扣除劳动者报酬、生产税净额和固定资产折旧后的余额。它相当于企业的营业利润加上生产税补贴，但要扣除从利润中开支的工资和福利等。

支出法国内（地区）生产总值 指一个国家（或地区）所有常住单位在一定时期内用于最终消费、资本形成总额，以及货物和服务净出口的总额，它反映本期生产的国内生产总值的使用情况。

最终消费 指常住单位在一定时期内对于货物和服务的全部最终消费支出，也就是常住单位为满足物质、文化和精神生活的需要，从本国经济领土和国外购买的货物和服务的支出，不包括非常住单位在本国经济领土内的消费支出。最终消费分为居民消费和政府消费。

居民消费 指常住居民对货物和服务的全部最终消费支出。它除了常住居民直接以货币形式购买货物和服务的消费之外，还包括以其他方式获得的货物和服务的消费，即单位以实物报酬及实物转移的形式提供给劳动者的货物和服务；居民生产并由居民自己消费的货物和服务，其中的服务仅指居民的自有住房服务和付酬的家庭服务；金融机构提供的金融媒介服务；保险公司提供的保险服务。

政府消费 指政府部门为全社会提供公共服务的消费支出和免费或以较低价格向居民提供的消费货物和服务净支出。前者等于政府服务的产出价值减去政府单位所获得的经营收入后的价值，政府服务的产出价值等于它的经常性业务支出加上固定资产折旧；后者等于政府部门免费或以较低价格向住户提供的货物和服务的市场价值减去向居民收取的价值。

资本形成总额 指常住单位在一定时期内获得的减处置的固定资产加存货的净变动额，包括固定资本形成总额和存货增加。

固定资本形成总额 指生产者在一定时期内获得的固定资产减处置的固定资产的价值总额。固定资产是通过生产活动生产出来的，其使用年限在一年以上，单位价值在规定标准以上的资产，不包括自然资产。固定资本形成总额分有形固定资本形成总额和无形固定资本形成总额。有形固定资本形成总额包括一定时期内完成的建筑工程、安装工程、设备工器具购置（减处置）价值以及土地改良、新增役、种、奶、毛、娱乐用牲畜和新增经济林木价值。无形固定资本形成总额包括矿藏的勘探、计算机软件等获得减处置。

存货增加 指常住单位存货实物量变动的市场价值，即期末价值减期初价值的差额，再扣除当期由于价格变动而产生的持有收益。存货增加可以是正值，也可以是负值；正值表示存货增加，负值表示存货减少。它包括生产单位购进的原材料、燃料和储备物资等存货，以及生产单位生产的产成品、在制品存货等。

货物和服务净流出 指货物和服务流出减货物和服务流入的差额。流出包括常住单位向非常住单位出售或无偿转让的各种货物和服务的价值；流入包括常住单位从非常住单位购买或无偿得到的各种货物和服务价值。由于服务活动的提供与使用同时发生，因此服务的流入流出业务并不发生出入境现象，一般把常住单位从非常住单位得到的服务作为流入，常住单位向非常住单位提供的服务作为流出。

三次产业 根据社会生产活动历史发展的顺序对产业结构的划分，产品直接取自自然界的部门称为第一产业，初级产品进行再加工的部门称为第二产业，为生产和消费提供各种服务的部门称为第三产业。它是世界上通用的产业结构分类，但各国的划分不尽一致。我国的三次产业划分是：

第一产业是指农、林、牧、渔业，不含农、林、牧、渔业中的农、林、牧、渔服务业。

第二产业是指采矿业，制造业，电力、燃气及水的生产和供应业，建筑业，不含采矿业中的开采辅助活动，制造业中的金属制品、机械和设备修理业。

第三产业是指除第一、第二产业以外的其他行业。包括批发和零售业，交通运输、仓储和邮政业，住宿和餐饮业，信息传输、软件和信息技术服务业，金融业，房地产业，租赁和商务服务业，科学研究和技术服务业，水利、环境和公共设施管理业，居民服务、修理和其他服务业，教育，卫生和社会工作，文化、体育和娱乐业，公共管理、社会保障和社会组织，国际组织，以及农、林、牧、渔业中的农、林、牧、渔服务业，采矿业中的开采辅助活动，制造业中的金属制品、机械和设备修理业。

Explanatory Notes on Main Statistical Indicators

Gross domestic product (GDP) refers to the final products at market prices produced by all resident units in a country during a certain period of time.Gross domestic product is expressed in three different perspectives,namely value,income and products respectively.GDP in its value perspective refers to the balance of total value of all goods and services produced by all resident units during a certain period of time,minus the total value of input of goods and services of the nature of non−fixed assets;in other words,it is the sum of the value−added of all resident units.GDP from the perspective of income includes the primary income created by all esident units and distributed to resident and non−resident units.GDP from the perspective of products refers to the value of all goods and services for final emand by all resident units plus the net exports of goods and services during a given preriod of time.In the practice of ntaional accounting,gross domestic product is calculated from three approches,namely production approach,income aproach and expenditure approach,which reflect gross domestic product and its composition from different angles.

For a region, it is called as Gross Regional Product(GRP) or regional GDP.

Value-added refers to value newly created in the process of production by resident units and the transfer value of fixed assets. It can be calculated by both production approach and income approach. In terms of production approach, it is the total output minus intermediate input. In terms of income approach, it is the summation of laborers' remuneration, net taxes on production, depreciation of fixed assets and operating surplus.

Laborers' Remuneration refers to the whole payment of various forms earned by laborers from productive activities they are engaged in, including wages, bonuses and allowances earned in monetary form and in kind, as well as free medical services provided to the laborers and the medicine expenses, traffic subsidies, and social insurance fee and housing fund paid by the laborers' working units for them. In terms of individual economy, since laborers' remuneration is not easily distinguished from the operating profit, both are treated as laborers' remuneration.

Net Taxes on Production refers to taxes on production less subsidies on production.The taxes on production refers to the various taxes,extra charges and fees levied on the production units on their production,sale and business activities as well as on the use of some facors of production,such as fixed assets,land and labour in the production activities they are engaged in.In contrast to taxes on production,subsidies on prodution refer to the unilateral govenment transfer to the production units and are therefore regarded as negative taxes on production.They include subsidies on the loss due to implementation of government policies,price subsidies,etc.

Depreciation of Fixed Assets refers to the depreciation of fixed assets of a given period, drawn in accordance with the stipulated depreciation rate for the purpose of compensating the wear loss of the fixed assets or the depreciation of fixed assets calculated in a fictitious way in accordance with the stipulated unified depreciation rate in the national economic accounting system. It reflects the value of transfer of the fixed assets in the production of the current period. The depreciation of fixed assets in various enterprises and institutions managed as enterprises refers to the depreciation expenses actually drawn and calculated as part of the cost. In government agencies and institutions not managed as enterprises which do not draw the depreciation expenses, as well as for the houses of residents, the depreciation of fixed assets is the imputed depreciation, which is calculated in accordance with the stipulated unified depreciation rate and the original value of the fixed assets. In principle, the depreciation of fixed assets should be calculated on the basis of the repurchase value of the fixed assets. However, there is no actual condition to reevaluate all the fixed assets in China.

Therefore, the above-mentioned methods are temporarily adopted at present.

Operating Surplus refers to the balance of the value-added created by the resident units deducting the laborers' remuneration, net taxes on production and the depreciation of fixed assets. It is equivalent to the business profit of the enterprises plus subsidies on production, but the wages and welfare expenses paid from the profits should be deducted.

GDP by Expenditure Approach refers to the method of measuring the final results of production activities of a country(region) during a given period from the perspective of final uses.It includes final consumption expenditure,gross capital formation and net export of goods and services.The formula for computation is.:

GDP by expenditure approach = final consumption expenditure + gross capital formation + net export of goods and services

Final Consumption refers to the total expenditure of resident units on final consumption of goods and services in a certain period, namely the expenditure of the resident units for purchases of goods and services from domestic economic territory and abroad to meet the requirements of material, cultural and spiritual life. It excludes the expenditure of nonresident units on consumption in the economic territory of the country. The final consumption is classified into household consumption and government consumption.

Resident Consumption refers to the total expenditure of residents on the final consumption of goods and services. In addition to the consumption of goods and services paid for in monetary form by the residents, the expenditure on goods and services obtained by the residents in other ways is also included in the resident consumption, which includes: (a) goods and services provided to the residents by the units in the form of payment in kind and transfer in kind; (b) goods and services produced and consumed by the residents themselves, where services refer only to services related to residential buildings owned by the residents and paid services for the households; (c) services of financial intermediary provided by financial institutions; and (d) insurance services provided by insurance companies.

Government Consumption refers to the expenditure on the consumption of public services provided by the government to the whole society and the net expenditure on goods and services provided by the government for residents free of charge or at low prices. The former equals the output value of the government services minus thc value of operating income obtained by the government departments. The latter equals the market value of goods and services provided by the government free of charge or at low prices for residents minus the value charged by the government on households.

Total Capital Formation refers to the net value of change within a certain period calculated as fixed assets acquired minus those disposed plus inventory, which includes total fixed assets formation and increase in inventory.

Total Fixed Capital Formation refers to the value of fixed assets acquired minus the value of fixed assets disposed within a certain period, where fixed assets refer to assets produced through productive activities with a term of use of over one year and a unit price above designated standards, excluding natural assets. Total fixed capital formation can be classified into total tangible assets formation and total intangible assets formation. Total tangible assets formation includes the value of the construction projects, installation projects completed and the equipment, apparatus and instruments purchased as well as the value of land improved, the value of draught animals, breeding stock, milk, wool and recreational animals and newly-increased economic forest in a certain period. Total intangible assets formation includes value acquired through the prospecting of minerals, computer software, and other operations minus the disposal of them.

Increase in Inventory refers to the market value of the change in inventory in resident units, i.e. the difference in value between the beginning and the end of the period minus benefits aquired through the posession of inventory that have appreciated during the period. The increase in inventory can be positive or negative. A positive value indicates the increase in stock while a negative value indicates the decrease in stock. The inventory includes the raw materials, fuels and reserve materials purchased by the production units as well as the inventory of finished products, semi–finished products and work in progress, etc.

Net Outflow of Goods and Services refers to the difference between the outflow of goods and services andthe inflow of goods and services. The outflow includes the value of various goods and services sold or gratuitously transferred by resident units to nonresident units. The inflow includes the value of various goods and services purchased or gratuitously acquired by resident units from non–resident units. As the provision of services and the use of them happen simultaneously, the inflow and outflow of services do not involve border crossing. The acquisition of services by the resident units from nonresident units is usually treated as inflow while the provision of services by the resident units for nonresident units is usually treated as outflow.

Three Industries are the classification of industrial structure according to the historical sequence of development of social production. Primary industry refers to direct extraction of natural resources; secondary industry involves processing of primary products; and tertiary industry provides services of various kinds for production and consumption. Such classification is a common practice in the world, though grouping varies to some extent from country to country. In China the three industries are defined as follows:

Primary industry refers to agriculture, forestry, animal husbandry and fishery, excluding agriculture, forestry, animal husbandry and fishery services in agriculture， forestry, animal husbandry and fishery.

Secondary industry refers to mining, manufacturing, production and supply of electric power, water and gas, and construction, excluding mining activities in mining, metal products, machinery and equipment repair in manufacturing.

Tertiary industry refers to all other industries not included in primary or secondary industry.Including wholesale and retail trades, transport, storage and post, hotels and catering services, information transmission, software and information technology, financial intermediation, real estate, leasing and business services, scientific research and technical services, management of water conservancy, environment and public facilities, services to households, repair and other services, education, health care and social service, culture, sports and recreation, public administration, social security and social organizations, international organizations, agriculture, forestry, animal husbandry and fishery services in agriculture, forestry, animal husbandry and fishery, mining activities in mining, metal products, machinery and equipment repair in manufacturing.

03 第三部分 人口和劳动力

POPULATION AND LABOR FORCE

CHAPTER

3-1 户数、人口、出生、死亡及自然增长

HOUSEHOLDS, POPULATION, BIRTH, DEATH AND NATURAL GROWTH

年 份 Year	年末户籍人口户数(万户) Households with Residence Registration (year-end) (10 000 households)	年末常住人口数 (万人) Year-end Permanent Population (10 000 persons)	户籍人口 Registered Population	非户籍人口 Non-registered Population
1979	7.62	31.41	31.26	0.15
1980	7.82	33.29	32.09	1.20
1981	8.20	36.69	33.39	3.30
1982	8.61	44.95	35.45	9.50
1983	9.25	59.52	40.52	19.00
1984	10.32	74.13	43.52	30.61
1985	11.27	88.15	47.86	40.29
1986	12.41	93.56	51.45	42.11
1987	13.88	105.44	55.60	49.84
1988	15.30	120.14	60.14	60.00
1989	16.51	141.60	64.82	76.78
1990	18.19	167.78	68.65	99.13
1991	19.56	226.76	73.22	153.54
1992	21.81	268.02	80.22	187.80
1993	24.32	335.97	87.69	248.28
1994	26.74	412.71	93.97	318.74
1995	28.67	449.15	99.16	349.99
1996	30.35	482.89	103.38	379.51
1997	32.15	527.75	109.46	418.29
1998	34.07	580.33	114.60	465.73
1999	36.15	632.56	119.85	512.71
2000	38.87	701.24	124.92	576.32
2001	41.14	724.57	132.04	592.53
2002	44.73	746.62	139.45	607.17
2003	47.55	778.27	150.93	627.34
2004	52.04	800.80	165.13	635.67
2005	57.01	827.75	181.93	645.82
2006	61.37	871.10	196.83	674.27
2007	64.88	912.37	212.38	699.99
2008	67.10	954.28	228.07	726.21
2009	69.81	995.01	241.45	753.56
2010	71.44	1 037.20	251.03	786.17
2011	74.54	1 046.74	267.90	778.85
2012	78.29	1 054.74	287.62	767.13
2013	84.83	1 062.89	310.47	752.42
2014	89.76	1 077.89	332.21	745.68

注： 自2004年起，深圳市全面实现农村城市化后，已不存在“农业户”及“农业人口”。

Note: From 2004, the indices, agricultural household and agricultural population have been cancelled because of urbanization in Shenzhen.

3-1 续表 1 continued

年 份 Year	在年末户籍人口中 Among Population with Residence Registration at the Year-end		户籍户平均 每户人口(人) Average Persons Per Household with Residence Registration (person)	年平均人口(万人) Average Annual Population (10 000 persons)	
	男性(万人) Male (10 000 persons)	女性(万人) Female (10 000 persons)		按常住人口计算 Permanent Population	按户籍人口计算 Population with Residence Registration
1979	14.26	17.00	4.10		
1980	14.69	17.40	4.10	32.35	31.68
1981	15.51	17.88	4.07	34.99	32.74
1982	16.67	18.78	4.12	40.82	34.42
1983	20.50	20.02	4.38	52.24	37.99
1984	22.01	21.51	4.22	66.83	42.02
1985	24.32	23.54	4.25	81.14	45.69
1986	26.13	25.32	4.15	90.86	49.66
1987	28.22	27.38	4.01	99.50	53.53
1988	30.49	29.64	3.93	112.79	57.87
1989	32.89	31.93	3.93	130.87	62.48
1990	34.92	33.73	3.77	154.69	66.74
1991	37.27	35.95	3.74	197.27	70.94
1992	41.19	39.03	3.68	247.39	76.72
1993	45.25	42.44	3.61	302.00	83.96
1994	48.62	45.35	3.51	374.34	90.83
1995	51.37	47.80	3.46	430.93	96.57
1996	53.64	49.75	3.41	466.02	101.27
1997	56.79	52.66	3.40	505.32	106.64
1998	59.73	54.87	3.36	554.04	112.03
1999	62.69	57.16	3.32	606.45	117.22
2000	65.21	59.71	3.21	666.90	122.39
2001	69.47	62.57	3.21	712.91	128.48
2002	73.59	65.86	3.12	735.60	135.75
2003	79.72	71.21	3.17	762.45	145.19
2004	87.58	77.55	3.17	789.54	158.03
2005	96.69	85.24	3.19	814.28	173.53
2006	104.75	92.08	3.21	849.42	189.38
2007	112.98	99.40	3.27	891.74	204.60
2008	121.22	106.85	3.40	933.33	220.22
2009	128.38	113.07	3.46	974.65	234.76
2010	133.21	117.82	3.51	1 016.11	246.24
2011	141.61	126.29	3.59	1 041.97	259.47
2012	151.15	136.47	3.67	1 050.74	277.76
2013	161.93	148.54	3.66	1 058.82	299.04
2014	172.16	160.05	3.70	1 070.39	321.34

年 份 Year	出生人口数 (人) Population of Birth (person)	出生率 (‰) Birth Rate (‰)	死亡人口数 (人) Population of Death (person)	死亡率 (‰) Death Rate (‰)	自然增长人数(人) Population of Natural Growth(person)	自然增长率 (‰) Natural Growth Rate (‰)
1979	7 962	24.60	1 856	5.70	6 106	18.90
1980	6 775	21.40	1 773	5.60	5 002	15.80
1981	7 544	23.00	1 732	5.30	5 812	17.80
1982	6 974	20.30	1 707	5.00	5 267	15.30
1983	5 295	13.90	1 793	4.70	3 502	9.20
1984	5 005	11.50	1 606	3.69	3 399	8.09
1985	5 606	12.27	1 533	3.36	4 073	8.91
1986	6 143	12.37	1 794	3.61	4 349	8.76
1987	6 399	11.95	1 822	3.40	4 577	8.55
1988	8 290	14.32	1 720	2.97	6 570	11.35
1989	8 615	13.79	1 713	2.74	6 902	11.05
1990	10 755	16.11	1 859	2.79	8 896	13.33
1991	11 408	16.08	1 607	2.27	9 801	13.81
1992	11 277	14.07	1 840	2.40	9 437	11.67
1993	12 054	14.36	1 619	1.93	10 435	12.43
1994	12 509	13.77	1 590	1.75	10 919	12.02
1995	12 776	13.23	1 719	1.78	11 057	11.45
1996	13 170	13.00	2 116	2.09	11 054	10.91
1997	13 447	12.64	2 268	2.13	11 179	10.51
1998	13 049	11.65	2 341	2.09	10 708	9.56
1999	14 745	12.58	3 479	2.97	11 266	9.61
2000	17 967	14.68	3 120	2.55	14 847	12.13
2001	18 060	14.06	2 223	1.73	15 837	12.33
2002	22 536	16.60	1 978	1.46	20 558	15.14
2003	⋆15 986	10.63	2 301	1.53	13 685	9.10
2004	19 749	11.58	2 335	1.37	17 414	10.21
2005	24 407	12.64	2 717	1.41	21 690	11.23
2006	26 407	12.53	2 316	1.10	24 091	11.44
2007	34 358	14.54	2 570	1.09	31 788	13.45
2008	36 762	14.12	2 551	0.98	34 211	13.14
2009	37 098	13.70	2 323	0.86	34 775	12.84
2010	40 342	14.50	2 552	0.92	37 790	13.58
2011	41 805	15.42	2 974	1.10	38 831	14.32
2012	61 390	19.38	4 360	1.38	57 030	18.00
2013	59 526	18.84	3 390	1.07	56 136	17.77
2014	67 594	19.89	8 192	2.41	59 402	17.48

注： 自2003年起“出生人口数”、“出生率”、“死亡人口数”、“死亡率”、“自然增长人数”、“自然增长率”按市计生办口径统计。
Note: Since 2003,Population of Birth,Birth Rate,Population of Death,Death Rate,Population of Natural Growth and Natural Growth and Natural Growth Rate are calculated by the statistical coverage from Shenzhen Family Planning Office.

3-2 人口指数

INDICES OF POPULATION

单位：%　　(%)

年 份 Year	以1979年为100 1979=100			以上年为100 Preceding Year=100		
	年末常住人口 Permanent Population (Year-end)	户籍人口 Registered Population	非户籍人口 Non-registered Population	年末常住人口 Permanent Population (Year-end)	户籍人口 Registered Population	非户籍人口 Non-registered Population
1980	106.0	102.7	800.0	106.0	102.7	800.0
1981	116.8	106.8	2 200.0	110.2	104.1	275.0
1982	143.1	113.4	6 333.3	122.5	106.2	287.9
1983	189.5	129.6	12 666.7	132.4	114.3	200.0
1984	236.0	139.2	20 406.7	124.5	107.4	161.1
1985	280.6	153.1	26 860.0	118.9	110.0	131.6
1986	297.9	164.6	28 073.3	106.1	107.5	104.5
1987	335.7	177.9	33 226.7	112.7	108.1	118.4
1988	382.5	192.4	40 000.0	113.9	108.2	120.4
1989	450.8	207.4	51 186.7	117.9	107.8	128.0
1990	534.2	219.6	66 086.7	118.5	105.9	129.1
1991	721.9	234.2	102 360.0	135.2	106.7	154.9
1992	853.3	256.6	125 200.0	118.2	109.6	122.3
1993	1 069.6	280.5	165 520.0	125.4	109.3	132.2
1994	1 313.9	300.6	212 493.3	122.8	107.2	128.4
1995	1 430.0	317.2	233 326.7	108.8	105.5	109.8
1996	1 537.4	330.7	253 006.7	107.5	104.3	108.4
1997	1 680.2	350.2	278 860.0	109.3	105.9	110.2
1998	1 847.6	366.6	310 486.7	110.0	104.7	111.3
1999	2 013.9	383.4	341 806.7	109.0	104.6	110.1
2000	2 232.5	399.6	384 213.3	110.9	104.2	112.4
2001	2 306.8	422.4	395 020.0	103.3	105.7	102.8
2002	2 377.0	446.1	404 780.0	103.0	105.6	102.5
2003	2 477.8	482.8	418 226.7	104.2	108.2	103.3
2004	2 549.5	528.2	423 780.0	102.9	109.4	101.3
2005	2 635.3	582.0	430 546.7	103.4	110.2	101.6
2006	2 772.3	629.7	449 490.8	105.2	108.2	104.4
2007	2 902.6	679.4	466 571.5	104.7	107.9	103.8
2008	3 036.1	729.7	483 834.6	104.6	107.4	103.7
2009	3 166.7	772.8	502 220.3	104.3	105.9	103.8
2010	3 299.7	803.7	523 815.8	104.2	104.0	104.3
2011	3 329.4	857.5	519 101.5	100.9	106.7	99.1
2012	3 356.0	921.0	511 315.0	100.8	107.4	98.5
2013	3 382.8	994.7	501 600.0	100.8	108.0	98.1
2014	3 430.2	1 064.3	497 085.6	101.4	107.0	99.1
年平均增长率 Average Annual Growth Rate	**10.6**	**7.0**	**27.5**			

3-3 计划生育情况
FAMILY PLANNING

单位：%　　　　(%)

指标名称	Item	2013	2014
一孩率	1st Birth Rate	79.73	78.23
二孩率	2nd Birth Rate	18.87	20.45
多孩率	3rd Birth and Above Rate	1.40	1.33
政策生育率	Fertility Rate	87.98	89.05
已婚育龄妇女人数（人）	Number of Childbearing Women（person）	849 397	919 540
晚婚率	Late Marriage Rate	95.38	95.17
已领取“独生子女、父母光荣证”人数(人)	People Received Single-Child Certificate（person）	132 844	138 473

3-4 各区年末常住人口数
PERMANENT POPULATION AT THE YEAR-END BY DISTRICT

单位：万人　　　　(10 000 persons)

区别	District	2012	2013	2014
全市	**Total**	**1 054.74**	**1 062.89**	**1 077.89**
福田区	Futian	133.05	133.95	135.71
罗湖区	Luohu	93.64	94.15	95.37
盐田区	Yantian	21.26	21.39	21.65
南山区	Nanshan	110.85	111.91	113.59
新宝安区	New Baoan	268.44	270.38	273.65
新龙岗区	New Longgang	192.69	194.47	197.52
光明新区	Guangming	49.18	49.64	50.42
坪山新区	Pingshan	31.68	31.96	33.15
龙华新区	Longhua	140.86	141.85	143.45
大鹏新区	Dapeng	13.09	13.19	13.37

3-5 按行业分的社会劳动者人数（2014年末）

NUMBER OF EMPLOYED AT YEAR-END GROUPED BY SECTOR（2014）

单位：人 （person）

项 目	Item	年末社会劳动者合计 Total Employed (year-end)	在岗职工 Staff and Workers	私营个体劳动者 Urban Self-Employment	其 他 劳动者 Others
总 计	**Total**	**8 996 591**	**4 489 272**	**4 384 270**	**95 487**
按隶属关系分	**By Administrative Relationship**				
1.中央属	Central Goverment	247 740	227 198		20 542
2.广东省属	Guangdong	66 029	65 607		422
3.深圳市属	Shenzhen	5 270 408	868 245	4 384 270	17 893
4.其 他	Others	3 412 414	3 328 222		56 630
按三次产业分	**Grouped by Industry**				
第一产业	Primary Industry	1 249	641	608	
第二产业	Secondary Industry	4 319 348	2 858 128	1 397 364	52 213
第三产业	Tertiary Industry	4 675 994	1 630 503	2 986 298	43 274
按国民经济行业分	**Grouped by Sector**				
1.农、林、牧、渔业	Agriculture, Forestry, Animal Husbandry and Fishery	1 278	670	608	
2.采矿业	Mining	3 914	3 839	66	9
3.制造业	Manufacturing	3 936 514	2 574 693	1 338 455	13 290
4.电力、热力、燃气及水的生产和供应业	Production and Distribution of Eleltricity,Heat, Gas and Water	18 229	17 401	812	16
5.建筑业	Construction	363 220	264 696	58 031	38 926
6.批发和零售业	Wholesale and Retail Trades	1 762 780	248 878	1 504 407	8 658
7.交通运输、仓储和邮政业	Transportation, Storage and Post	411 219	244 299	154 138	12 420
8.住宿和餐饮业	Hotels and Catering Services	401 273	99 314	298 327	3 945
9.信息传输、软件和信息技术服务业	Information Transmission, Software and Information Technology	336 491	127 530	205 480	5 140
10.金融业	Financial Intermediation	108 241	90 039	16 165	2 037
11.房地产业	Real Estate	295 123	168 803	125 143	991
12.租赁和商务服务业	Leasing and Business Services	535 437	222 313	293 601	5 743
13.科学研究、技术服务业	Scientific Research and Technical Service	182 909	76 949	102 970	1 168
14.水利、环境和公共设施管理业	Management of Water Conservancy, Environment and Public Facilities	31 885	12 247	19 414	89
15.居民服务、修理和其他服务业	Services to Households, Repair and Other Services	241 067	18 856	221 554	85
16.教育	Education	102 628	90 724	9 935	1 865
17.卫生和社会工作	Health and Social Work	84 179	60 797	22 901	481
18.文化、体育和娱乐业	Culture, Sports and Entertainment	38 128	25 494	12 263	278
19.公共管理、社会保障和社会组织	Public Management, Social Security and Social Organizations	142 076	141 730		346
20. 国际组织	International Organizations				

注：根据国家劳动统计报表制度的统一规定，从2013年年报起，原属于乡镇企业且符合城镇非私营单位条件的“四上”企业纳入城镇非私营单位从业人员及工资统计范围。后同。

Note: According to the provision of national labor statistics reporting form system, since the year reporting of 2013, the scope of statistics on employed persons in urban corporate unit excluding private units and labor wage covers four above designated size enterprises (refers to industrial enterprises above designated size, construction enterprises by qualification criteria, enterprises above designated size of wholesale trade, retail trade, hotels and catering services), which originally has been included township enterprises and in accordance with the condition of urban corporate unit excluding private units. The same applies to the following tables.

3-6 社会劳动者人数（年末数）

NUMBER OF EMPLOYED AT YEAR-END

单位：万人　　(10 000 persons)

年份 Year	年末社会劳动者合计 Total Employed (year-end)	# 在岗职工 Staff and Workers	国有单位 State-owned Units	城镇集体单位 Urban Collective-owned Units	其他单位 Other Ownership Units	# 私营个体劳动者 Urban Self-Employment	# 镇村劳动者 Laborers of Town and Village
1979	13.95	4.02	3.37	0.65		0.41	9.52
1980	14.89	4.86	4.05	0.81		0.38	9.65
1981	15.36	5.31	4.51	0.80		0.13	9.92
1982	18.49	8.28	7.00	1.28		0.11	10.17
1983	22.37	12.57	10.10	1.22	1.25	0.22	9.58
1984	27.26	18.33	14.14	2.15	2.04	0.50	8.43
1985	32.61	22.66	16.84	2.60	3.22	0.64	9.31
1986	36.04	25.88	18.97	2.68	4.23	0.93	9.23
1987	44.30	32.29	22.04	3.55	6.70	1.10	10.91
1988	54.53	41.74	28.04	4.53	9.17	1.69	11.10
1989	93.65	48.24	30.34	4.85	13.05	2.19	43.22
1990	109.22	55.41	33.85	5.25	16.31	3.36	50.45
1991	149.32	64.89	38.77	6.76	19.36	4.87	79.56
1992	175.97	71.10	38.85	7.99	24.26	12.33	92.54
1993	220.81	78.11	41.45	5.42	31.24	38.84	103.86
1994	273.00	82.29	38.71	8.28	35.30	54.63	135.73
1995	298.51	88.75	40.17	10.75	37.83	72.17	137.12
1996	322.12	89.13	41.07	9.53	38.53	87.14	145.42
1997	353.53	91.18	40.92	8.69	41.57	103.59	158.55
1998	390.33	91.93	33.75	4.25	53.93	114.79	183.32
1999	426.89	92.52	32.94	4.17	55.41	120.86	213.22
2000	474.97	93.36	31.00	3.84	58.52	139.88	240.91
2001	491.30	94.88	31.31	3.72	59.85	152.68	242.94
2002	509.74	101.76	29.62	2.57	69.57	166.88	240.22
2003	535.89	108.20	30.10	2.36	75.74	187.72	239.00
2004	562.17	135.88	31.94	1.66	102.28	204.16	220.97
2005	576.26	165.38	35.85	2.81	126.72	210.87	198.71
2006	609.76	184.25	39.85	1.57	142.83	250.77	172.78
2007	647.11	193.04	40.03	1.50	151.51	279.83	172.20
2008	682.35	198.35	41.31	1.36	155.68	301.97	179.98
2009	723.61	220.16	42.89	1.30	175.97	326.52	175.12
2010	758.14	251.09	46.56	1.54	202.99	376.60	128.53
2011	764.54	261.43	48.92	1.63	210.88	408.35	92.48
2012	771.20	277.90	49.58	1.66	226.66	430.71	60.47
2013	899.24	445.84	48.60	4.02	393.22	441.83	—
2014	899.66	448.93	42.91	3.36	402.66	438.43	—

3-7 社会劳动者人数指数

INDICES OF NUMBER OF EMPLOYED

以上年为100　　　　　　　　　　　　　　　　　　　　　　　　　(preceding year=100)

年　份 Year	年末社会劳动者合计 Total Employed (year-end)	# 在岗职工 Staff and Workers	国有单位 State-owned Units	城镇集体单位 Urban Collective-owned Units	其他单位 Other Ownership Units	# 私营个体劳动者 Urban Self-Employment	# 镇村劳动者 Laborers of Town and Village
1980	106.7	120.9	120.2	124.6		92.7	101.4
1981	103.2	109.3	111.4	98.8		34.2	102.8
1982	120.4	155.9	155.2	160.0		84.6	102.5
1983	121.0	151.8	144.3	95.3		200.0	94.2
1984	121.9	145.8	140.0	176.2	163.2	227.3	88.0
1985	119.6	123.6	119.1	120.9	157.8	128.0	110.4
1986	110.5	114.2	112.6	103.1	131.4	145.3	99.1
1987	122.9	124.8	116.2	132.5	158.4	118.3	118.2
1988	123.1	129.3	127.2	127.6	136.9	153.6	101.7
1989	171.7	115.6	108.2	107.1	142.3	129.6	389.4
1990	116.6	114.9	111.6	108.2	125.0	153.4	116.7
1991	136.7	117.1	114.5	128.8	118.7	144.9	57.7
1992	117.8	109.6	100.2	118.2	125.3	253.2	116.3
1993	125.5	109.9	106.7	67.8	128.8	315.0	112.2
1994	123.6	105.4	93.4	152.8	113.0	140.7	130.7
1995	109.3	107.9	103.8	129.8	107.2	132.1	101.0
1996	107.9	100.4	102.2	88.7	101.9	120.7	106.1
1997	109.8	102.3	99.6	91.2	107.9	118.9	109.0
1998	110.4	102.3	84.6	49.2	130.7	110.8	115.6
1999	109.4	100.6	97.6	98.1	102.7	105.3	116.3
2000	111.3	100.9	94.1	92.1	105.6	115.7	113.0
2001	103.4	101.6	101.0	96.9	102.3	109.2	100.8
2002	103.8	107.2	94.6	69.1	116.2	109.3	98.9
2003	105.1	106.3	101.6	91.8	108.9	112.5	99.5
2004	104.9	116.4	103.2	69.2	123.2	108.8	92.5
2005	102.5	121.7	112.2	169.3	123.9	103.3	89.9
2006	105.8	111.4	111.2	55.9	112.7	118.9	87.0
2007	106.1	104.8	100.5	95.5	106.1	111.6	99.7
2008	105.4	102.8	103.2	90.7	102.8	107.9	104.5
2009	106.0	111.0	103.8	95.6	113.0	108.1	97.3
2010	104.8	114.0	108.6	118.5	115.4	115.3	73.4
2011	100.8	104.1	105.1	105.8	103.9	108.4	71.9
2012	100.9	106.3	101.3	101.8	107.5	105.5	65.4
2013	116.6	160.4	98.0	242.2	173.5	102.6	—
2014	100.0	100.7	88.3	83.6	102.4	99.2	—

3-8 分经济类型和行业城镇单位从业人员人数（2014年末）

NUMBER OF EMPLOYED PERSONS IN URBAN UNITS AT YEAR-END BY OWNERSHIP AND SECTOR（2014）

单位：人 (person)

项 目	Item	从业人员 Employed Persons	国有单位 State-owned Units	城镇集体单位 Urban Collective-owned Units	其他单位 Other Types of Ownership	在岗职工 Fully Employed Staff and Workers	国有单位 State-owned Units	城镇集体单位 Urban Collective-owned Units	其他单位 Other Types of Ownership
合 计	**Total**	**4 584 759**	**433 298**	**33 649**	**4 117 812**	**4 489 272**	**429 133**	**33 580**	**4 026 559**
按企业、事业和机关分	**Grouped by Enterprises, Institutions and Agencies**								
企业	Enterprises	4 294 188	154 974	32 427	4 106 787	4 201 116	152 897	32 361	4 015 858
事业	Institutions	154 502	150 868	892	2 742	152 407	149 067	889	2 451
机关	Agencies	125 902	125 902			125 639	125 639		
民营非盈利组织	Private Non-profit Organizations	5 308	764	296	4 248	5 269	754	296	4 219
其他	Others	4 859	790	34	4 035	4 841	776	34	4 031
按国民经济行业分	**Grouped by Economic Sector**								
1.农、林、牧、渔业	Agriculture, Forestry, Animal Husbandry and Fishery	670	467		203	670	467		203
2.采矿业	Mining	3 848			3 848	3 839			3 839
3.制造业	Manufacturing	2 587 983	3 035	14 895	2 570 053	2 574 693	2 976	14 884	2 556 833
4.电力、热力、燃气及水的生产和供应业	Production and Distribution of Electricity,Heat Gas and Water	17 417	1 237		16 180	17 401	1 237		16 164
5.建筑业	Construction	303 622	15 509	152	287 961	264 696	14 764	152	249 780
6.批发和零售业	Wholesale and Retail Trades	257 536	11 931	505	245 100	248 878	11 858	505	236 515
7.交通运输、仓储和邮政业	Transportation, Storage and Post	256 719	10 286	45	246 388	244 299	10 272	45	233 982
8.住宿和餐饮业	Hotels and Catering Services	103 259	3 795	246	99 218	99 314	3 770	237	95 307
9.信息传输、软件和信息技术服务业	Information Transmission, Software and Information Technology	132 670	5 548	13	127 109	127 530	5 548	13	121 969
10.金融业	Financial Intermediation	92 076	23 815		68 261	90 039	23 072		66 967
11.房地产业	Real Estate	169 794	21 741	1 096	146 957	168 803	21 669	1 084	146 050
12.租赁和商务服务业	Leasing and Business Services	228 056	46 788	13 758	167 510	222 313	46 741	13 740	161 832
13.科学研究、技术服务业	Scientific Research and Technical Service	78 117	7 862		70 255	76 949	7 732		69 217
14.水利、环境和公共设施管理业	Management of Water Conservancy, Environment and Public Facilities	12 336	5 394	370	6 572	12 247	5 389	368	6 490
15.居民服务、修理和其他服务业	Services to Households, Repair and Other Services	18 941	1 255	5	17 681	18 856	1 253	3	17 600
16.教育	Education	92 589	64 109	1 543	26 937	90 724	62 809	1 528	26 387
17.卫生和社会工作	Health and Social Work	61 278	53 576	1 013	6 689	60 797	53 147	1 013	6 637
18.文化、体育和娱乐业	Culture, Sports and Entertainment	25 772	15 309		10 463	25 494	15 133		10 361
19.公共管理、社会保障和社会组织	Public Management, Social Security and Social Organizations	142 076	141 641	8	427	141 730	141 296	8	426
按产业分	**Grouped by Industry**								
第一产业	Primary Industry	641	443		198	641	443		198
第二产业	Secondary Industry	2 910 341	19 781	15 047	2 875 513	2 858 128	18 977	15 036	2 824 115
第三产业	Tertiary Industry	1 673 777	413 074	18 602	1 242 101	1 630 503	409 713	18 544	1 202 246

3-9　各区城镇单位分行业在岗职工人数（2014年末）

NUMBER OF FULLY EMPLOYED STAFF AND WORKERS IN URBAN UNITS AT YEAR-END BY SECTOR AND BY DISTRICT （2014）

单位：人　　　　　　　　　　　　　　　　　　　　　　　　　　　　　　　　　　　　(person)

区别 District		合计 Total	农、林、牧、渔业 Agriculture, Forestry, Animal Husbandry and Fishery	采矿业 Mining	制造业 Manufacturing	电力、热力、燃气及水的生产和供应业 Production and Distribution of Eleltricity,Heat, Gas and Water	建筑业 Construction	批发和零售业 Wholesale and Retail Trades	交通运输、仓储和邮政业 Transportation, Storage and Post	住宿和餐饮业 Hotels and Catering Services	信息传输和信息技术服务业 Information Transmission, Software and Information Technology
福田区	Futian	875 500			70 297	3 247	157 553	119 909	90 118	30 970	40 021
罗湖区	Luohu	426 282	137		25 898	5 895	68 812	49 687	50 423	40 511	9 135
盐田区	Yantian	66 897			30 757		3 511	2 305	9 707	912	67
南山区	Nanshan	624 539	281	3 839	333 852	2 893	20 917	35 832	24 470	12 497	76 292
宝安区	Baoan	1 627 980	237		1 408 032	2 116	6 924	22 816	48 982	9 742	1 174
新宝安区	New Baoan	897 031			738 407	1 307	5 539	13 019	44 740	5 329	735
光明新区	Guangming	208 169	237		186 744	473	694	968	36	338	20
龙华新区	Longhua	522 780			482 881	336	691	8 829	4 206	4 075	419
龙岗区	Longgang	868 074	15		705 857	3 250	6 979	18 329	20 599	4 682	841
新龙岗区	New Longgang	658 176	15		535 267	2 109	3 848	8 207	18 988	3 576	840
坪山新区	Pingshan	164 731			140 812	291	905	9 721	386	250	1
大鹏新区	Dapeng	45 167			29 778	850	2 226	401	1 225	856	

单位：人 3-9 续表 continued (person)

区 别	District	金融业 Financial Intermediation	房地产业 Real Estate	租赁和商务服务业 Leasing and Business Services	科学研究和技术服务业 Scientific Research and Technical Service	水利、环境和公共设施管理业 Management of Water Conservancy, Environment and Public Facilities	居民服务、修理和其他服务业 Services to Households, Repair and other Services	教育 Education	卫生和社会工作 Health and Social Work	文化、体育和娱乐业 Culture, Sports and Entertainment	公共管理、社会保障和社会组织 Public Management, Solial Security and Social Organization
福田区	Futian	48 847	95 623	90 719	28 572	3 620	7 015	20 254	15 488	11 956	41 291
罗湖区	Luohu	40 990	32 542	35 662	7 052	1 738	3 751	12 321	11 267	1 433	29 028
盐田区	Yantian		2 454	2 605	3 479	409	194	2 478	1 238	3 234	3 547
南山区	Nanshan	202	21 458	24 175	23 059	3 704	2 600	16 280	6 881	3 176	12 131
宝安区	Baoan		11 097	46 274	3 221	2 218	3 561	22 888	11 909	4 894	21 895
新宝安区	New Baoan		8 173	33 227	2 907	491	2 863	16 859	8 811	1 942	12 682
光明新区	Guangming		585	7 130	48	1 433	439	3 079	2 543	34	3 368
龙华新区	Longhua		2 339	5 917	266	294	259	2 950	555	2 918	5 845
龙岗区	Longgang		5 629	22 878	11 566	558	1 735	16 503	14 014	801	33 838
新龙岗区	New Longgang		5 257	17 264	5 567	357	954	12 576	12 672	716	29 963
坪山新区	Pingshan		50	3 263	39	90	12	3 734	1 342		3 835
大鹏新区	Dapeng		322	2 351	5 960	111	769	193		85	40

3-10 各区城镇单位从业人员和在岗职工（2014年末）

NUMBER OF EMPLOYED PERSONS AND OF FULLY EMPLOYED STAFF AND WORKERS IN URBAN UNITS AT YEAR-END BY DISTRICT（2014）

单位：万人　　(10 000 persons)

区 别	District	从业人员 Employed Persons				在岗职工 Fully Employed Staff and Workers			
		合计 Total	国有单位 State-owned Units	城镇集体单位 Urban Collective-owned Units	其他单位 Other Types of Ownership	合计 Total	国有单位 State-owned Units	城镇集体单位 Urban Collective-owned Units	其他单位 Other Types of Ownership
年末人数	**Year-end Number**	**458.48**	**43.33**	**3.36**	**411.78**	**448.93**	**42.91**	**3.36**	**402.66**
福田区	Futian	91.63	14.84	0.06	76.73	87.55	14.72	0.06	72.78
罗湖区	Luohu	44.35	9.31	0.13	34.91	42.63	9.14	0.13	33.36
盐田区	Yantian	6.76	1.15	0.04	5.57	6.69	1.13	0.04	5.52
南山区	Nanshan	64.64	5.86	0.08	58.70	62.45	5.77	0.08	56.60
宝安区	Baoan	163.70	6.00	1.81	155.89	162.84	5.99	1.80	155.05
新宝安区	New Baoan	90.26	3.66	0.51	86.08	89.70	3.66	0.51	85.53
光明新区	Guangming	20.95	1.08	1.25	18.62	20.86	1.08	1.25	18.53
龙华新区	Longhua	52.49	1.26	0.04	51.19	52.28	1.25	0.04	50.99
龙岗区	Longgang	87.45	6.22	1.24	79.99	86.81	6.16	1.24	79.35
新龙岗区	New Longgang	66.41	5.42	1.03	59.96	65.82	5.42	1.03	59.37
坪山新区	Pingshan	16.51	0.72	0.21	15.59	16.47	0.72	0.21	15.55
大鹏新区	Dapeng	4.53	0.08	0.01	4.44	4.52	0.02	0.01	4.43

主要统计指标解释

总人口 指一定时点、一定地区范围内有生命的个人的总和。按不同的统计范围可分为常住人口和户籍人口；统计时点通常为每年12月31日24时。

出生率 指某一人口在一定时期（通常为一年）内活产婴儿数与同期总人口的生存人口数（或同期平均总人口、年中人口数）之比。通常以千分比表示。本资料中的出生率指年出生率，其计算公式为：

$$出生率 = \frac{年出生人数}{年平均人数} \times 1000‰$$

式中：出生人数指活产婴儿，即胎儿脱离母体时(不管怀孕月数)，有过呼吸或其他生命现象。年平均人数指年初、年底人口数的平均数，也可用年中人口数代替。

死亡率 也称粗死亡率。指一定时期（通常为一年）内全部死亡人数与同期平均总人口之比，反映该时期人口的死亡强度。通常以千分比表示。本资料中的死亡率指年死亡率，其计算公式为：

$$死亡率 = \frac{年死亡人数}{年平均人数} \times 1000‰$$

自然增长率 指一定时期（通常为一年）内人口自然增加数（出生人口减死亡人口）与同期平均总人口之比。通常以千分比表示。计算公式为：

$$人口自然增长率 = \frac{本年出生人数 - 本年死亡人数}{年平均人数} \times 1000‰$$

$$= 人口出生率 - 人口死亡率$$

Explanatory Notes on Main Statistical Indicators

Total Population refers to the total number of people alive within a given area at a certain point of time. It can be divided into the permanent population and the population with residence registration according to different statistical coverage. The reference time of the statistics on total population is usually taken at midnight of December 31.

Birth Rate (or Crude Birth Rate) refers to the ratio of the number of births to the average population (or mid–period population) during a certain period of time (usually a year), expressed in ‰. Birth rate in the chapter refers to annual birth rate. The following formula is used:

$$\text{Birth Rate} = \frac{\text{Number of Births}}{\text{Annual Average Population}} \times 1000‰$$

Number of births in the formula refers to live births, i.e. when a baby has breathed or showed any vital phenomena regardless of the length of pregnancy.

Annual average population is the average of the number of population at the beginning of the year and that at the end of the year. Sometimes it is substituted by the mid–year population.

Death Rate (or Crude Death Rate) refers to the ratio of the number of deaths to the average population (or mid–period population) during a certain period of time (usually a year), expressed in ‰. Death rate in the chapter refers to annual death rate. The following formula is used:

$$\text{Death Rate} = \frac{\text{Number of Deaths}}{\text{Annual Average Population}} \times 1000‰$$

Natural Growth Rate of Population refers to the ratio of natural increase in population (number of births minus number of deaths) in a certain period of time (usually a year) to the average population (or mid–period population) of the same period, expressed in ‰. The following formula is applied:

$$\begin{matrix}\text{Natural Growth} \\ \text{Rate of Population}\end{matrix} = \frac{\text{Number of Births - Number of Deaths}}{\text{Annual Average Population}} \times 1000‰$$

Natural Growth Rate of Population = Birth Rate–Death Rate

工业和能源

INDUSTRY AND ENERGY

CHAPTER

4-1 工业总产值

GROSS OUTPUT VALUE OF INDUSTRY

单位：万元　　　　　　　　　　　　　　　　　　　　　　　　（10 000 yuan）

年 份 Year	按当年价格计算 Calculated At Current Prices		
	总 计 Total	轻工业 Light Industry	重工业 Heavy Industry
1979	7 128	6 307	821
1980	10 632	9 265	1 367
1981	26 692	25 172	1 520
1982	38 833	34 453	4 380
1983	75 993	61 513	14 480
1984	172 132	137 698	34 434
1985	246 662	194 108	52 554
1986	340 227	266 318	73 909
1987	558 311	433 738	124 573
1988	1 012 739	779 258	233 481
1989	1 477 470	1 080 785	396 685
1990	2 202 180	1 657 859	544 321
1991	3 153 966	2 233 705	920 261
1992	4 347 007	2 971 348	1 375 659
1993	6 896 969	4 655 394	2 241 575
1994	11 014 065	6 351 224	4 662 841
1995	12 922 075	7 008 231	5 913 844
1996	15 305 964	8 580 027	6 725 937
1997	18 175 704	10 151 182	8 024 522
1998	21 573 817	11 141 650	10 432 167
1999	24 435 849	12 381 928	12 053 921
2000	30 715 227	13 731 333	16 983 894
2001	37 476 713	13 861 331	23 615 382
2002	46 823 584	15 832 485	30 991 099
2003	67 976 472	21 459 058	46 517 414
2004	85 888 321	24 175 842	61 712 479
2005	101 745 351	27 406 557	74 338 794
2006	122 784 801	29 658 032	93 126 769
2007	143 647 764	35 687 488	107 960 276
2008	162 837 576	44 451 550	118 386 026
2009	158 286 329	39 239 987	119 046 342
2010	188 796 600	46 801 421	141 995 179
2011	212 730 916	53 500 744	159 230 172
2012	223 089 847	58 544 922	164 544 925
2013	240 440 285	64 571 965	175 868 320
2014	258 099 411	67 789 093	190 310 318

4-2 规模以上工业总产值

GROSS OUTPUT VALUE OF INDUSTRY ABOVE DESIGNATED SIZE

单位：万元 （10 000 yuan）

年 份 Year	按当年价格计算 Calculated At Current Prices		
	总 计 Total	轻工业 Light Industry	重工业 Heavy Industry
1979	6 061	5 240	821
1980	8 444	7 077	1 367
1981	24 282	22 762	1 520
1982	36 212	31 832	4 380
1983	72 041	57 561	14 480
1984	166 803	132 369	34 434
1985	241 213	188 659	52 554
1986	330 454	256 545	73 909
1987	547 722	423 150	124 572
1988	993 775	760 294	233 481
1989	1 440 533	1 044 386	396 147
1990	2 104 696	1 570 896	533 800
1991	3 077 749	2 156 668	921 081
1992	4 198 920	2 824 688	1 374 232
1993	6 550 051	4 336 788	2 213 263
1994	9 939 113	5 267 202	4 671 911
1995	11 106 974	5 582 798	5 524 176
1996	12 992 240	6 413 707	6 578 533
1997	15 175 861	7 317 890	7 857 971
1998	20 519 485	10 140 217	10 379 268
1999	23 006 355	11 168 372	11 837 983
2000	29 502 786	13 189 308	16 313 478
2001	36 141 861	12 926 934	23 214 927
2002	43 180 816	14 600 754	28 580 062
2003	63 514 355	19 950 280	43 564 075
2004	80 205 911	23 798 450	56 407 461
2005	98 675 451	26 579 636	72 095 815
2006	119 286 001	28 812 915	90 473 086
2007	139 580 064	34 676 919	104 903 145
2008	158 601 076	43 295 066	115 306 010
2009	154 162 429	38 217 652	115 944 777
2010	185 268 200	45 926 755	139 341 446
2011	204 307 516	51 382 302	152 925 214
2012	213 637 447	56 064 352	157 573 095
2013	230 952 085	62 023 841	168 928 244
2014	247 775 911	65 077 654	182 698 257

注： 1979-1997年为镇及镇以上工业总产值，1998年及以后为规模以上工业总产值。

Note: Data in 1979-1997 are gross output value of industry of town level and above. Data from 1998 are gross output value of industry above designated size.

4-3 工业总产值指数

INDICES OF GROSS OUTPUT VALUE OF INDUSTRY

年份 Year	以1979年为100 1979=100			以上年为100 Preceding Year=100		
	总计 Total	轻工业 Light Industry	重工业 Heavy Industry	总计 Total	轻工业 Light Industry	重工业 Heavy Industry
1980	149.1	146.9	166.4	149.1	146.9	166.4
1981	374.5	399.1	185.1	251.1	271.7	111.3
1982	544.8	546.3	533.3	145.5	136.9	288.1
1983	1 066.1	975.3	1 763.0	195.7	178.5	330.6
1984	2 414.8	2 183.3	4 192.3	226.5	223.9	237.8
1985	3 822.9	3 546.2	5 947.9	158.3	162.4	141.9
1986	5 127.8	4 709.1	8 342.4	134.1	132.8	140.3
1987	8 232.7	7 423.6	14 445.2	160.5	157.6	173.2
1988	12 725.1	11 081.7	25 311.1	154.6	149.3	175.5
1989	18 775.8	15 304.8	45 427.3	147.6	138.1	179.2
1990	26 154.7	21 366.8	62 917.8	139.3	139.6	138.5
1991	35 570.3	27 917.5	94 332.5	136.0	130.7	149.9
1992	49 762.9	36 754.6	149 647.1	139.9	131.6	158.6
1993	69 369.5	51 746.5	204 686.9	139.4	140.8	136.8
1994	96 076.8	65 852.8	328 150.6	138.5	127.3	160.3
1995	125 566.2	74 317.5	519 077.6	130.7	112.9	158.2
1996	147 520.2	87 562.1	607 906.0	117.5	117.8	117.1
1997	174 661.2	105 004.8	709 515.2	118.4	119.9	116.7
1998	209 347.8	108 626.3	982 733.9	119.9	103.4	138.5
1999	264 799.8	140 119.8	1 222 150.2	126.5	129.0	124.4
2000	322 447.1	163 856.4	1 540 179.8	121.8	116.9	126.0
2001	379 520.2	177 948.1	1 885 180.1	117.7	108.6	122.4
2002	483 888.3	229 019.2	2 394 178.7	127.5	128.7	127.0
2003	647 442.5	278 487.3	3 349 456.0	133.8	121.6	139.9
2004	808 655.7	330 842.9	4 186 820.0	124.9	118.8	125.0
2005	970 471.9	379 956.2	5 109 350.0	120.0	114.8	122.0
2006	1 192 710.0	418 711.7	6 519 530.6	122.9	110.2	127.6
2007	1 418 132.2	512 084.4	7 680 007.0	118.9	122.3	117.8
2008	1 613 834.4	646 250.5	8 263 687.5	113.8	126.2	107.6
2009	1 646 111.1	590 026.7	8 974 364.6	102.0	91.3	108.6
2010	1 932 534.4	693 871.4	10 508 981.0	117.4	117.6	117.1
2011	2 139 315.6	770 891.1	11 622 933.0	110.7	111.1	110.6
2012	2 246 281.4	850 292.9	11 994 866.9	105.0	110.3	103.2
2013	2 470 909.5	953 178.3	13 098 394.7	110.0	112.1	109.2
2014	2 675 995.0	1 018 947.6	14 264 151.8	108.3	106.9	108.9
年平均增长率 Average Annual Growth Rate	**33.8**	**30.2**	**40.4**			

注：　本表按可比口径计算。
Note: Data in this table are calculated at comparable scope.

4-4 规模以上工业总产值指数

INDICES OF GROSS OUTPUT VALUE OF INDUSTRY ABOVE DESIGNATED SIZE

年 份 Year	以1979年为100 1979=100			以上年为100 Preceding Year=100		
	总 计 Total	轻工业 Light Industry	重工业 Heavy Industry	总 计 Total	轻工业 Light Industry	重工业 Heavy Industry
1980	139.3	135.1	166.4	139.3	135.1	166.4
1981	400.6	434.4	185.1	287.6	321.6	111.3
1982	597.4	607.5	533.3	149.1	139.8	288.1
1983	1 188.5	1 098.5	1 763.0	198.9	180.8	330.6
1984	2 751.8	2 526.0	4 192.3	231.5	230.0	237.8
1985	4 396.3	4 153.2	5 947.9	159.8	164.4	141.9
1986	5 856.9	5 467.4	8 342.4	133.2	131.6	140.3
1987	9 497.8	8 722.3	14 445.2	162.2	159.5	173.2
1988	14 684.2	13 013.3	25 344.1	154.6	149.2	175.5
1989	21 527.8	17 781.8	45 426.6	146.6	136.6	179.2
1990	29 487.0	25 150.3	57 154.3	137.0	141.4	125.8
1991	40 721.5	32 307.8	94 394.4	138.1	128.5	165.2
1992	56 969.4	42 674.4	148 169.0	139.9	132.1	157.0
1993	77 820.2	58 701.0	199 797.4	136.6	137.6	134.8
1994	101 944.5	66 431.7	328 509.6	131.0	113.2	164.4
1995	126 921.1	70 603.5	486 216.8	124.5	106.3	148.0
1996	150 648.1	80 713.1	596 820.2	118.7	114.3	122.7
1997	177 140.0	95 637.7	697 109.7	117.6	118.5	116.8
1998	209 910.9	95 446.4	966 891.2	118.5	99.8	138.7
1999	262 808.4	122 457.7	1 188 309.3	125.2	128.3	122.9
2000	326 933.6	154 051.8	1 463 997.1	124.4	125.8	123.2
2001	384 800.8	167 300.3	1 791 932.5	117.7	108.6	122.4
2002	484 464.2	212 806.0	2 245 291.4	125.9	127.2	125.3
2003	651 604.3	258 559.3	3 165 860.9	134.5	121.5	141.0
2004	813 202.2	304 841.4	3 982 653.0	124.8	117.9	125.8
2005	984 787.9	336 849.7	5 002 212.2	121.1	110.5	125.6
2006	1 187 654.2	374 240.0	6 192 738.7	120.6	111.1	123.8
2007	1 397 869.0	420 271.5	7 394 130.0	117.7	112.3	119.4
2008	1 522 279.3	510 209.6	7 756 442.4	108.9	121.4	104.9
2009	1 537 502.1	521 434.2	7 802 981.1	101.0	102.2	100.6
2010	1 735 839.9	564 713.2	8 926 610.4	112.9	108.3	114.4
2011	1 914 631.4	595 772.4	9 997 803.6	110.3	105.5	112.0
2012	2 063 972.6	685 734.0	10 537 685.0	107.8	115.1	105.4
2013	2 200 194.8	735 792.6	11 201 559.2	106.6	107.3	106.3
2014	2 380 610.8	795 391.8	12 120 087.1	108.2	108.1	108.2
年平均增长率 Average Annual Growth Rate	**33.4**	**29.3**	**39.7**			

注： 本表按可比口径计算。
Note: Data in this table are calculated at comparable scope.

4-5 规模以上工业总产值构成（2014年）

COMPOSITION OF GROSS OUTPUT VALUE OF INDUSTRY ABOVE DESIGNATED SIZE（2014）

单位：%

项目	Item	全市 Total
总计	**Total**	**100**
一、按登记注册类型分	**Grouped by Registration**	
1. 内资企业	Domestic Investment Enterprise	51.3
国有企业	State-owned	0.1
集体企业	Collective-owned	0.1
股份合作企业	Cooperative Shares Enterprise	0.1
联营企业	Joint owned	
有限责任公司	Companies Limited with Liabilities	19.3
股份有限公司	Companies Limited by Shares	13.3
私营企业	Private	18.2
其他内资企业	Others	0.2
2. 港、澳、台投资企业	Funded by Entrepreneur from Hongkong,Macao and Taiwan	23.1
3. 外商投资企业	Foreign Funded	25.6
二、按轻、重工业分	**Grouped by Light and Heavy Industry**	
1. 轻工业	Light Industry	26.3
2. 重工业	Heavy Industry	73.7
三、按企业规模分	**Grouped by Size of Enterprises**	
1. 大型企业	Large Enterprises	61.5
2. 中型企业	Medium-sized Enterprises	22.0
3. 小型企业	Small Enterprises	16.5
四、按工业行业大类分	**Grouped by Sector**	
煤炭开采和洗选业	Mining and Washing of Coal	
石油和天然气开采业	Extraction of Petroleum and Natural Gas	1.4
黑色金属矿采选业	Mining and Processing of Ferrous Metal Ores	
有色金属矿采选业	Mining and Processing of Nonferrous Metal Ores	
非金属矿采选业	Mining and Processing of Nonmetal Ores	
开采辅助活动	Support Activies of Mining	0.2
其他采矿业	Mining and Processing of Other Ores	
农副食品加工业	Processing of Food from Agricultural Products	0.6
食品制造业	Manufacture of Foods	0.2
酒、饮料和精制茶制造业	Manufacture of Wine, Beverages and Refined Tea	0.5

单位：%

4—5 续表 continued

项　目	Item	全市 Total
烟草制品业	Manufacture of Tobacco	0.3
纺织业	Manufacture of Textile	0.3
纺织服装、服饰业	Manufacture of Textile Wearing Apparel,Footware and Caps	0.9
皮革、毛皮、羽毛及其制品和制鞋业	Manufacture of Leather, Fur, Feather and Related Products	0.5
木材加工及木、竹、藤、棕、草制品业	Processing of Timber, Manufacture of Wood, Bamboo, Rattan, Palm Fiber & Straw Products	0.1
家具制造业	Manufacture of Furniture	0.6
造纸及纸制品业	Manufacture of Paper and Paper Products	0.5
印刷和记录媒介复制业	Printing and Record Medium Reproduction	0.7
文教、工美、体育和娱乐用品制造业	Manufacture of Cultural, Educational and Sports Articles	6.9
石油加工、炼焦及核燃料加工业	Processing of Petroleum, Coking and Nuclear Fuel Processing	0.3
化学原料及化学制品制造业	Manufacture of Raw Chemical Materials and Chemical Products	1.0
医药制造业	Manufacture of Medicines	0.8
化学纤维制造业	Manufacture of Chemical Fibers	
橡胶和塑料制品业	Manufacture of Rubber	2.7
非金属矿物制品业	Manufacture of Non-metallic Mineral Products	1.2
黑色金属冶炼及压延加工业	Smelting and Pressing of Ferrous Metals	0.2
有色金属冶炼及压延加工业	Smelting and Pressing of Nonferrous Metals	1.3
金属制品业	Manufacture of Metal Products	2.1
通用设备制造业	Manufacture of General-purpose Machinery	2.7
专用设备制造业	Manufacture of Special-purpose Machinery	2.5
汽车制造业	Manufacfuer of Automobiles	1.6
铁路、船舶、航空航天和其他运输设备制造业	Manufacture of Railways Ships Aerospace and Other Transport Equipment	0.5
电气机械及器材制造业	Manufacture of Electrical Machinery and Equipment	8.5
计算机、通信和其他电子设备制造业	Manufacture of Communication Equipment, Computers and Other Electronic Equipment	55.3
仪器仪表制造业	Manufacture of Measuring Instruments	1.4
其他制造业	Other Manufacturing	0.2
废弃资源综合利用业	Recycling and Disposal of Waste	
金属制品、机械和设备修理业	Manufacture of Metal Products,Machinery and Equipment Repair	
电力、热力的生产和供应业	Production and Supply of Electric Power and Heat Power	3.3
燃气生产和供应业	Production and Supply of Gas	0.3
水的生产和供应业	Production and Supply of Water	0.4

4-6 规模以上工业企业主要指标（2014年）

MAIN INDICATORS OF INDUSTRIAL ENTERPRISES ABOVE DESIGNATED SIZE（2014）

单位：万元

类 别	Item	企业单位数(个) Number of Enterprises (unit)
总 计	**Total**	**6 355**
一、按登记注册类型分	**Grouped by Registration**	
1.内资企业	Domestic Investment Enterprise	3 591
国有企业	State-owned	12
集体企业	Collective-owned	8
股份合作企业	Cooperative Shares Enterprise	1
联营企业	Joint owned	2
有限责任公司	Companies Limited with Liabilities	486
股份有限公司	Companies Limited by Shares	194
私营企业	Private	2 883
其他内资企业	Others	5
2.港、澳、台投资企业	Funded by Entrepreneur from Hongkong,Macao and Taiwan	2 034
3.外商投资企业	Foreign Funded	730
二、按轻、重工业分	**Grouped by Light and Heavy Industry**	
1.轻工业	Light Industry	2 545
2.重工业	Heavy Industry	3 810
三、按企业规模分	**Grouped by Size of Enterprises**	
1.大型企业	Large Enterprises	387
2.中型企业	Medium-sized Enterprises	1 775
3.小型企业	Small Enterprises	4 193
#纯小型企业	#Pure Small Enterprises	4 037
微型企业	Micro Enterprises	156
四、按工业行业大类分	**Grouped by Sector**	
煤炭开采和洗选业	Mining and Washing of Coal	
石油和天燃气开采业	Extraction of Petroleum and Natural Gas	1
黑色金属矿采选业	Mining and Processing of Ferrous Metal Ores	
有色金属矿采选业	Mining and Processing of Nonferrous Metal Ores	
非金属矿采选业	Mining and Processing of Nonmetal Ores	
开采辅助活动	Support Activies of Mining	3
其他采矿业	Mining and Processing of Other Ores	
农副食品加工业	Processing of Food from Agricultural Products	33
食品制造业	Manufacture of Foods	42
酒、饮料和精制茶制造业	Manufacture of Wine, Beverages and Refined Tea	15

(10 000 yuan)

工业总产值(当年价格) Gross Industrial Output Value (at current prices)	工业销售产值(当年价格) Sales Value of Industry (Current Prices)	资产总计 Total Asset	应收帐款 Value of Debts Receivable
247 775 911	**241 315 699**	**232 715 747**	**53 948 375**
127 044 007	122 534 370	127 637 756	29 248 545
336 955	328 672	749 565	27 816
107 341	107 201	13 157	660
34 828	33 326	46 352	12 300
27 408	27 408	16 305	
47 824 086	48 061 125	50 936 475	10 349 749
32 959 530	29 140 681	36 496 934	7 542 604
45 155 422	44 294 697	38 890 565	11 197 864
598 438	541 261	488 405	117 554
57 216 233	55 794 045	51 027 537	11 078 995
63 515 672	62 987 283	54 050 455	13 620 834
65 077 654	63 760 865	58 865 381	14 473 403
182 698 257	177 554 834	173 850 367	39 474 972
152 437 127	147 152 228	135 526 894	30 573 466
54 434 881	53 612 426	53 687 458	11 628 665
40 903 903	40 551 045	43 501 396	11 746 243
39 059 731	38 677 465	39 257 684	11 311 712
1 844 172	1 873 581	4 243 712	434 531
3 477 537	3 345 891	4 393 615	37 579
427 466	427 466	479 622	190 283
1 535 655	1 539 485	1 101 331	136 819
538 488	521 671	630 868	141 539
1 247 829	1 175 281	757 276	62 053

单位：万元

类　　别	Item	企业单位数（个）Number of Enterprises (unit)
烟草制品业	Manufacture of Tobacco	1
纺织业	Manufacture of Textile	58
纺织服装、服饰业	Manufacture of Textile Wearing Apparel,Footware and Caps	188
皮革、毛皮、羽毛及其制品和制鞋业	Manufacture of Leather, Fur, Feather and Related Products	77
木材加工及木、竹、藤、棕、草制品业	Processing of Timber, Manufacture of Wood, Bamboo, Rattan, Palm Fiber & Straw Products	22
家具制造业	Manufacture of Furniture	141
造纸及纸制品业	Manufacture of Paper and Paper Products	150
印刷和记录媒介复制业	Printing and Record Medium Reproduction	147
文教、工美、体育和娱乐用品制造业	Manufacture of Cultural, Educational and Sports Articles	301
石油加工、炼焦及核燃料加工业	Processing of Petroleum, Coking and Nuclear Fuel Processing	6
化学原料及化学制品制造业	Manufacture of Raw Chemical Materials and Chemical Products	161
医药制造业	Manufacture of Medicines	45
化学纤维制造业	Manufacture of Chemical Fibers	4
橡胶和塑料制品业	Manufacture of Rubber	516
非金属矿物制品业	Manufacture of Non−metallic Mineral Products	134
黑色金属冶炼及压延加工业	Smelting and Pressing of Ferrous Metals	15
有色金属冶炼及压延加工业	Smelting and Pressing of Nonferrous Metals	59
金属制品业	Manufacture of Metal Products	380
通用设备制造业	Manufacture of General−purpose Machinery	277
专用设备制造业	Manufacture of Special−purpose Machinery	338
汽车制造业	Manufacfuer of Automobiles	43
铁路、船舶、航空航天和其他运输设备制造业	Manufacture of Railways Ships Aerospace and Other Transport Equipment	63
电气机械及器材制造业	Manufacture of Electrical Machinery and Equipment	957
计算机、通信和其他电子设备制造业	Manufacture of Communication Equipment, Computers and Other Electronic Equipment	1 877
仪器仪表制造业	Manufacture of Measuring Instruments	185
其他制造业	Other Manufacturing	57
废弃资源综合利用业	Recycling and Disposal of Waste	2
金属制品、机械和设备修理业	Manufacture of Metal Products,Machinery and Equipment Repair	11
电力、热力的生产和供应业	Production and Supply of Electric Power and Heat Power	17
燃气生产和供应业	Production and Supply of Gas	1
水的生产和供应业	Production and Supply of Water	28

4－6　续表1　continued（10 000 yuan）

工业总产值(当年价格) Gross Industrial Output Value (at current prices)	工业销售产值(当年价格) Sales Value of Industry (Current Prices)	资产总计 Total Asset	应收帐款 Value of Debts Receivable
637 777	615 490	519 462	16 582
679 932	622 677	763 174	150 626
2 217 650	2 385 495	1 921 424	363 369
1 320 558	1 318 060	1 392 127	441 592
127 691	114 132	241 323	51 317
1 378 312	1 373 419	1 593 188	225 133
1 313 807	1 321 627	1 282 849	354 765
1 855 619	1 831 427	2 489 415	546 660
17 199 587	17 014 368	12 653 151	5 212 896
635 009	634 759	544 176	45 605
2 380 519	2 359 797	2 882 455	621 341
2 036 956	1 891 502	4 128 053	497 059
56 358	51 560	20 986	6 456
6 734 944	6 651 942	5 949 622	1 738 996
2 985 870	2 922 428	4 073 934	897 758
371 676	371 884	400 687	82 174
3 322 089	3 320 548	2 937 311	486 763
5 231 793	5 113 631	5 045 158	1 187 463
6 649 306	6 529 304	5 243 777	1 608 905
6 264 657	6 165 300	8 674 260	1 855 350
3 879 461	3 820 218	6 477 665	754 991
1 272 537	1 236 564	1 209 181	263 640
21 007 834	20 602 209	18 704 418	4 483 737
136 965 135	131 877 712	114 573 210	29 922 291
3 545 521	3 475 872	3 890 051	921 828
480 602	469 176	376 279	84 094
20 641	20 180	15 092	3 833
117 045	115 224	136 554	41 152
8 101 248	8 360 372	11 999 306	278 259
685 810	687 802	805 424	33 136
1 072 996	1 031 227	4 409 325	202 332

单位：万元

类　　别	Item	负债合计 Total Liabilities	主营业务收入 Prime Operating Revenue	主营业务成本 Prime Operating Cost
总　　计	**Total**	**146 080 533**	**239 857 874**	**197 635 574**
一、按登记注册类型分	**Grouped by Registration**			
1．内资企业	Domestic Investment Enterprise	80 206 554	120 168 809	92 787 843
国有企业	State–owned	310 458	318 553	254 824
集体企业	Collective–owned	3 351	61 675	58 373
股份合作企业	Cooperative Shares Enterprise	19 344	33 326	25 106
联营企业	Joint owned	10 019	17 505	13 712
有限责任公司	Companies Limited with Liabilities	33 721 938	48 307 391	32 602 860
股份有限公司	Companies Limited by Shares	19 725 383	25 767 282	19 812 498
私营企业	Private	26 098 055	45 106 607	39 547 262
其他内资企业	Others	318 006	556 471	473 208
2．港、澳、台投资企业	Funded by Entrepreneur from Hongkong,Macao and Taiwan	32 639 311	57 085 785	48 367 284
3．外商投资企业	Foreign Funded	33 234 668	62 603 281	56 480 447
二、按轻、重工业分	**Grouped by Light and Heavy Industry**			
1．轻工业	Light Industry	34 210 714	65 196 798	56 171 241
2．重工业	Heavy Industry	111 869 819	174 661 077	141 464 333
三、按企业规模分	**Grouped by Size of Enterprises**			
1．大型企业	Large Enterprises	87 388 011	144 156 357	115 207 615
2．中型企业	Medium–sized Enterprises	30 939 803	53 746 337	45 973 464
3．小型企业	Small Enterprises	27 752 720	41 955 181	36 454 495
#纯小型企业	#Pure Small Enterprises	24 553 537	39 955 748	34 828 039
微型企业	Micro Enterprises	3 199 183	1 999 434	1 626 456
四、按工业行业大类分	**Grouped by Sector**			
煤炭开采和洗选业	Mining and Washing of Coal			
石油和天然气开采业	Extraction of Petroleum and Natural Gas	4 393 615	3 614 293	1 822 710
黑色金属矿采选业	Mining and Processing of Ferrous Metal Ores			
有色金属矿采选业	Mining and Processing of Nonferrous Metal Ores			
非金属矿采选业	Mining and Processing of Nonmetal Ores			
开采辅助活动	Support Activies of Mining	157 477	427 466	314 214
其他采矿业	Mining and Processing of Other Ores			
农副食品加工业	Processing of Food from Agricultural Products	549 294	1 540 234	1 399 566
食品制造业	Manufacture of Foods	375 672	525 016	408 556
酒、饮料和精制茶制造业	Manufacture of Wine, Beverages and Refined Tea	466 867	1 191 462	754 473

主营业务税金及附加 Sales Tax and Extra Charges	销售费用 Prime Operating Expense	管理费用 Management Expenses	财务费用 Financial Expenses	利润总额 Total Profits	利税总额 Total Pre-tax Profits
1 633 212	**9 586 449**	**16 822 495**	**1 719 529**	**14 961 649**	**24 055 519**
933 211	6 642 396	11 374 203	1 297 271	7 989 737	14 157 100
2 573	6 850	17 612	8 149	57 953	86 427
11	574	1 546	98	1 100	1 188
173	1 446	5 829	−47	4 103	10 107
16	436	2 389	31	852	957
596 524	3 395 632	6 464 065	529 028	4 524 021	7 634 317
207 031	2 032 417	2 441 100	402 834	1 617 514	3 581 665
125 680	1 185 953	2 412 301	356 682	1 750 781	2 799 784
1 203	19 089	29 361	496	33 413	42 657
489 890	1 710 167	2 875 567	289 556	4 204 449	5 850 445
210 111	1 233 887	2 572 724	132 702	2 767 464	4 047 973
553 713	2 880 691	3 275 018	425 578	3 012 182	4 850 516
1 079 499	6 705 758	13 547 477	1 293 951	11 949 467	19 205 003
946 709	6 842 175	11 344 613	814 138	10 140 296	16 425 202
544 820	1 559 327	3 046 367	421 068	2 771 636	4 604 977
141 683	1 184 947	2 431 516	484 323	2 049 718	3 025 340
126 104	1 134 468	2 334 557	336 127	1 714 824	2 572 586
15 579	50 479	96 959	148 196	334 894	452 754
277 215	6 134	927	32 163	1 496 981	1 972 626
7 623	164	24 633	2 146	83 791	91 837
2 321	48 769	33 199	7 318	65 217	84 020
2 982	54 327	38 355	8 465	16 604	37 458
22 640	296 194	38 561	6 758	63 936	151 231

单位：万元

类　别	Item	负债合计 Total Liabilities
烟草制品业	Manufacture of Tobacco	52 847
纺织业	Manufacture of Textile	336 412
纺织服装、服饰业	Manufacture of Textile Wearing Apparel,Footware and Caps	1 040 062
皮革、毛皮、羽毛及其制品和制鞋业	Manufacture of Leather, Fur, Feather and Related Products	316 387
木材加工及木、竹、藤、棕、草制品业	Processing of Timber, Manufacture of Wood, Bamboo, Rattan, Palm Fiber & Straw Products	174 577
家具制造业	Manufacture of Furniture	934 176
造纸及纸制品业	Manufacture of Paper and Paper Products	646 486
印刷和记录媒介复制业	Printing and Record Medium Reproduction	1 233 952
文教、工美、体育和娱乐用品制造业	Manufacture of Cultural, Educational and Sports Articles	9 812 606
石油加工、炼焦及核燃料加工业	Processing of Petroleum, Coking and Nuclear Fuel Processing	112 320
化学原料及化学制品制造业	Manufacture of Raw Chemical Materials and Chemical Products	1 356 495
医药制造业	Manufacture of Medicines	1 469 886
化学纤维制造业	Manufacture of Chemical Fibers	8 717
橡胶和塑料制品业	Manufacture of Rubber	3 278 621
非金属矿物制品业	Manufacture of Non−metallic Mineral Products	2 104 898
黑色金属冶炼及压延加工业	Smelting and Pressing of Ferrous Metals	349 879
有色金属冶炼及压延加工业	Smelting and Pressing of Nonferrous Metals	2 732 339
金属制品业	Manufacture of Metal Products	2 909 279
通用设备制造业	Manufacture of General−purpose Machinery	2 842 207
专用设备制造业	Manufacture of Special−purpose Machinery	4 235 612
汽车制造业	Manufacfuer of Automobiles	5 158 523
铁路、船舶、航空航天和其他运输设备制造业	Manufacture of Railways Ships Aerospace and Other Transport Equipment	736 038
电气机械及器材制造业	Manufacture of Electrical Machinery and Equipment	10 669 830
计算机、通信和其他电子设备制造业	Manufacture of Communication Equipment, Computers and Other Electronic Equipment	75 676 771
仪器仪表制造业	Manufacture of Measuring Instruments	1 928 345
其他制造业	Other Manufacturing	220 564
废弃资源综合利用业	Recycling and Disposal of Waste	8 547
金属制品、机械和设备修理业	Manufacture of Metal Products,Machinery and Equipment Repair	63 146
电力、热力的生产和供应业	Production and Supply of Electric Power and Heat Power	7 280 461
燃气生产和供应业	Production and Supply of Gas	354 486
水的生产和供应业	Production and Supply of Water	2 093 142

4−6 续表3 continued (10 000 yuan)

主营业务收入 Prime Operating Revenue	主营业务成本 Prime Operating Cost	主营业务税金及附加 Sales Tax and Extra Charges	销售费用 Prime Operating Expense	管理费用 Management Expenses	财务费用 Financial Expenses	利润总额 Total Profits	利税总额 Total Pre−tax Profits
615 490	171 132	332 751	10 436	18 637	−4 113	86 421	525 511
680 609	563 908	2 796	35 686	45 030	2 845	37 220	51 670
2 374 238	1 699 227	18 135	277 063	202 077	12 682	157 331	255 241
1 328 083	1 069 292	7 927	21 676	114 421	1 886	141 048	202 319
131 263	116 134	471	3 789	10 540	3 462	−1 950	724
1 399 480	1 181 704	6 889	76 142	91 410	16 125	31 072	80 000
1 353 269	1 207 926	4 144	39 207	75 344	5 570	30 087	60 630
1 820 826	1 405 065	9 652	70 672	167 704	12 672	238 733	323 984
18 157 185	17 293 490	17 341	134 954	428 669	140 250	303 236	415 028
646 692	370 644	18 089	97 053	30 791	−3 070	136 570	191 481
2 353 353	1 862 067	9 168	136 772	171 032	10 172	143 844	215 510
1 886 344	970 087	16 511	344 671	189 492	−8 220	362 951	498 911
51 642	46 751	170	806	3 040	−31	1 007	1 591
6 731 004	5 899 607	25 643	144 336	436 522	33 211	215 988	361 581
2 982 754	2 566 778	13 772	80 372	187 373	6 841	190 841	297 569
524 150	497 805	618	8 808	17 237	8 924	−6 513	−4 840
3 328 898	3 255 499	1 836	28 500	32 430	15 336	26 111	197 596
5 029 252	4 320 801	23 231	135 241	340 164	18 465	239 464	408 522
6 718 619	5 748 558	22 828	231 079	363 417	10 500	375 586	490 513
6 183 616	4 611 181	36 939	399 355	687 389	50 348	624 615	819 017
3 728 815	3 182 773	64 268	145 070	271 135	68 973	49 900	162 651
1 228 742	1 036 171	4 031	38 895	78 036	2 399	92 166	139 002
20 515 806	18 060 061	65 413	537 072	1 219 570	174 379	776 977	1 206 659
128 877 848	104 634 152	533 932	5 938 181	10 988 482	712 790	7 137 819	12 289 900
3 505 885	2 738 373	18 915	199 128	296 192	17 514	311 920	408 622
478 386	399 773	2 585	10 404	38 904	3 982	24 326	41 030
20 180	18 445	36	323	1 578	217	136	298
115 293	88 666	948	2 943	12 145	386	13 930	18 048
8 067 067	6 782 570	49 477	35	85 438	258 714	1 077 533	1 577 827
654 733	486 097	3 575	579	14 183	7 217	173 100	208 961
1 069 882	651 317	8 343	31 614	68 438	82 253	243 655	272 793

4-7 规模以上工业企业主要经济效益指标（2014年）

MAIN INDICATORS ON ECONOMIC BENEFIT OF INDUSTRIAL ENTERPRISES ABOVE DESIGNATED SIZE（2014）

指标名称	Item	效益综合指数（%） Benefit Composite Index（%）	产品销售率(%) Sales Rate of Products (%)
总　　计	**Total**	**213.11**	**97.39**
一、按登记注册类型分	**Grouped by Registration**		
1．内资企业	Domestic Investment Enterprise	261.07	96.45
国有企业	State-owned	528.12	97.54
集体企业	Collective-owned	-421.99	99.87
股份合作企业	Cooperative Shares Enterprise		95.69
联营企业	Joint owned	100.60	100.00
有限责任公司	Companies Limited with Liabilities	442.19	100.50
股份有限公司	Companies Limited by Shares	321.57	88.41
私营企业	Private	148.99	98.09
其他内资企业	Others	218.00	90.45
2．港、澳、台投资企业	Funded by Entrepreneur from Hongkong,Macao and Taiwan	183.27	97.51
3. 外商投资企业	Foreign Funded	178.29	99.17
二、按轻、重工业分	**Grouped by Light and Heavy Industry**		
1．轻工业	Light Industry	155.27	97.98
2．重工业	Heavy Industry	241.80	97.18
三、按企业规模分	**Grouped by Size of Enterprises**		
1．大型企业	Large Enterprises	266.82	96.53
2．中型企业	Medium-sized Enterprises	155.61	98.49
3．小型企业	Small Enterprises	166.53	99.14
#纯小型企业	#Pure Small Enterprises		99.02
微型企业	Micro Enterprises		101.59
四、按工业行业大类分	**Grouped by Sector**		
煤炭开采和洗选业	Mining and Washing of Coal		
石油和天然气开采业	Extraction of Petroleum and Natural Gas		96.21
黑色金属矿采选业	Mining and Processing of Ferrous Metal Ores		
有色金属矿采选业	Mining and Processing of Nonferrous Metal Ores		
非金属矿采选业	Mining and Processing of Nonmetal Ores		
开采辅助活动	Support Activies of Mining		100.00
其他采矿业	Mining and Processing of Other Ores		
农副食品加工业	Processing of Food from Agricultural Products	225.58	100.25
食品制造业	Manufacture of Foods	139.51	96.88
酒、饮料和精制茶制造业	Manufacture of Wine, Beverages and Refined Tea	264.93	94.19

成本费用利润率(%) After-Tax Profits/Cost(%)	流动资产周转率(次) Turnover Times of Circulating Funds(time)	资产负债率（%） Assets-Liability Ratio (%)	总资产贡献率（%） Ratio of Total Assets to Industrial Output Value (%)	资本保值增值率（%） Ratio of Capital Appreciation（%）	全员劳动生产率（元/人） Total Labor Productivity（yuan/person）
6.63	**1.46**	**62.77**	**11.15**	**111.91**	**187 367**
7.13	1.30	62.84	12.07	115.72	262 599
20.16	0.79	41.42	12.73	170.00	614 769
1.81	16.80	25.47	9.03	−4 967.13	41 625
12.69	0.85	41.73	21.80		379 646
5.14	1.93	61.45	5.32	9.53	42 687
10.52	1.33	66.20	15.99	120.56	527 415
6.55	1.07	54.05	10.82	110.01	375 242
4.02	1.44	67.11	8.15	115.83	108 450
6.40	1.19	65.11	8.89	112.13	210 985
7.90	1.64	63.96	12.00	107.10	126 318
4.58	1.70	61.49	8.17	108.09	147 751
4.80	1.48	58.12	9.06	110.10	108 306
7.33	1.45	64.35	11.86	112.63	228 942
7.56	1.51	64.48	12.79	138.18	259 551
5.43	1.41	57.63	9.52	96.94	107 467
5.05	1.36	63.80	8.05	81.91	138 180
4.44	1.37	62.54	7.44		129 008
17.42	1.31	75.39	13.69		935 140
80.40	10.10	100.00	44.90		10 198 155
24.56	1.91	32.83	19.55		1 188 000
4.38	1.77	49.88	8.14	137.62	218 468
3.26	1.09	59.55	7.37	154.32	94 003
5.83	2.25	61.65	20.08	233.82	210 720

指　标　名　称	Item	效益综合指数（%） Benefit Composite Index （%）	产品销售率(%) Sales Rate of Products (%)
烟草制品业	Manufacture of Tobacco	5 759.66	96.51
纺织业	Manufacture of Textile	157.63	91.58
纺织服装、服饰业	Manufacture of Textile Wearing Apparel, Footware and Caps	165.83	107.57
皮革、毛皮、羽毛及其制品和制鞋业	Manufacture of Leather, Fur, Feather and Related Products	172.47	99.81
木材加工及木、竹、藤、棕、草制品业	Processing of Timber, Manufacture of Wood, Bamboo, Rattan, Palm Fiber & Straw Products	95.78	89.38
家具制造业	Manufacture of Furniture	126.06	99.64
造纸及纸制品业	Manufacture of Paper and Paper Products	128.06	100.60
印刷和记录媒介复制业	Printing and Record Medium Reproduction	208.39	98.70
文教、工美、体育和娱乐用品制造业	Manufacture of Cultural, Educational and Sports Articles	118.21	98.92
石油加工、炼焦及核燃料加工业	Processing of Petroleum, Coking and Nuclear Fuel Processing		99.96
化学原料及化学制品制造业	Manufacture of Raw Chemical Materials and Chemical Products	216.07	99.13
医药制造业	Manufacture of Medicines	436.79	92.86
化学纤维制造业	Manufacture of Chemical Fibers	142.11	91.49
橡胶和塑料制品业	Manufacture of Rubber	138.67	98.77
非金属矿物制品业	Manufacture of Non-metallic Mineral Products	173.01	97.88
黑色金属冶炼及压延加工业	Smelting and Pressing of Ferrous Metals	216.92	100.06
有色金属冶炼及压延加工业	Smelting and Pressing of Nonferrous Metals	243.71	99.95
金属制品业	Manufacture of Metal Products	160.39	97.74
通用设备制造业	Manufacture of General-purpose Machinery	172.70	98.20
专用设备制造业	Manufacture of Special-purpose Machinery	211.41	98.41
汽车制造业	Manufacfuer of Automobiles	152.33	98.47
铁路、船舶、航空航天和其他运输设备制造业	Manufacture of Railways Ships Aerospace and Other Transport Equipment	179.20	97.17
电气机械及器材制造业	Manufacture of Electrical Machinery and Equipment	141.37	98.07
计算机、通信和其他电子设备制造业	Manufacture of Communication Equipment, Computers and Other Electronic Equipment	248.67	96.29
仪器仪表制造业	Manufacture of Measuring Instruments	179.96	98.04
其他制造业	Other Manufacturing	172.79	97.62
废弃资源综合利用业	Recycling and Disposal of Waste		97.77
金属制品、机械和设备修理业	Manufacture of Metal Products, Machinery and Equipment Repair	254.61	98.44
电力、热力的生产和供应业	Production and Supply of Electric Power and Heat Power	2 061.90	103.20
燃气生产和供应业	Production and Supply of Gas	3 931.21	100.29
水的生产和供应业	Production and Supply of Water	526.32	96.11

成本费用利润率(%) After-Tax Profits/Cost(%)	流动资产周转率(次) Turnover Times of Circulating Funds(time)	资产负债率（%） Assets-Liability Ratio (%)	总资产贡献率（%） Ratio of Total Assets to Industrial Output Value (%)	资本保值增值率（%） Ratio of Capital Appreciation（%）	全员劳动生产率（元/人） Total Labor Productivity（yuan/person）
44.07	1.40	10.17	101.16	105.10	8 829 784
5.75	1.24	44.08	7.07	126.25	114 266
7.18	1.77	54.13	14.02	117.60	87 193
11.68	1.28	22.73	14.71	94.18	82 770
−1.46	0.81	72.34	1.47	126.01	87 922
2.28	1.30	58.64	6.03	140.75	81 103
2.27	1.48	50.39	5.14	148.55	82 225
14.42	1.16	49.57	13.53	141.46	120 471
1.68	1.56	77.55	4.50	160.38	76 796
27.57	1.37	20.64	35.19		2 615 201
6.60	1.15	47.06	8.07	190.55	187 919
24.26	0.75	35.61	12.56	129.61	449 717
1.99	3.16	41.54	7.58	130.93	78 283
3.32	1.62	55.11	6.77	138.86	88 502
6.72	1.10	51.67	8.01	163.84	123 289
−1.22	2.00	87.32	0.96	745.76	137 223
0.78	1.24	93.02	7.30	321.14	258 164
4.97	1.41	57.66	8.61	133.02	113 338
5.91	1.57	54.20	9.68	148.44	118 364
10.87	1.06	48.83	10.01	161.12	155 778
1.36	1.02	79.64	3.61	115.89	157 582
7.98	1.64	60.87	11.72	126.73	114 235
3.89	1.57	57.04	7.43	151.17	85 647
5.84	1.46	66.05	11.38	159.93	241 533
9.59	1.21	49.57	11.20	142.56	109 916
5.37	2.04	58.62	11.90	159.22	105 131
0.66	2.83	56.63	3.32		252 492
13.38	1.23	46.24	13.58	267.23	174 374
15.12	2.20	60.67	15.56	104.80	3 158 535
34.07	2.39	44.01	27.63	105.97	6 084 758
29.23	0.66	47.47	8.59	121.31	581 255

4-8 规模以上国有工业企业主要经济指标（2014年）

MAIN ECONOMIC INDICATORS OF STATE-HOLDING INDUSTRIAL ENTERPRISES ABOVE DESIGNATED SIZE（2014）

单位：万元

项目	Item	企业单位数（个）Number of Enterprises (unit)	工业总产值（当年价）Gross Industrial Output Value (at current prices)
总计	**Total**	**12**	**336 955**
一、按登记注册类型分	**Grouped by Registration**		
1．内资企业	Domestic Investment Enterprise	12	336 955
国有企业	State-owned	12	336 955
集体企业	Collective-owned		
股份合作企业	Cooperative Shares Enterprise		
联营企业	Joint owned		
有限责任公司	Companies Limited with Liabilities		
股份有限公司	Companies Limited by Shares		
私营企业	Private		
其他内资企业	Others		
2．港、澳、台投资企业	Funded by Entrepreneur from Hongkong,Macao and Taiwan		
3．外商投资企业	Foreign Funded		
二、按轻、重工业分	**Grouped by Light and Heavy Industry**		
1．轻工业	Light Industry	8	96 034
2．重工业	Heavy Industry	4	240 920
三、按企业规模分	**Grouped by Size of Enterprises**		
1．大型企业	Large Enterprises		
2．中型企业	Medium-sized Enterprises	3	107 756
3．小型企业	Small Enterprises	9	229 199
#纯小型企业	#Pure Small Enterprises	8	225 684
微型企业	Micro Enterprises	1	3 515
四、按工业行业大类分	**Grouped by Sector**		
煤炭开采和洗选业	Mining and Washing of Coal		
石油和天然气开采业	Extraction of Petroleum and Natural Gas		
黑色金属矿采选业	Mining and Processing of Ferrous Metal Ores		
有色金属矿采选业	Mining and Processing of Nonferrous Metal Ores		
非金属矿采选业	Mining and Processing of Nonmetal Ores		
开采辅助活动	Support Activies of Mining		
其他采矿业	Mining and Processing of Other Ores		
农副食品加工业	Processing of Food from Agricultural Products		
食品制造业	Manufacture of Foods		
酒、饮料和精制茶制造业	Manufacture of Wine, Beverages and Refined Tea		

(10 000 yuan)

资产总计 Total Assets	流动资产合计 Total Current Assets	固定资产净值 Net Value of Fixed Assets	主营业务收入 Principal Business Revenue	主营业务税金及附加 Tax and Other Charges on Principal Business	利润总额 Total Profits	利税总额 Total Pre-tax Profits	本年应交增值税 Value-added Tax Payable in Current Year
749 565	**403 713**	**239 813**	**318 553**	**2 573**	**57 953**	**86 427**	**25 734**
749 565	403 713	239 813	318 553	2 573	57 953	86 427	25 734
749 565	403 713	239 813	318 553	2 573	57 953	86 427	25 734
279 026	156 225	45 640	89 148	599	10 247	20 723	9 711
470 539	247 488	194 173	229 404	1 974	47 707	65 704	16 023
311 713	152 605	71 718	92 856	223	8 335	10 171	1 571
437 852	251 108	168 095	225 697	2 350	49 618	76 256	24 164
437 852	251 108	168 095	225 697	2 350	49 618	76 256	24 164

单位：万元

项　目 Item		企业单位数(个) Number of Enterprises (unit)	工业总产值(当年价) Gross Industrial Output Value (at current prices)
烟草制品业	Manufacture of Tobacco		
纺织业	Manufacture of Textile		
纺织服装、服饰业	Manufacture of Textile Wearing Apparel,Footware and Caps		
皮革、毛皮、羽毛及其制品和制鞋业	Manufacture of Leather, Fur, Feather and Related Products		
木材加工及木、竹、藤、棕、草制品业	Processing of Timber, Manufacture of Wood, Bamboo, Rattan, Palm Fiber & Straw Products		
家具制造业	Manufacture of Furniture		
造纸及纸制品业	Manufacture of Paper and Paper Products		
印刷和记录媒介复制业	Printing and Record Medium Reproduction	5	42 098
文教、工美、体育和娱乐用品制造业	Manufacture of Cultural, Educational and Sports Articles		
石油加工、炼焦及核燃料加工业	Processing of Petroleum, Coking and Nuclear Fuel Processing		
化学原料及化学制品制造业	Manufacture of Raw Chemical Materials and Chemical Products		
医药制造业	Manufacture of Medicines		
化学纤维制造业	Manufacture of Chemical Fibers		
橡胶和塑料制品业	Manufacture of Rubber		
非金属矿物制品业	Manufacture of Non-metallic Mineral Products	1	2 966
黑色金属冶炼及压延加工业	Smelting and Pressing of Ferrous Metals		
有色金属冶炼及压延加工业	Smelting and Pressing of Nonferrous Metals		
金属制品业	Manufacture of Metal Products		
通用设备制造业	Manufacture of General-purpose Machinery		
专用设备制造业	Manufacture of Special-purpose Machinery		
汽车制造业	Manufacfuer of Automobiles		
铁路、船舶、航空航天和其他运输设备制造业	Manufacture of Railways Ships Aerospace and Other Transport Equipment		
电气机械及器材制造业	Manufacture of Electrical Machinery and Equipment		
计算机、通信和其他电子设备制造业	Manufacture of Communication Equipment, Computers and Other Electronic Equipment	1	5 672
仪器仪表制造业	Manufacture of Measuring Instruments		
其他制造业	Other Manufacturing		
废弃资源综合利用业	Recycling and Disposal of Waste		
金属制品、机械和设备修理业	Manufacture of Metal Products,Machinery and Equipment Repair		
电力、热力的生产和供应业	Production and Supply of Electric Power and Heat Power	2	232 282
燃气生产和供应业	Production and Supply of Gas		
水的生产和供应业	Production and Supply of Water	3	53 937

4-8 续表 continued (10 000 yuan)

资产总计 Total Assets	流动资产合计 Total Current Assets	固定资产净值 Net Value of Fixed Assets	主营业务收入 Principal Business Revenue	主营业务税金及附加 Tax and Other Charges on Principal Business	利润总额 Total Profits	利税总额 Total Pre-tax Profits	本年应交增值税 Value-added Tax Payable in Current Year
87 484	72 222	13 286	38 455	323	6 674	14 585	7 467
3 727	3 544	166	3 066	53	1 773	2 267	441
19 248	10 987	1 559	5 417	44	2 509	2 565	12
447 564	232 957	192 449	220 921	1 877	43 426	60 873	15 570
191 541	84 004	32 354	50 694	276	3 573	6 138	2 245

4-9 规模以上集体工业企业主要经济指标（2014年）

MAIN ECONOMIC INDICATORS OF COLLECTIVE-OWNED INDUSTRIAL ENTERPRISES ABOVE DESIGNATED SIZE （2014）

单位：万元

项 目	Item	企业单位数(个) Number of Enterprises (unit)	工业总产值(当年价) Gross Industrial Output Value (at current prices)
总 计	**Total**	**8**	**107 341**
一、按登记注册类型分	**Grouped by Registration**		
1.内资企业	Domestic Investment Enterprise	8	107 341
国有企业	State-owned		
集体企业	Collective-owned	8	107 341
股份合作企业	Cooperative Shares Enterprise		
联营企业	Joint owned		
有限责任公司	Companies Limited with Liabilities		
股份有限公司	Companies Limited by Shares		
私营企业	Private		
其他内资企业	Others		
2.港、澳、台投资企业	Funded by Entrepreneur from Hongkong,Macao and Taiwan		
3.外商投资企业	Foreign Funded		
二、按轻、重工业分	**Grouped by Light and Heavy Industry**		
1.轻工业	Light Industry	7	105 342
2.重工业	Heavy Industry	1	1 999
三、按企业规模分	**Grouped by Size of Enterprises**		
1.大型企业	Large Enterprises		
2.中型企业	Medium-sized Enterprises	5	92 546
3.小型企业	Small Enterprises	3	14 795
#纯小型企业	#Pure Small Enterprises	2	6 650
微型企业	Micro Enterprises	1	8 145
四、按工业行业大类分	**Grouped by Sector**		
煤炭开采和洗选业	Mining and Washing of Coal		
石油和天然气开采业	Extraction of Petroleum and Natural Gas		
黑色金属矿采选业	Mining and Processing of Ferrous Metal Ores		
有色金属矿采选业	Mining and Processing of Nonferrous Metal Ores		
非金属矿采选业	Mining and Processing of Nonmetal Ores		
开采辅助活动	Support Activies of Mining		
其他采矿业	Mining and Processing of Other Ores		
农副食品加工业	Processing of Food from Agricultural Products		
食品制造业	Manufacture of Foods		
酒、饮料和精制茶制造业	Manufacture of Wine, Beverages and Refined Tea		

(10 000 yuan)

资产总计 Total Assets	流动资产合计 Total Current Assets	固定资产净值 Net Value of Fixed Assets	主营业务收入 Principal Business Revenue	主营业务税金及附加 Tax and Other Charges on Principal Business	利润总额 Total Profits	利税总额 Total Pre-tax Profits	本年应交增值税 Value-added Tax Payable in Current Year
13 157	**3 670**	**5 260**	**61 675**	**11**	**1 100**	**1 188**	**77**
13 157	3 670	5 260	61 675	11	1 100	1 188	77
13 157	3 670	5 260	61 675	11	1 100	1 188	77
13 026	3 540	5 260	58 000	11	486	574	77
131	131		3 675		614	614	
10 608	1 370	5 011	45 204	11	272	360	77
2 548	2 300	248	16 471		828	828	
930	841	89	8 326		823	823	
1 619	1 459	160	8 145		5	5	

单位：万元

项　　目 Item		企业单位数（个） Number of Enterprises (unit)	工业总产值（当年价） Gross Industrial Output Value (at current prices)
烟草制品业	Manufacture of Tobacco		
纺织业	Manufacture of Textile		
纺织服装、服饰业	Manufacture of Textile Wearing Apparel,Footware and Caps	1	3 063
皮革、毛皮、羽毛及其制品和制鞋业	Manufacture of Leather, Fur, Feather and Related Products		
木材加工及木、竹、藤、棕、草制品业	Processing of Timber, Manufacture of Wood, Bamboo, Rattan, Palm Fiber & Straw Products		
家具制造业	Manufacture of Furniture		
造纸及纸制品业	Manufacture of Paper and Paper Products	2	18 094
印刷和记录媒介复制业	Printing and Record Medium Reproduction		
文教、工美、体育和娱乐用品制造业	Manufacture of Cultural, Educational and Sports Articles	1	6 450
石油加工、炼焦及核燃料加工业	Processing of Petroleum, Coking and Nuclear Fuel Processing		
化学原料及化学制品制造业	Manufacture of Raw Chemical Materials and Chemical Products		
医药制造业	Manufacture of Medicines		
化学纤维制造业	Manufacture of Chemical Fibers		
橡胶和塑料制品业	Manufacture of Rubber	1	4 651
非金属矿物制品业	Manufacture of Non-metallic Mineral Products		
黑色金属冶炼及压延加工业	Smelting and Pressing of Ferrous Metals		
有色金属冶炼及压延加工业	Smelting and Pressing of Nonferrous Metals		
金属制品业	Manufacture of Metal Products		
通用设备制造业	Manufacture of General-purpose Machinery		
专用设备制造业	Manufacture of Special-purpose Machinery		
汽车制造业	Manufacfuer of Automobiles		
铁路、船舶、航空航天和其他运输设备制造业	Manufacture of Railways Ships Aerospace and Other Transport Equipment		
电气机械及器材制造业	Manufacture of Electrical Machinery and Equipment	1	66 176
计算机、通信和其他电子设备制造业	Manufacture of Communication Equipment, Computers and Other Electronic Equipment	1	1 999
仪器仪表制造业	Manufacture of Measuring Instruments	1	6 907
其他制造业	Other Manufacturing		
废弃资源综合利用业	Recycling and Disposal of Waste		
金属制品、机械和设备修理业	Manufacture of Metal Products,Machinery and Equipment Repair		
电力、热力的生产和供应业	Production and Supply of Electric Power and Heat Power		
燃气生产和供应业	Production and Supply of Gas		
水的生产和供应业	Production and Supply of Water		

4-9 续表 continued（10 000 yuan）

资产总计 Total Assets	流动资产合计 Total Current Assets	固定资产净值 Net Value of Fixed Assets	主营业务收入 Principal Business Revenue	主营业务税金及附加 Tax and Other Charges on Principal Business	利润总额 Total Profits	利税总额 Total Pre-tax Profits	本年应交增值税 Value-added Tax Payable in Current Year
498	272	226	2 566		129	129	
10 368	1 490	4 771	18 094		26	26	
999	713	166	6 446		-1	41	42
799	710	89	4 651		209	209	
146	146		19 476	11	88	134	35
131	131		3 675		614	614	
216	208	8	6 767		36	36	

4-10 规模以上股份有限工业企业主要经济指标（2014年）

MAIN ECONOMIC INDICATORS OF SHARE-HOLDING INDUSTRIAL ENTERPRISES LIMITED ABOVE DESIGNATED SIZE（2014）

单位：万元

项　目	Item	企业单位数(个) Number of Enterprises (unit)	工业总产值(当年价) Gross Industrial Output Value (at current prices)
总 计	**Total**	**194**	**32 959 530**
一、按登记注册类型分	**Grouped by Registration**		
1.内资企业	Domestic Investment Enterprise	194	32 959 530
国有企业	State-owned		
集体企业	Collective-owned		
股份合作企业	Cooperative Shares Enterprise		
联营企业	Joint owned		
有限责任公司	Companies Limited with Liabilities		
股份有限公司	Companies Limited by Shares	194	32 959 530
私营企业	Private		
其他内资企业	Others		
2.港、澳、台投资企业	Funded by Entrepreneur from Hongkong,Macao and Taiwan		
3.外商投资企业	Foreign Funded		
二、按轻、重工业分	**Grouped by Light and Heavy Industry**		
1.轻工业	Light Industry	48	4 999 247
2.重工业	Heavy Industry	146	27 960 283
三、按企业规模分	**Grouped by Size of Enterprises**		
1.大型企业	Large Enterprises	49	28 666 498
2.中型企业	Medium-sized Enterprises	74	2 942 440
3.小型企业	Small Enterprises	71	1 350 593
#纯小型企业	#Pure Small Enterprises	67	1 333 276
微型企业	Micro Enterprises	4	17 318
四、按工业行业大类分	**Grouped by Sector**		
煤炭开采和洗选业	Mining and Washing of Coal		
石油和天然气开采业	Extraction of Petroleum and Natural Gas		
黑色金属矿采选业	Mining and Processing of Ferrous Metal Ores		
有色金属矿采选业	Mining and Processing of Nonferrous Metal Ores		
非金属矿采选业	Mining and Processing of Nonmetal Ores		
开采辅助活动	Support Activies of Mining		
其他采矿业	Mining and Processing of Other Ores		
农副食品加工业	Processing of Food from Agricultural Products	1	48 807
食品制造业	Manufacture of Foods		
酒、饮料和精制茶制造业	Manufacture of Wine, Beverages and Refined Tea		

(10 000 yuan)

资产总计 Total Assets	流动资产合计 Total Current Assets	固定资产净值 Net Value of Fixed Assets	主营业务收入 Principal Business Revenue	主营业务税金及附加 Tax and Other Charges on Principal Business	利润总额 Total Profits	利税总额 Total Pre-tax Profits	本年应交增值税 Value-added Tax Payable in Current Year
36 496 934	**24 055 651**	**4 228 166**	**25 767 282**	**207 031**	**1 617 514**	**3 581 665**	**1 755 586**
36 496 934	24 055 651	4 228 166	25 767 282	207 031	1 617 514	3 581 665	1 755 586
36 496 934	24 055 651	4 228 166	25 767 282	207 031	1 617 514	3 581 665	1 755 586
8 147 232	4 856 031	605 956	4 832 769	28 062	584 127	717 225	104 548
28 349 703	19 199 620	3 622 210	20 934 512	178 969	1 033 387	2 864 440	1 651 039
27 498 346	18 732 437	3 385 640	21 498 210	182 436	1 111 699	2 933 245	1 638 608
5 723 306	3 346 489	665 725	2 942 131	18 071	349 132	451 813	83 855
3 275 283	1 976 725	176 801	1 326 941	6 525	156 683	196 607	33 123
3 202 466	1 921 759	166 400	1 308 541	6 497	158 566	198 463	33 123
72 817	54 966	10 400	18 400	28	−1 883	−1 855	
97 157	26 103	1 042	48 807	24	593	619	2

单位：万元

项　目	Item	企业单位数(个) Number of Enterprises (unit)	工业总产值(当年价) Gross Industrial Output Value (at current prices)
烟草制品业	Manufacture of Tobacco		
纺织业	Manufacture of Textile		
纺织服装、服饰业	Manufacture of Textile Wearing Apparel,Footware and Caps	2	155 182
皮革、毛皮、羽毛及其制品和制鞋业	Manufacture of Leather, Fur, Feather and Related Products		
木材加工及木、竹、藤、棕、草制品业	Processing of Timber, Manufacture of Wood, Bamboo, Rattan, Palm Fiber & Straw Products		
家具制造业	Manufacture of Furniture	2	40 587
造纸及纸制品业	Manufacture of Paper and Paper Products	1	36 756
印刷和记录媒介复制业	Printing and Record Medium Reproduction	2	282 615
文教、工美、体育和娱乐用品制造业	Manufacture of Cultural, Educational and Sports Articles		
石油加工、炼焦及核燃料加工业	Processing of Petroleum, Coking and Nuclear Fuel Processing		
化学原料及化学制品制造业	Manufacture of Raw Chemical Materials and Chemical Products	7	272 718
医药制造业	Manufacture of Medicines	4	256 687
化学纤维制造业	Manufacture of Chemical Fibers		
橡胶和塑料制品业	Manufacture of Rubber	9	227 145
非金属矿物制品业	Manufacture of Non-metallic Mineral Products	6	407 567
黑色金属冶炼及压延加工业	Smelting and Pressing of Ferrous Metals		
有色金属冶炼及压延加工业	Smelting and Pressing of Nonferrous Metals	1	71 850
金属制品业	Manufacture of Metal Products	4	97 146
通用设备制造业	Manufacture of General-purpose Machinery	12	352 326
专用设备制造业	Manufacture of Special-purpose Machinery	15	1 551 295
汽车制造业	Manufacfuer of Automobiles	4	485 395
铁路、船舶、航空航天和其他运输设备制造业	Manufacture of Railways Ships Aerospace and Other Transport Equipment	1	4 987
电气机械及器材制造业	Manufacture of Electrical Machinery and Equipment	25	1 278 797
计算机、通信和其他电子设备制造业	Manufacture of Communication Equipment, Computers and Other Electronic Equipment	85	26 792 257
仪器仪表制造业	Manufacture of Measuring Instruments	9	371 401
其他制造业	Other Manufacturing	1	43 443
废弃资源综合利用业	Recycling and Disposal of Waste		
金属制品、机械和设备修理业	Manufacture of Metal Products,Machinery and Equipment Repair		
电力、热力的生产和供应业	Production and Supply of Electric Power and Heat Power	1	69 458
燃气生产和供应业	Production and Supply of Gas		
水的生产和供应业	Production and Supply of Water	2	113 110

4-10 续表 continued（10 000 yuan）

资产总计 Total Assets	流动资产合计 Total Current Assets	固定资产净值 Net Value of Fixed Assets	主营业务收入 Principal Business Revenue	主营业务税金及附加 Tax and Other Charges on Principal Business	利润总额 Total Profits	利税总额 Total Pre-tax Profits	本年应交增值税 Value-added Tax Payable in Current Year
363 222	154 850	44 070	153 437	1 936	24 415	36 277	9 926
67 976	53 441	3 629	45 258	349	4 319	7 490	2 821
235 759	90 118	412	50 109	353	12 010	15 788	3 424
682 457	279 518	90 716	277 742	1 898	136 931	151 836	12 853
732 546	431 359	20 943	226 487	822	52 132	61 003	8 043
996 888	403 216	84 550	256 447	2 006	60 955	79 534	16 574
746 447	255 679	68 129	220 085	1 171	20 288	24 952	3 494
958 017	445 518	122 479	427 451	2 353	36 828	43 196	4 014
57 509	39 670	8 076	70 630	308	12 171	15 161	2 682
103 465	60 179	39 132	94 983	674	10 679	15 453	4 095
737 701	561 485	47 289	330 638	2 087	52 005	60 378	6 286
2 877 242	1 967 040	312 732	1 492 245	13 418	301 137	364 890	50 024
484 942	337 429	66 268	455 085	2 010	30 684	47 427	14 733
26 417	19 769	632	5 268	52	−1 124	−1 072	
2 191 924	1 243 160	171 854	1 322 993	5 062	88 413	124 762	30 708
23 469 541	16 534 973	3 001 407	19 682 086	169 152	699 953	2 442 573	1 572 997
784 597	562 112	61 983	382 876	2 146	27 309	39 248	9 785
77 164	25 818	48 841	41 057	399	8 523	9 216	294
367 417	349 617	10 055	69 458	394	13 545	15 078	1 138
438 547	214 597	23 929	114 140	418	25 748	27 858	1 692

4-11 规模以上“三资”工业企业主要经济指标（2014年）

MAIN ECONOMIC INDICATORS OF FOREIGN-FUNDED INDUSTRIAL ENTERPRISES ABOVE DESIGNATED SIZE（2014）

单位：万元

项　目	Item	企业单位数(个) Number of Enterprises (unit)	工业总产值(当年价) Gross Industrial Output Value (at current prices)
总 计	**Total**	**2 764**	**120 731 905**
一、按登记注册类型分	**Grouped by Registration**		
1．内资企业	Domestic Investment Enterprise		
国有企业	State-owned		
集体企业	Collective-owned		
股份合作企业	Cooperative Shares Enterprise		
联营企业	Joint owned		
有限责任公司	Companies Limited with Liabilities		
股份有限公司	Companies Limited by Shares		
私营企业	Private		
其他内资企业	Others		
2．港、澳、台投资企业	Funded by Entrepreneur from Hongkong,Macao and Taiwan	2 034	57 216 233
3．外商投资企业	Foreign Funded	730	63 515 672
二、按轻、重工业分	**Grouped by Light and Heavy Industry**		
1．轻工业	Light Industry	1 257	36 667 982
2．重工业	Heavy Industry	1 507	84 063 923
三、按企业规模分	**Grouped by Size of Enterprises**		
1．大型企业	Large Enterprises	255	79 490 939
2．中型企业	Medium-sized Enterprises	967	26 256 454
3．小型企业	Small Enterprises	1 542	14 984 513
#纯小型企业	#Pure Small Enterprises	1 475	14 333 009
微型企业	Micro Enterprises	67	651 503
四、按工业行业大类分	**Grouped by Sector**		
煤炭开采和洗选业	Mining and Washing of Coal		
石油和天然气开采业	Extraction of Petroleum and Natural Gas	1	3 477 537
黑色金属矿采选业	Mining and Processing of Ferrous Metal Ores		
有色金属矿采选业	Mining and Processing of Nonferrous Metal Ores		
非金属矿采选业	Mining and Processing of Nonmetal Ores		
开采辅助活动	Support Activies of Mining	2	53 344
其他采矿业	Mining and Processing of Other Ores		
农副食品加工业	Processing of Food from Agricultural Products	18	1 172 496
食品制造业	Manufacture of Foods	26	354 223
酒、饮料和精制茶制造业	Manufacture of Wine, Beverages and Refined Tea	11	1 193 497

(10 000 yuan)

资产总计 Total Assets	流动资产合计 Total Current Assets	固定资产净值 Net Value of Fixed Assets	主营业务收入 Principal Business Revenue	主营业务税金及附加 Tax and Other Charges on Principal Business	利润总额 Total Profits	利税总额 Total Pre-tax Profits	本年应交增值税 Value-added Tax Payable in Current Year
105 077 992	**71 589 497**	**19 058 858**	**119 689 066**	**700 001**	**6 971 913**	**9 898 419**	**2 204 844**
51 027 537	34 778 358	9 406 112	57 085 785	489 890	4 204 449	5 850 445	1 134 898
54 050 455	36 811 139	9 652 746	62 603 281	210 111	2 767 464	4 047 973	1 069 946
30 042 170	22 616 218	3 692 986	36 901 914	132 958	1 657 989	2 467 101	674 904
75 035 822	48 973 279	15 365 872	82 787 151	567 043	5 313 924	7 431 318	1 529 940
66 888 371	43 879 562	13 503 579	78 583 279	533 078	4 883 274	6 903 979	1 486 738
23 974 310	16 872 695	3 726 424	25 841 615	121 321	1 299 313	1 949 089	508 560
14 215 310	10 837 240	1 828 855	15 264 171	45 602	789 326	1 045 351	209 546
13 572 443	10 304 709	1 776 733	14 589 352	43 761	679 443	927 589	203 521
642 868	532 531	52 122	674 819	1 840	109 883	117 762	6 025
4 393 615	357 741	2 797 640	3 614 293	277 215	1 496 981	1 972 626	198 430
49 585	24 064	23 916	53 344	1 761	21 371	23 556	423
826 041	715 387	85 682	1 167 350	1 721	60 749	78 157	15 677
423 841	325 197	65 598	345 012	2 286	19 799	35 031	12 723
684 306	481 984	150 170	1 136 382	22 511	63 921	150 305	63 859

单位：万元

项 目	Item	企业单位数（个）Number of Enterprises (unit)	工业总产值（当年价）Gross Industrial Output Value (at current prices)
烟草制品业	Manufacture of Tobacco		
纺织业	Manufacture of Textile	31	376 182
纺织服装、服饰业	Manufacture of Textile Wearing Apparel,Footware and Caps	109	1 350 040
皮革、毛皮、羽毛及其制品和制鞋业	Manufacture of Leather, Fur, Feather and Related Products	54	1 060 129
木材加工及木、竹、藤、棕、草制品业	Processing of Timber, Manufacture of Wood, Bamboo, Rattan, Palm Fiber & Straw Products	6	27 056
家具制造业	Manufacture of Furniture	55	706 047
造纸及纸制品业	Manufacture of Paper and Paper Products	70	679 072
印刷和记录媒介复制业	Printing and Record Medium Reproduction	65	836 357
文教、工美、体育和娱乐用品制造业	Manufacture of Cultural, Educational and Sports Articles	150	7 470 519
石油加工、炼焦及核燃料加工业	Processing of Petroleum, Coking and Nuclear Fuel Processing	5	614 747
化学原料及化学制品制造业	Manufacture of Raw Chemical Materials and Chemical Products	61	1 310 483
医药制造业	Manufacture of Medicines	19	1 194 396
化学纤维制造业	Manufacture of Chemical Fibers	2	21 567
橡胶和塑料制品业	Manufacture of Rubber	289	4 562 682
非金属矿物制品业	Manufacture of Non-metallic Mineral Products	36	1 513 691
黑色金属冶炼及压延加工业	Smelting and Pressing of Ferrous Metals	8	181 894
有色金属冶炼及压延加工业	Smelting and Pressing of Nonferrous Metals	37	1 180 969
金属制品业	Manufacture of Metal Products	171	3 591 647
通用设备制造业	Manufacture of General-purpose Machinery	136	4 801 042
专用设备制造业	Manufacture of Special-purpose Machinery	151	2 700 081
汽车制造业	Manufacfuer of Automobiles	27	3 165 382
铁路、船舶、航空航天和其他运输设备制造业	Manufacture of Railways Ships Aerospace and Other Transport Equipment	45	1 007 633
电气机械及器材制造业	Manufacture of Electrical Machinery and Equipment	387	12 612 208
计算机、通信和其他电子设备制造业	Manufacture of Communication Equipment, Computers and Other Electronic Equipment	658	59 005 338
仪器仪表制造业	Manufacture of Measuring Instruments	89	1 757 756
其他制造业	Other Manufacturing	28	190 956
废弃资源综合利用业	Recycling and Disposal of Waste		
金属制品、机械和设备修理业	Manufacture of Metal Products,Machinery and Equipment Repair	8	99 696
电力、热力的生产和供应业	Production and Supply of Electric Power and Heat Power	5	1 153 937
燃气生产和供应业	Production and Supply of Gas	1	685 810
水的生产和供应业	Production and Supply of Water	3	623 495

4-11 续表 continued (10 000 yuan)

资产总计 Total Assets	流动资产合计 Total Current Assets	固定资产净值 Net Value of Fixed Assets	主营业务收入 Principal Business Revenue	主营业务税金及附加 Tax and Other Charges on Principal Business	利润总额 Total Profits	利税总额 Total Pre-tax Profits	本年应交增值税 Value-added Tax Payable in Current Year
382 334	278 686	70 472	408 684	1 283	14 230	20 194	4 681
994 252	722 141	144 891	1 358 837	10 298	96 101	147 537	40 692
1 249 429	914 437	94 985	1 062 831	6 955	139 395	194 565	48 182
16 453	13 591	2 415	27 890	98	416	1 093	579
777 194	561 943	147 210	718 993	4 373	24 472	51 676	22 802
604 251	462 905	104 567	689 674	2 044	8 039	20 405	10 284
947 207	679 678	189 739	829 742	3 726	38 188	68 778	26 850
5 801 610	5 284 624	282 032	8 259 624	11 846	244 470	307 723	51 244
523 718	452 630	42 242	629 092	18 016	133 533	188 120	36 569
1 251 941	936 637	147 943	1 321 895	5 109	40 870	78 025	32 046
1 473 708	939 355	263 684	1 033 763	8 419	197 604	265 185	59 162
5 888	4 979	909	20 278	49	259	585	277
3 431 284	2 548 434	679 864	4 576 403	17 376	103 000	197 116	76 712
1 748 731	1 220 531	359 177	1 483 168	8 477	97 856	173 369	67 036
130 692	96 351	27 229	178 113	378	- 3 251	- 2 423	450
1 426 311	1 316 048	79 144	1 189 308	1 011	10 700	41 569	29 853
3 217 241	2 252 736	682 682	3 291 262	14 904	197 296	318 892	106 581
2 940 773	2 458 171	294 254	4 936 588	12 935	214 255	276 620	49 357
3 298 034	2 004 203	1 048 193	2 697 236	13 416	131 260	201 884	57 014
5 471 128	2 935 773	1 200 502	3 031 913	61 924	3 126	87 453	22 367
1 011 778	622 703	269 158	962 646	2 794	83 312	117 307	30 733
9 907 101	6 771 619	1 269 200	12 298 503	36 713	402 016	614 597	175 626
43 871 565	31 792 119	7 050 489	57 892 325	124 397	2 171 203	3 160 463	845 590
1 677 215	1 281 057	179 975	1 748 039	10 787	170 844	216 433	34 594
135 851	101 301	25 942	190 807	902	1 602	10 704	8 150
122 734	81 250	30 271	94 391	809	12 801	16 162	2 552
2 326 671	1 550 347	426 072	1 141 135	5 727	429 695	470 361	34 939
805 424	274 261	461 100	654 733	3 575	173 100	208 961	32 286
3 150 089	1 126 615	361 514	644 815	6 169	172 701	185 394	6 524

4-12 规模以上私营工业企业主要经济指标（2014年）

MAIN ECONOMIC INDICATORS OF PRIVATE INDUSTRIAL ENTERPRISES ABOVE DESIGNATED SIZE（2014）

单位：万元

项 目	Item	企业单位数（个）Number of Enterprises (unit)	工业总产值（当年价）Gross Industrial Output Value (at current prices)
总 计	**Total**	**2 883**	**45 155 422**
一、按登记注册类型分	**Grouped by Registration**		
1.内资企业	Domestic Investment Enterprise	2 883	45 155 422
国有企业	State-owned		
集体企业	Collective-owned		
股份合作企业	Cooperative Shares Enterprise		
联营企业	Joint owned		
有限责任公司	Companies Limited with Liabilities		
股份有限公司	Companies Limited by Shares		
私营企业	Private	2 883	45 155 422
其他内资企业	Others		
2.港、澳、台投资企业	Funded by Entrepreneur from Hongkong,Macao and Taiwan		
3.外商投资企业	Foreign Funded		
二、按轻、重工业分	**Grouped by Light and Heavy Industry**		
1.轻工业	Light Industry	1 064	18 787 140
2.重工业	Heavy Industry	1 819	26 368 281
三、按企业规模分	**Grouped by Size of Enterprises**		
1.大型企业	Large Enterprises	59	7 595 804
2.中型企业	Medium-sized Enterprises	594	18 578 123
3.小型企业	Small Enterprises	2 230	18 981 495
#纯小型企业	#Pure Small Enterprises	2 161	18 581 526
微型企业	Micro Enterprises	69	399 969
四、按工业行业大类分	**Grouped by Sector**		
煤炭开采和洗选业	Mining and Washing of Coal		
石油和天然气开采业	Extraction of Petroleum and Natural Gas		
黑色金属矿采选业	Mining and Processing of Ferrous Metal Ores		
有色金属矿采选业	Mining and Processing of Nonferrous Metal Ores		
非金属矿采选业	Mining and Processing of Nonmetal Ores		
开采辅助活动	Support Activies of Mining		
其他采矿业	Mining and Processing of Other Ores		
农副食品加工业	Processing of Food from Agricultural Products	9	137 485
食品制造业	Manufacture of Foods	11	88 940
酒、饮料和精制茶制造业	Manufacture of Wine, Beverages and Refined Tea	3	42 434

(10 000 yuan)

资产总计 Total Assets	流动资产合计 Total Current Assets	固定资产净值 Net Value of Fixed Assets	主营业务收入 Principal Business Revenue	主营业务税金及附加 Tax and Other Charges on Principal Business	利润总额 Total Profits	利税总额 Total Pre-tax Profits	本年应交增值税 Value-added Tax Payable in Current Year
38 890 565	**31 228 279**	**3 487 431**	**45 106 607**	**125 680**	**1 750 781**	**2 799 784**	**921 593**
38 890 565	31 228 279	3 487 431	45 106 607	125 680	1 750 781	2 799 784	921 593
38 890 565	31 228 279	3 487 431	45 106 607	125 680	1 750 781	2 799 784	921 593
15 861 488	13 068 931	1 183 031	18 696 254	42 091	432 558	734 184	258 934
23 029 076	18 159 348	2 304 399	26 410 353	83 589	1 318 223	2 065 601	662 659
6 427 731	4 934 685	687 278	7 403 103	29 902	609 825	848 215	208 457
16 282 700	12 870 790	1 569 223	18 391 395	47 322	704 217	1 174 248	421 533
16 180 133	13 422 804	1 230 930	19 312 109	48 456	436 738	777 321	291 604
15 587 664	12 979 518	1 217 357	18 869 514	47 207	412 349	747 524	287 449
592 469	443 286	13 573	442 595	1 249	24 389	29 798	4 154
103 314	94 567	2 680	140 665	451	2 690	3 491	351
71 343	63 735	5 177	88 215	355	−180	2 041	1 867
54 452	34 652	3 685	43 705	78	292	907	538

单位：万元

项　目	Item	企业单位数(个) Number of Enterprises (unit)	工业总产值(当年价) Gross Industrial Output Value (at current prices)
烟草制品业	Manufacture of Tobacco		
纺织业	Manufacture of Textile	25	300 234
纺织服装、服饰业	Manufacture of Textile Wearing Apparel,Footware and Caps	66	569 128
皮革、毛皮、羽毛及其制品和制鞋业	Manufacture of Leather, Fur, Feather and Related Products	22	234 646
木材加工及木、竹、藤、棕、草制品业	Processing of Timber, Manufacture of Wood, Bamboo, Rattan, Palm Fiber & Straw Products	14	85 623
家具制造业	Manufacture of Furniture	78	593 705
造纸及纸制品业	Manufacture of Paper and Paper Products	72	558 120
印刷和记录媒介复制业	Printing and Record Medium Reproduction	64	476 814
文教、工美、体育和娱乐用品制造业	Manufacture of Cultural, Educational and Sports Articles	136	8 949 384
石油加工、炼焦及核燃料加工业	Processing of Petroleum, Coking and Nuclear Fuel Processing	1	20 262
化学原料及化学制品制造业	Manufacture of Raw Chemical Materials and Chemical Products	83	691 962
医药制造业	Manufacture of Medicines	9	197 048
化学纤维制造业	Manufacture of Chemical Fibers	2	34 792
橡胶和塑料制品业	Manufacture of Rubber	197	1 771 436
非金属矿物制品业	Manufacture of Non-metallic Mineral Products	66	532 823
黑色金属冶炼及压延加工业	Smelting and Pressing of Ferrous Metals	4	177 157
有色金属冶炼及压延加工业	Smelting and Pressing of Nonferrous Metals	19	2 058 349
金属制品业	Manufacture of Metal Products	171	1 234 363
通用设备制造业	Manufacture of General-purpose Machinery	114	1 278 771
专用设备制造业	Manufacture of Special-purpose Machinery	139	1 343 146
汽车制造业	Manufacfuer of Automobiles	9	71 464
铁路、船舶、航空航天和其他运输设备制造业	Manufacture of Railways Ships Aerospace and Other Transport Equipment	14	238 037
电气机械及器材制造业	Manufacture of Electrical Machinery and Equipment	465	5 107 393
计算机、通信和其他电子设备制造业	Manufacture of Communication Equipment, Computers and Other Electronic Equipment	997	17 229 832
仪器仪表制造业	Manufacture of Measuring Instruments	63	917 075
其他制造业	Other Manufacturing	25	177 822
废弃资源综合利用业	Recycling and Disposal of Waste	2	20 641
金属制品、机械和设备修理业	Manufacture of Metal Products,Machinery and Equipment Repair	2	14 488
电力、热力的生产和供应业	Production and Supply of Electric Power and Heat Power		
燃气生产和供应业	Production and Supply of Gas		
水的生产和供应业	Production and Supply of Water	1	2 050

资产总计 Total Assets	流动资产合计 Total Current Assets	固定资产净值 Net Value of Fixed Assets	主营业务收入 Principal Business Revenue	主营业务税金及附加 Tax and Other Charges on Principal Business	利润总额 Total Profits	利税总额 Total Pre-tax Profits	本年应交增值税 Value-added Tax Payable in Current Year
376 298	266 823	27 094	266 074	1 467	22 947	30 996	6 576
453 521	374 620	47 723	567 782	3 855	8 715	34 677	22 003
127 496	108 938	11 409	235 493	762	2 267	8 159	5 130
171 099	132 298	6 942	88 617	357	−922	873	1 424
667 412	448 381	97 773	596 762	1 884	1 882	17 569	13 734
403 920	334 621	51 390	573 262	1 651	9 497	23 353	12 191
503 337	361 176	109 929	470 906	2 260	33 690	53 528	17 571
6 034 779	5 613 684	131 961	8 949 358	4 861	38 923	82 014	38 229
20 459	19 009	938	17 601	73	3 037	3 362	252
783 413	580 547	70 263	702 448	2 557	38 660	58 810	17 588
1 200 849	867 545	46 686	197 974	1 429	39 572	45 056	4 054
15 098	11 388	3 704	31 363	121	748	1 005	136
1 524 174	1 204 885	197 518	1 764 536	6 161	88 656	130 356	35 502
590 949	466 914	85 333	520 546	1 259	17 764	27 949	8 919
184 663	103 611	38 361	235 633	144	−599	150	605
1 452 224	1 337 236	78 625	2 058 027	485	3 124	140 668	137 059
1 079 133	878 227	125 538	1 316 090	5 735	41 608	76 280	28 863
1 327 465	1 089 576	113 789	1 224 956	6 360	96 033	130 677	28 249
1 726 161	1 236 404	152 658	1 344 862	7 999	120 306	166 628	38 220
135 944	90 771	3 842	76 886	128	927	1 450	395
141 110	88 317	25 897	235 238	985	8 756	20 016	10 275
5 063 001	3 857 593	557 284	5 017 071	18 187	227 000	358 887	113 316
13 494 716	10 721 398	1 351 006	17 220 070	51 292	858 326	1 264 324	353 861
1 043 630	735 043	118 086	898 754	3 957	77 507	101 902	20 411
104 890	82 607	14 999	183 445	684	8 102	12 555	3 769
15 092	7 127	5 802	20 180	36	136	298	126
12 816	11 905	840	18 041	105	929	1 416	382
7 808	4 683	502	2 050		391	391	

4-13 规模以上大中型工业企业主要经济指标（2014年）

MAIN ECONOMIC INDICATORS OF LARGE AND MEDIUM-SIZED INDUSTRIAL ENTERPRISES ABOVE DESIGNATED SIZE（2014）

单位：万元

项 目	Item	企业单位数(个) Number of Enterprises (unit)	工业总产值(当年价) Gross Industrial Output Value (at current prices)
总 计	**Total**	**2 162**	**206 872 009**
一、按登记注册类型分	**Grouped by Registration**		
1.内资企业	Domestic Investment Enterprise	940	101 124 617
国有企业	State-owned	3	107 756
集体企业	Collective-owned	5	92 546
股份合作企业	Cooperative Shares Enterprise	1	34 828
联营企业	Joint owned	1	24 911
有限责任公司	Companies Limited with Liabilities	152	42 521 159
股份有限公司	Companies Limited by Shares	123	31 608 937
私营企业	Private	653	26 173 927
其他内资企业	Others	2	560 554
2.港、澳、台投资企业	Funded by Entrepreneur from Hongkong,Macao and Taiwan	897	46 489 220
3.外商投资企业	Foreign Funded	325	59 258 172
二、按轻、重工业分	**Grouped by Light and Heavy Industry**		
1.轻工业	Light Industry	926	47 602 064
2.重工业	Heavy Industry	1 236	159 269 944
三、按企业规模分	**Grouped by Size of Enterprises**		
1.大型企业	Large Enterprises	387	152 437 127
2.中型企业	Medium-sized Enterprises	1 775	54 434 881
3.小型企业	Small Enterprises		
四、按工业行业大类分	**Grouped by Sector**		
煤炭开采和洗选业	Mining and Washing of Coal		
石油和天然气开采业	Extraction of Petroleum and Natural Gas	1	3 477 537
黑色金属矿采选业	Mining and Processing of Ferrous Metal Ores		
有色金属矿采选业	Mining and Processing of Nonferrous Metal Ores		
非金属矿采选业	Mining and Processing of Nonmetal Ores		
开采辅助活动	Support Activies of Mining	1	374 122
其他采矿业	Mining and Processing of Other Ores		
农副食品加工业	Processing of Food from Agricultural Products	6	852 464
食品制造业	Manufacture of Foods	14	375 878
酒、饮料和精制茶制造业	Manufacture of Wine, Beverages and Refined Tea	9	1 167 335

(10 000 yuan)

资产总计 Total Assets	流动资产合计 Total Current Assets	固定资产净值 Net Value of Fixed Assets	主营业务收入 Principal Business Revenue	主营业务税金及附加 Tax and Other Charges on Principal Business	利润总额 Total Profits	利税总额 Total Pre-tax Profits	本年应交增值税 Value-added Tax Payable in Current Year
189 214 352	**133 323 724**	**28 485 732**	**197 902 693**	**1 491 529**	**12 911 932**	**21 030 179**	**6 603 124**
98 351 670	72 571 467	11 255 730	93 477 799	837 130	6 729 345	12 177 111	4 607 826
311 713	152 605	71 718	92 856	223	8 335	10 171	1 571
10 608	1 370	5 011	45 204	11	272	360	77
46 352	39 234	1 800	33 326	173	4 103	10 107	5 831
265	265		14 958		62	152	
41 606 164	32 065 097	4 866 403	42 551 062	557 834	3 910 049	6 708 332	2 240 235
33 221 651	22 078 926	4 051 365	24 440 341	200 506	1 460 831	3 385 057	1 722 463
22 710 431	17 805 475	2 256 500	25 794 498	77 223	1 314 042	2 022 463	629 990
444 485	428 494	2 931	505 554	1 159	31 651	40 470	7 660
41 210 044	27 141 642	8 188 247	46 124 094	460 595	3 536 292	5 014 976	997 593
49 652 638	33 610 614	9 041 756	58 300 800	193 805	2 646 295	3 838 091	997 704
43 500 183	31 651 009	4 894 493	47 463 341	515 115	2 674 792	4 230 074	1 038 523
145 714 169	101 672 716	23 591 240	150 439 352	976 415	10 237 140	16 800 105	5 564 601
135 526 894	95 213 736	21 429 896	144 156 357	946 709	10 140 296	16 425 202	5 336 759
53 687 458	38 109 988	7 055 836	53 746 337	544 820	2 771 636	4 604 977	1 266 365
4 393 615	357 741	2 797 640	3 614 293	277 215	1 496 981	1 972 626	198 430
430 037	199 585	113 008	374 122	5 862	62 420	68 281	
618 050	454 478	69 388	820 985	1 380	35 365	49 284	12 529
418 797	312 838	73 238	358 304	2 245	16 450	31 176	12 480
659 818	470 924	133 867	1 113 493	22 219	72 110	155 781	61 453

单位：万元

项　目	Item	企业单位数(个) Number of Enterprises (unit)	工业总产值(当年价) Gross Industrial Output Value (at current prices)
烟草制品业	Manufacture of Tobacco	1	637 777
纺织业	Manufacture of Textile	15	513 990
纺织服装、服饰业	Manufacture of Textile Wearing Apparel,Footware and Caps	83	1 720 417
皮革、毛皮、羽毛及其制品和制鞋业	Manufacture of Leather, Fur, Feather and Related Products	37	1 148 913
木材加工及木、竹、藤、棕、草制品业	Processing of Timber, Manufacture of Wood, Bamboo, Rattan, Palm Fiber & Straw Products	4	33 904
家具制造业	Manufacture of Furniture	38	887 542
造纸及纸制品业	Manufacture of Paper and Paper Products	30	560 411
印刷和记录媒介复制业	Printing and Record Medium Reproduction	43	1 305 252
文教、工美、体育和娱乐用品制造业	Manufacture of Cultural, Educational and Sports Articles	141	9 717 172
石油加工、炼焦及核燃料加工业	Processing of Petroleum, Coking and Nuclear Fuel Processing	1	569 985
化学原料及化学制品制造业	Manufacture of Raw Chemical Materials and Chemical Products	19	1 171 957
医药制造业	Manufacture of Medicines	17	1 662 233
化学纤维制造业	Manufacture of Chemical Fibers	2	45 995
橡胶和塑料制品业	Manufacture of Rubber	154	4 359 085
非金属矿物制品业	Manufacture of Non-metallic Mineral Products	29	1 806 671
黑色金属冶炼及压延加工业	Smelting and Pressing of Ferrous Metals	3	168 419
有色金属冶炼及压延加工业	Smelting and Pressing of Nonferrous Metals	6	2 717 530
金属制品业	Manufacture of Metal Products	99	3 572 719
通用设备制造业	Manufacture of General-purpose Machinery	89	5 411 260
专用设备制造业	Manufacture of Special-purpose Machinery	109	4 504 724
汽车制造业	Manufacfuer of Automobiles	20	3 679 578
铁路、船舶、航空航天和其他运输设备制造业	Manufacture of Railways Ships Aerospace and Other Transport Equipment	21	1 036 030
电气机械及器材制造业	Manufacture of Electrical Machinery and Equipment	343	16 051 146
计算机、通信和其他电子设备制造业	Manufacture of Communication Equipment, Computers and Other Electronic Equipment	722	127 121 955
仪器仪表制造业	Manufacture of Measuring Instruments	73	2 587 477
其他制造业	Other Manufacturing	16	258 086
废弃资源综合利用业	Recycling and Disposal of Waste		
金属制品、机械和设备修理业	Manufacture of Metal Products,Machinery and Equipment Repair	3	58 484
电力、热力的生产和供应业	Production and Supply of Electric Power and Heat Power	5	5 781 727
燃气生产和供应业	Production and Supply of Gas	1	685 810
水的生产和供应业	Production and Supply of Water	7	848 425

资产总计 Total Assets	流动资产合计 Total Current Assets	固定资产净值 Net Value of Fixed Assets	主营业务收入 Principal Business Revenue	主营业务税金及附加 Tax and Other Charges on Principal Business	利润总额 Total Profits	利税总额 Total Pre-tax Profits	本年应交增值税 Value-added Tax Payable in Current Year
519 462	440 241	74 418	615 490	332 751	86 421	525 511	106 340
539 795	375 892	71 752	483 961	2 187	37 730	47 745	7 822
1 568 886	1 045 953	217 540	1 885 091	16 186	152 659	239 542	70 322
1 316 370	968 189	102 547	1 148 068	7 447	140 256	200 013	52 288
155 443	88 848	38 761	36 236	201	−724	−330	132
937 367	637 548	188 190	889 860	5 026	30 196	63 717	28 443
628 128	388 550	78 493	564 090	2 067	18 239	33 767	13 461
1 831 128	1 091 091	336 698	1 279 411	7 138	213 372	274 025	53 363
7 714 840	7 027 667	337 561	10 549 193	14 273	235 254	321 056	71 368
442 951	402 942	11 164	584 589	16 456	130 686	183 104	35 962
1 421 572	1 037 798	118 649	1 114 808	4 423	64 400	99 360	30 527
3 500 892	2 149 684	349 606	1 511 252	12 632	329 247	439 965	98 087
16 260	12 350	3 910	41 352	143	709	1 118	266
3 402 029	2 376 971	723 495	4 319 728	17 750	142 224	236 279	76 285
2 600 259	1 628 860	452 146	1 770 493	11 122	129 992	217 555	76 441
178 675	98 143	44 259	239 393	345	−194	424	272
2 556 598	2 366 951	133 453	2 707 684	615	10 318	172 512	161 579
3 576 333	2 387 394	855 811	3 266 012	16 977	200 192	328 572	111 364
4 009 862	3 265 967	376 068	5 419 486	16 919	313 006	395 209	65 273
6 213 153	3 992 967	1 412 231	4 373 111	27 802	526 218	674 327	119 876
6 216 695	3 473 837	1 259 201	3 521 031	63 641	44 342	153 510	45 491
963 265	578 177	266 705	986 755	3 196	86 054	126 953	37 236
13 817 061	9 427 723	1 692 541	15 546 817	50 186	531 292	850 748	267 991
105 349 363	80 655 015	12 224 492	118 640 860	504 900	6 875 458	11 845 683	4 445 124
3 041 358	2 197 413	340 715	2 536 156	14 397	227 510	291 046	48 964
232 895	120 256	98 494	255 688	1 782	17 867	30 653	11 003
65 213	45 669	16 935	55 380	331	4 053	5 389	1 005
5 121 005	1 499 024	2 529 124	5 769 967	21 095	304 689	562 577	236 790
805 424	274 261	461 100	654 733	3 575	173 100	208 961	32 286
3 951 755	1 472 780	482 534	854 803	7 049	204 040	224 037	12 870

4-14 主要工业产品产量
PRODUCTION OF MAIN INDUSTRIAL PRODUCTS

年 份 Year	自来水生产量 (万立方米) Tap Water (10 000 cu.m)	发电量 (万千瓦小时) Electricity (10 000 kwh)	小麦粉 (吨) Flour (ton)	啤 酒 (千升) Beer (kiloliter)	卷 烟 (万支) Cigarettes (10 000 pieces)	化学纤维 (吨) Chemical Fiber (ton)	布 (万米) Cloth (10 000 m)
1979		609					
1980		437					
1981		608					
1982		1 152					
1983		1 322					
1984		1 261			27 570		
1985		1 012			45 500		
1986	7 051	3 130			52 225		
1987	8 617	4 408			75 000	3 731	280
1988	13 060	2 508	16 794		252 255	4 190	925
1989	19 962	1 124	17 285		303 825	4 451	380
1990	19 736	31 065	21 155		380 820	5 050	631
1991	24 446	107 727	35 151		430 000	7 694	1 872
1992	23 785	195 007	44 302	57 256	442 500	7 637	30 484
1993	30 335	416 568	72 252	76 715	472 575	14 194	3 907
1994	43 425	1 739 463	75 536	82 128	472 915	19 768	2 674
1995	50 151	1 652 038	92 977	101 425	522 800	22 348	4 413
1996	53 691	1 873 881	219 700	125 302	594 120	17 576	106
1997	60 408	1 960 433	273 300	131 346	629 205	20 243	2 375
1998	62 585	2 150 147	250 000	152 279	756 095	13 271	1 716
1999	66 816	2 380 518	287 400	150 880	943 600	14 543	3 200
2000	75 547	2 618 545	229 000	250 417	1 044 490	14 368	2 356
2001	93 047	2 737 802	360 000	275 180	1 145 465	13 805	1 940
2002	113 315	3 515 696	346 000	334 590	1 175 810	13 821	2 247
2003	123 709	4 846 256	328 200	396 150	1 207 066	14 281	1 317
2004	119 510	5 220 982	313 300	477 766	1 277 700	15 083	2 697
2005	148 221	5 685 750	350 325	581 161	1 373 606	8 497	3 885
2006	141 218	5 472 103	351 289	574 554	1 454 359	4 913	2 210
2007	148 349	5 578 728	360 171	561 371	1 605 650	8 382	2 857
2008	150 221	5 844 154	368 498	473 027	1 656 000	1 115	2 541
2009	137 824	5 677 546	339 457	524 696	1 753 150	2 284	464
2010	153 218	5 778 497	324 406	597 184	1 817 025	7 627	1 904
2011	155 802	6 784 694	306 664	653 279	1 877 085	3 310	716
2012	159 944	7 001 845	442 134	623 503	1 919 220	4 548	775
2013	159 177	6 796 228	457 511	558 856	1 951 555	4 988	1 398
2014	162 415	6 959 097	355 599	513 932	1 937 700	6 037	1 474

年 份 Year	印染布 (万米) Printed and Dyed Fabric (10 000 m)	服 装 (万件) Garments (10 000 pieces)	塑料制品 (吨) Plastic Products (ton)
1979			
1980			
1981			
1982			
1983			
1984	4 321	649	16 419
1985	5 271	1 004	
1986	5 731	7 988	16 419
1987	6 655	8 008	28 572
1988	6 708	12 828	44 359
1989	8 344	9 931	73 945
1990	9 212	29 333	103 779
1991	14 869	16 437	233 094
1992	16 161	18 857	244 000
1993	22 918	27 026	290 508
1994	7 627	36 314	375 757
1995	20 991	25 938	449 183
1996	22 543	38 196	411 132
1997	18 522	32 089	387 692
1998	20 191	32 119	256 327
1999	16 670	25 667	378 099
2000	13 614	24 242	464 617
2001	13 338	14 509	722 024
2002	14 082	14 344	611 619
2003	15 502	18 559	669 683
2004	12 873	17 536	644 751
2005	11 351	25 281	760 206
2006	8 917	32 104	1 276 641
2007	3 531	31 611	1 119 397
2008	1 865	31 711	1 296 995
2009	1 322	35 441	1 396 805
2010	1 593	27 217	1 190 914
2011	498	19 212	1 337 546
2012	440	17 408	1 024 870
2013	325	15 130	888 056
2014	1 155	17 005	836 216

年　份 Year	平板玻璃 (万重量箱) Plate Glass (10 000 wt.cases)	铝材 (吨) Aluminium (ton)	两轮脚踏自行车(万辆) Bicycles (10 000 sets)	表 (万只) Watches (10 000 units)	照相机 (万架) Cameras (10 000 sets)	家用电风扇 (万台) Electric Fans (10 000 sets)	电话单机 (万部) Telephone Sets (10 000 units)
1979							
1980							
1981							
1982							
1983							
1984			2.03	339.68		0.57	9.77
1985			4.31	3 447.58		40.87	123.22
1986		5 566	14.13	11 020.66	160.15	66.60	144.75
1987	58	6 805	41.29	11 688.16	44.24	248.01	498.94
1988	186	6 808	60.39	11 014.49	348.25	368.60	815.76
1989	230	7 399	82.01	8 318.00	159.96	323.31	926.10
1990	207	10 799	128.20	10 060.00	519.95	379.30	1 019.21
1991	238	14 361	257.78	9 646.00	423.12	407.58	1 360.80
1992	269	18 985	272.08	17 593.65	813.76	152.73	1 461.59
1993	265	21 540	288.41	22 875.39	1 247.89	433.59	2 292.50
1994	259	19 618	238.94	27 344.89	1 277.61	1 132.43	2 592.38
1995	272	19 633	215.56	24 542.05	252.57	907.35	3 902.49
1996	272	25 356	140.52	28 667.91	1 636.74	818.76	4 080.80
1997	385	23 874	123.38	16 629.66	1 531.48	845.18	4 506.65
1998	238	19 632	156.96	12 665.44	2 346.95	650.48	2 741.97
1999	273	24 408	210.99	11 593.89	1 551.80	544.74	2 711.82
2000	288	27 271	239.60	9 126.00	942.83	901.04	2 809.58
2001	217	29 379	172.66	7 908.37	642.03	753.09	2 965.67
2002	317	46 746	319.67	7 575.78	312.83	1 129.22	4 091.29
2003	322	56 805	636.70	7 100.70	428.95	1 202.76	4 947.64
2004	367	43 274	586.47	5 790.44	341.25	1 127.19	4 894.31
2005	725	43 823	665.75	7 183.60	1 207.88	958.54	6 579.87
2006	634	61 578	742.84	8 021.58	1 082.41	1 425.82	7 444.34
2007	940	6 1606	593.53	7 003.35	880.47	1 403.87	7 055.94
2008	1 009	7 7847	615.28	6 438.34	887.06	1 559.63	6 283.11
2009	759	48 087	398.60	7 991.26	793.86	1 457.34	5 312.90
2010	349	53 653	486.50	8 515.91	785.71	1 393.28	5 559.25
2011	669	35 014	438.43	7 155.89	631.57	1 975.53	3 229.52
2012	718	13 930	379.08	6 557.43	493.35	1 771.45	3 382.70
2013	658	8 580	347.82	6 399.28	404.51	1 809.56	3 139.46
2014	10	10 454	310.95	7 953.13	317.91	1 790.29	2 711.63

4-14 续表 3 continued

年 份 Year	微型计算机 (台) Micro Computers (unit)	打印机 (万部) Printers (10 000 units)	彩色电视机（万台） Color TV Sets (10 000 sets)
1979			
1980			
1981			0.70
1982			0.62
1983	71.00		1.23
1984	4 357		18.25
1985	1 575		48.10
1986	6 617		61.39
1987	2 728		101.64
1988	2 788		155.90
1989	15 955		137.38
1990	17 622		228.67
1991	62 440		288.08
1992	31 357		272.12
1993	27 836		269.33
1994	51 877		251.42
1995	194 131	194.84	373.50
1996	312 687	193.06	540.62
1997	568 681	433.50	519.63
1998	464 614	584.76	491.85
1999	834 476	315.68	834.13
2000	1 074 486	507.62	753.97
2001	1 642 151	695.00	659.50
2002	3 076 052	469.20	1 297.35
2003	4 866 723	570.30	1 820.33
2004	7 350 491	592.73	1 857.02
2005	11 435 877	984.50	1 964.43
2006	13 633 633	835.33	2 071.14
2007	8 947 600	1 041.78	1 803.85
2008	9 662 828	1 452.97	2 003.47
2009	18 023 372	1 493.84	1 910.03
2010	34 032 969	1 973.98	2 043.61
2011	41 718 350	1 810.97	2 203.07
2012	52 285 567	2 266.73	3 237.51
2013	19 100 994	1 721.10	3 320.12
2014	26 073 252	1 607.62	3 714.14

4-14 续表 4 continued

年 份 Year	电子元件 (万只) Electronic Units (10 000 units)	硬盘存储器 (万部) Hard Drives (10 000 units)	集成电路 (万块) Semiconductor Integrated Circuit (10 000 units)	程控交换机 (万线) Telephone Exchanges (10 000 lines)
1979				
1980				
1981				
1982				
1983				
1984				
1985				
1986	15 584			
1987	7 823			
1988	73 316			
1989	112 921		513	
1990	309 649		998	
1991	332 657		1 357	
1992	522 291		1 164	
1993	708 147		1 520	105.30
1994	1 561 900		2 263	209.70
1995	9 681 839	199.47	14 558	269.13
1996	1 403 557	440.86	22 471	331.74
1997	1 491 620	841.39	14 346	647.35
1998	1 390 107	770.54	23 976	1 515.69
1999	262 057	699.36	64 232	1 962.38
2000	527 216	867.07	87 598	3 535.33
2001	746 630	1 116.60	96 122	2 994.30
2002	1 334 537	480.04	134 966	1 856.47
2003	1 294 335	766.60	182 340	2 919.57
2004	549 722	831.71	255 504	1 976.65
2005	2 600 991	2 267.05	268 006	2 644.04
2006	10 104 734	2 035.33	604 302	1 625.75
2007	11 445 606	3 746.12	619 532	1 747.76
2008	9 138 530	5 225.41	828 381	1 960.98
2009	10 557 452	5 509.84	737 265	1 745.46
2010	21 862 763	6 866.21	1 240 820	1 526.23
2011	21 382 825	7 149.85	1 589 988	2 155.78
2012	17 486 985	8 218.81	1 424 912	1 213.55
2013	17 415 795	6 850.58	1 455 794	1 645.30
2014	14 921 810	6 264.78	1 481 497	1 527.43

4-15 全社会能耗水平

ENERGY CONSUMPTION LEVEL OF THE WHOLE SOCIETY

年 份 Year	单位GDP能耗 Energy Consumption per Unit of GDP		单位工业增加值能耗 Energy Consumption per Unit of Value-added of Industry		单位GDP电耗 Electricity Consumption per Unit of GDP	
	指标值 （吨标准煤/万元） Equivalent value (ton of SCE/ 10 000 yuan)	上升或下降 Change （±%）	指标值 （吨标准煤/万元） Equivalent value (ton of SCE/ 10 000 yuan)	上升或下降 Change （±%）	指标值 （千瓦时/万元） Equivalent value (Kwh/10 000 yuan)	上升或下降 Change （±%）
2005	0.593		0.598		889.10	
2006	0.576	−2.81	0.572	−3.04	844.10	−5.06
2007	0.560	−2.76	0.551	−3.76	848.80	0.54
2008	0.544	−2.90	0.530	−4.46	785.50	−7.46
2009	0.529	−2.76	0.511	−3.59	712.37	−9.33
2010	0.513	−2.94	0.492	−3.72	720.33	1.12
2011	0.472	−4.39		−24.02		−4.69
2012	0.451	−4.51		−12.68		−3.28
2013	0.428	−5.12		−9.49		−8.30
2014		−4.35		−8.45		−0.65

注：1.单位GDP能耗数据2005−2009年采用的GDP为2005年可比价，2010−2014年采用的是2010年可比价。

Note: The data of Energy Consumption per Unit of GDP from 2005 to 2009 are calculated at 2005 constant prices of GDP,from 2010 to 2014 at 2010 constant prices of GDP.

2.单位GDP能耗的历史数据尚未根据第三次全国经济普查资料作出修订。

The data of Energy Consumption per Unit of GDP before 2014 have not adjusted by the 3rd National Economic Census.

4-16 主要能源按工业行业分组消费量（2014年）
CONSUMPTION OF ENERGY BY SECTOR（2014）

单位：吨 （ton）

项 目	Item	原 煤 Coal	原 油 Crude Oil	汽 油 Gasoline	煤 油 Kerosene
全部工业企业	**Total Consumption**	**3 897 464.01**	**160 386.88**	**82 376.01**	**1 014.21**
一、按轻、重工业分	**Grouped by Light and Heavy Industry**	**3 897 464.01**	**160 386.88**	**82 376.01**	**1 014.21**
1．轻工业	Light Industry	2 750.19		28 448.83	670.63
2．重工业	Heavy Industry	3 894 713.82	160 386.88	53 927.18	343.58
二、按工业行业大类分	**Grouped by Sector**	**3 897 464.01**	**160 386.88**	**82 376.01**	**1 014.21**
(一)采矿业	Mining and Quarrying		160 386.88	65.19	
煤炭开采和洗选业	Mining and Washing of Coal				
石油和天然气开采业	Extraction of Petroleum and Natural Gas		160 386.88		
黑色金属矿采选业	Mining and Processing of Ferrous Metal Ores				
有色金属矿采选业	Mining and Processing of Nonferrous Metal Ores				
非金属矿采选业	Mining and Processing of Nonmetal Ores				
开采辅助活动	Support Activies of Mining			65.19	
其他采矿业	Mining and Processing of Other Ores				
(二)制造业	Manufacturing	13 306.01		78 975.51	1 014.21
农副食品加工业	Processing of Food from Agricultural Products			470.02	
食品制造业	Manufacture of Foods			272.24	
酒、饮料和精制茶制造业	Manufacture of Wine, Beverages and Refined Tea			410.67	0.62
烟草制品业	Manufacture of Tobacco			113.65	
纺织业	Manufacture of Textile			364.61	
纺织服装、服饰业	Manufacture of Textile Wearing Apparel,Footware and Caps			1 571.10	
皮革、毛皮、羽毛及其制品和制鞋业	Manufacture of Leather, Fur, Feather and Related Products			900.93	
木材加工及木、竹、藤、棕、草制品业	Processing of Timber, Manufacture of Wood, Bamboo, Rattan, Palm Fiber & Straw Products			153.42	
家具制造业	Manufacture of Furniture			1 754.44	
造纸及纸制品业	Manufacture of Paper and Paper Products	864.79		1 256.12	
印刷和记录媒介复制业	Printing and Record Medium Reproduction			2 640.25	1.47

单位：吨 4-16 续表 1 continued（ton）

项 目	Item	原煤 Coal	原油 Crude Oil	汽油 Gasoline	煤油 Kerosene
文教、工美、体育和娱乐用品制造业	Manufacture of Cultural, Educational and Sports Articles			3 235.38	1.00
石油加工、炼焦及核燃料加工业	Processing of Petroleum, Coking and Nuclear Fuel Processing			42.51	
化学原料及化学制品制造业	Manufacture of Raw Chemical Materials and Chemical Products	794.82		2 670.74	604.73
医药制造业	Manufacture of Medicines			422.76	
化学纤维制造业	Manufacture of Chemical Fibers			13.02	
橡胶和塑料制品业	Manufacture of Rubber	8 981.00		6 152.53	
非金属矿物制品业	Manufacture of Non-metallic Mineral Products	780.00		1 136.78	0.07
黑色金属冶炼及压延加工业	Smelting and Pressing of Ferrous Metals			123.29	
有色金属冶炼及压延加工业	Smelting and Pressing of Nonferrous Metals			699.11	0.54
金属制品业	Manufacture of Metal Products			3 988.67	56.08
通用设备制造业	Manufacture of General-purpose Machinery			4 757.08	152.54
专用设备制造业	Manufacture of Special-purpose Machinery			4 765.25	6.60
汽车制造业	Manufacfuer of Automobiles			2 815.92	16.05
铁路、船舶、航空航天和其他运输设备制造业	Manufacture of Railways Ships Aerospace and Other Transport Equipment	1 148.00		518.44	
电气机械及器材制造业	Manufacture of Electrical Machinery and Equipment	737.40		10 881.59	112.56
计算机、通信和其他电子设备制造业	Manufacture of Communication Equipment, Computers and Other Electronic Equipment			23 673.42	57.55
仪器仪表制造业	Manufacture of Measuring Instruments			2 313.38	4.40
其他制造业	Other Manufacturing			783.75	
废弃资源综合利用业	Recycling and Disposal of Waste			12.07	
金属制品、机械和设备修理业	Manufacture of Metal Products,Machinery and Equipment Repair			62.37	
(三)电力、燃气及水的生产和供应业	Production and Distribution of Electricity Heat,Gas and Water	3 884 158.00		3 335.31	
电力、热力的生产和供应业	Production and Supply of Electric Power and Heat Power	3 884 158.00		1 452.58	
燃气生产和供应业	Production and Supply of Gas			135.64	
水的生产和供应业	Production and Supply of Water			1 747.09	

项　目	Item	柴 油 Diesel Oil	燃料油 Fuel Oil	液化石油气 Liquefied Petroleum Gas	天然气 （万立方米） Natural Gas (10 000 cu.m)	电 力 （万千瓦时） Electricity (10 000 Kwh)
全部工业企业	**Total Consumption**	**185 085.39**	**3 945.20**	**18 310.79**	**271 938.76**	**2 979 697.28**
一、按轻、重工业分	**Grouped by Light and Heavy Industry**	**185 085.39**	**3 945.20**	**18 310.79**	**271 938.76**	**2 979 697.28**
1．轻工业	Light Industry	46 122.25	1 793.67	9 017.83	8 732.55	765 334.93
2．重工业	Heavy Industry	138 963.14	2 151.53	9 292.96	263 206.21	2 214 362.35
二、按工业行业大类分	**Grouped by Sector**	**185 085.39**	**3 945.20**	**18 310.79**	**271 938.76**	**2 979 697.28**
(一)采矿业	Mining and Quarrying	59 253.00	110.00		13 806.69	1 341.12
煤炭开采和洗选业	Mining and Washing of Coal					
石油和天然气开采业	Extraction of Petroleum and Natural Gas	56 615.00	110.00		13 806.69	993.06
黑色金属矿采选业	Mining and Processing of Ferrous Metal Ores					
有色金属矿采选业	Mining and Processing of Nonferrous Metal Ores					
非金属矿采选业	Mining and Processing of Nonmetal Ores					
开采辅助活动	Support Activies of Mining	2 638.00				348.06
其他采矿业	Mining and Processing of Other Ores					
(二)制造业	Manufacturing	122 578.07	3 835.20	18 306.79	17 811.78	2 534 637.79
农副食品加工业	Processing of Food from Agricultural Products	2 422.51	352.00	20.33	551.49	15 576.83
食品制造业	Manufacture of Foods	3 037.84	15.90	78.18	739.95	12 548.49
酒、饮料和精制茶制造业	Manufacture of Wine, Beverages and Refined Tea	877.82		164.56	1 682.29	17 820.08
烟草制品业	Manufacture of Tobacco	6.55			147.78	1 516.67
纺织业	Manufacture of Textile	1 248.00	238.47	164.00	445.55	18 193.47
纺织服装、服饰业	Manufacture of Textile Wearing Apparel,Footware and Caps	2 787.41	54.30		315.56	30 315.70
皮革、毛皮、羽毛及其制品和制鞋业	Manufacture of Leather, Fur, Feather and Related Products	847.33		31.99	112.32	16 579.11
木材加工及木、竹、藤、棕、草制品业	Processing of Timber, Manufacture of Wood, Bamboo, Rattan, Palm Fiber & Straw Products	263.75		13.86	31.13	4 341.37
家具制造业	Manufacture of Furniture	2 077.55	6.18	807.72		22 719.28
造纸及纸制品业	Manufacture of Paper and Paper Products	5 586.63	282.54	72.57	349.70	22 770.29
印刷和记录媒介复制业	Printing and Record Medium Reproduction	2 846.53	156.97	137.27	193.61	49 387.54

	项 目 Item	柴 油 Oiesel Oil	燃料油 Fuel Oil	液化石油气 Liquefied Petroleum Gas	天然气（万立方米）Natural Gas (10 000 cu.m)	电 力（万千瓦时）Electricity (10 000 Kwh)
文教、工美、体育和娱乐用品制造业	Manufacture of Cultural, Educational and Sports Articles	3 906.27	59.40	348.77	138.95	59 823.93
石油加工、炼焦及核燃料加工业	Processing of Petroleum, Coking and Nuclear Fuel Processing	417.58				190.63
化学原料及化学制品制造业	Manufacture of Raw Chemical Materials and Chemical Products	4 797.44	11.00	1 132.01	169.01	33 878.96
医药制造业	Manufacture of Medicines	744.98			1 077.55	18 168.08
化学纤维制造业	Manufacture of Chemical Fibers	3.00		127.57	118.00	2 980.45
橡胶和塑料制品业	Manufacture of Rubber	10 497.86	1 484.86	764.27	2 228.61	264 709.19
非金属矿物制品业	Manufacture of Non-metallic Mineral Products	25 958.92	192.04	3 099.08	1 236.73	110 942.03
黑色金属冶炼及压延加工业	Smelting and Pressing of Ferrous Metals	239.36		122.06	906.76	12 698.70
有色金属冶炼及压延加工业	Smelting and Pressing of Nonferrous Metals	2 395.76		33.56	372.12	14 095.13
金属制品业	Manufacture of Metal Products	13 159.59	478.47	2 405.53	1 560.14	128 005.05
通用设备制造业	Manufacture of General-purpose Machinery	6 134.32		1 318.37	159.69	71 509.62
专用设备制造业	Manufacture of Special-purpose Machinery	3 419.43	108.00	187.14	216.05	113 361.89
汽车制造业	Manufacfuer of Automobiles	1 004.62		346.98	1 198.50	49 372.06
铁路、船舶、航空航天和其他运输设备制造业	Manufacture of Railways Ships Aerospace and Other Transport Equipment	2 927.02		3 891.13	859.49	23 922.87
电气机械及器材制造业	Manufacture of Electrical Machinery and Equipment	7 479.34	51.70	1 280.45	702.70	301 971.36
计算机、通信和其他电子设备制造业	Manufacture of Communication Equipment, Computers and Other Electronic Equipment	16 113.95	343.37	1 722.13	2 127.40	1 064 893.57
仪器仪表制造业	Manufacture of Measuring Instruments	684.41		2.98	28.41	40 410.09
其他制造业	Other Manufacturing	623.41		34.28	142.29	10 172.26
废弃资源综合利用业	Recycling and Disposal of Waste	5.92				292.67
金属制品、机械和设备修理业	Manufacture of Metal Products,Machinery and Equipment Repair	62.97				1 470.42
(三)电力、燃气及水的生产和供应业	Production and Distribution of Electricity Heat,Gas and Water	3 254.32		4.00	240 320.28	443 718.37
电力、热力的生产和供应业	Production and Supply of Electric Power and Heat Power	1 954.87			238 383.19	339 122.22
燃气生产和供应业	Production and Supply of Gas	358.50			1 937.09	8 747.47
水的生产和供应业	Production and Supply of Water	940.95		4.00		95 848.68

主要统计指标解释

工业 指从事自然资源的开采，对采掘品和农产品进行加工和再加工的物质生产部门。具体包括：(1)对自然资源的开采，如采矿、晒盐、森林采伐等（但不包括禽兽捕猎和水产捕捞）；(2)对农副产品的加工、再加工，如粮油加工、食品加工、轧花、缫丝、纺织、制革等；(3)对采掘品的加工、再加工，如炼铁、炼钢、化工生产、石油加工、机器制造、木材加工等，以及电力、自来水、煤气的生产和供应等；(4)对工业品的修理、翻新，如机器设备的修理、交通运输工具（包括小卧车）的修理等。

1984年以前农村的村及村以下办工业归属农业，1984年以后划归工业。

轻工业 指主要提供生活消费品和制作手工工具的工业。按其所使用的原料不同，可分为两大类：(1)以农产品为原料的轻工业，是指直接或间接以农产品为基本原料的轻工业。主要包括食品制造、饮料制造、烟草加工、纺织、缝纫、皮革和毛皮制作、造纸以及印刷等工业；(2)以非农产品为原料的轻工业，是指以工业品为原料的轻工业。主要包括文教体育用品、化学药品制造、合成纤维制造、日用化学制品、日用玻璃制品、日用金属制品、手工工具制造、医疗器械制造、文化和办公用机械制造等工业。

重工业 是指为国民经济各部门提供物质技术基础的主要生产资料的工业。按其生产性质和产品用途，可分为下列三类：(1)采掘（伐）工业，是指对自然资源的开采，包括石油开采、煤炭开采、金属矿开采、非金属矿开采和木材采伐等工业；(2)原材料工业，指向国民经济各部门提供基本材料、动力和燃料的工业。包括金属冶炼及加工、炼焦及焦炭化学、化工原料、水泥、人造板以及电力、石油和煤炭加工等工业；(3)加工工业，是指对工业原材料进行再加工制造的工业。包括装备国民经济各部门的机械设备制造工业、金属结构、水泥制品等工业，以及为农业提供的生产资料如化肥、农药等工业。 根据上述划分原则，修理业中以重工业产品为修理作业对象的划为重工业，反之划为轻工业。

工业总产值 是以货币表现的工业企业在一定时期内生产的已出售或可供出售工业产品总量，它反映一定时间内工业生产的总规模和总水平。它包括：在本企业内不再进行加工，经检验、包装入库（规定不需包装的产品除外）的成品价值，对外加工费收入，自制半成品、在产品期末期初差额价值。工业总产值采用“工厂法”计算，即以工业企业作为一个整体，按企业工业生产活动的最终成果来计算，企业内部不允许重复计算，不能把企业内部各个车间（分厂）生产的成果相加。但在企业之间、行业之间、地区之间存在着重复计算。

轻重工业总产值的划分也是按“工厂法”计算的，即一个工业企业在正常情况下生产的主要产品的性质属于轻工业，则该企业的全部总产值作为轻工业总产值；一个工业企业生产的主要产品的性质属于重工业，则该企业的全部总产值作为重工业总产值。

工业销售产值（当年价格） 是以货币形式表现的，工业企业在本年内销售的本企业生产的工业产品或提供工业性劳务价值的总价值量。工业销售产值包括的内容为：

1. 销售成品价值：指企业在报告期内实际销售（包括本期生产和非本期生产）的全部成品、半成品的总价值，即按报告期产品的实际销售数量乘以不含增值税（销项税额）的产品实际销售平均单价计算。销售成品价值中包括企业生产的自制设备及提供给本企业在建工程、其他非工业部门和生活福利部门等单位使用的成品价值，但不包括用订货者来料加工，并且只收取加工费的成品（半成品）价值。

2. 对外加工费收入：指企业在报告期内完成的对外承接的工业品加工（包括用定货者来料加工的产品）的加工费收入；对外工业品修理作业可收取的加工费收入和对内非工业部门提供的加工修理、设备安装等收入。对外加工费收入按不含增值税（销项税额）的价格计算。

对于以对外加工生产为主，对外加工费收入所占比重较大的企业，如果对外加工费收入出现跨年度支付的情况，为保证总产值生产口径计算的准确性，则应将对外加工费收入按实际情况调整，记录本年应实际收取的对外加工费收入。

工业增加值 是指工业行业在报告期内以货币表现的工业生产活动的最终成果，是企业全部生产活动的总成果扣除了在生产过程中消耗或转移的物质产品和劳务价值后的余额，是企业生产过程中新增加的价值。

计算工业增加值通常采用两种方法。

一是“生产法”，即从工业生产过程中产品和劳务价值形成的角度入手，剔除生产环节中间投入的价值，从而得到新增价值的方法。公式为：

工业增加值＝工业总产值－工业中间投入＋本期应交增值税

二是“收入法”，即从工业生产过程中创造的原始收入初次分配的角度，对工业生产活动最终成果进行核算的一种方法，其计算公式为：

工业增加值＝固定资产折旧＋劳动者报酬＋生产税净额＋营业盈余

应收账款净额 指企业因销售商品、产品、提供劳务等，应向购货单位或接受劳务单位收取款项。该指标根据会计“资产负债表”中“应收账款”项的年末数填报。

资产合计 指企业拥有或控制的能以货币计量的经济资源，包括各种财产、债权和其他权利。资产按其流动性(即资产的变现能力和支付能力)划分为：流动资产、长期投资、固定资产、无形资产、递延资产和其他资产。

负债合计 指企业所承担的能以货币计量，将以资产或劳务偿付的债务，偿还形式包括货币、资产或提供劳务。负债一般按偿还期长短分为流动负债和长期负债。

主营业务收入 是企业销售产品的销售收入和提供劳务等经营业务取得的业务收入。

主营业务成本 是指企业销售产品和提供劳务等主要经济业务的实际成本。

营业费用 指企业在销售商品过程中发生的各项费用以及为销售本企业商品而专设的销售机构（含销售网点、售后服务网点等）的经营费用。包括运输费、装卸费、包装费、保险费、广告费、业务费、差旅费、招待费、社保费等。

主营业务税金及附加 是指企业销售产品和提供劳务等主要经营业务应负担的城市维护建设税、消费税、资源税和教育费附加。

管理费用 指企业为组织和管理企业生产经营所发生的管理费用，包括企业的董事会和行政管理部门在企业经营管理中发生的，或者应当由企业统一负担的各项管理费用。包括行政管理部门职工工资、福利费、差旅费、办公费、会议费、印刷费、水电费、社保费、招待费、技术转让费等。

财务费用 指企业为筹集生产经营所需资金而发生的费用，包括企业生产经营期间发生的利息支出（减利息收入）、汇兑损失（减汇兑收益）以及相关的手续费等。

利润总额 指企业在生产经营过程中各种收入扣除各种耗费后的盈余，反映企业在报告期内实现的亏盈总额，包括营业利润、补贴收入、投资净收益和营业外收支净额。

利税总额 指企业利润总额、产品销售税金及附加和应交增值税之和。

成本费用利润率 是指工业企业投入生产成本及费用的经济效益，同时也反映企业降低成本所取得的经济效益。计算公式为：

$$成本费用利润率(\%)=\frac{利润总额}{成本费用总额}\times 100\%$$

成本费用总额为主营业务成本和营业费用、管理费用、财务费用三项期间费用。

流动资金周转率 是指一定时期内流动资产完成的周转次数，反映投入工业企业流动资金的周转速度，一般以一年时间内周转多少次表示。计算公式为：

$$流动资产周转率(次)=\frac{主营业务收入}{流动资产平均余额}$$

全员劳动生产率 是指反映企业的生产效率和劳动投入的经济效益。一般用平均每人一年创造的工业增加值表示。计算公式为：

$$全员劳动生产率(元/人)=\frac{工业增加值}{全部职工平均人数}\times 100\%$$

全部职工平均人数为企业在报告期内全部从业人员的平均人数，计算公式为：

$$全部从业人员年平均人数=\frac{1至12月全部从业人员平均人数之和}{12}$$

或：

$$全部从业人员年平均人数=\frac{1至12月各月月初、月末全部从业人员之和}{24}$$

资产负债率 是指反映企业经营风险的大小，反映企业利用债权人提供的资金从事经营活动的能力。计算公式为：

$$资产负债率(\%)=\frac{负债总计}{资产总计}\times 100\%$$

资产及负债均为报告期末数。

总资产贡献率 是指企业一定时期内全部资产获利能力，是企业经营业绩和管理水平的集中体现，是评价和考核企业盈利能力的核心指标。计算公式为：

$$总资产贡献率(\%)=\frac{利润总额+税金+利息支出}{平均资产总额}\times 100\%$$

税金总额为产品销售税金及附加与应交增值税之和，平均资产总额为期初、期末资产总计的算术平均值 。

资本保值增值率 是反映企业净资产变动状况的一个重要指标，是企业发展能力的集中体现。它是指期末所有者权益总额与上年同期期末所有者权益总额的比率。计算公式为：

$$资本保值增值率(\%)=\frac{报告期期末所有者权益}{上年同期期末所有者权益}\times 100\%$$

所有者权益等于资产总计减负债总计。

单位国内生产总值能耗 指一定时期内，一个国家或地区每生产一个单位的国内生产总值所消耗的能源。计算公式为：

$$单位国内生产总值能耗=\frac{能源消费总量}{国内生产总值}$$

单位国内生产总值电耗 指一定时期内，一个国家或地区每生产一个单位的国内生产总值所消耗的电力。计算公式为：

$$单位国内生产总值电耗=\frac{全社会用电量}{国内生产总值}$$

单位工业增加值能耗 指一定时期内，一个国家或地区每生产一个单位的工业增加值所消耗的能源。计算公式为：

$$单位工业增加值能耗=\frac{工业能源消费量}{工业增加值}$$

Explanatory Notes on Main Statistical Indicators

Industry refers to the material production sector which is engaged in extraction of natural resources and processing and reprocessing of minerals and agricultural products, including (1) extraction of natural resources, such as mining, salt production, and logging (but excluding hunting and fishing); (2) processing and reprocessing of farm and sideline produces, such as rice husking, flour milling, wine making, oil pressing, cotton ginning, silk reeling, spinning and weaving, and leather making; (3) manufacture of industrial products, such as steel making, iron smelting, chemicals manufacturing, petroleum processing, machine building, timber processing; and production and supply of electricity, water and gas; (4) repair and renovation of industrial products, such as the repair of machinery and means of transport (including cars).

Prior to 1984, industrial enterprises run by villages and cooperative organizations under village were classified into agriculture. Since 1984, these enterprises have been grouped into industry.

Light Industry refers to the industry that produces consumer goods and hand tools. It consists of two categories, depending on the materials used:

(1) Industries using farm products as raw materials. These are branches of light industry which directly or indirectly use farm products as basic raw materials, including the manufacture of food and beverages, tobacco processing, textile, clothing, fur and leather manufacturing, paper making, printing, etc.

(2) Industries using non-farm products as raw materials. These are branches of light industry which use manufactured goods as raw materials, including the manufacture of cultural, educational and sports articles, chemicals, synthetic fiber, chemical products for daily use, glass products for daily use, metal products for daily use, hand tools, medical apparatus and instruments, and the manufacture of cultural and clerical machinery.

Heavy Industry refers to the industry which produces capital goods and provides various sectors of the national economy with necessary material and technical basis. It consists of the following three branches according to the purpose of production or the use of products:

(1) Mining, quarrying and logging industry refers to the industry that extracts natural resources, including extraction of petroleum, coal, metal and non-metal ores, and logging.

(2) Raw materials industry refers to the industry that provides various sectors of the national economy with raw materials, fuels and power. It includes smelting and processing of metals, coking and coke chemistry, chemical materials and building materials such as cement, plywood, and power, petroleum refining and coal dressing.

(3) Manufacturing industry refers to the industry that processes raw materials. It includes machine-building industry which equips sectors of the national economy, industries of metal structure and cement products, industries producing means of agricultural production, such as chemical fertilizers and pesticides.

According to the above principle of classification, repairing trades engaged primarily in repairing products of heavy industry are classified into heavy industry, while those engaged in repairing products of light industry are classified into light industry.

Gross Industrial Output Value refers to the total volume of industrial products sold or available for sale in monetary terms during a given period, which reflects the total achievements and overall scale of industrial production during a given period. It includes the value of the finished products in the enterprises, which are not to be further processed and have been inspected, packed and put in storage (where applicable), the income from external processing and the value gain of semi–finished products at the end of the reference period over the beginning. The gross industrial output value is calculated by the factory approach, i.e. the whole industrial enterprise is regarded as the basic accounting unit in calculating the gross industrial output value. No double calculations are to be made within the same enterprise and the output value of different workshops (branch factories) should not be added. However, this approach does not exclude the possibility of double calculations between enterprises, sectors and regions. Output value of light and heavy industries is also classified by the factory approach. Under normal conditions, if the major products of an industrial enterprise belong to light industry products, the gross output value of that enterprise is classified wholly into light industry; the same principle applies to heavy industry.

Sales Value of Industry (Current Price) refers to the total value of industrial products sold or industrial services provided in monetary terms within the current year. It includes:

(1) Sales Value of Finished Products. Sale value of finished products refers to the total value of finished and semi–finished products sold within the reporting period (including those produced within and outside the period). It equals the actual sales volume of products sold within the reporting period timing the actual average sales price (excluding value added or sales tax). It includes the equipment made by the enterprise itself, as well as the finished products provided to the projects under construction, non–industrial departments and welfare department, and excludes the value of finished or semi–finished products of external processing with supplied materials that produces only processing charges.

(2) Income from External Processing refers to income from contracted external processing of industrial products (including processing of industrial products using materials from the clients), and the income from industrial repairing work provided to other units. Income from external processing is calculated using information from the item "products sales income" in the enterprise accounting at the prices excluding value–added tax. For an enterprise whose main business is external processing and the charges of external processing constitute a large proportion of its income, in case of cross–year payment, the income of external processing charges shall be adjusted and the actual income of external processing charges of the current year shall be recorded to ensure the accuracy of the coverage of gross industrial output.

Value-added of Industry refers to the final results of industrial production of industrial enterprises in monetary terms during the reference period. It equals to the total achievements of all industrial production minus the goods and services consumed or transferred during the industrial production of enterprises, in other terms the newly added value during the industrial production of enterprises. It is calculated by the following two approaches:

a) The production approach. The value added is calculated by taking the value of industrial intermediate input out of the final value of products and labor services that comes from industrial production. The formula used is:

Value–added of industry = gross industrial output—industrial intermediate input + value–added tax

b) The income approach. It is calculation of the final value of industrial activities by approaching the primary distribution of the primary income of industrial production. The formula used is:

Value–added of industry = depreciation of fixed assets + remuneration of laborers + net production tax+ operating surplus

Account Receivable refers to accounts receivable from purchasers or receivers due to the delivery of goods, products or services. The index is recorded in accordance with the year–end figure of Account Receivable of the balance sheet.

Total Assets refer to all economic resources, in monetary terms that is owned or controlled by enterprises including properties, creditors' equity and other economic rights of all forms. Classified by the degree of equitability, total assets include circulating assets, long-term investment, fixed assets, intangible assets and deferred assets, and other assets.

Total Liabilities refer to payable liabilities of enterprises that have to be repaid in terms of money, assets or labor services. In terms of payment, it can be classified as liquid liabilities, long-term liabilities and deferred taxes,etc.

Prime Operating Revenue refers to the revenue from the principal business, including the sales of products and from rendering of industrial services by industrial enterprises.

Prime Operating Cost refers to the actual cost of products sold and industrial services provided by industrial enterprises.

Business Cost refers to the costs from sales of commodities and the operational costs of sales agencies (including sales stores and service centers, etc.), including the costs of transport, loading, packaging, advertising, business operation, travelling, reception, social security, etc.

Tax and Extra Charges on Principal Business refer to the tax on city maintenance and construction, consumption tax, resources tax and extra charges for education, which should be borne by the enterprises in selling products and providing industrial services.

Management Cost refers to the costs of organizing and managing enterprise operation, including the operational cost of the board of directors and the executive body in management that shall be borne by the enterprise. Management costs include staff wages, welfare, the costs of administration, meeting, printing, water and electricity, social security, reception, technology transfer, etc.

Financial Cost refers to the cost from raising fund for production and operation, including expenditure of interests, loss of momentary exchange and related charges.

Total Profits refer to the profits gained by the enterprises.

Total Pre-Tax Profits refers to the sum of total profits, sales tax as well as additional and payable value-added taxes.

Ratio of Profits to Industrial Costs refers to the ratio of profits realized in a given period to the total production costs of industrial enterprises in the same period, which also reflects the economic benefit attained by the enterprises from reduced costs. This ratio is calculated as follows:

$$\text{Ratio of Profits to Industrial Costs(\%)} = \left(\frac{\text{Total Profits}}{\text{Total Costs}}\right) \times 100\%$$

where Total costs are the sum of cost of products sold, marketing cost, management cost and financial cost.

Number of Times of Turnover of Circulating Funds refers to the number of times in which turnover of circulating funds is completed in a given period of time, which reflects the speed of the turnover of circulating funds. It is expressed as times of turnover within a year and is calculated as follows:

$$\begin{matrix}\text{Number of Times of} \\ \text{Turnover of Circulating Funds}\end{matrix} = \left(\frac{\text{Sales Revenue of Products}}{\begin{matrix}\text{Average Balance of Total Number of} \\ \text{Times of Turnover of Circulating Funds}\end{matrix}}\right) \times 100\%$$

Value-added Labor Productivity reflects the production efficiency of the enterprise and economic benefit of its labor input. It is usually expressed as the industrial value−added created by an average member of an industrial enterprise in a year. The formula used is:

$$\begin{array}{c}\text{Value - added Labor Productivity}\\ \text{(yuan/person)}\end{array} = \left(\frac{\text{Value - added of Industry}}{\text{Average Number of Staff and Workers}}\right)\times 100\%$$

Average Number of Staff and Workers refers to the average number of all employed persons by an industrial enterprise within the reference period. The formula used is:

$$\text{verage Number of Staff and Workers} = \frac{\text{Sum of Average Monthly Numbers from January to December}}{12}$$

Or

$$\begin{array}{c}\text{verage Number of}\\ \text{Staff and Workers}\end{array} = \frac{\text{Sum of Average Numbers at the Beginning and End of Each Month from January to December}}{24}$$

Assets-Liability Ratio reflects both the operation risk and the capability of the enterprise in making use of the capital from the creditors. It is calculated as follows: where both assets and debts are figures at the end of the reference period.

$$\text{Assets - Liability Ratio(\%)} = \left(\frac{\text{Total Debts}}{\text{Total Assets}}\right)\times 100\%$$

Ratio of Total Assets to Industrial Output Value refers to the profit−making capability of all assets of the enterprise. As a core indicator for the evaluation and assessment of the profit−making potential of the enterprise, it is a focused reflection of the performance and management efficiency of the enterprise. This ratio is calculated as follows: where Total Taxes are the sum of tax and extra charges on the sales of products and value−added tax payable; and Average Assets are the arithmetic mean of beginning assets and ending assets.

$$\begin{array}{c}\text{Ratio of Total Assets to}\\ \text{Industrial Output Yalue}\end{array} = \left(\frac{\text{Total Profits} + \text{Total Taxes} + \text{Interst Expenditure}}{\text{Average Assets}}\right)\times 100\%$$

Assets-Liability Ratio reflects both the operation risk and the capability of the enterprise in making use of the capital from the creditors. It is calculated as follows: where both assets and debts are figures at the end of the reference period.

$$\text{Assets - Liability Ratio(\%)} = \left(\frac{\text{Total Debts}}{\text{Total Assets}}\right)\times 100\%$$

Ratio of Capital Maintenance and Appreciation is an important indicator of the changes of net assets of an enterprise and a focused reflection of the development capability of enterprises. It is the ratio of total creditors' equity at the end of the reference period to that of the same period of the previous year, calculated as follows:

$$\begin{array}{c}\text{Ratio of Capital Maintenance}\\ \text{and Appreciatio}\end{array} = \left(\frac{\text{Total Creditors' Equity at the End of the Reference Period}}{\text{Total Creditors' Equity ofthe Same Period of the Previous Year}}\right)\times 100\%$$

where Creditors' equity is equal to the total assets of the enterprise minus its total liabilities.

Energy Consumption per Unit of GDP refers to the energy consumption per unit of Gross Domestic Product in a country or the Gross Regional Product in a region in the same reference period. The formula is:

$$\begin{array}{c}\text{Energy Consumption}\\ \text{per Unit of GDP}\end{array} = \frac{\text{Total Energy Consumption}}{\text{Cross Domestic Product}}$$

Electricity Consumption per Unit of GDP refers to the electricity consumption per unit of Gross Domestic Product in a country or the Gross Regional Product in a region in the same reference period. The formula is:

$$\begin{array}{c}\text{Electricity Consumption}\\ \text{per Unitof GDP}\end{array} = \frac{\text{Total Electricity Consumption}}{\text{Cross Domestic Product}}$$

Energy Consumption per Unit of Industrial Value-added refers to the energy consumption per unit of industrial value−added in a country or region in the same reference period. The formula is:

$$\frac{\text{Energy Consumption}}{\text{Unit of Industrial Value - added}} = \frac{\text{Total Energy Consumption}}{\text{Industrial Value - added}}$$

建筑业

CONSTRUCTION

CHAPTER

5-1 建筑企业主要经济指标
MAIN ECONOMIC INDICATORS ON CONSTRUCTION ENTERPRISES

指 标	Indicators	2010	2011	2012	2013	2014
建筑业企业个数（个）	Number of Construction Enterprises(unit)	784	795	796	862	778
年末从业人员（万人）	Number of Year-end Employed Persons(10 000persons)	45.59	43.84	51.23	53.99	45.47
资产合计（亿元）	Total Assets(100 million yuan)	1 183.75	1 553.97	1 759.67	2 194.62	2 475.79
固定资产原价（亿元）	Original Value of Fixed Assets(100 million yuan)	133.41	150.66	149.81	175.40	183.02
自有机械设备台数（万台）	Number of Machinery and Equipment Owned(10 000 sets)	10.94	8.12	12.80	6.42	
自有机械净值（亿元）	Net value of Machinery and Equipment Owned(100 million yuan)	31.87	29.15	36.68	38.58	
自有机械设备总功率（万千瓦）	Total Power of Machiner and Equipment Owned(10 000 kw)	152.91	168.65	537.88	130.45	
建筑业总产值（亿元）	Gross Output Value of Construction (100 million yuan)	1 452.42	1 942.29	2 086.99	2 430.60	2 194.74
# 建筑工程产值（亿元）	Output Value of Construction(100 million yuan)	1 271.55	1 702.16	1 811.93	2 106.54	1 869.74
安装工程产值（亿元）	Output Value of Installation(100 million yuan)	147.48	196.92	208.42	260.23	249.39
其他产值（亿元）	Others(100 million yuan)	33.39	43.21	66.64	63.83	75.61
本年固定资产折旧（亿元）	Depreciation of Fixed Assets in the year (100 million yuan)	9.85	9.43	10.54	12.69	12.01
本年应付工资总额（亿元）	Total Wages in the Year(100 million yuan)	114.24	141.91	313.57	353.79	346.32
工程结算税金及附加（亿元）	Taxes and Extra Charges on Project Settle Accounts(100 million yuan)	52.88	68.78	71.42	79.23	77.48
管理费用中的税金（亿元）	Taxes in Management Expenses(100 million yuan)	1.66	1.78	1.66	1.67	1.51
营业利润（亿元）	Operating Profit(100 million yuan)	53.97	81.13	91.87	100.39	99.91
房屋建筑施工面积（万平方米）	Floor Space of Buildings Under Construction (10 000 sq.m)	5 980.34	8 328.56	9 731.89	11 502.80	7 015.83
房屋建筑竣工面积（万平方米）	Floor Space of Buildings Completed(10 000 sq.m)	1 426.15	2 418.59	1 743.82	2 009.86	1 141.54
利润总额（亿元）	Total Profits(100 million yuan)	50.20	74.92	92.75	101.74	101.13
按总产值计算劳动生产率（元/人）	In Terms of Gross Output ValueOverall Labor Productivity(yuan/person)	312 156	414 954	350 479	353 144	354 575.98
产值利润率（%）	Ration of Profit to Gross Output Value(%)	3.46	3.86	4.44	4.19	4.61

5-2 建筑业总产值

GROSS OUTPUT VALUE OF CONSTRUCTION

单位：万元

指　标	Indicators	2010	2011	2012	2013	2014
总　计	**Total**	**14 524 172**	**19 422 880**	**20 869 881**	**24 306 003**	**21 947 367**
按登记注册类型分组	**Grouped by Type of Registration**					
1、内资企业	Domestic Funded Enterprises	14 095 133	18 794 432	20 319 713	23 917 914	21 482 097
国有企业	State－owned Enterprises	2 965 474	3 833 621	3 811 515	1 840 246	1 005 111
集体企业	Collective-owned Enterprises	50 535	56 964	37 464	12 272	7 505
股份合作企业	Cooperative Operation with Share Holding					
联营企业	Joint Enterprises	204 268	327 857	260 729	62 110	2 395
国有联营企业	State-owned Joint	3 778	10 316	16 888	3 707	2 395
集体联营企业	Collective-owned Joint	21 666	19 050	25 577	9 092	
国有与集体联营	State-owned and Collective-owned Joint	26 383	64 888	43 983	49 311	
其他联营企业	Others	152 441	233 603	174 280		
有限责任公司	Limited Liability Companies	5 856 474	7 052 005	7 587 929	11 780 473	10 045 076
国有独资公司	State Exclusively Funded Companies	1 035 068	1 475 580	1 778 096	3 593 489	1 674 397
其他有限责任公司	Others	4 821 407	5 576 425	5 809 833	8 186 984	8 370 678
股份有限公司	Limited Share-holding Companies	1 777 156	2 711 311	3 102 559	4 371 574	4 321 020
私营企业	Private Enterprises	2 810 615	4 168 957	4 740 442	5 851 239	6 100 991
私营独资企业	Private Exclusively Funded Enterprises	38 298	70 125	42 936	25 125	138
私营合作企业	Private Partnership Enterprises	2 996	7 764	6 464	1 361	1 405
私营有限责任公司	Private Limited Liability Companies	2 684 002	3 808 721	4 380 761	5 448 715	5 647 762
私营股份有限公司	Private Limited Share-holding Companies	85 319	282 347	310 281	376 038	451 686
其他企业	Others	430 611	643 717	779 075		
2、港、澳、台商投资企业	Enterprises Funded by Entrepreneurs from Hong Kong, Macao and Taiwan	404 544	589 747	528 795	347 722	446 070
3、外商投资企业	Foreign Funded Enterprises	24 495	38 701	21 373	40 368	19 199

5-3 分行业建筑业生产情况（2014年）

STATISTICS ON CONSTRUCTION BY SECTOR（2014）

单位：万元、万平方米 （10 000 yuan, 10 000 sq. m）

指 标	Indicators	总 计 Total	房屋建筑业 Building	土木工程建筑业 Civil Engineering	建筑安装业 Construction installation	建筑装饰和其他建筑业 Construction Decoration and Other Construction
企业个数（个）	Number of Enterprise(unit)	778	156	155	226	241
#有工作量的企业个数	Number of Enterprises in Work	735	147	148	214	226
签订的合同额	Contractual Value	44 661 836.0	17 223 415.8	8 697 804.1	3 545 347.2	15 195 268.9
建筑业总产值	Gross Output Value of Construction	21 947 366.6	7 866 488.4	2 801 468.6	1 865 095.3	9 414 314.3
#装饰装修产值	Decorate and Materials Construction	9 322 130.7	512 546.5	100 106.3	142 372.6	8 567 105.3
#在外省完成的产值	Output Value of buildings Completed outside of Guangdong province	10 125 982.8	2 353 037.0	1 188 083.0	559 067.9	6 025 794.9
#建筑工程产值	Output Value of Contraction	18 697 375.0	7 081 900.6	2 520 892.3	958 777.4	8 135 804.7
安装工程产值	Output Value of Installation	2 493 923.2	514 672.2	195 307.0	893 298.7	890 645.3
其他产值	Others	756 068.4	269 915.6	85 269.3	13 019.2	387 864.3
竣工产值	Output Value of buildings Completed	9 046 152.6	2 660 977.1	913 845.8	689 724.1	4 781 605.6
房屋建筑施工面积	Floor Space of Buildings Under Construction	7 015.8	6 652.0	208.0	153.1	2.8
#本年新开工面积	Floor Space of Newly-started Buildings in this Year	2 172.2	2 111.0	30.4	27.9	2.8
#实行投标承包面积	Floor Space of Contracted Projects	5 791.2	5 583.9	104.3	103.0	
#本年新开工面积	Floor Space of Newly-started Buildings in this Year	1 604.2	1 570.9	11.0	22.3	
房屋建筑竣工面积	Floor Space of Buildings Completed	1 141.5	1 072.1	23.0	45.0	1.5
计算劳动生产率的平均人数（人）	Average Number of Employed Persons in Calculation of Labor Productivity(person)	618 975	224 793	74 449	52 562	267 171
全员劳动生产率（万元/人）	Overall Labor Productivity (10 000 yuan/person)	35.5	35.0	37.6	35.5	35.2

5-4 分登记注册类型建筑业生产情况（2014年）

STATISTICS ON CONSTRUCTION BY TYPE OF REGISTRATION（2014）

单位：万元、万平方米 （10 000 yuan, 10 000 sq. m）

指 标	Indicators	总 计 Total	内资企业 Domestic Funded	#国有 State-owned	#集体 Collctive Owned	港澳台商投资企业 Hong Kong,Macao and Taiwan Funded	外商投资企业股份有限公司 Foreign Funded Share-holding Corporations Ltd.
企业个数（个）	Number of Enterprise(unit)	778	752	19	1	24	2
#有工作量的企业个数	Number of Enterprises in Work	735	709	19	1	24	2
签订的合同额	Contractual Value	44 661 836.0	42 326 568.7	1 788 220.8	7 505.1	2 314 903.2	20 364.1
建筑业总产值	Gross Output Value of Construction	21 947 366.6	21 482 097.3	1 005 110.9	7 505.1	446 070.1	19 199.2
#装饰装修产值	Decorate and Materials Construction	9 322 130.7	9 048 122.6	414 368.5		255 126.6	18 881.5
#在外省完成的产值	Output Value of buildings Completed outside of Guangdong province	10 125 982.8	9 881 636.3	398 272.0		225 465.0	18 881.5
#建筑工程产值	Output Value of Contraction	18 697 375.0	18 374 200.2	947 747.2		304 293.3	18 881.5
安装工程产值	Output Value of Installation	2 493 923.2	2 352 164.1	38 957.0		141 441.4	317.7
其他产值	Others	756 068.4	755 733.0	18 406.7	7 505.1	335.4	
竣工产值	Output Value of buildings Completed	9 046 152.6	8 882 674.7	307 637.8	7 505.1	163 160.2	317.7
房屋建筑施工面积	Floor Space of Buildings Under Construction	7 015.8	6 718.8	250.5		297.0	
#本年新开工面积	Floor Space of Newly-started Buildings in this Year	2 172.2	2 074.3	85.8		97.9	
#实行投标承包面积	Floor Space of Contracted Projects through Biddimg	5 791.2	5 494.2	156.7		297.0	
#本年新开工面积	Floor Space of Newly-started Buildings in this Year	1 604.2	1 506.3	66.6		97.9	
房屋建筑竣工面积	Floor Space of Buildings Completed	1 141.5	1 141.5	56.0			
计算劳动生产率的平均人数（人）	Average Number of Employed Persons in Calculation of Labor Productivity(person)	618 975	608 082	23 976	386	10 243	650
全员劳动生产率（万元/人）	Overall Labor Productivity (10 000 yuan/person)	35.5	35.3	41.9	19.4	43.5	29.5

5-5 分行业建筑业财务状况（2014年）

FINANCIAL CONDITIONS OF CONSTRUCTION BY SECTOR（2014）

单位：万元 （10 000 yuan）

指 标	Indicators	总 计 Total	房屋建筑业 Building	土木工程建筑业 Civil Engineering	建筑安装业 Construction installation	建筑装饰和其他建筑业 Construction Decoration and Other Construction
年末资产负债	**Asset and Liabilities at Year-end**					
流动资产	Circulating Assets	20 780 809.7	8 113 360.6	3 812 332.2	2 297 121.2	6 557 995.7
#存货	Inventory	4 060 249.8	1 863 667.1	785 296.5	464 412.9	946 873.3
固定资产合计	Total Fixed Assets	1 414 850.0	418 417.5	465 848.1	193 341.2	337 243.2
固定资产原价	Original Value of Fixed Assets	1 830 211.0	589 445.2	529 234.3	276 993.0	434 538.5
累计折旧	Accumulative Total Depreciation	816 045.2	249 051.3	284 318.7	131 189.0	151 486.2
#本年折旧	Depreciation Within the Year	120 098.9	25 449.1	47 189.4	19 366.0	28 094.4
在建工程	Project under Construction	167 454.1	45 526.4	57 279.9	27 183.7	37 464.1
资产合计	Total Assets	24 757 915.4	9 703 744.5	4 560 974.5	2 802 401.4	7 690 795.0
流动负债	Liquid Liabilities	15 029 637.8	6 135 368.2	2 822 368.5	1 462 265.1	4 609 636.0
非流动负债	Non-Liquid Liabities	1 128 102.3	330 263.7	413 051.2	204 889.9	179 897.5
负债合计	Total Liabilities	16 456 114.0	6 555 821.3	3 316 171.8	1 686 748.9	4 897 372.0
所有者权益	Creditors' Equity	8 301 801.4	3 147 923.2	1 244 802.7	1 115 652.5	2 793 423.0
#实收资本	Actual Capital Hold	4 652 044.3	1 980 071.5	920 618.9	788 964.9	962 389.0
国家资本	State Capital	470 877.0	126 265.7	218 690.8	97 993.6	27 926.9
集体资本	Collective Capital	134 594.3	67 610.6	16 182.6	15 212.3	35 588.8
法人资本	Corporation Capital	2 325 493.1	1 357 939.4	302 969.9	282 173.7	382 410.1
个人资本	Individual Capital	1 673 342.5	401 255.8	382 227.2	380 481.3	509 378.2
港澳台资本	Capital from HongKong,Macao and Taiwan	43 067.5	27 000.0	548.4	10 306.8	5 212.3
外商资本	Foreign Capital	4 669.9			2 797.2	1 872.7
损益及分配	Expenditure,Income and Distribution					
工程结算收入	Revenue of Project Settlement Accounts	23 970 081.7	8 668 607.8	3 453 592.9	2 314 900.0	9 532 981.0
工程结算成本	Costs of Project Settlement Accounts	20 970 274.6	7 808 969.4	3 030 524.1	1 992 221.3	8 138 559.8
工程结算税金及附加	Taxes and Extra Charges on Project Settle Accounts	774 804.7	281 933.0	109 780.8	64 921.5	318 169.4
工程结算利润	Profits of Project Settlement Accounts	2 225 002.4	577 705.4	313 288.0	257 757.2	1 076 251.8
其他业务利润	Other Profits from Business	55 419.4	17 407.3	8 146.0	19 405.7	10 460.4
管理费用及财务费用	Management and Financial Expenditures	1 127 625.2	358 258.0	187 407.4	201 100.9	380 858.9
营业利润	Operating Surplus	999 103.9	297 538.2	158 149.0	65 465.9	477 950.8
利润总额	Total Profits	1 011 330.7	296 958.0	158 415.2	76 177.1	479 780.4
应交所得税	Income Taxes Payable	230 687.6	66 074.7	39 083.9	19 909.8	105 619.2

5-6 分登记注册类型建筑业财务状况（2014年）

FINANCIAL CONDITIONS OF CONSTRUCTION BY TYPE OF REGISTRATION（2014）

单位：万元 （10 000 yuan）

指 标	Indicators	总 计 Total	内资企业 Domestic Funded	#国有 State-owned	#集体 Collctive Owned	港澳台商投资企业 Hong Kong,Macao and Taiwan Funded	外商投资企业 Foreign Funded
年末资产负债	**Asset and Liabilities at Year-end**						
流动资产	Circulating Assets	20 780 809.7	20 266 477.8	864 136.4	1 519.4	453 856.1	60 475.8
#存货	Inventory	4 060 249.8	3 940 666.9	145 324.2	977.5	104 661.0	14 921.9
固定资产合计	Total Fixed Assets	1 414 850.0	1 402 433.5	36 078.0	317.9	9 066.0	3 350.5
固定资产原价	Original Value of Fixed Assets	1 830 211.0	1 806 505.0	76 974.7	937.4	17 027.4	6 678.6
累计折旧	Accumulative Total Depreciation	816 045.2	803 211.5	48 906.3	619.5	9 505.6	3 328.1
#本年折旧	Depreciation Within the Year	120 098.9	118 766.9	3 388.3	36.9	1 084.5	247.5
在建工程	Project Under Construction	167 454.1	167 355.1	7 969.7		99.0	
资产合计	Total Assets	24 757 915.4	24 110 825.4	1 045 540.9	1 877.3	582 647.2	64 442.8
流动负债	Liquid Liabilities	15 029 637.8	14 545 649.2	649 511.7	1 365.8	434 922.8	49 065.8
非流动负债	Non-Liquid Liabities	1 128 102.3	1 127 501.1	92 552.8		601.2	
负债合计	Total Liabilities	16 456 114.0	15 967 222.7	742 064.5	1 365.8	439 825.5	49 065.8
所有者权益	Creditors'Equity	8 301 801.4	8 143 602.7	303 476.4	511.5	142 821.7	15 377.0
#实收资本	Actual Capital Hold	4 652 044.3	4 573 892.1	134 635.8	200.0	73 738.6	4 413.6
国家资本	State Capital	470 877.0	461 918.1	123 635.8		6 628.6	2 330.3
集体资本	Collective Capital	134 594.3	134 414.3	6 000.0	200.0	180.0	
法人资本	Corporation Capital	2 325 493.1	2 304 684.2	5 000.0		20 808.9	
个人资本	Individual Capital	1 673 342.5	1 670 775.5			2 567.0	
港澳台资本	Capital from HongKong,Macao and Taiwan	43 067.5	1 050.0			41 650.5	367.0
外商资本	Foreign Capital	4 669.9	1 050.0			1 903.6	1 716.3
损益及分配	**Expenditure,Income and Distribution**						
工程结算收入	Revenue of Project Settlement Accounts	23 970 081.7	23 509 828.9	957 572.5	7 505.1	397 341.0	62 911.8
工程结算成本	Costs of Project Settlement Accounts	20 970 274.6	20 574 749.3	877 453.4	6 743.6	343 999.6	51 525.7
工程结算税金及附加	Taxes and Extra Charges on Project Settle Accounts	774 804.7	761 828.1	27 249.2	421.6	10 394.5	2 582.1
工程结算利润	Profits of Project Settlement Accounts	2 225 002.4	2 173 251.5	52 869.9	339.9	42 946.9	8 804.0
其他业务利润	Other Profits from Business	55 419.4	55 022.4	3 851.9		385.5	11.5
管理费用及财务费用	Management and Financial Expenditures	1 127 625.2	1 099 204.8	27 029.9	257.2	23 473.9	4 946.5
营业利润	Operating Surplus	999 103.9	982 731.5	30 350.0	82.7	12 578.2	3 794.2
利润总额	Total Profits	1 011 330.7	994 532.1	31 194.4	82.7	12 930.3	3 868.3
应交所得税	Income Taxes Payable	230 687.6	226 650.1	6 444.6	27.2	2 891.2	1 146.3

5-7 分行业劳务分包建筑企业经营情况（2014年）

MANAGEMENT SITUATIONS OF CONSTRUCTION ENTERPRISE OF SERVICE SUBCONTRACTING BY SECTOR（2014）

单位：万元 （10 000 yuan）

指 标	Indicators	总 计 Total	房屋建筑业 Building	土木工程建筑业 Civil Engineering	建筑安装业 Construction installation	建筑装饰和其他建筑业 Construction Decoration and Other Construction
企业个数（个）	Number of Enterprise(unit)	39	10	6	7	16
#有工作量的企业个数	Number of Enterprises in Work	34	9	5	7	13
生产情况	**Production**					
建筑业总产值	Gross Output Value of Construction	226 201.2	33 333.6	46 184.3	19 740.3	126 943.0
计算建筑业劳动生产率的平均人数(人)	Average Number of Employed Persons in Calculation of Labor Productivity(person)	25 022	971	7 758	1 379	14 914
财务状况	**Finance**					
资产负债	Asset and Liabilities					
固定资产原价	Fixed Assets	2 429.9	166.9	182.3	997.9	1 082.8
本年折旧	Depreciation Within the Year	449.5	44.7	34.7	171.6	198.5
资产总计	Total Assets	102 073.9	31 511.7	21 133.2	20 173.0	29 256.0
负债合计	Total Liabilities	70 308.8	26 901.8	17 261.3	14 493.0	11 652.7
实收资本	Actual Capital Hold	14 726.3	4 449.2	1 383.5	4 600.0	4 293.6
损益及分配	Expenditure,Income and Distribution					
营业收入合计	Operating Revenue	243 285.3	27 641.7	74 506.5	14 525.7	126 611.4
#主营业务收入（工程结算收入）	Revenue of Project Settlement Accounts	243 285.3	27 641.7	74 506.5	14 525.7	126 611.4
主营业务成本（工程结算成本）	Costs of Project Settlement Accounts	220 066.0	25 964.4	69 991.4	10 422.2	113 688.0
主营业务税金及附加（工程结算税金及附加）	Taxes and Extra Charges on Project Settle Accounts	8 223.2	926.6	2 627.3	591.8	4 077.5
费用合计（营业费用、管理费用、财务费用）	Total Expenditures(expenditure for operating,management and finance)	4 945.3	754.3	1 188.7	1 329.3	1 673.0
营业利润	Operating Surplus	5 649.3	214.7	751.3	2 343.1	2 340.2
利润总额	Total Profits	5 335.5	−3.6	754.6	2 259.9	2 324.6

5-8 总承包和专业承包建筑业企业生产情况

PRODUCTION SITUATIONS OF GENERAL AND SPECIALIZED CONTRACTTING CONSTRUCTION ENTERPRISE

指 标	Indicators	2010	2011	2012	2013	2014
企业个数（个）	Number of Enterprise(unit)	784	795	796	862	778
#有工作量的企业个数	Number of Enterprises in Work	781	774	759	815	735
签订的合同额（万元）	Contractual Value(10 000 yuan)	28 184 105.1	39 400 369.8	46 095 473.8	51 037 712.2	44661836.0
建筑业总产值（万元）	Gross Output Value of Construction (10 000 yuan)	14 524 172.4	19 422 879.9	20 869 880.8	24 306 003.4	21947366.6
#装饰装修产值	Decorate and Materials Construction	4 954 747.7	6 331 720.7	7 730 558.9	9 126 191.1	9322130.7
#在外省完成的产值	Output Value of Buildings Completed outside of Guangdong province	4 376 053.9	6 951 979.8	7 752 847.2	9 557 089.3	10125982.8
#建筑工程产值	Output Value of Contraction	12 715 478.0	17 021 558.3	18 119 304.7	21 065 426.0	18697375.0
安装工程产值	Output Value of Installation	1 474 822.2	1 969 246.3	2 084 152.3	2 602 277.5	2493923.2
其他产值	Others	333 872.2	432 075.3	666 423.8	638 299.9	756068.4
竣工产值（万元）	Output Value of buildings Completed (10 000 yuan)	7 526 821.0	9 277 380.5	9 962 057.8	11 527 588.5	9046152.6
房屋建筑施工面积（万平方米）	Floor Space of Buildings Under Construction (10 000 sq.m)	5 980.3	8 328.6	9 731.9	11 502.8	7015.8
#本年新开工面积	Floor Space of Newly-started Buildings in this Year	2 443.0	3 230.7	3 833.1	4 015.8	2172.2
#实行投标承包面积	Floor Space of Contracted Projects through Biddimg	4 189.5	5 405.3	7 276.9	7 602.4	5791.2
#本年新开工面积	Floor Space of Newly-started Buildings in this Year	2 114.7	2 702.8	3 251.0	3 184.9	1604.2
房屋建筑竣工面积（万平方米）	Floor Space of Buildings Completed (10 000 sq.m)	1 426.2	2 418.6	1 743.8	2 009.9	1141.5
自有施工机械设备年末总台数（台）	Number of Machinery and Equipment (year-end)(unit)	109 371	81 177	127 995	64 194	
自有施工机械设备年末总功率（万千瓦）	Total Power of Machinery and Equipment (10 000 kw)	152.9	168.7	537.9	130.5	
自有施工机械设备年末净值（万元）	Net Value of Machinery and Equipment (10 000 yuan)	318 743.1	291 546.2	366 750.2	385 750.6	
计算劳动生产率的平均人数（人）	Average Number of Employed Persons in Calculation of Labor Productivity(person)	465 286	468 073	595 467	688 275	618975
全员劳动生产率（万元/人）	Overall Labor Productivity(10 000 yuan/person)	31.2	41.5	35.0	35.3	35.5

5-9 总承包和专业承包建筑业企业财务状况

FINANCIAL SITUATIONS OF GENERAL AND SPECIALIZED CONTRACTTING CONSTRUCTION ENTERPRISE

单位：万元 (10 000 yuan)

指标	Indicators	2010	2011	2012	2013	2014
年末资产负债	**Asset and Liabilities at Year-end**					
流动资产	Circulating Assets	10 043 751.9	13 262 332.4	14 654 065.7	18 799 457.0	20 780 809.7
#存货	Inventory	2 055 168.5	2 575 351.3	2 695 585.0	3 494 291.0	4 060 249.8
固定资产合计	Total Fixed Assets	1 022 759.0	1 196 785.7	1 355 665.4	1 222 583.5	1 414 850.0
固定资产原价	Original Value of Fixed Assets	1 334 110.9	1 506 631.6	1 498 067.4	1 753 974.9	1 830 211.0
累计折旧	Accumulative Total Depreciation	555 364.5	641 691.9	688 802.6	800 125.6	816 045.2
#本年折旧	Depreciation Within the Year	98 493.9	94 268.0	105 395.4	126 884.4	120 098.9
在建工程	Project Under Construction	190 522.2	254 276.8	318 185.0	126 105.6	167 454.1
资产合计	Total Assets	11 837 538.1	15 539 730.4	17 596 700.3	21 946 238.6	24 757 915.4
流动负债	Liquid Liabilities	7 417 427.3	9 834 907.8	10 686 193.6	13 784 765.4	15 029 637.8
非流动负债	Non-Liquid Liabities	343 387.2	530 031.9	700 255.5	587 418.6	1 128 102.3
负债合计	Total Liabilities	7 760 814.5	10 516 587.2	11 800 012.6	14 737 793.9	16 456 114.0
所有者权益	Creditors' Equity	4 076 723.6	5 023 143.2	5 782 443.2	7 208 444.2	8 301 801.4
#实收资本	Actual Capital Hold	2 089 109.5	2 698 066.2	3 053 274.7	3 766 765.8	4 652 044.3
国家资本	State Capital	430 028.0	308 432.8	381 814.0	408 607.9	470 877.0
集体资本	Collective Capital	137 416.3	100 147.8	104 871.0	113 870.5	134 594.3
法人资本	Corporation Capital	755 073.2	1 315 779.8	1 479 428.9	1 745 740.7	2 325 493.1
个人资本	Individual Capital	708 702.5	927 124.3	1 038 334.8	1 449 210.6	1 673 342.5
港澳台资本	Capital from HongKong,Macao and Taiwan	51 549.2	41 296.2	44 725.8	45 523.4	43 067.5
外商资本	Foreign Capital	6 340.3	5 285.3	4 100.2	3 812.7	4 669.9
损益及分配	**Expenditure,Income and Distribution**					
工程结算收入	Revenue of Project Settlement Accounts	15 995 501.8	20 664 020.9	21 884 462.2	25 430 460.3	23 970 081.7
工程结算成本	Costs of Project Settlement Accounts	14 369 688.8	18 347 125.7	19 268 025.0	22 431 464.6	20 970 274.6
工程结算税金及附加	Taxes and Extra Charges on Project Settle Accounts	528 776.8	687 828.9	714 184.8	792 254.4	774 804.7
工程结算利润	Profits of Project Settlement Accounts	1 009 739.3	1 629 066.3	1 902 252.4	2 206 741.3	2 225 002.4
其他业务利润	Other Profits from Business	84 393.8	54 983.5	49 496.3	59 482.8	55 419.4
管理费用及财务费用	Management and Financial Expenditures	557 153.3	716 781.1	905 409.1	1 025 062.3	1 127 625.2
营业利润	Operating Surplus	539 723.6	811 266.3	918 708.3	1 003 888.9	999 103.9
利润总额	Total Profits	501 977.9	749 228.6	927 538.3	1 017 422.6	1 011 330.7
应交所得税	Income Taxes Payable	96 098.4	146 720.8	179 537.7	217 706.4	230 687.6

5-10 劳务分包建筑企业经营情况

MANAGEMENT SITUATIONS OF CONSTRUCTION ENTERPRISE OF SERVICE SUBCONTRACTING

单位：万元 （10 000 yuan）

指 标	Indicators	2010	2011	2012	2013	2014
企业个数（个）	Number of Enterprise(unit)	24	28	26	36	39
#有工作量的企业个数	Number of Enterprises in Work	20	25	21	30	34
生产情况	**Production**					
建筑业总产值	Gross Output Value of Construction	85 772. 3	28 006.2	160 789.8	311 489.3	226 201.2
计算建筑业劳动生产率的平均人数	Average Number of Employed Persons in Calculation of Labor Productivity(person)	20 899	19 439	6 108	22 953	25 022
财务状况	**Finance**					
资产负债	Asset and Liabilities					
固定资产原价	Original Value of Fixed Assets	1 371.9	1 713.1	3 009.2	52 780.3	2 429.9
本年折旧	Depreciation Within the Year	246.4	313.5	865.2	611.5	449.5
资产总计	Total Assets	36 672.9	72 935.9	152 362.9	196 233.0	102 073.9
负债合计	Total Liabilities	28 398.5	53 401.7	135 537.5	176 078.6	70 308.8
实收资本	Actual Capital Hold	5 742.8	16 076.30	8 168.2	16 734.1	14 726.3
损益及分配	Expenditure,Income and Distribution					
营业收入合计	Operating Revenue	84 635.8	51 109.4	168 479.4	359 673.5	243 285.3
#主营业务收入（工程结算收入）	Revenue of Project Settlement Accounts	84 635.3	51 108.8	168 475.4	359 673.3	243 285.3
主营业务成本（工程结算成本）	Costs of Project Settlement Accounts	79 412.3	45 843.7	165 938.6	335 943.1	220 066.0
主营业务税金及附加（工程结算税金及附加）	Taxes and Extra Charges on Project Settle Accounts	1 143.3	1 697.0	5 500.7	12 239.5	8 223.2
费用合计（营业费用、管理费用、财务费用）	Total Expenditures(expenditure for operating, management and finance)	2 112.9	2 262.6	5 166.6	8 377.8	4 945.3
营业利润	Operating Surplus	2 537.1	5 612.4	2 367.7	2 084.3	5 649.3
利润总额	Total Profits	2 436.7	5 599.2	2 211.5	2 063.0	5 335.5

主要统计指标解释

建筑业总产值　是以货币表现的建筑业企业在一定时期内生产的建筑业产品和服务的总和。建筑业总产值包括三部分内容：

⑴建筑工程产值：指列入建筑工程预算内的各种工程价值。

⑵设备安装工程产值：指设备安装工程价值，但不包括设备本身的价值。

⑶其他产值：建筑业总产值中除建筑工程、安装工程以外的产值。包括房屋构筑物修理产值、非标准设备制造产值、总包企业向分包企业收取的管理费以及不能明确划分的施工活动所完成的产值。

①房屋构筑物修理产值：指房屋和构筑物的修理所完成的价值，但不包括被修理房屋构筑物的本身价值和生产设备的修理价值。

②非标准设备制造产值：指加工制造没有定型的非标准生产设备的加工费和原材料价值以及附属加工厂为本企业承建工程制作的非标准设备的价值。

管理费用中税金　指企业按规定从管理费用中支付的各种税金,包括房产税、土地使用税、车船使用税、印花税等。

利税总额=工程结算税金及附加+管理费用中税金+利润总额

建筑业全员劳动生产率=建筑业总产值÷计算建筑业劳动生产率的平均人数

房屋施工面积　指在报告期内施工的全部房屋建筑面积，它包括本期新开工的房屋面积、上期跨入本期继续施工的房屋面积、上期停缓建在本期恢复施工的房屋面积、本期竣工的房屋面积以及本期施工后又停缓建的房屋面积。

计算建筑业劳动生产率的平均人数　指建筑业企业(或单位)报告期实际拥有的、与建筑施工活动有关的人员的平均人数，包括参加本企业(或单位)建筑施工活动的非本企业(或单位)人员，但不包括企业内部社会服务性机构的人员以及由本企业支付工资但所从事的工作与本企业生产基本无关的人员。

工程结算税金及附加　指因从事建筑业生产活动，取得工程价款结算收入而按规定应该交纳的营业税、城市维护建设税等以及随同营业税金一并计算交纳的教育费附加等。

利润总额　指企业在生产经营过程中各种收入扣除各种耗费后的盈余，反映企业在报告期内实现的亏盈总额，包括营业利润、补贴收入、投资净收益和营业外收支净额。

Explanatory Notes on Main Statistical Indicators

Gross Output Value of Construction refers to the sum in monetary terms of construction products and services completed by construction enterprises during a given period of time. It includes:

(1) Output value of construction projects, which is the value of various projects covered by the project budgets;

(2)Output value of equipment installation projects refers to the value of the installation of equipment. It does not include the value of the equipment itself.

(3) Other output values, which are output values other than output value of construction projects and output value of installation projects, including output value of house and building repair, output value of non−standard equipment manufacture, management expenses received by overall contractor enterprises from subcontractor enterprises and output value completed in unclassified construction activities.

①Output value of house and building repair is the value created through the repairs of houses and buildings, excluding the value of houses or buildings being repaired and the value of the repair of production equipment.

②Output value of non−standard equipment manufacture is the value of non−standard production equipment with unique specifications (including raw materials and manufacturing costs), and equipment manufactured by subsidiary workshops for construction projects contracted by construction enterprises.

Taxes from Management Expenses refer to the taxes which should be borne by the enterprises from management expenses, including property tax, land use tax, vehicle and vessel use tax, and stamp tax.

Total Pre−tax Profits = Taxes and Extra Charges on Project Settlement Accounts + Taxes from Management Expenses + Total Profits

Overall Labor Productivity of Construction = Gross Output Value of Construction ÷ Average Number of Persons for Labor Productivity Calculation

Floor Space of Buildings under Construction refers to the floor space of buildings under construction during the reference period, including newly started buildings, buildings started earlier and continued into the reference period, buildings suspended in preceding periods but resumed during the reference period, buildings completed during the reference period, and buildings started and then suspended during the reference period.

Average Number of Persons for Labor Productivity Calculation of the Construction Industry refers to the average number of persons actually employed in the construction enterprises (units) and engaged in related activities of construction in the reference period, including non−staff personnel engaged in the construction activities of the enterprises (units), but excluding personnel employed in social service institutions of the enterprises and those receiving remunerations therefrom but engaged in activities basically irrelevant to the production of the enterprises.

Taxes and Extra Charges on Project Settlement Accounts refer to business tax, city maintenance and construction tax and extra charges for education calculated and paid with business tax, which should be borne by the enterprises obtaining project settlement incomes from the production activities of construction.

Total Profits refer to the surplus of various incomes in the production and operation of the enterprises after deducting all expenses. This reflects the total profits or losses realized by the enterprises in the reference period, including profits from operation, income from subsidies, net investment earnings and net income from activities other than operations.

运输和邮电

TRANSPORT,POSTAL AND TELECOMMUNICATION SERVICES

CHAPTER

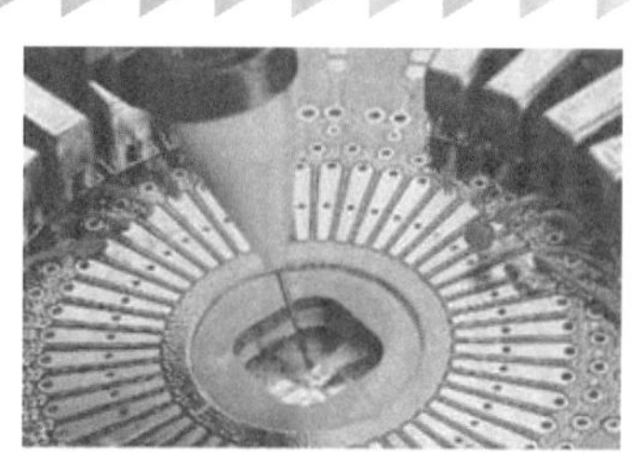

6-1 全社会客货运输（吞吐）量

PASSENGER AND FREIGHT TRAFFIC

项 目	Item	2010	2011	2012	2013	2014
一、货运量（万吨）	**Freight Traffic (10 000 tons)**	**26 175**	**28 901**	**30 335**	**27 514**	**29 384**
1. 铁路	Railways	390	414	401	391	123
2. 公路	Highways	19 847	21 685	23 639	20 071	20 990
3. 水运	Waterways	5 859	6 723	6 234	6 984	8 193
4. 民航	Civil Aviation	78	79	60	68	78
二、机场货邮行吞吐量（万吨）	**Cargo Handled at Airport (10 000 tons)**	**81**	**83**	**85**	**91**	**96**
三、货物周转量(万吨公里)	**Turnover Volume of Freight Traffic (10 000 ton-km)**	**16 541 600**	**19 556 900**	**18 787 400**	**19 989 200**	**23 863 700**
1. 铁路	Railways	21 100	21 900	21 800	20 400	11 000
2. 公路	Highways	3 199 100	3 778 800	2 828 200	2 848 000	3 019 500
3. 水运	Waterways	13 076 600	15 539 300	15 847 200	17 021 700	20 723 300
4. 民航	Civil Aviation	244 800	216 900	90 200	99 100	109 900
四、客运量(万人)	**Passenger Traffic (10 000 persons)**	**156 048**	**168 444**	**185 011**	**12 111**	**15 113**
1. 铁路	Railways	2 332	2 524	2 479	2 595	4 744
2. 公路	Highways	151 133	163 065	179 369	5 986	6 370
3. 水运	Waterways	271	311	355	401	461
4. 民航	Civil Aviation	2 312	2 545	2 808	3 129	3 538
五、机场旅客吞吐量(万人)	**Passenger Departing at Airport (10 000 persons)**	**2 671**	**2 825**	**2 957**	**3 227**	**3 627**
六、旅客周转量(万人公里)	**Turnover Volume of Passenger Traffic (10 000 person-km)**	**6 324 600**	**7 209 500**	**7 801 400**	**7 570 900**	**11 674 000**
1. 铁路	Railways	605 700	610 300	333 300	353 300	1 386 200
2. 公路	Highways	2 409 800	2 849 200	3 192 100	1 279 600	1 358 000
3. 水运	Waterways	11 300	12 600	15 500	17 400	20 500
4. 民航	Civil Aviation	3 297 800	3 737 400	4 260 500	5 920 600	8 909 300
七、港口	**Harbor**					
1. 泊位数(个)	Berths (unit)	172	172	172	159	153
#万吨级	10 000 Ton Class	69	69	69	67	67
2. 货物吞吐量(万吨)	Cargo Handled at Seaports (10 000 tons)	22 098	22 325	22 807	23 398	22 324
#蛇口港区	Shekou Seaport	6 614	6 592	7 454	7 234	6 380
赤湾港区	Chiwan Seaport	6 176	6 112	5 742	5 984	5 340
妈湾港区	Mawan Seaport	1 931	1 845	1 692	1 801	1 435
盐田港区	Yantian Seaport	5 430	5 555	5 906	6 156	6 686
内河港区	Neihe Seaport	112	78	76	22	23

注：根据广东省交通运输厅对新方案要求，自2014年起，客货运量、周转量已按2013年全国交通运输业经济统计专项调查口径填报，上年同期数亦按可比口径相应调整。

Note: According to the Guangdong Provincial Department of Transportation requirements for the new program, from 2014, the data of freight(passenger) traffic and turnover volume have been given by 2013 National Transportation Survey caliber special economic statistics,the data of 2013 have been adjusted by the same caliber.

6-2 全社会客货运输和邮电业务量（一）

PASSENGER AND FREIGHT TRAFFIC，REVENUE FROM POSTAL AND TELECOMMUNICATIONS SERVICES

年 份 Year	机场货邮行吞吐量 （万吨） Cargo Handled at Airport (10 000 tons)	机场旅客吞吐量 (万人) Passenger Departing at Airport (10 000 persons)	货运量 (万吨) Freight Traffic (10 000 tons)	货物周转量 (万吨公里) Turnover Volume of Freight Traffic (10 000 ton-km)	客运量 (万人) Passenger Traffic (10 000 persons)
1986			1 521	150 321	3 973
1987			1 627	141 355	4 268
1988			1 704	217 165	5 858
1989			1 383	357 633	6 349
1990			1 349	257 545	8 833
1991		2	1 486	435 662	6 400
1992	2	166	1 801	545 857	8 153
1993	4	255	2 050	743 878	10 218
1994	6	319	2 604	779 791	8 531
1995	8	412	3 542	2 228 384	8 261
1996	9	435	3 647	2 328 753	8 281
1997	10	444	3 853	2 317 664	8 515
1998	11	515	4 048	2 127 605	8 484
1999	16	525	4 274	1 974 500	8 754
2000	21	642	4 697	2 059 400	9 346
2001	25	777	5 147	2 044 300	9 868
2002	33	935	5 878	2 996 400	10 644
2003	41	1 084	6 761	3 702 400	10 452
2004	50	1 424	7 955	4 921 100	12 276
2005	55	1 574	9 807	6 046 000	12 901
2006	56	1 836	11 320	7 571 900	13 957
2007	62	2 062	13 678	7 941 500	15 030
2008	60	2 140	19 568	10 941 600	154 263
2009	61	2 449	22 367	11 366 400	146 281
2010	81	2 671	26 175	16 541 600	156 048
2011	83	2 825	28 901	19 556 900	168 444
2012	85	2 957	30 335	18 787 400	185 011
2013	91	3 227	27 514	19 989 200	12 111
2014	96	3 627	29 384	23 863 700	15 113

6-2 全社会客货运输和邮电业务量（二）

PASSENGER AND FREIGHT TRAFFIC，REVENUE FROM POSTAL AND TELECOMMUNICATIONS SERVICES

年 份 Year	旅客周转量 (万人公里) Turnover Volume of Passenger Traffic (10 000 person-km)	港口货物吞吐量 (万吨) Cargo Handled at Seaports (10 000 tons)	港口集装箱吞吐量（万标箱）Cargo Handled at Seaports (10 000 TEU)	# 出口 Exports	邮电业务总量 (万元) Revenue from Postal and Telecommunications Services (10 000 yuan)
1979		10			138
1980		30			190
1981		70			340
1982		91			420
1983		141			567
1984		210			923
1985		327			1 761
1986	85 129	302			2 633
1987	140 598	485			4 880
1988	188 199	734	1		14 826
1989	217 832	956	2		21 293
1990	267 865	1 292	2		55 356
1991	186 682	1 563	5		84 927
1992	409 660	1 956	11		114 492
1993	477 794	2 541	13		174 045
1994	790 097	3 002	18	11	259 432
1995	820 721	3 080	28	16	368 945
1996	827 693	3 021	59	32	462 261
1997	828 352	3 357	115	63	610 111
1998	822 420	3 444	195	104	764 658
1999	865 400	4 663	299	158	982 686
2000	993 800	5 697	400	210	1 336 000
2001	1 117 500	6 643	508	266	1 419 000
2002	1 311 000	8 767	762	396	1 644 200
2003	1 451 500	11 220	1 065	552	1 980 300
2004	1 870 800	13 537	1 366	713	2 660 100
2005	2 288 700	15 351	1 620	841	3 208 000
2006	2 677 300	17 598	1 847	961	3 795 000
2007	3 099 000	19 994	2 110	1 101	5 135 400
2008	4 849 600	21 125	2 142	1 087	6 117 500
2009	5 433 900	19 365	1 825	937	6 765 200
2010	6 324 600	22 098	2 251	1 154	2 937 000
2011	7 209 500	22 325	2 257	1 169	3 562 600
2012	7 801 400	22 807	2 294	1 173	5 635 800
2013	7 570 900	23 398	2 328	1 208	6 229 900
2014	11 674 000	22 324	2 404	1 247	7 619 900

注： 邮电业务总量1989年以前按1980年不变价格计算，1990-2000年按1990年不变价格计算；2001-2009年按2000年不变价格计算；2011年按2010年不变价计算，2010年数据相应调整。

Note: Revenue from Postal and Telecommunications Services in 1989, calculated at 1980 constant prices; from 1990 to 2000 at 1990 constant prices; 2001-2009 at 2000 constant prices; 2011 calculated at 2010 constant prices, 2010 data has adjusted.

6-3 全社会客货运输和邮电业务量指数

INDICES OF PASSENGER AND FREIGHT TRAFFIC，REVENUE FROM POSTAL AND TELECOMMUNICATIONS SERVICES

(以上年为100) (preceding year=100)

年 份 Year	货运量 Freight Traffic	货物周转量 Turnover Volume of Freight Traffic	客运量 Passenger Traffic	旅客周转量 Turnover Volume of Passenger Traffic	港口货物吞吐量 Cargo Handled at Seaports	邮电业务总量 Revenue from Postal and Telecommunications Services
1980					300.0	137.7
1981					233.3	178.9
1982					130.0	123.5
1983					154.9	135.0
1984					148.9	162.8
1985					155.7	190.8
1986					92.4	149.5
1987	107.0	94.0	93.1	165.2	160.6	185.3
1988	104.7	153.6	137.3	133.9	151.3	303.8
1989	81.2	164.7	108.4	115.7	130.2	143.6
1990	97.5	72.0	139.1	123.0	135.1	151.7
1991	110.2	169.2	72.5	69.7	121.0	153.4
1992	121.2	125.3	127.1	219.4	125.1	134.8
1993	113.8	136.3	125.6	116.6	129.9	152.0
1994	127.0	104.8	81.5	161.2	118.1	149.1
1995	136.0	285.8	96.8	103.9	102.6	142.2
1996	103.0	104.5	100.2	100.8	98.1	125.3
1997	105.6	99.5	102.8	100.1	111.1	132.0
1998	105.1	91.8	99.6	99.3	102.6	125.3
1999	105.6	92.8	103.2	105.2	135.4	128.5
2000	109.9	104.3	106.8	114.8	122.2	136.0
2001	109.6	99.3	105.6	112.4	116.6	106.2
2002	114.2	146.6	107.9	117.3	132.0	115.9
2003	115.0	123.6	98.2	110.7	128.0	120.4
2004	117.7	132.9	117.5	128.9	120.7	134.3
2005	123.3	122.8	105.1	122.3	113.4	120.6
2006	115.4	125.2	108.2	117.0	114.6	118.3
2007	121.5	112.6	107.7	115.8	113.6	123.4
2008	108.3	87.5	105.6	116.7	105.7	119.1
2009	114.3	103.9	94.8	112.1	91.7	110.6
2010	117.0	145.5	106.7	116.4	114.1	120.7
2011	110.4	118.2	107.9	114.0	101.0	121.3
2012	105.0	103.2	109.8	112.5	102.2	118.6
2013	103.5	106.1	109.0	126.2	102.6	126.5
2014	106.8	119.4	124.8	154.2	95.4	122.3

注：本表客货运、周转量、邮电指数均按可比口径计算。

Note: The index of freight and passenger traffic, turnover volume and the index of post and telecommunications in this table are calculated at comparable caliber.

6-4 全社会民用车辆和运输船舶拥有量

NUMBER OF CIVIL MOTOR VEHICLES AND TRANSPORT VESSELS OWNED

项 目	Item	2009	2010	2011	2012	2013	2014
民用车辆总计(辆)	**Total Civil Motor Vehicles (unit)**	**1 452 642**	**1 705 461**	**1 976 164**	**2 249 216**	**2 622 873**	**3 153 902**
一、民用汽车(辆)	Civil Automobile (unit)	1 419 015	1 669 674	1 939 653	2 210 821	2 583 869	3 111 488
1. 载客汽车(辆)	Buses and Cars (unit)	1 174 968	1 399 446	1 646 043	1 901 268	2 254 157	2 776 710
载客量(客位)	Number of Seats in Buses and Cars(seat)	9 259 052	11 056 623	13 020 200	15 037 055	17 828 640	21 973 631
#大型(辆)	Large Scales (unit)	28 081	30 759	36 754	37 486	36 167	35 109
载客量(客位)	Number of Seats(seat)	1 112 670	1 221 192	1 422 747	1 465 603	1 414 036	1 376 671
2. 普通载货汽车(辆)	Ordinary Trucks (unit)	234 385	259 531	281 679	296 849	316 104	320 778
载重量(吨位)	Capacity(ton)	1 402 123	1 554 591	1 678 806	1 788 999	1 905 102	1 945 272
#大型(辆)	Heavy (unit)	36 131	42 578	48 526	52 699	61 711	68 851
载重量(吨位)	Capacity (ton)	393 019	465 378	530 874	573 689	671 695	750 612
3. 其他专用汽车(辆)	Other Special Motor Vehicles (unit)	7 962	10 697	11 711	12 704	13 608	14 000
4. 特种汽车(辆)	Particular Motor Vehicles			220	235	235	235
二、摩托车(辆)	Motorcycle(unit)	11 443	7 895	5 212	5 589	6 018	6 752
三、货挂车(辆)	Trailer Trucks(unit)	22 190	27 888	31 295	32 802	32 982	35 658
四、其他(辆)	Other (unit)		4	4	4	4	4
民用运输船舶总计(艘)	**Total Civil Transport Vessels (unit)**	**173**	**220**	**227**	**245**	**252**	**265**
一、机动船艘数(艘)	Motor Vessels (unit)	169	216	221	241	245	261
载客量(客位)	Number of Seats (seat)	4 385	3 602	3 801	3 993	5 912	4 533
净载重量(吨位)	Dead Weight Tonnage (ton)	2 627 231	3 125 599	3 458 702	3 659 336	3 836 423	3 802 578
总功率(千瓦)	Total Power (kw)	607 931	711 619	780 077	810 554	858 502	880 739
1. 客船艘数(艘)	Passenger Transport Vessels (unit)	15	15	17	18	21	22
载客量(客位)	Number of Seats (seat)	4 385	3 602	3 801	3 993	5 912	4 533
2. 货船艘数(艘)	Freight Transport Vessels (unit)	151	201	204	218	221	228
净载重量(吨位)	Dead Weight Tonnage (ton)	2 626 909	3 125 243	3 458 702	3 659 336	3 836 044	3 802 164
3. 拖船艘数(艘)	Tugboats (unit)	3	3	6	5	10	11
二、驳船艘数(艘)	Barges (unit)	4	4	4	4	7	4
净载重量(吨位)	Dead Weight Tonnage(ton)	10 000	10 000	10 000	10 000	15 456	10 000

6-5 邮电业务量

POSTAL AND TELECOMMUNICATIONS SERVICES

项 目	Item	2010	2011	2012	2013	2014
邮电业务总量(万元)	Business Volume of Post and Telecommunications (10 000 yuan)	2 937 000	3 562 600	5 635 800	6 229 900	7 619 900
# 邮政业务量(万元)	Business Volume of Post(10 000 yuan)	110 221	121 740	133 111	151 497	160 978
函件(万件)	Mail (10 000 pcs)	14 910	1 579	15 672	14 612	14 734
特快专递(万件)	Express Mail (10 000 pcs)	2 212	146	127	94	72
包件(万件)	Parcels (10 000 pcs)	169	172	179	190	133
订销报纸期发数(万份)	Number of Newspapers Circulation (10 000pcs)	48.12	48.23	38	38	32
订销报纸累计份数(万份)	Total Copy of Newspapers (10 000 pcs)	103 614	1 031	11 126	11 024	10 051
订销杂志期发数(万份)	Number of Magazines Circulation (10 000 pcs)	51	51	49	49	38
订销杂志累计份数(万份)	Total Copy of Magazines (10 000 pcs)	823	754	865	785	735
固定电话用户(户)	Number of Installed Telephone Subscribers (subscribers)	5 089 300	5 511 100	5 513 500	5 324 200	5 295 100
#住宅电话(户)	Residential (subscribers)	2 322 809	2 297 311	2 157 551	2 157 551	2 157 551
长话直拨有权用户(户)	Number of Direct Dialling Subscribers (subscribers)	3 212 142	3 159 553	3 137 372	3 137 372	3 137 372
#直拨国际港澳用户(户)	International Direct Dialling Subscribers to Foreign Countries as Well as to Hongkong and Macao (subscribers)	907 687	916 270	909 893	909 893	909 893
移动电话用户(万户)	Number of Mobile Telephones Subscribers (10 000 subscribers)	2 009	2 313	2 571	2 766	3 377
市话通	Numder of Hand-free Telephone Subscrbers	12 700	12 700	12 700	12 700	12 700
互联网宽带网用户(户)	Internet Subscribers Nunber of Wide Band(subscriders)	2 615 000	2 805 200	3 043 500	3 985 900	4 421 800
集邮业务(万枚)	Philately (10 000pcs)	1 300	1 911	1 942	1 907	1 581

注： 从2006年全市固定电话(户)中扣除了市话通。

Note: From 2006, the number of Installed Telephone Subscribers does not include Hand-free Telephone Subscribers.

6-6 邮电通讯设施
FACILITIES OF POST AND TELECOMMUNICATIONS

项 目	Item	2009	2010	2011	2012	2013	2014
邮政局、所(处)	Number of Post and Telecommunications Offices(Unit)	658	677	691	798	797	679
邮运邮路总条数(条)	Total Numder of Mail Routes (route)	212		70	73	73	96
邮路长度(单程)(公里)	Length of Postal Routes (km)	113 762		5 051	9 413	10 194	10 522
城市投递段道长度(单程)(公里)	Length of City Delivery Routes (km)	30 517		19 682	23 948	21 650	22 115
邮运汽车(辆)	Number of Postal Automobiles(Unit)	196	112	112	114	118	112
邮政汇款(亿元)	Postal Remittance(100 million yuan)	337.80	382.01	360.35	316.75	250	99
#非户籍人员汇款(亿元)	Remittance by Non-registered Population (100 million yuan)	268.79	316.05	291.88	262.60	215	76
全市固定电话交换机总容量(万门)	Total Capacity of Telephone Exchanges (10 000 lines)	643	650	650	650	570	570
邮电局汇票(万张)	Postal Orders (10 000 sheets)	2 037	2 178	1 923	1 381	1 081	817
全市移动电话交换机容量(万门)	Total Capacity of Mobile Telephone Exchanges (10 000 lines)	2 812	2 812	2 812	2 812	2 812	2 812
全市电话机总数(部)	Number of Telephone Sets(set)	4 692 000	4 638 904	5 511 100	5 513 500	4 901 500	4 901 500
#市话话机总数(部)	Number of Urban Telephone Sets(set)	2 400 000	2 400 000	240 000	240 000	240 000	240 000

6-7 铁路、民航和电信（生产）企业财务状况（2014年）

FINANCIAL INDICATORS OF RAILWAYS,CIVIL AVIATION AND POSTAL ENTERPRISES（2014）

单位：万元 （10 000 yuan）

指 标	Indicators	总 计 Total	1、铁路 Railways	2、民航 Civil Aviation	3、电信 Telecommu－nication
企业个数(个)	Number of Enterprises（Unit）	20	5	6	9
资本金合计	Total Capital	3 046 460	1 703 133	1 147 353	195 974
流动资产合计	Circulating Funds	7 353 345	5 494 289	1 203 485	655 571
固定资产合计	Total Fixed Assets	14 942 773	9 315 595	3 535 321	2 091 857
固定资产原值合计	Total Original Value of Fixed Assets	19 999 969	10 448 701	4 595 538	4 955 730
累计折旧	Accumulated Depreciation of Fixed Assets	5 495 167	1 245 253	1 291 067	2 958 847
资产合计	Total Assets	23 677 653	14 263 044	6 613 454	2 801 155
流动负债合计	Liquid Liabilities	5 309 914	1 206 406	2 066 775	2 036 733
长期负债合计	Long-Term Liabilities	8 608 036	5 664 002	2 524 994	419 040
所有者权益合计	Creditors' Equity	11 120 372	7 489 701	2 017 180	1 613 491
营运业务收入	Business Revenue	10 737 980	2 210 166	3 768 746	4 759 068
营运业务成本	Business Cost	10 953 660	1 753 381	2 977 944	6 222 335
营运费用	Business Expenses	785 867	3 602	238 197	544 068
营运税金及附加	Business Taxes and Extra Charges	251 819	52 023	69 152	130 644
营运业务利润	Business Profits	2 065 617	368 677	538 634	1 158 306
管理费用	Management Expenses	471 173	165 765	141 188	164 220
#税金	Taxes	8 911	1 114	3 480	4 317
利润总额	Total Profits	1 893 226	558 009	319 510	1 015 707

6-8 港口（生产）企业财务状况

MAIN FINANCIAL INDICATORS OF TRANSPORT ENTERPRISES WITHIN TRANSPORT SYSTEM

单位：万元 (10 000 yuan)

指 标	Indicators	2009	2010	2011	2012	2013	2014
企业个数(个)	Number of Enterprises（Unit）	20	20	20	20	24	24
资本金合计	Total Capital	1 225 154	1 371 582	1 405 410	1 433 980	1 546 859	1 546 859
流动资产合计	Circulating Funds	821 918	1 057 719	1 220 278	1 220 362	1 275 661	1 275 661
固定资产合计	Total Fixed Assets	2 099 904	1 979 760	1 969 438	1 683 901	1 825 888	1 825 888
固定资产原值合计	Total Original Value of Fixed Assets	2 562 812	2 657 047	2 645 895	3 458 596	2 732 914	2 732 914
累计折旧	Accumulated Depreciation of Fixed Assets	662 585	679 829	729 631	942 993	852 680	852 680
资产合计	Total Assets	4 420 082	4 275 382	4 502 151	4 339 859	4 575 543	4 575 543
流动负债合计	Liquid Liabilities	881 572	1 205 652	1 327 924	1 136 087	1 230 535	1 230 535
长期负债合计	Long-Term Liabilities	1 075 162	710 164	779 970	1 073 433	1 073 433	1 073 433
所有者权益合计	Creditors' Equity	2 456 762	2 359 089	2 393 042	2 131 078	2 272 314	2 272 314
营运业务收入	Business Revenue	1 125 578	1 280 791	1 427 946	1 488 458	1 561 730	1 612 642
营运业务成本	Business Cost	571 976	682 140	846 924	907 753	965 867	997 354
营运费用	Business Expenses	5 724	6 060	5 878	3 869	8 668	8 951
营运税金及附加	Business Taxes and Extra Charges	27 300	29 957	33 893	30 120	3 281	3 388
营运业务利润	Business Profits	520 274	544 655	540 837	545 531	575 219	593 971
管理费用	Management Expenses	62 552	68 509	53 590	50 870	59 678	61 624
应交所得税	Income Tax	25 206	20 772	56 663	52 048	58 811	60 728
利润总额	Total Profits	471 153	510 348	520 328	486 771	532 958	550 332

6-9 水运（生产）企业财务状况

MAIN FINANCIAL INDICATORS OF ENTERPRISES WITHIN WATERWAYS SYSTEM

单位：万元 (10 000 yuan)

指 标	Indicators	2009	2010	2011	2012	2013	2014
企业个数(个)	Number of Enterprises（Unit）	36	36	40	33	37	40
资本金合计	Total Capital	234 955	513 220	484 138	474 273	473 824	473 824
流动资产合计	Circulating Funds	267 765	368 303	362 428	359 885	429 314	429 314
固定资产合计	Total Fixed Assets	480 298	1 042 003	1 032 653	1 213 346	1 342 885	1 342 885
固定资产原值合计	Total Original Value of Fixed Assets	672 137	1 207 828	1 194 533	1 579 861	1 699 923	1 699 923
累计折旧	Accumulated Depreciation of Fixed Assets	198 672	275 207	1 138 527	377 767	408 985	408 985
资产合计	Total Assets	839 253	1 575 117	1 593 460	2 001 654	2 031 698	2 031 698
流动负债合计	Liquid Liabilities	188 774	248 974	282 474	372 221	443 566	443 566
长期负债合计	Long-Term Liabilities	205 131	519 637	511 150	692 723	707 999	707 999
所有者权益合计	Creditors’ Equity	469 930	818 985	823 078	858 310	836 783	836 783
营运业务收入	Business Revenue	371 430	570 290	668 220	546 549	600 506	677 071
营运业务成本	Business Cost	306 004	426 974	528 182	449 608	470 251	530 208
营运费用	Business Expenses	1 132	4 262	2 022	2 052	3 400	3 834
营运税金及附加	Business Taxes and Extra Charges	8 619	13 430	15 923	9 982	5 082	5 730
营运业务利润	Business Profits	53 574	124 051	115 123	75 306	43 291	48 811
管理费用	Management Expenses	23 543	28 993	36 878	25 858	28 112	31 696
应交所得税	Income Tax	7 791	20 429	16 959	10 362	4 812	5 425
利润总额	Total Profits	49 273	95 018	75 824	19 767	28 737	32 401

6-10 年末公路通车里程到达数（按技术等级）

LENGTHS OF OPERATION MILEAGE AT YEAR-END（GROUPED BY GRADE）

单位：公里 （km）

年 份 Year	公路里程总计 Operation Mileage	高速公路 Express Way	一级公路 First Class Highways	二级公路 Second Class Highwsys	三级公路 Third Class Highwsys	四级公路 Fourth Class Highwsys
1980	745.7			3.1	119.8	508.0
1981	736.1			14.0	103.1	504.2
1982	743.4			17.0	110.9	500.7
1983	745.2			17.0	152.0	461.4
1984	786.2			16.8	172.7	481.9
1985	790.8			18.7	194.1	463.2
1986	810.4			18.7	202.2	514.8
1987	802.6			18.7	267.3	454.0
1988	834.6			15.7	285.9	476.3
1989	836.9		12.9	13.6	278.8	474.9
1990	832.3		12.9	11.9	275.9	496.1
1991	827.2		56.2	11.9	236.1	487.5
1992	906.9		57.7	11.2	235.3	567.2
1993	916.6		81.2	11.2	220.8	567.9
1994	971.6	27.8	120.6	39.4	210.3	538.0
1995	1 103.3	109.9	202.1	68.3	184.5	503.0
1996	1 169.2	109.9	246.0	84.4	174.4	519.0
1997	1 214.3	133.2	267.2	87.7	176.5	514.2
1998	1 257.5	155.2	354.5	177.9	215.8	351.6
1999	1 343.5	175.5	401.1	195.0	213.9	355.0
2000	1 356.5	175.5	420.1	197.0	195.9	365.0
2001	1 360.5	185.9	524.7	257.0	179.9	213.0
2002	1 510.0	196.1	575.4	281.9	254.9	201.7
2003	1 539.9	202.9	590.0	282.0	255.0	210.0
2004	1 540.3	202.9	588.0	280.0	259.9	209.5
2005	1 579.9	244.5	588.0	280.0	257.9	209.5
2006	1 929.5	268.0	859.6	366.1	273.9	161.9
2007	1 938.0	269.4	867.3	350.8	283.8	166.7
2008	1 619.1	340.3	702.8	258.8	217.2	100.0
2009	1 619.1	340.3	702.8	258.8	217.2	100.0
2010	1 617.4	339.9	690.8	269.9	216.8	100.0
2011	1 617.7	340.2	690.8	269.9	216.8	100.0
2012	1 659.0	389.7	685.6	269.7	209.4	104.8
2013	1 680.0	420.0	685.0	269.7	209.4	96.4
2014	1 646.6	420.6	664.6	256.3	209.4	95.7

注： 从2008年开始，公路里程统计口径有调整。
Note: From 2008, the statistical coverage of operaton mileage have been adjusted.

主要统计指标解释

铁路营业里程 又称营业长度(包括正式营业和临时营业里程)，指办理客货运输业务的铁路正线总长度。凡是全线或部分建成双线及以上的线路，以第一线的实际长度计算；复线、站线、段管线、岔线和特殊用途线以及不计算运费的联络线都不计算营业里程。该指标可以反映铁路运输业基础设施的发展水平，也是计算客货周转量、运输密度和机车车辆运用效率等指标的基础资料。

公路通车里程 指在一定时期内实际达到《公路工程[WTBZ]技术标准JTJ01−88》规定的等级公路，并经公路主管部门正式验收交付使用的公路里程数。包括大中城市的郊区公路以及通过小城镇街道部分的公路里程和桥梁、渡口的长度，不包括大中城市的街道、厂矿、林区生产用道和农业生产用道的里程。两条或多条公路共同经由同一路段，只计算一次，不得重复计算里程长度。该指标可以反映公路建设的发展规模，也是计算运输网密度等指标的基础资料。

内河航道里程 也称内河通航里程，指在一定时期内，能通航运输船舶及排筏的天然河流、湖泊水库、运河及通航渠道的长度。包括全年季节性通航累计三个月以上的航道，不包括仅供零散流放竹、木排的河道。该指标可以反映内河水运网的规模、水平和发展情况。

民用航空航线里程 指民航运输定期班机飞行的航线长度的总和。航线长度按机场之间的距离计算，通常有两种计算方法：一是将每条航线长度相加称为重复计算航线里程；一是将两线或两条以上航线经过同一区段里程，只计算一次航线长度称为不重复计算航线里程。一般常用的是后者，该指标可以确切反映民航运输网的规模，是表明民航事业为国民经济服务和方便人民生活程度的主要指标。

货(客)运量 指在一定时期内，各种运输工具实际运送的货物(旅客)数量。该指标是反映运输业为国民经济和人民生活服务的数量指标，也是制定和检查运输生产计划、研究运输发展规模和速度的重要指标。货运按吨计算，客运按人计算。货物不论运输距离长短、货物类别，均按实际重量统计。旅客不论行程远近或票价多少，均按一人一次客运量统计；半价票、小孩票也按一人统计。

货物(旅客)周转量 指在一定时期内，由各种运输工具运送的货物(旅客)数量与其相应运输距离的乘积之总和。该指标可以反映运输业生产的总成果，也是编制和检查运输生产计划，计算运输效率、劳动生产率以及核算运输单位成本的主要基础资料。计算货物(旅客)周转量通常按发出站与到达站之间的最短距离，也就是计费距离计算。计算公式为：

货物（旅客）周转量=∑（货物（旅客）运输量×运输距离）

港口货物吞吐量 指经水运进出港区范围，并经过装卸的货物数量，包括邮件及办理托运手续的行李、包裹以及补给运输船舶的燃料、物料和淡水。货物吞吐量按货物流向分为进口、出口吞吐量，按货物交流性质分为外贸货物吞吐量和国内贸易货物吞吐量。货物吞吐量的货类构成及其流向，是衡量港口生产能力大小的重要指标。

民用汽车 指报告期末，在公安交通管理部门按照《机动车注册登记工作规范》，已注册登记领有民用车辆牌照的全部汽车数量。汽车统计的主要分类：根据汽车结构分为载客汽车、载货汽车及其他汽车；根据汽车所有者不同分为个人(私人)汽车、单位汽车；根据汽车的使用性质分为营运汽车、非营运汽车；根据汽车大小规格不同载客汽车分为大型、中型、小型和微型，载货汽车分为重型、中型、轻型和微型。

邮电业务总量 指以价值量形式表现的邮电通信企业为社会提供各类邮电通信服务的总数量。邮电业务量按专业分类包括函件、包件、汇票、报刊发行、邮政快件、特快专递、邮政储蓄、集邮、公众电报、用户电报、传真、长途电话、出租电路、无线寻呼、移动电话、分组交换数据通信、出租代维等。计算方法为各类产品乘以相应的平均单价(不变价)之和，再加上出租电路和设备、代用户维护电话交换机和线路等的服务收入。该指标综合反映了一定时期邮电业务发展的总成果，是研究邮电业务量构成和发展趋势的重要指标。计算公式为：

邮电业务总量=∑（各类邮电业务量×不变单价）+出租代维及其他业务收入 =邮政业务总量+通信业务总量

移动电话用户 指通过移动电话交换机进入移动电话网、占用移动电话号码的各类电话用户。包括签约用户和智能网预付费用户。一个移动电话号码统计为一户。

本地电话用户 指接入本地电信运营商固定电话网上的电话用户。包括：住宅用户、单位用户、公用电话用户等。按电话用户位置又分为城市电话用户和乡村电话用户。按通信手段又分为固定电话用户和无线市话用户。1997年以前，“城市（内）电话用户”是指接入县城及县以上城市的电话网上的电话用户；“乡（农）村电话用户”是指接入县邮电局农话台及县以下农村电话交换点，以县城为中心(除市话用户外)联通县、乡(镇)、行政村、村民小组的用户。从1997年起，电话用户数分组调整为以用户所在区域划分为“城市电话用户”和“乡村电话用户”，与过去的按市内电话和农村电话划分方法不同。

国际互联网总用户 包括互联网窄带拨号用户和互联网宽带接入用户。互联网窄带拨号用户又分为互联网注册拨号用户、互联网主叫电话记费用户、互联网上网卡用户等几种。互联网注册拨号用户指由基础电信运营商用户提供的，使用固定帐号上网的一种方式，由用户到运营商的营业厅或业务代理商处申请办理，获得拨号上网帐号及密码，用户根据该帐号及密码拨叫上网特服号，通过认证获得动态IP地址接入宽带互联网。互联网主叫电话记费用户指用户不需要到运营商的营业厅或业务代理商处申请办理，只需要拨打某一运营商已经开通的主叫特服号码即可上网，上网费用随主叫电话收取。互联网上网卡用户指使用上网卡上的帐号和密码认证，通过PSTN、N-ISDN等方式接入宽带互联网的用户。互联网宽带接入用户指采用分组交换网、DDN网、帧中继/ATM网以及模拟专线、数字专线等方式，不经过基础电信运营商的宽带IP城域网，直接接入宽带互联网节点的用户，不含XDSL、专线和LAN专线用户。

本地交换设备容量 指安装在电信运营企业内用于接续本地固定电话的电话交换机容量，包括现用和备用的人工或自动交换机的全部容量。包括局用交换机容量、接入网设备容量（含无线市话）和用户交换机容量。

移动电话交换机容量 指移动电话交换机根据一定话务模型和交换机处理能力计算出来的最大同时服务用户的数量。

Explanatory Notes on Main Statistical Indicators

Length of Railways in Operation refers to the total length of the trunk line under passenger and freight transportation (including both regular operations and temporary operations). In the case of wholly or partially double– or multi–track railways, calculation is based on the actual length of the first track, regardless of other tracks, station sidings, tracks under the charge of stations, branch lines, special–purpose lines and connecting lines. The length of railways in operation is an important indicator of the development of infrastructure for railway transport, as well as the foundation for the calculation of passenger–kilometers and freight ton–kilometers, traffic density and utilization efficiency of locomotives and carriages.

Length of Highways refers to the length of highways built in conformity with the grades specified by the Technical Standards JTJ01–88 for Highway Engineering, formally checked and accepted by highway authorities and put into use. The length of highways includes that of suburban highways at large and medium–sized cities and highways passing through streets at small cities and towns, as well as the span of bridges and ferries. However, it does not include the length of streets in large and medium–sized cities and highways built for production purposes at factories, mines, forest areas and agricultural areas. If two or more highways share the same segment, the length of the shared segment is only calculated for once and no duplication is allowed. The length of highways is an important indicator of the scale of development of highway construction, as well as the foundation for the calculation of transport network density and other indicators.

Length of Navigable Inland Waterways refers to the length of natural rivers, lakes, reservoirs, canals, and ditches open to navigation during a given period, which enables the transport by ships and rafts. This includes channels open to seasonal navigation for an accumulative period of over 3 months in a year, but excludes river courses used exclusively for wood or bamboo rafts on an irregular basis. This indicator reflects the scale, level and development situation of the inland waterway network.

Length of Civil Aviation Routes refers to the length of all routes for regular civil aviation flights. Calculation of route lengths is based on the distance between airports, usually in either of the following ways: duplicated calculation of route lengths, which directly sums up the length of every single air route; or singular calculation of route lengths, which calculates the same segments of aviation routes shared by two or more routes only once. In general practice, the latter is used, as it can precisely reflect the size of the civil aviation network and indicate the extent to which civil aviation serves the national economy and the needs of the people.

Freight (Passenger) Traffic refers to the volume of freight (passengers) transported with various means. This indicator provides a quantitative measure of how the transport industry serves the national economy and the needs of the people, as well as an important reference for drafting and checking production plans in the transport industry and for studying the scale and speed of development in the transport industry. Freight transport is calculated in tons and passenger traffic is calculated in the number of persons. Freight transport is calculated in the actual weight of goods regardless of traveling distances and types of freight; while passenger traffic is calculated as the number of individuals traveling once, regardless of traveling distances, ticket prices, whether the passengers are traveling with half–price tickets or child tickets.

Freight Ton-kilometers (Passenger-kilometers) refer to the sum of the products of the volume of transported cargo (passengers) multiplied by the transport distance. These are important indicators of the total achievements of the transport industry, as well as the major foundation for drafting and checking production plans in the transport industry and for calculating the efficiency, labor productivity and the cost of transport enterprises. Normally, the shortest distance between the departure station and the destination station (i.e. the payable distance) is the basis to calculate the freight ton−kilometers and passenger−kilometers on. These indicators are calculated as follows: Freight Ton−kilometers (Passenger−kilometers) = $\sum$(Freight (Passenger) Traffic × Transport Distance)

Volume of Freight Handled in Ports refers to the volume of cargo passing in and out of the harbor area that undergoes the loading and unloading processes, including mails, checked baggage and bales, as well as fuel, material and fresh water supplies to ships. The volume of freight handled may be classified by direction of flow as import volume and export volume, or by nature of cargo as volume of freight for domestic trade and volume of freight for foreign trade. The classification of volume of freight handled and its direction of flow are important indicators of the production capacity of ports.

Possession of Civil Motor Vehicles refers to the total number of vehicles that are registered at transport management offices under the public security authorities and provided with civil vehicle licenses and tags according to the Work Standard for Motor Vehicles Registration at the end of the reference period. Major categories of vehicle are: passenger vehicles, freight vehicles and other vehicles in terms of structure; private vehicles and organization−owned vehicles in terms of ownership; commercial vehicles and non−commercial vehicles in terms of use; large, medium, small and mini passenger vehicles, and heavy, medium, light and mini trucks in terms of size.

Business Volume of Postal and Telecommunication Services refers to the total amount of postal and telecommunication services, expressed in value terms, provided by postal and telecommunication enterprises for the society. Postal and telecommunication services can be classified as letters, parcels, remittance, delivery of newspapers and magazines, fast mail service, express mail service, savings deposits, stamps for collection, public and individual telegraph service, facsimiles, long−distance telephone service, leasing of telephone lines, urban paging service, mobile telephone service, data communication through packet networks, network elements lease and maintenance, etc. To calculate the volume, the business volume of each product is multiplied by its average unit price (at constant prices), summed, and added to income from other services such as leasing of telephone lines and equipment, maintenance of telephone switchboards and lines on behalf of customers. This indicator reflects the overall achievements of postal and telecommunication services during a given period, and is an important reference for studying the composition of business volume and the development trend of postal and telecommunication services. This volume is calculated as follows:

Business Volume of Postal and Telecommunication Services = $\sum$(Business Volume of Each Product × Constant Unit Price) + Income from Leasing, Maintenance, and Other Services = Business Volume of Postal Services + Business Volume of Telecommunication Services

Mobile Telephone Subscribers refer to persons who own mobile telephone numbers and are connected with the mobile telephone communication network through mobile telephone switchboards, including contracted subscribers and pre−paid subscribers for intelligent network. One mobile telephone number is calculated as one subscriber.

Local Telephone Subscribers refer to subscribers that are connected to the local telecommunication service provider through fix line network, including household subscribers, institutional subscribers and public telephones. They are also classified as urban subscribers and rural subscribers according to locations, or fixed−line subscribers and wireless subscribers according to the means of telecommunication. Before 1997, urban subscribers referred to those connected to urban telephone networks in county towns and cities, while rural subscribers referred to those connected to rural telephone stations at or below the county level, clustered around the county town (excluding urban subscribers), and further connected to the county, towns and townships, administrative villages and villagers' groups. Since 1997, the classification of telephone subscribers into urban telephone subscribers and rural telephone subscribers was modified on the basis of geographical location of the subscribers, which is different from the previous distinction between urban telephones and rural telephones.

Number of Internet Subscribers include both narrow-band dial-up users and broad-band access users of the internet. Narrow-band dial-up users are further classified into registered dial-up users, pay-per-calling users, and pre-pay card users. Registered dial-up service enables internet access through fixed accounts provided by basic telecommunication operators. Users of this service apply to the operators or their agents for accounts and passwords, with which they dial special numbers for internet connection and acquire dynamic IP addresses through authentification to gain access to the broad-band internet. Pay-per-calling service implies that instead of applying to the operators or their agents, users only need to dial a certain operator's special numbers to gain access to the internet and pay internet fees together with their calling fees. Pre-pay card users refer to those connected to the broad-band internet through PSTN and N-ISDN networks with accounts and passwords provided by the pre-pay cards. Broad-band access users (exclusive of XDSL and LAN users) refer to users directly connected to broad-band internet nodes through packet networks, DDN networks, frame relay/ATM networks, and special analog or digital lines, bypassing the broad-band IP MAN provided by basic telecommunication operators.

Capacity of Local Telephone Exchanges refers to the capacity of telephone exchanges installed in the offices of telecommunication service providers for communication between fixed telephones. It includes the capacity of both manual and automatic exchanges in use and for stand-by purpose. It consists of the capacity of office telephone exchanges, access network equipment (including wireless city call) and subscriber exchanges.

Capacity of Mobile Telephone Exchanges refers to the maximum number of subscribers that can be served simultaneously, calculated according to a certain calling model and the handling capacity of the mobile telephone exchanges.

农业
AGRICULTURE

CHAPTER

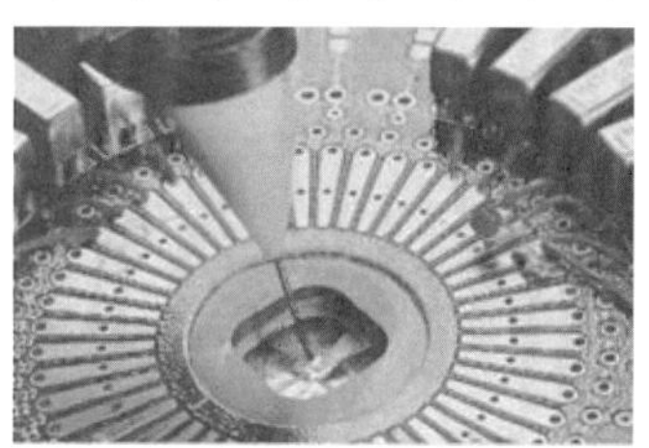

7-1 农业总产值

GROSS OUTPUT VALUE OF AGRICULTURE

单位：万元　　　　(10 000 yuan)

年　份 Year	农业总产值 Gross Output Value of Agriculture	种植业 Planting	林　业 Forestry	牧　业 Animal Husbandry	渔　业 Fishery	农林牧渔服务业 Services of Farming,Forestry,Animal Husbandry and Fishery
1979	13 106	6 494	85	1 598	433	4 496
1980	16 938	6 913	69	2 186	1 084	6 686
1981	24 181	8 515	153	5 677	1 869	7 967
1982	26 929	9 402	281	7 540	2 744	6 962
1983	29 083	10 930	207	7 832	3 400	6 714
1984	40 416	13 931	912	10 346	7 895	7 332
1985	45 821	15 641	1 371	14 444	7 875	6 490
1986	49 552	18 947	1 259	17 132	10 956	1 258
1987	73 772	26 631	1 678	28 869	14 339	2 255
1988	99 404	32 296	1 315	42 202	19 852	3 739
1989	108 015	31 412	1 253	54 389	19 010	1 951
1990	119 205	37 622	1 716	52 550	24 043	3 274
1991	143 063	40 697	4 097	63 117	31 025	4 127
1992	185 297	57 458	5 637	81 532	36 334	4 335
1993	192 880	49 977	3 519	94 969	38 506	5 909
1994	224 776	54 363	2 334	110 150	52 322	5 607
1995	232 653	58 407	2 207	125 623	43 173	3 243
1996	273 246	70 642	2 989	141 464	52 080	6 071
1997	270 889	73 030	3 792	124 140	64 676	5 250
1998	298 174	79 738	6 773	139 244	65 967	6 452
1999	299 662	91 560	5 312	126 799	68 401	7 590
2000	311 359	95 289	5 560	128 417	72 522	9 571
2001	327 111	105 153	5 060	127 565	76 213	13 120
2002	340 757	115 021	4 790	135 377	76 279	9 290
2003	337 406	111 989	6 557	135 940	76 935	5 985
2004	299 939	96 930	6 409	102 689	88 516	5 395
2005	217 369	53 152	4 861	75 334	76 831	7 191
2006	180 017	38 280	3 930	66 538	59 615	11 654
2007	171 380	43 415	6 682	64 678	42 875	13 730
2008	187 859	45 786	5 474	69 383	53 131	14 084
2009	154 760	42 590	2 062	55 992	39 550	14 564
2010	150 467	48 707	1 606	43 734	38 918	17 502
2011	152 533	46 535	2 159	48 691	37 855	17 293
2012	148 572	45 024	1 298	43 669	42 291	16 290
2013	139 479	53 307	757	36 547	44 149	4 719
2014	129 156	37 842	1 307	26 292	58 352	5 363

注：　本表按当年价格计算

Note:The data in this table are calculated at current prices.

7-2 农业总产值构成

COMPOSITION OF GROSS OUTPUT VALUE OF AGRICULTURE

单位：%　　　　　　　　　　　　　　　　　　　　(%)

年份 Year	总计 Total	种植业 Planting	林业 Forestry	牧业 Animal Husbandry	渔业 Fishery	农林牧渔服务业 Services of Farming,Forestry,Animal Husbandry and Fishery
1979	100.0	49.6	0.6	12.2	3.3	34.3
1980	100.0	40.8	0.4	12.9	6.4	39.5
1981	100.0	35.2	0.6	23.5	7.7	33.0
1982	100.0	34.9	1.0	28.0	10.2	25.9
1983	100.0	37.6	0.7	26.9	11.7	23.1
1984	100.0	34.5	2.3	25.6	19.5	18.1
1985	100.0	34.1	3.0	31.5	17.2	14.2
1986	100.0	38.2	2.6	34.6	22.1	2.5
1987	100.0	36.1	2.3	39.1	19.4	3.1
1988	100.0	32.5	1.3	42.5	20.0	3.7
1989	100.0	29.1	1.2	50.3	17.6	1.8
1990	100.0	31.6	1.4	44.1	20.2	2.7
1991	100.0	28.4	2.9	44.1	21.7	2.9
1992	100.0	31.0	3.0	44.0	19.6	2.4
1993	100.0	25.9	1.8	49.2	20.0	3.1
1994	100.0	24.2	1.0	49.0	23.3	2.5
1995	100.0	25.1	0.9	54.0	18.6	1.4
1996	100.0	25.9	1.1	51.8	19.0	2.2
1997	100.0	27.0	1.4	45.8	23.9	1.9
1998	100.0	26.7	2.3	46.7	22.1	2.2
1999	100.0	30.6	1.8	42.3	22.8	2.5
2000	100.0	30.6	1.8	41.2	23.3	3.1
2001	100.0	32.1	1.6	39.0	23.3	4.0
2002	100.0	33.8	1.4	39.7	22.4	2.7
2003	100.0	33.2	1.9	40.3	22.8	1.8
2004	100.0	32.3	2.1	34.2	29.5	1.8
2005	100.0	24.5	2.2	34.7	35.3	3.3
2006	100.0	21.3	2.2	37.0	33.1	6.5
2007	100.0	25.3	3.9	37.7	25.0	8.0
2008	100.0	24.4	2.9	36.9	28.3	7.5
2009	100.0	27.5	1.3	36.2	25.6	9.4
2010	100.0	32.4	1.1	29.1	25.9	11.5
2011	100.0	30.5	1.4	31.9	24.8	11.4
2012	100.0	30.3	0.9	29.4	28.5	11.0
2013	100.0	38.2	0.5	26.2	31.7	3.4
2014	100.0	29.3	1.0	20.4	45.2	4.2

7-3 农业总产值及其指数

GROSS OUTPUT VALUE OF AGRICULTURE AND ITS INDICES

年 份 Year	农业总产值(万元) 当年价格 Gross Output Value of Agriculture (10 000yuan) At Current Prices	以上年为100 Preceding Year=100
1979	13 106	
1980	16 938	85.4
1981	24 181	119.1
1982	26 929	108.1
1983	29 083	98.4
1984	40 416	102.3
1985	45 821	119.2
1986	49 552	116.5
1987	73 772	111.8
1988	99 404	119.4
1989	108 015	112.1
1990	119 205	115.2
1991	143 063	109.3
1992	185 297	99.2
1993	192 880	92.9
1994	224 776	96.1
1995	232 653	101.0
1996	273 246	114.2
1997	270 889	101.7
1998	298 174	104.3
1999	299 662	107.9
2000	311 359	102.4
2001	327 111	103.7
2002	340 757	107.0
2003	337 406	109.8
2004	299 939	111.7
2005	217 369	87.8
2006	180 017	75.3
2007	171 380	89.2
2008	187 859	84.0
2009	154 760	87.1
2010	150 467	92.2
2011	152 533	94.0
2012	148 572	103.1
2013	139 479	70.8
2014	129 156	92.2

注： 2005年起国家统计报表制度中取消1990年不变价，增长速度按可比口径计算。

Note: Since 2005, the national statistical reporting system has cancelled the index, Gross Output Value of Agriculture (at 1990 constant prices),the growth rates are calculated at comparable coverage.

7-4 农作物播种面积

TOTAL SOWN AREAS OF FARM CROPS

单位：亩 （mu）

年份 Year	一、农作物总播种面积 Total Sown Areas	1、粮食作物合计 Grain Crops	#薯类 Tubers	2、经济作物合计 Cash Crops	#花生 Peanuts
1979	953 300	758 100	55 095	165 800	107 148
1980	808 500	646 000	38 663	125 500	100 186
1981	728 400	576 000	27 457	119 200	96 606
1982	739 500	536 000	27 219	125 200	97 152
1983	711 300	536 400	27 700	95 103	65 700
1984	705 078	507 255	28 036	91 147	68 523
1985	625 716	379 247	22 690	85 356	61 095
1986	632 747	363 895	22 755	89 810	60 765
1987	617 290	331 531	24 911	84 466	57 508
1988	607 146	284 545	19 370	77 678	51 331
1989	591 309	280 930	18 897	71 134	51 120
1990	573 090	261 454	18 177	67 306	52 035
1991	523 174	194 055	19 529	63 530	49 146
1992	355 244	103 946	13 348	31 910	30 545
1993	191 711	21 361	6 711	12 118	9 579
1994	163 838	16 136	6 029	5 022	4 544
1995	164 870	16 970	6 814	5 031	3 965
1996	205 078	19 448	9 444	6 151	4 675
1997	175 250	14 907	7 183	5 386	3 854
1998	180 525	11 742	5 946	6 770	3 224
1999	177 372	10 354	5 381	5 616	2 680
2000	187 401	9 714	5 559	5 138	2 842
2001	184 038	8 023	5 194	4 098	2 568
2002	159 063	6 480	4 442	3 357	1 142
2003	164 363	4 679	2 490	1 227	807
2004	147 094	5 304	2 955	2 870	260
2005	106 167	1 572	815	310	300
2006	90 614	305	175	105	100
2007	95 596	290	240	236	220
2008	109 423	438	365	10764	20
2009	103 673	163	150	914	42
2010	96 090	151	136	67	41
2011	90 803	52	44	50	41
2012	87 311	12	12	2 255	19
2013	81 472	155	13	8	8
2014	73 775	130	14	513	5

年 份 Year	3、其它作物 合 计 Other Crops	#蔬 菜 Vegetable	二、茶园面积 Area of Tea Plantations (year-end)	三、果园面积 Area of Orchards (year-end)	#柑桔橙 Citrus	#荔 枝 Litchi
1979	22 813	14 798		55 604	6 248	18 600
1980	28 802	15 712		56 701	8 169	19 760
1981	24 327	17 935		55 353	7 476	21 021
1982	68 296	44 020		56 040	6 331	25 399
1983	72 219	66 048		85 897	15 154	4 687
1984	98 843	86 037		85 567	11 204	39 384
1985	154 494	139 353		108 418	16 889	44 979
1986	172 688	160 467		168 790	38 698	70 782
1987	196 065	185 202		218 396	59 358	91 744
1988	240 104	223 191		236 876	69 972	100 912
1989	235 349	217 929		245 516	71 429	107 979
1990	240 865	231 308		256 110	72 632	109 477
1991	261 772	244 591		254 021	73 350	111 324
1992	217 456	201 422		227 207	60 844	104 390
1993	157 909	144 468		191 838	50 147	92 227
1994	142 640	133 284	460	188 411	44 124	97 613
1995	142 849	135 212	3 003	185 285	36 267	98 358
1996	179 479	167 063	2 976	195 926	32 532	111 332
1997	154 957	145 591	2 968	216 996	26 733	136 123
1998	162 013	153 026	2 440	215 058	26 240	136 006
1999	161 402	152 890	2 435	218 811	22 013	144 201
2000	172 549	166 916	2 355	224 820	19 551	152 804
2001	171 917	168 147	353	209 232	16 406	142 580
2002	149 226	147 278	348	191 031	9 949	130 896
2003	158 457	156 899	350	159 817	11 066	102 095
2004	138 920	137 887		150 523	6 830	109 407
2005	104 285	104 059		149 175	5 908	111 154
2006	90 204	89 478		127 809	2 249	100 771
2007	95 070	94 891	312	64 630	1 728	43 004
2008	98 221	98 023	350	46 273	1 088	32 882
2009	102 596	98 505	340	55 508	548	44 320
2010	95 872	95 371	340	53 567	629	43 279
2011	90 701	89 908	340	50 813	484	41 501
2012	85 044	84 704	340	46 990	391	39 088
2013	81 309	81 057	350	38 035	234	32 087
2014	73 118	67 975	340	36 825	204	31 000

7-5 主要农业产品产量
YIELD OF MAJOR FARM CROPS

单位：吨 （ton）

年 份 Year	粮 食 Grain	# 稻 谷 Rice	# 薯 类 Tubers	花 生 Peanuts	蔬 菜 Vegetable	茶 叶 Tea	水 果 Fruits	# 柑桔橙 Citrus	# 荔 枝 Litchi
1979	132 584	127 559	4 285	6 877	8 639		2 401	157	742
1980	126 461	123 022	3 003	7 323	14 593		2 280	388	1 127
1981	116 489	114 070	2 310	8 641	22 772		3 245	284	1 534
1982	124 189	121 026	3 046	9 276	34 484		2 866	571	798
1983	126 977	122 936	3 906	5 761	74 251		3 575	1 105	839
1984	126 960	123 205	3 595	6 060	107 820		5 752	1 579	1 829
1985	94 465	90 106	4 026	5 208	162 898		6 420	1 726	1 559
1986	92 495	88 369	3 787	5 894	151 629		13 249	3 467	3 522
1987	85 534	80 110	5 081	5 634	159 937		18 180	5 368	1 336
1988	76 263	72 114	3 850	5 275	182 190		21 324	7 931	2 366
1989	82 215	77 928	3 974	5 777	193 367		23 928	10 910	1 293
1990	81 018	75 380	5 161	6 107	227 346		39 986	23 769	4 184
1991	59 138	52 847	5 418	6 284	238 716		52 392	35 195	2 855
1992	32 906	27 924	4 211	3 874	201 517		59 505	36 082	8 230
1993	6 950	3 838	2 077	1 315	151 421		45 807	31 968	2 791
1994	5 166	1 660	1 676	652	141 899	2	42 744	26 949	4 886
1995	4 887	1 848	1 700	613	147 171	4	40 914	22 973	5 674
1996	6 586	1 801	2 557	735	193 966	4	36 961	21 148	5 944
1997	4 990	954	1 793	595	169 683	5	39 775	21 509	7 546
1998	3 781	743	1 367	496	185 747	8	34 310	22 042	2 055
1999	3 412	555	1 235	444	183 517	9	43 183	19 662	13 516
2000	3 700	429	1 579	556	210 479	14	27 498	14 114	4 513
2001	3 966	248	2 331	548	194 849	11	24 835	10 571	5 250
2002	3 094	31	1 219	384	217185	12	35 279	7 085	18 393
2003	1 850	8	773	184	201 395	11	29 087	8 323	8 753
2004	2 028	6	936	98	162 788		28 028	5 334	14 486
2005	599	4	248	67	141 652		25 843	3 546	15 008
2006	59		49	6	111 509		12 793	839	7 852
2007	55		46	42	121 539		7 389	503	4 016
2008	110		92	4	114 086	3	4 520	487	2 076
2009	52		46	9	107 203	2	3 921	134	2 315
2010	49		42	8	110 739	2	3 179	163	1 952
2011	18		11	8	101 783	2	2 873	205	1 933
2012	5		5	4	103 941	3	2 695	190	1 835
2013	59		3	6	101 324	2	1 745	122	1 141
2014	64		65	5	67 167	2	2 120	77	1 420

7-6　农作物亩产量
OUTPUT OF FARM CROPS PER MU

单位：千克　　　　（kg）

年　份 Year	粮　食 Grain	花　生 Peanuts	蔬　菜 Vegetable	茶　叶 Tea	水　果 Fruits	柑桔橙 Citrus	荔　枝 Litchi
1979	175	64	584				
1980	196	73	929				
1981	202	89	1 269				
1982	232	95	783				
1983	237	87	1 124				
1984	251	88	1 253				
1985	249	85	1 169				
1986	254	97	945				
1987	258	98	864				
1988	268	103	816				
1989	293	113	887				
1990	310	117	983				
1991	305	128	976				
1992	317	127	1 000				
1993	325	137	1 048				
1994	340	107	1 064	4.76	467	786	50.1
1995	288	155	1 088	6.45	414	765	57.7
1996	339	157	1 161	6.06	345	799	53.4
1997	335	154	1 165	6.30	307	897	55.4
1998	322	154	1 214	3.40	456	840	15.1
1999	330	166	1 200	3.70	322	958	93.7
2000	381	196	1 261	5.94	122	722	29.5
2001	494	213	1 266	31.16	119	644	36.8
2002	477	336	1 475	34.48	185	712	140.5
2003	395	228	1 284	31.43	182	752	85.7
2004	382	377	1 181		186	781	132.4
2005	381	223	1 361		173	135	135.0
2006	193	60	1 246		100	370	77.9
2007	190	191	1 281	6.41	114	291	93.4
2008	251	200	1 164	8.57	98	448	63.1
2009	319	214	1 088	5.88	71	245	52.2
2010	325	195	1 161	5.88	59	259	45.0
2011	346	195	1 132	5.88	57	424	46.6
2012	417	211	1 227	8.82	57	486	46.9
2013	381	750	1 250	5.71	46	521	35.6
2014	492	1 000	988	5.88	58	378	45.8

7-7 畜牧业、林业和渔业

ANIMAL HUSBANDRY, FORESTRY AND FISHERY

年 份 Year	畜 牧 业 Animal Husbandry				
	牛年末头数(头) Year-end Number of Cattle (head)	# 奶 牛 Milk Cows	牛奶产量 (吨) Milk Output (ton)	生猪饲养量 (万头) Raised Hogs (the whole year) (10 000 heads)	生猪年末 存栏量(万头) Raised Hogs (Year-end) (10 000 heads)
1979	25 633	465	1 622	22.90	11.69
1980	24 451	2 365	2 876	15.58	8.42
1981	28 917	3 066	5 214	10.69	6.06
1982	31 301	3 233	6 852	15.61	8.51
1983	31 200	3 642	7 411	17.60	9.40
1984	30 716	4 506	9 830	18.59	8.89
1985	28 474	5 352	10 815	20.34	9.58
1986	27 685	6 204	12 837	25.41	12.29
1987	26 587	6 460	14 237	36.02	16.94
1988	24 759	6 764	13 720	52.20	21.90
1989	24 618	7 384	16 729	65.28	24.45
1990	24 105	7 715	18 887	59.37	22.58
1991	20 660	7 380	20 566	64.23	22.07
1992	16 451	7 059	20 592	61.36	20.89
1993	11 460	7 107	20 255	62.39	20.77
1994	9 780	7 235	20 080	64.49	23.38
1995	9 960	7 955	19 475	68.09	25.76
1996	9 509	8 152	20 420	75.61	27.35
1997	8 900	7 478	18 857	80.26	30.52
1998	8 625	7 575	19 851	89.36	30.09
1999	8 881	7 990	22 480	85.98	28.16
2000	9 808	9 094	24 926	93.02	26.88
2001	9 661	8 883	22 176	92.23	27.08
2002	9 740	9 285	22 802	96.11	31.42
2003	8 196	6 780	24 128	79.31	18.56
2004	8 579	8 511	22 018	63.17	12.49
2005	7 857	7 832	19 567	68.69	17.15
2006	8 009	7 980	18 727	60.66	13.73
2007	7 625	7 585	18 130	53.19	16.25
2008	6 772	5 681	16 150	48.36	15.92
2009	5 035	5 035	10 699	41.04	11.21
2010	6 487	6 479	15 000	29.37	6.93
2011	6 610	6 580	14 310	27.39	6.98
2012	5 671	5 671	13 322	24.96	6.49
2013	5 523	5 523	13 759	18.06	5.88
2014	4 211	4 211	11 805	10.06	3.09

年 份 Year	畜 牧 业 Animal Husbandry					造林面积 (万亩) Areas of Forestation (10 000 mu)
	肉猪全年出栏量(万头) Slaughtered Fattened Hogs of the Year (10 000 heads)	家禽饲养量 (万只) Raised Poultry (10 000 heads)	# 出栏量 Slaughtered Fattened Poultry	鲜蛋(吨) Fresh eggs (ton)	当年出售肉类总产量(吨) Total Output of Meat Sold (ton)	
1979	11.21	99.59	69.71	57	6 726	1.84
1980	7.16	160.90	112.63	88	4 296	1.65
1981	4.63	321.84	257.42	119	2 778	1.38
1982	7.10	578.61	506.31	265	4 260	2.62
1983	8.20	786.79	586.40	1 352	4 920	2.37
1984	9.70	857.31	686.27	1 137	12 648	1.78
1985	10.76	1 305.20	944.32	1 085	22 932	16.85
1986	13.12	1 548.94	1 115.77	1 169	25 323	4.01
1987	19.08	1 955.78	1 371.76	805	33 935	15.38
1988	30.30	2 634.80	1 892.70	1 335	47 449	13.32
1989	40.83	3 101.80	2 291.00	1 212	65 300	5.33
1990	36.79	3 330.80	2 445.20	1 895	62 513	5.92
1991	42.16	3 522.27	2 964.39	3 462	79 022	13.10
1992	40.47	4 063.21	2 911.96	4 172	74 081	0.62
1993	41.62	3 534.32	2 668.70	2 472	77 254	0.15
1994	41.11	2 988.07	2 280.63	2 100	67 043	1.10
1995	42.33	2 635.46	2 015.59	2 120	70 277	1.85
1996	48.26	2 111.72	1 633.59	1 351	64 280	3.74
1997	49.74	2 142.36	2 142.36	1 333	65 911	6.27
1998	59.27	2 900.24	2 462.97	1 421	82 947	4.93
1999	57.82	3 090.74	2 616.25	1 130	77 608	3.44
2000	66.14	2 340.20	1 953.85	1 546	79 893	3.30
2001	65.15	2 503.53	1 871.64	922	73 495	2.63
2002	64.68	2 158.62	1 803.00	380	75 531	2.47
2003	60.74	1 698.14	1 515.24	289	66 730	4.96
2004	50.68	1 329.01	1 159.61	292	55 810	3.41
2005	51.55	1 156.99	999.48	110	46 846	3.05
2006	46.93	934.53	811.00	20	42 478	2.45
2007	37.94	866.48	679.75	1 176	32 016	7.35
2008	32.44	903.06	764.50	838	27 458	
2009	29.83	913.76	732.78	282	25 525	1.85
2010	22.44	703.03	568.39	406	18 992	1.87
2011	20.40	582.74	456.06	654	17 142	1.55
2012	18.47	509.96	438.10	902	15 066	1.30
2013	12.18	264.01	184.47	304	11 149	0.81
2014	6.97	287.86	247.71	242	6 422	0.29

7-7 续表 2 continued

年 份 Year	渔 业 Fishery							
	水产品生产总量(吨) Total Output of Aquatic Products(ton)	1、海水产品 Seawater Aquatic Products	#鱼 类 Fish	2、淡水产品 Freshwater Aquatic Products	#鱼 类 Fish	养殖面积(万亩) Cultured Areas of Aquatic (10 000 mu)	1、海水面积 Seawater	2、淡水面积 Freshwater
1979	7 039	6 068		971				1.13
1980	7 667	5 315		2 352				3.27
1981	7 410	5 048		2 362				3.54
1982	10 406	6 128		4 278				4.24
1983	12 303							
1984	16 086							4.68
1985	16 762	4 485		12 277				8.84
1986	23 654	5 595	3 716	18 059		19.33	7.88	11.45
1987	26 889	17 363		9 526		21.16	13.40	7.76
1988	31 535	20 923	16 515	10 612	6 860	20.92	7.53	13.39
1989	32 148	20 153	16 454	11 995	11 995	21.36	14.18	7.18
1990	38 587	24 239	18 420	14 348	13 793	21.88	14.73	7.15
1991	41 740	12 076	8 402	29 664	29 664	16.91	7.81	9.10
1992	44 349	27 558	18 488	16 791	15 836	18.77	13.64	5.13
1993	31 104	11 527	8 423	19 577	19 577	11.77	5.90	5.87
1994	28 196	10 661	6 733	17 535	17 535			
1995	37 394	30 041	26 438	7 353	7 353			
1996	41 183	21 957	17 718	19 226	19 188	16.00	13.60	2.40
1997	55 569	47 687	32 229	7 882	7 773	13.47	10.82	2.65
1998	58 315	50 352	32 371	7 963	7 962	13.61	10.52	3.09
1999	59 764	52 410	34 888	7 354	7 334	11.19	8.16	3.03
2000	59 881	51 191	31 649	8 690	8 690	11.41	8.50	2.91
2001	65 784	56 566	32 850	9 218	9 218	10.84	7.20	3.64
2002	64 059	54 757	22 248	9 302	9 116	9.31	6.59	2.72
2003	85 324	77 506	50 446	7 818	7 610	8.81	6.89	1.92
2004	96 682	88 718	67 553	7 964	6 899	7.33	5.61	1.71
2005	81 764	74 560	55 435	7 204	7 038	7.19	5.84	1.35
2006	56 126	51 411	33 443	4 715	4 697	6.91	5.86	1.05
2007	34 068	31 173	21 708	2 895	2 765	4.67	3.93	0.74
2008	38 468	37 126	27 547	1 342	1 232	3.76	3.07	0.69
2009	30 329	28 544	17 391	1 785	1 714	3.03	2.62	0.41
2010	27 230	25 302	13 010	1 928	1 838	2.92	2.51	0.41
2011	24 929	23 488	13 795	1 441	1 306	2.92	2.51	0.41
2012	28 738	27 430	17 784	1 308	1 253	1.75	1.50	0.25
2013	19 107	18 062	14 287	1 045	990	1.71	1.50	0.21
2014	27 205	26 285	17 867	920	865	0.57	0.41	0.16

主要统计指标解释

农林牧渔业总产值 是以货币表现的农林牧渔业的全部产品总量和对农林牧渔业生产活动进行的各种支持性服务活动的价值。它反映一定时期内农林牧渔业生产总规模和总成果，是观察农林牧渔业生产水平和发展速度，研究农林牧渔业内部比例关系、农林牧渔业与工业、农林牧渔业与国家建设、人民生活比例关系的重要指标，同时也是计算农林牧渔业劳动生产率和农林牧渔业增加值的基础资料。

农林牧渔业总产值的计算，一般采用“产品法”，即凡有产品产量的，都按单位产品价格乘产量的办法求得每种产品产量的产值，然后相加求得各业的产值，最后各业相加求出农林牧渔业总产值。

农作物播种面积 是指一定生产季节结束时实际播种或移植有农作物的面积。播种面积的大小，反映农作物的生产规模和耕地的利用程度。正确地核算播种面积，对于组织农业生产活动，计算农作物产量，研究农作物的种植结构和分布情况以及制定各项增产技术措施，都是非常必要的。

播种面积的统计年度，凡是能在本日历年度内（自1月1日至12月31日）收获的农作物（包括上年秋冬播和本年春播、夏播以及南方地区的晚秋播而在本年收获的全部作物）播种面积，都包括在内。

粮食产量 指全社会的产量。包括国有经济经营的、集体统一经营的和农民家庭经营的粮食产量，还包括工矿企业办的农场和其他生产单位的产量。粮食除包括稻谷、小麦、玉米、高粱、谷子及其他杂粮外，还包括薯类和豆类。其产量计算方法，豆类按去豆荚后的干豆计算；薯类(包括甘薯和马铃薯，不包括芋头和木薯)1963年以前按每4公斤鲜薯折1公斤粮食计算，从1964年开始改为按5公斤鲜薯折1公斤粮食计算。城市郊区作为蔬菜的薯类(如马铃薯等)按鲜品计算，并且不作粮食统计。其他粮食一律按脱粒后的原粮计算。1989年以前全国粮食产量数据主要靠全面报表取得，1989年开始使用抽样调查数据。

水产品产量 指人工养殖的水产品和天然生长的水产品的捕捞量。包括海水的鱼类、虾蟹类、贝类和藻类以及内陆水域的鱼类、虾蟹类和贝类，不包括淡水生植物。水产品产量是通过各级水产和统计部门逐级上报取得数据。1995年及以前，贝类中牡蛎按鲜肉计算；蚶、蛤、蛙按 5 斤鲜品折 1 斤计算。1996年以后则统一按鲜品计算。

耕地面积 年初可以用来种植农作物、经常进行耕锄的田地，除包括熟地、当年新开荒地、连续撂荒未满三年的耕地和当年的休闲地（轮歇地）外，还包括以种植农作物为主并附带种植桑树、茶树、果树和其他林木的土地，以及沿海、沿湖地区已围垦利用的“海涂”、“湖田”等面积。但不包括属于专业性的桑园、茶园、果木苗圃、林地、芦苇地、天然或人工草地面积。

Explanatory Notes on Main Statistical Indicators

Gross Output Value of Agriculture refers to the total volume of products of farming, forestry, animal husbandry, and fishery and the value of various services supporting the production of farming, forestry, animal husbandry and fishery in monetary terms, which reflects the total scale and total results of farming, forestry, animal husbandry and fishery production during a given period of time. It is an important indicator to observe the production level and development speed of farming, forestry, animal husbandry and fishery, to study the internal structure of farming, forestry, animal husbandry and fishery, and to review the proportionate relationship of farming, forestry, animal husbandry and fishery to industry, to national construction and to people' s life. It is also the foundation for calculating the labor productivity and value-added of farming, forestry, animal husbandry and fishery.

Generally, the gross output value of farming, forestry, animal husbandry and fishery is calculated with the production approach. Where applicable, the gross output value of each single product is obtained by multiplying the output of each product by its price. These values are then summed up to obtain the output value of each sector. The sum of output values of all sectors is the gross output value of farming, forestry, animal husbandry and fishery.

Area of Regularly Cultivated Land refers to farmland among the total land resources which is exclusively used for farming and is under regular cultivation with harvest in normal years. Included are currently cultivated land, land that has been abandoned or put in idle for less than 3 years and is available for recultivation at any time, newly-claimed land that has been put into cultivation for more than 3 years, and ditches, trenches, roads, and ridges with a width of less than 1 meter. Excluded under this category are steep slope land over 25 degrees under temporary cultivation, stretches or scattered plots temporarily claimed along river bends, lake sides or banks of reservoirs, as well as land that has been designated under the "Green for Grain" programmes of the state and provincial governments but is still temporarily under cultivation. Regularly cultivated land is classified into basic farmland and odd pieces of land used for cultivation.

Grain Output refers to the total output in the whole country including grains produced by State farms, collective units, rural households, as well as by farms affiliated to industrial and mining enterprises and other production units. Grain includes rice, wheat, corn, sorghum, millet and other miscellaneous grains as well as tubers and beans. Output of beans refers to dry beans without pods. The output of tubers (sweet potatoes and potatoes, not including taros and cassava) are converted into that of grain at the ratio 4:1, i.e. 4 kilograms of fresh tubers were equivalent to 1 kilogram of grain up to 1963. Since 1964 the ratio for conversion has been 5:1. Tubers supplied as vegetables (such as potatoes) in cities and suburbs are calculated as fresh vegetables and their output is not included in the output of grain. Output of all other grains refers to husked grain. Data on grain production before 1989 were obtained through the Comprehensive Statistical Reporting System. Since 1989, data from sample surveys are used.

Output of Aquatic Products refers to catches of both artificially cultured and naturally grown aquatic products, including fish, shrimps, crabs and shellfish in sea and inland water as well as seaweed. Freshwater plants are not included. Data on output of aquatic products are reported by aquatic product and statistical agencies level by level. Before 1995, among the shellfish, oyster was counted as fresh meat; 5 kilograms of ark shell, clams and frogs are equivalent to 1 kilogram of fresh aquatic products; they have all been counted as fresh aquatic products since 1996.

Cultivated Area (Area under cultivation) refers to farmland which is plowed constantly for growing crops, including cultivated land, newly cultivated land in the current year, farmland left without cultivation for less than three years and fallow land in the current year, rotation land, farmland with some mulberry trees, tea trees, fruit trees, and other trees and cultivated seashore land, lake land, and etc.. The land of mulberry plantation, tea plantation, orchards, nurseries of young plants, forest land, reed land, natural and man-made grassland are not included in cultivated land.

固定资产投资

INVESTMENT IN FIXED ASSETS

CHAPTER

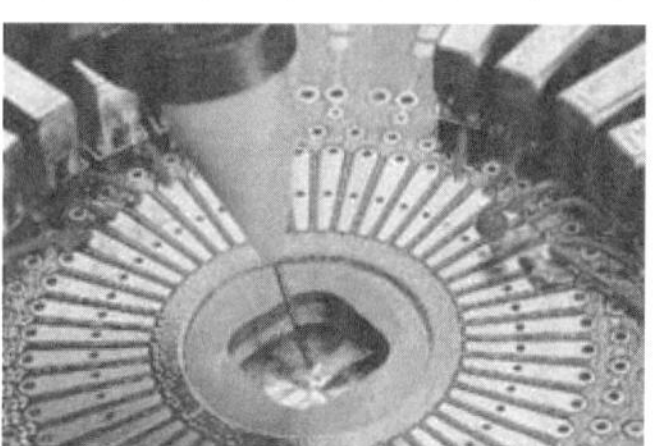

8-1 固定资产投资额

INVESTMENT IN FIXED ASSETS

单位：万元

年 份 Year	固定资产投资额 Investment in Fixed Assets	非房地产开发项目 Non-Real Estate Development	房地产开发项目 Real Estate Development
1979	5 938	5 938	
1980	13 801	13 801	
“六五”时期 “Sixth Five-year” Period	**19 739**	**19 739**	
1981	29 684	29 684	
1982	73 750	73 750	
1983	108 320	108 320	
1984	194 572	194 572	
1985	333 235	333 235	
“七五”时期 “Seventh Five-year” Period	**739 561**	**739 561**	
1986	248 551	248 551	
1987	285 193	285 193	
1988	436 191	436 191	
1989	499 919	499 919	
1990	623 380	511 380	112 000
“八五”时期 “Eighth Five-year” Period	**2 093 234**	**1 981 234**	**112 000**
1991	912 324	656 724	255 600
1992	1 782 322	1 067 422	714 900
1993	2 477 875	1 450 175	1 027 700
1994	2 819 413	1 514 813	1 304 600
1995	2 758 243	1 727 875	1 030 368
“九五”时期 “Ninth Five-year” Period	**10 750 177**	**6 417 009**	**4 333 168**
1996	3 275 270	2 027 019	1 248 251
1997	3 930 657	2 564 112	1 366 545
1998	4 803 901	3 129 047	1 674 854
1999	5 695 878	3 543 337	2 152 541
2000	6 196 993	3 587 299	2 609 694
“十五”时期 “Tenth Five-year” Period	**23 902 699**	**14 850 814**	**9 051 885**
2001	6 863 749	3 707 385	3 156 364
2002	7 881 459	3 997 014	3 884 445
2003	9 491 016	5 364 380	4 126 636
2004	10 925 571	6 583 139	4 342 432
2005	11 810 542	7 573 677	4 236 865
“十一五”时期“Eleventh Five-year” Period	**46 972 337**	**27 225 595**	**19 746 742**
2006	12 736 693	8 115 753	4 620 940
2007	13 450 037	8 839 615	4 610 422
2008	14 676 043	10 271 146	4 404 897
2009	17 091 514	12 716 924	4 374 590
2010	19 447 008	14 862 315	4 584 693
“十二五”时期“Twelfth Five-year” Period	**77 401 295**	**54 805 753**	**22 595 542**
2011	20 609 180	15 461 818	5 147 362
2012	21 944 319	14 575 898	7 368 421
2013	23 914 648	15 145 647	8 769 001
2014	27 174 226	16 479 371	10 694 855
累计 Total	**255 521 415**	**167 702 439**	**87 818 976**

注： 非房地产开发项目包含基本建设、更新改造和其他投资项目。
Note: The index of Non-Real Estate development include capital construction,Technical Updates and Transformation and Others.

8-2 固定资产投资额指数

INDICES OF INVESTMENT IN FIXED ASSETS

（以上年为100） （preceding year=100）

年 份 Year	固定资产投资额 Investment in Fixed Assets	非房地产开发项目 Non-Real Estate Development	房地产开发项目 Real Estate Development
1980	232.4	232.4	
1981	215.1	215.1	
1982	248.5	248.5	
1983	146.9	146.9	
1984	179.6	179.6	
1985	171.3	171.3	
1986	74.6	74.6	
1987	114.7	114.7	
1988	152.9	152.9	
1989	114.6	114.6	
1990	124.7	124.7	
1991	146.4	128.4	228.2
1992	195.4	162.5	279.7
1993	139.0	135.9	143.8
1994	113.8	104.5	126.9
1995	97.8	114.1	79.0
1996	118.7	117.3	121.1
1997	120.0	126.5	109.5
1998	122.2	122.0	122.6
1999	118.6	113.2	128.5
2000	108.8	101.2	121.2
2001	110.8	103.3	120.9
2002	114.8	107.8	123.1
2003	120.4	134.2	106.2
2004	115.1	122.7	105.2
2005	108.1	115.0	97.6
2006	107.8	107.2	109.1
2007	105.6	108.9	99.8
2008	109.1	116.2	95.5
2009	116.5	123.8	99.3
2010	113.8	116.9	104.8
2011	106.0	104.0	112.3
2012	106.5	94.3	143.1
2013	109.0	103.9	119.0
2014	113.6	108.8	122.0

8-3 新增固定资产

NEWLY INCREASED FIXED ASSETS

单位：万元

年 份 Year	固定资产投资额 Investment in Fixed Assets	非房地产开发项目 Non-Real Estate Development	房地产开发项目 Real Estate Development
1979	3 201	3 201	
1980	7 753	7 753	
“六五”时期 “Sixth Five-year” Period	**10 954**	**10 954**	
1981	19 032	19 032	
1982	42 369	42 369	
1983	81 902	81 902	
1984	149 020	149 020	
1985	190 359	190 359	
“七五”时期 “Seventh Five-year” Period	**482 682**	**482 682**	
1986	192 016	192 016	
1987	185 758	185 758	
1988	269 475	269 475	
1989	384 183	384 183	
1990	379 167	310 915	68 252
“八五”时期 “Eighth Five-year” Period	**1 410 599**	**1 342 347**	**68 252**
1991	573 793	490 199	83 594
1992	682 768	556 594	126 174
1993	1 010 590	798 022	212 568
1994	1 542 090	1 199 729	342 361
1995	1 634 350	981 780	652 570
“九五”时期 “Ninth Five-year” Period	**5 443 591**	**4 026 324**	**1 417 267**
1996	2 549 663	1 302 786	1 246 877
1997	2 997 015	1 952 308	1 044 707
1998	3 865 634	2 189 077	1 676 557
1999	4 556 303	2 661 567	1 894 736
2000	5 474 627	2 981 399	2 493 228
“十五”时期 “Tenth Five-year” Period	**19 443 242**	**11 087 137**	**8 356 105**
2001	5 378 592	2 651 070	2 727 522
2002	6 153 318	2 720 727	3 432 591
2003	5 527 718	2 454 025	3 073 693
2004	6 863 722	3 905 969	2 957 753
2005	8 870 417	4 610 708	4 259 709
“十一五”时期“Eleventh Five-year” Period	**32 793 767**	**16 342 499**	**16 451 268**
2006	7 476 770	3 913 902	3 562 868
2007	7 644 448	5 176 711	2 467 737
2008	6 827 922	3 897 679	2 930 243
2009	6 424 221	4 032 767	2 391 454
2010	8 258 270	5 950 452	2 307 818
“十二五”时期“Twelfth Five-year” Period	**36 631 631**	**22 971 511**	**13 660 120**
2011	13 103 117	11 304 379	1 798 738
2012	16 695 671	13 076 993	3 618 678
2013	23 742 351	19 783 173	3 959 178
2014	23 740 961	19 606 539	4 134 422
累计 Total	**173 498 566**	**120 034 538**	**53 464 028**

8-4 固定资产投资额（按区域分）

INVESTMENT IN FIXED ASSETS（GROUPED BY DISTRICT）

单位：万元 （10 000 yuan）

年 份 Year	全 市 Total	福田区 Futian	罗湖区 Luohu	盐田区 Yantian	南山区 Nanshan	宝安区 Baoan	龙岗区 Longgang
1998	4 803 901	1 784 698	651 825	281 358	1 114 038	555 262	416 720
1999	5 695 878	2 074 046	852 818	358 135	1 214 324	669 676	526 879
2000	6 196 993	2 100 488	910 012	344 586	1 338 346	813 554	690 007
2001	6 863 749	2 306 192	831 700	481 386	1 465 527	973 073	805 871
2002	7 881 459	2 464 975	870 025	491 513	1 612 012	1 213 488	1 229 446
2003	9 491 016	2 559 087	969 324	547 965	1 923 414	1 803 186	1 688 040
2004	10 925 571	2 585 071	966 473	554 665	2 297 922	2 332 793	2 188 647
2005	11 810 542	2 050 132	833 150	526 389	2 653 832	2 903 705	2 843 334
2006	12 736 693	1 801 066	762 101	609 949	2 899 380	3 331 725	3 332 472
2007	13 450 037	1 701 123	707 931	708 264	2 691 670	3 841 235	3 799 814
2008	14 676 043	1 602 214	643 690	730 332	2 571 590	4 676 889	4 451 328
2009	17 091 514	1 683 418	683 182	872 004	2 705 194	5 846 894	5 300 822
2010	19 447 008	1 744 163	731 777	873 096	2 871 308	6 902 828	6 323 836
2011	20 609 180	1 737 597	756 050	850 994	2 860 146	7 608 192	6 796 201
2012	21 944 319	1 520 882	816 154	854 229	2 958 604	8 392 870	7 401 580
2013	23 914 648	1 587 012	856 308	882 702	3 163 926	9 279 146	8 145 554
2014	27 174 226	1 811 806	951 102	921 701	4 159 002	10 488 710	8 841 905

8-5 固定资产投资额指数（按区域分）

INVESTMENT IN FIXED ASSETS（GROUPED BY DISTRICT）

以上年为100 （Preceding Year=100）

年 份 Year	全 市 Total	福田区 Futian	罗湖区 Luohu	盐田区 Yantian	南山区 Nanshan	宝安区 Baoan	龙岗区 Longgang
1999	118.6	116.2	130.8	127.3	109.0	120.6	126.4
2000	108.8	101.3	106.7	96.2	110.2	121.5	131.0
2001	110.8	109.8	91.4	139.7	109.5	119.6	116.8
2002	114.8	106.9	104.6	102.1	110.0	124.7	152.6
2003	120.4	103.8	111.4	111.5	119.3	148.6	137.3
2004	115.1	101.0	99.7	101.2	119.5	129.4	129.7
2005	108.1	79.3	86.2	94.9	115.5	124.5	129.9
2006	107.8	87.9	91.5	115.9	109.3	114.7	117.2
2007	105.6	94.5	92.9	116.1	92.8	115.3	114.0
2008	109.1	94.2	90.9	103.1	95.5	121.8	117.1
2009	116.5	105.1	106.1	119.4	105.2	125.0	119.1
2010	113.8	103.6	107.1	100.1	106.1	118.1	119.3
2011	106.0	99.6	103.3	97.5	99.6	110.2	107.5
2012	106.5	87.5	107.9	100.4	103.4	110.3	108.9
2013	109.0	104.3	104.9	103.3	106.9	110.6	110.1
2014	113.6	114.2	111.1	104.4	131.5	113.0	108.5

8-6 固定资产投资额比重（按区域分）

INVESTMENT IN FIXED ASSETS（GROUPED BY DISTRICT）

单位：%　　　　(%)

年 份 Year	全 市 Total	福田区 Futian	罗湖区 Luohu	盐田区 Yantian	南山区 Nanshan	宝安区 Baoan	龙岗区 Longgang
1998	100	37.2	13.6	5.9	23.2	11.6	8.5
1999	100	36.4	15.0	6.3	21.3	11.8	9.2
2000	100	33.9	14.7	5.6	21.6	13.1	11.1
2001	100	33.6	12.1	7.0	21.4	14.2	11.7
2002	100	31.3	11.0	6.2	20.5	15.4	15.6
2003	100	27.0	10.2	5.8	20.3	19.0	17.7
2004	100	23.7	8.8	5.1	21.0	21.4	20.0
2005	100	17.4	7.1	4.5	22.5	24.4	24.1
2006	100	14.1	6.0	4.8	22.8	26.2	26.1
2007	100	12.6	5.3	5.3	20.0	28.6	28.2
2008	100	10.9	4.4	5.0	17.5	31.9	30.3
2009	100	9.9	4.0	5.1	15.8	34.2	31.0
2010	100	9.0	3.8	4.5	14.8	35.5	32.5
2011	100	8.4	3.7	4.1	13.9	36.9	33.0
2012	100	6.9	3.7	3.9	13.5	38.2	33.7
2013	100	6.7	3.6	3.7	13.2	38.8	34.1
2014	100	6.7	3.5	3.4	15.3	38.6	32.5

8-7 固定资产投资额（按注册登记类型分）

INVESTMENT IN FIXED ASSETS（GROUPED BY REGISTRATION）

单位：万元 （10 000 yuan）

年 份 Year	固定资产投资额 Investment in fixed Assets	一、内资 Domestic Funded	1、国有 State-Owned	2、集体 Collective-Owned	3、其他 Others	二、港奥台商投资 Hong Kong Macao and Taiwan Funded	三、外商投资 Foreign Funded
1979	5 938	5 391	4 110	860	421	248	299
1980	13 801	8 409	6 845	924	640	3 579	1 813
1981	29 684	16 151	14 258	1 137	756	11 015	2 518
1982	73 750	54 612	51 482	2 709	421	16 323	2 815
1983	108 320	86 108	75 816	8 474	1 818	17 694	4 518
1984	194 572	168 074	140 588	23 696	3 790	17 340	9 158
1985	333 235	297 170	245 842	39 015	12 313	20 915	15 150
1986	248 551	125 166	72 584	32 840	19 742	98 200	25 185
1987	285 193	250 537	165 487	47 277	37 773	22 575	12 081
1988	436 191	401 717	294 817	49 678	57 222	23 514	10 960
1989	499 919	447 840	287 180	30 465	130 195	31 542	20 537
1990	623 380	487 758	301 877	25 914	159 967	83 548	52 074
1991	912 324	735 836	418 180	59 741	257 915	94 825	81 663
1992	1 782 322	1 349 003	568 761	223 405	556 837	254 846	178 473
1993	2 477 875	1 703 516	881 874	151 916	669 726	458 878	315 481
1994	2 819 413	1 846 715	1 087 544	119 369	639 802	556 818	415 880
1995	2 758 243	1 558 671	918 745	185 967	453 959	681 384	518 188
1996	3 275 270	1 901 137	1 187 634	262 762	450 741	758 385	615 748
1997	3 930 657	2 259 954	1 388 745	279 365	591 844	954 855	715 848
1998	4 803 901	3 036 128	1 684 184	381 675	970 269	951 888	815 885
1999	5 695 878	3 330 187	1 873 574	397 505	1 059 108	1 413 844	951 847
2000	6 196 993	3 360 574	1 983 878	404 647	972 049	1 781 835	1 054 584
2001	6 863 749	3 893 984	2 518 731	431 227	944 026	1 813 885	1 155 880
2002	7 881 459	4 365 422	2 618 368	482 987	1 264 067	2 158 160	1 357 877
2003	9 491 016	5 984 381	3 418 138	571 194	1 995 049	2 054 818	1 451 817
2004	10 925 571	7 305 407	3 838 617	415 432	3 051 358	1 983 450	1 636 714
2005	11 810 542	6 668 039	3 594 284	341 524	2 732 231	3 539 716	1 602 787
2006	12 736 693	7 785 744	3 596 112	235 900	3 953 732	3 439 316	1 511 633
2007	13 450 037	10 215 553	4 092 695	252 854	5 870 004	2 519 847	714 637
2008	14 676 043	11 960 565	4 895 884	350 265	6 714 416	1 863 138	852 340
2009	17 091 514	14 633 903	7 237 030	427 378	6 969 495	1 795 818	661 793
2010	19 447 008	16 154 888	8 197 032	442 385	7 515 471	2 376 101	916 019
2011	20 609 180	17 763 827	7 764 961	540 611	9 458 255	1 895 709	949 644
2012	21 944 319	18 796 533	7 449 960	968 689	10 377 884	1 607 891	1 539 895
2013	23 914 648	21 275 805	7 834 692	738 307	12 702 806	1 544 331	1 094 512
2014	27 174 226	24 352 413	7 578 465	984 780	15 789 168	1 634 875	1 186 938

8-8 固定资产投资额（按国民经济行业分）
INVESTMENT IN FIXED ASSETS
（GROUPED BY NATIONAL ECONOMIC INDUSTRIES）

单位：万元　　（10 000 yuan）

年　份 Year	合　计 Total	农、林、牧、渔业 Agriculture, Forestry,Animal Husbandry and Fishery	采矿业 Mining	制造业 Manufacturing	电力、煤气及水的生产和供应业 Production and Distribution of Electricity,Gas and Water	建筑业 Construction	交通运输、仓储和邮政业 Transportation, Storage and Post Services
1979	5 938	976		914	768	125	210
1980	13 801	657		5 502	267	248	1 300
1981	29 684	717		6 270	311	107	314
1982	73 750	2 006		6 979	327	373	2 421
1983	108 320	642	1 350	12 721	520	1 261	5 627
1984	194 572	1 666	381	19 019	10 937	3 979	8 136
1985	333 235	3 740	1 140	44 108	15 702	9 682	17 730
1986	248 551	2 361	1 472	53 675	4 423	2 962	12 436
1987	285 193	3 153		51 266	7 568	1 827	13 871
1988	436 191	3 956		110 542	16 243	3 771	26 629
1989	499 919	3 507		117 117	16 081	27 549	51 206
1990	623 380	2 406		174 876	89 188	8 907	61 162
1991	912 324	3 441	1 218	143 202	92 008	3 334	93 946
1992	1 782 322	6 797	750	215 431	113 037	8 758	154 369
1993	2 477 875	10 015	400	185 472	173 144	41 103	187 473
1994	2 819 413	9 807		210 708	139 951	76 569	299 651
1995	2 758 243	5 853		220 538	172 412	41 884	249 416
1996	3 275 270	9 780		301 243	225 157	11 608	294 605
1997	3 930 657	13 981		499 175	199 653	23 626	398 958
1998	4 803 901	16 010		514 783	97 153	49 719	417 028
1999	5 695 878	27 308		827 523	62 005	59 999	282 095
2000	6 196 993	46 000		982 095	88 508	60 416	367 972
2001	6 863 749	18 961	18 232	921 987	225 730	1 860	308 935
2002	7 881 459	12 555	28 302	1 155 888	255 944	8 628	261 890
2003	9 491 016	39 351	14 200	1 322 534	300 911	142 764	823 019
2004	10 925 571	7 360	14 500	2 217 311	584 674	129 666	734 274
2005	11 810 542	2 200	25 480	2 573 646	1 145 628		1 265 170
2006	12 736 693		18 800	3 076 921	1 177 081		1 674 594
2007	13 450 037		4 128	3 299 384	867 973		2 477 602
2008	14 676 043	972		2 922 701	937 328		2 819 570
2009	17 091 514	612		2 585 970	1 270 305		3 936 762
2010	19 447 008	6 355		3 713 345	1 095 246		3 650 747
2011	20 609 180	560	89 697	3 735 060	874 776	35 300	3 362 286
2012	21 944 319	38 482	10 856	4 015 619	836 118	8 254	2 400 099
2013	23 914 648	29 343		3 088 579	453 267	27 268	4 064 413
2014	27 174 226	3 915		4 559 359	646 350	6 500	3 458 632

单位：万元

年 份 Year	信息传输、计算机服务和软件业 Information Transmission, Computer Services and Software	批发和零售业 Wholesale and Retail Trades	住宿和餐饮业 Hotels and Catering Services	金融业 Financial Intermediation	房地产业 Real Estate	租赁和商务服务业 Leasing and Business Services
1979	76	293	196	36	860	
1980	200	706	470	77	924	198
1981	273	1 315	876	142	4 976	2 163
1982	374	4 538	3 025	263	14 171	3 898
1983	1 304	6 916	4 610	492	23 283	5 573
1984	1 885	14 521	9 680	1 728	68 750	3 601
1985	4 108	24 720	16 480	4 955	111 786	6 739
1986	2 881	11 747	7 831	7 178	72 621	4 135
1987	3 213	6 888	4 592	5 205	125 492	2 211
1988	6 169	13 451	8 967	245	159 157	6 771
1989	11 863	9 744	6 496	3 824	129 225	4 995
1990	14 169	4 956	3 304	227	183 965	3 952
1991	21 764	10 011	4 290	602	360 664	15 451
1992	35 763	15 894	6 812	510	1 015 721	15 009
1993	43 432	11 570	4 958	7 228	1 349 517	70 612
1994	69 421	16 283	6 979	8 335	1 549 057	56 036
1995	57 783	52 302	22 415	18 831	1 372 717	59 129
1996	68 252	86 951	21 738	25 269	1 684 223	50 300
1997	92 427	31 722	21 148	5 521	1 868 125	83 618
1998	96 613	45 386	13 590	2 700	2 456 547	85 012
1999	65 353	44 934	13 290	4 300	2 892 745	73 386
2000	85 249	93 452	12 302		3 235 320	62 707
2001	71 572	68 760	12 467		3 804 223	53 577
2002	60 672	72 290	6 534	12 201	4 767 812	34 236
2003	190 670	41 454	390	7 405	5 476 471	12 035
2004	274 577	113 253	25 358	8 368	5 333 539	20 958
2005	208 461	191 192	29 645	35 183	4 722 441	80 085
2006	130 074	122 476	68 756	16 012	5 081 415	97 864
2007	143 341	158 903	35 388	20 353	5 065 939	20 232
2008	102 947	158 967	79 945	87 431	5 332 191	25 067
2009	185 047	93 534	69 205	125 028	5 576 991	124 738
2010	399 191	97 562	56 945	268 366	5 683 900	129 478
2011	439 977	232 832	159 983	134 437	6 921 631	194 986
2012	460 735	239 608	250 995	546 453	9 266 212	518 084
2013	320 975	223 209	145 732	402 365	11 998 082	416 960
2014	296 324	302 970	229 376	424 268	13 740 589	218 605

科学研究、技术服务和地质勘查业 Scientific Research,Technical Services and Geological Prospecting	水利、环境和公共设施管理业 Management of Water Conservancy, Environment and Public Facilities	居民服务和其他服务业 Services to Househdds and Other Services	教育 Education	卫生、社会保障和社会福利业 Health Care,Social Security and Welfare	文化、体育和娱乐业 Culture,Sports and Entertainment	公共管理和社会组织 Public Services and Social Organizations
115	451					918
163	742	49	178	152	520	1 448
335	8 112	541	346	179	1 018	1 689
473	14 788	975	889	430	9 070	8 750
632	21 185	1 393	800	909	9 202	11 250
1 611	13 566	900	6 550	1 845	11 447	14 751
1 623	25 416	1 685	6 476	5 135	14 250	17 550
1 994	15 778	1 034	8 417	2 400	18 028	18 269
3 210	18 945	553	4 555	2 124	13 033	16 347
4 095	25 516	1 693	4 660	3 072	10 442	29 340
4 196	19 649	1 249	10 501	3 746	46 549	32 422
4 197	19 119	988	7 284	2 978	25 935	15 767
8 100	61 600	3 863	10 378	15 133	41 972	22 565
7 413	64 934	3 752	11 543	11 175	61 041	34 363
8 265	269 784	17 653	11 164	17 390	45 541	22 336
9 486	219 584	14 009	15 189	17 801	45 443	54 354
10 585	244 839	14 782	25 420	25 368	66 758	96 811
14 605	215 867	12 575	36 422	26 595	73 602	116 478
11 696	369 717	10 905	69 645	34 224	80 337	116 179
12 603	642 082	8 253	84 941	59 412	75 140	126 929
18 361	914 870	3 346	93 427	59 706	119 484	133 746
25 653	672 651	2 677	94 846	57 998	92 867	216 280
42 027	812 146	1 394	101 440	53 614	161 057	185 767
25 896	702 155	1 559	115 296	39 970	144 006	175 625
18 851	511 305	797	128 813	27 734	245 927	186 385
35 088	805 325	440	143 475	67 599	222 613	187 193
23 347	881 581		122 200	76 925	170 055	257 303
20 124	816 526	233	117 027	43 507	163 889	111 394
23 591	525 399	5 025	82 554	70 585	166 525	483 115
183 067	1 242 672	17 890	64 773	88 256	309 706	302 560
165 492	1 630 780	21 466	114 297	216 342	408 172	566 773
314 390	2 624 514	1 679	297 274	220 735	536 523	350 758
166 843	2 953 149	7 515	441 901	205 028	418 773	234 446
125 359	1 997 906	13 513	425 652	238 894	230 715	320 765
179 064	1 707 380	15 463	239 763	238 403	231 618	132 764
303 053	2 266 448	18 648	290 175	175 951	135 385	97 678

8-9 固定资产投资额指数（按注册登记类型分）

INVESTMENT IN FIXED ASSETS（GROUPED BY REGISTRATION）

以上年为100 （Preceding Year=100）

年 份 Year	固定资产投资额 Investment in fixed Assets	一、内资 Domestic Funded	1、国有 State-Owned	2、集体 Collective-Owned	3、其他 Others	二、港澳台商投资 Hongkong Macao and Taiwan Funded	三、外商投资 Foreign Funded
1980	232.4	156.0	166.5	107.4	152.0	1 443.1	606.4
1981	215.1	192.1	208.3	123.1	118.1	307.8	138.9
1982	248.5	338.1	361.1	238.3	55.7	148.2	111.8
1983	146.9	157.7	147.3	312.8	431.8	108.4	160.5
1984	179.6	195.2	185.4	279.6	208.5	98.0	202.7
1985	171.3	176.8	174.9	164.6	324.9	120.6	165.4
1986	74.6	42.1	29.5	84.2	160.3	469.5	166.2
1987	114.7	200.2	228.0	144.0	191.3	23.0	48.0
1988	152.9	160.3	178.2	105.1	151.5	104.2	90.7
1989	114.6	111.5	97.4	61.3	227.5	134.1	187.4
1990	124.7	108.9	105.1	85.1	122.9	264.9	253.6
1991	146.4	150.9	138.5	230.5	161.2	113.5	156.8
1992	195.4	183.3	136.0	374.0	215.9	268.8	218.5
1993	139.0	126.3	155.1	68.0	120.3	180.1	176.8
1994	113.8	108.4	123.3	78.6	95.5	121.3	131.8
1995	97.8	84.4	84.5	155.8	71.0	122.4	124.6
1996	118.7	122.0	129.3	141.3	99.3	111.3	118.8
1997	120.0	118.9	116.9	106.3	131.3	125.9	116.3
1998	122.2	134.3	121.3	136.6	163.9	99.7	114.0
1999	118.6	109.7	111.2	104.1	109.2	148.5	116.7
2000	108.8	100.9	105.9	101.8	91.8	126.0	110.8
2001	110.8	115.9	127.0	106.6	97.1	101.8	109.6
2002	114.8	112.1	104.0	112.0	133.9	119.0	117.5
2003	120.4	137.1	130.5	118.3	157.8	95.2	106.9
2004	115.1	122.1	112.3	72.7	152.9	96.5	112.7
2005	108.1	91.3	93.6	82.2	89.5	178.5	97.9
2006	107.8	116.8	100.1	69.1	144.7	97.2	94.3
2007	105.6	131.2	113.8	107.2	148.5	73.3	47.3
2008	109.1	117.1	119.6	138.5	114.4	73.9	119.3
2009	116.5	122.4	147.8	122.0	103.8	96.4	77.6
2010	113.8	110.4	113.3	103.5	107.8	132.3	138.4
2011	106.0	110.0	94.7	122.2	125.9	79.8	103.7
2012	106.5	105.8	95.9	179.2	109.7	84.8	162.2
2013	109.0	113.2	105.2	76.2	122.4	96.0	71.1
2014	113.6	114.5	96.7	133.4	124.3	105.9	108.4

8-10 固定资产投资额比重（按注册登记类型分）

INVESTMENT IN FIXED ASSETS（GROUPED BY REGISTRATION）

以上年为100 （Preceding Year=100）

年 份 Year	固定资产投资额 Investment in Fixed Assets	一、内资 Domestic Funded	1、国有 State-owned	2、集体 Collective-owned	3、其他 Others	二、港澳台商投资 Hongkong Macao and Taiwan Funded	三、外商投资 Foreign Funded
1979	100	90.8	69.2	14.5	7.1	4.2	5.0
1980	100	60.9	49.6	6.7	4.6	25.9	13.1
1981	100	54.4	48.0	3.8	2.5	37.1	8.5
1982	100	74.1	69.8	3.7	0.6	22.1	3.8
1983	100	79.5	70.0	7.8	1.7	16.3	4.2
1984	100	86.4	72.3	12.2	1.9	8.9	4.7
1985	100	89.2	73.8	11.7	3.7	6.3	4.5
1986	100	50.4	29.2	13.2	7.9	39.5	10.1
1987	100	87.8	58.0	16.6	13.2	7.9	4.2
1988	100	92.1	67.6	11.4	13.1	5.4	2.5
1989	100	89.6	57.4	6.1	26.0	6.3	4.1
1990	100	78.2	48.4	4.2	25.7	13.4	8.4
1991	100	80.7	45.8	6.5	28.3	10.4	9.0
1992	100	75.7	31.9	12.5	31.2	14.3	10.0
1993	100	68.7	35.6	6.1	27.0	18.5	12.7
1994	100	65.5	38.6	4.2	22.7	19.7	14.8
1995	100	56.5	33.3	6.7	16.5	24.7	18.8
1996	100	58.0	36.3	8.0	13.8	23.2	18.8
1997	100	57.5	35.3	7.1	15.1	24.3	18.2
1998	100	63.2	35.1	7.9	20.2	19.8	17.0
1999	100	58.5	32.9	7.0	18.6	24.8	16.7
2000	100	54.2	32.0	6.5	15.7	28.8	17.0
2001	100	56.7	36.7	6.3	13.8	26.4	16.8
2002	100	55.4	33.2	6.1	16.0	27.4	17.2
2003	100	63.1	36.0	6.0	21.0	21.7	15.3
2004	100	66.9	35.1	3.8	27.9	18.2	15.0
2005	100	56.5	30.4	2.9	23.1	30.0	13.6
2006	100	61.1	28.2	1.9	31.0	27.0	11.9
2007	100	76.0	30.4	1.9	43.6	18.7	5.3
2008	100	81.5	33.4	2.4	45.6	12.7	5.8
2009	100	85.6	42.3	2.5	40.8	10.5	3.9
2010	100	83.1	42.2	2.3	38.6	12.2	4.7
2011	100	86.2	37.7	2.6	45.9	9.2	4.6
2012	100	85.7	33.9	4.4	47.3	7.3	7.0
2013	100	89.0	32.8	3.1	53.1	6.5	4.6
2014	100	89.6	27.9	3.6	58.1	6.0	4.4

8-11 固定资产投资财务拨款额

FINANCIAL APPROPRIATION OF INVESTMENT IN INVESTMENT IN FIXED ASSETS

单位：万元 (10 000 yuan)

年 份 Year	财务拨款额 Financial Appropriation	国家预算内资金 State Budgetary Appropriations	国内贷款 Domestic Loans	债券 Securities	利用外资 Foreign Investment	自筹资金 Self-Raising	其他资金 Others
1990	499 843	2 635	115 044		164 068	181 413	36 683
1991	586 178	2 000	192 603		123 358	211 958	56 259
1992	768 887	500	230 860		87 252	370 673	79 602
1993	1 239 162		246 153	21 049	156 054	673 895	142 011
1994	1 326 714		175 767	10 339	174 809	830 151	135 648
1995	1 390 619		167 510		230 560	909 593	82 956
1996	1 524 924		190 060		324 436	931 551	78 877
1997	2 029 449		157 498		522 576	1 287 817	61 558
1998	2 144 748	4 730	192 894		128 538	1 737 315	81 271
1999	2 543 350	48 750	294 627		224 075	1 847 630	128 268
2000	2 673 582	23 649	212 704		182 471	2 137 226	117 532
2001	2 792 446	65 777	361 639	1 003	133 277	2 176 172	54 578
2002	2 923 151	7 155	382 960		275 091	2 221 310	36 635
2003	4 106 574	5 758	575 824	12 679	304 191	3 122 514	85 608
2004	5 461 589	29 969	836 874	8 372	466 319	3 854 633	265 422
2005	6 523 298	122 562	1 168 344		723 298	4 365 455	143 639
2006	7 699 392	39 406	1 742 102	3 147	1 068 750	4 748 365	97 622
2007	7 625 452	75 661	2 260 603	6 224	1 147 060	3 767 578	368 326
2008	19 604 290	7 529	5 169 912	8 530	898 838	10 453 339	3 066 142
2009	22 228 999	103 243	5 859 884	11 700	575 875	11 314 575	4 363 722
2010	23 393 550	91 371	5 396 249	10 791	464 782	12 933 971	4 496 386
2011	25 475 927	46 837	5 696 200		285 628	15 724 903	3 722 359
2012	28 588 964	3 591 502	4 969 891		425 251	15 217 060	4 385 260
2013	35 634 881	3 405 535	6 742 394		464 653	16 668 724	8 353 575
2014	34 980 412	4 152 602	7 028 834		270 135	17 964 386	5 564 455

注： 1990-2007年为基本建设财务拨款额，2008年及以后为固定资产投资财务拨款额。

Note: The data of Financial Approtriation were the Financial Approtriation of Capital Construction from 1990 to 2007,and which were the Financial Approtiation of investment in fixed from 2008.

8-12 各区按登记注册类型分固定资产投资（2014年）

INVESTMENT IN FIXED ASSETS BY STATUS OF REGISTRATION AND DISTRICT（2014）

单位：万元　　(10 000 yuan)

地 区	District	总计 Total	一、内资 Funded	1、国有 State-owned	2、集体 Collective-owned	3、其他 Others	二、港澳台商投资 Hongkong Macao and Taiwan Funded	三、外商投资 Foreign Funded
全市总计	**Total**	**27 174 226**	**24 352 413**	**7 578 465**	**984 780**	**15 789 168**	**1 634 875**	**1 186 938**
福田区	Futian	1 811 806	1 575 931	405 788		1 170 143	230 391	5 484
罗湖区	Luohu	951 102	802 836	299 011	5 019	498 806	148 229	37
盐田区	Yantian	921 701	778 640	165 100		613 540	95 284	47 777
南山区	Nanshan	4 159 002	3 585 412	849 702	4 900	2 730 810	498 238	75 352
宝安区	Baoan	10 488 710	9 401 211	3 442 621	338 100	5 620 490	538 352	549 147
龙岗区	Longgang	8 841 905	8 208 383	2 416 243	636 761	5 155 379	124 381	509 141

8-13 各区按主要行业分固定资产投资（2014年）

INVESTMENT IN FIXED ASSETS IN BY DISTRICT AND SECTOR（2014）

单位：万元 (10 000 yuan)

地 区 District		合计 Total	农、林、牧、渔业 Agriculture, Forestry, Animal Husbandry and Fishery	采矿业 Mining	制造业 Manufa-cturing	电力、燃气及水的生产和供应业 Production and Supply of Electricity, Gas and Water	建筑业 Construction	交通运输、仓储和邮政业 Transport, Storage and Post
全市总计	**Total**	**27 174 226**	**3 915**		**4 559 359**	**646 350**	**6 500**	**3 458 632**
福田区	Futian	1 811 806			1 758	5 418		117 534
罗湖区	Luohu	951 102	363		13 470	526		215 750
盐田区	Yantian	921 701			31 057	7 003		278 412
南山区	Nanshan	4 159 002			127 119	3 294		497 838
宝安区	Baoan	10 488 710	2 238		3 137 184	197 933		1 194 215
龙岗区	Longgang	8 841 905	1 314		1 248 771	432 176	6 500	1 154 883

单位：万元 8-13 续表1 continued(10 000 yuan)

地 区 District		信息传输、计算机服务和软件业 Information Transmission, Computer Services and Software	批发和零售业 Wholesale and Retail Trades	住宿和餐饮业 Hotels and Catering Services	金融业 Financial Interme-diation	房地产业 Real Estate	租赁和商务服务业 Leasing and Business Services	科学研究、技术服务和地质勘查业务 Scientific Research, Technical Service and Geologic Prospecting
全市总计	**Total**	**296 324**	**302 970**	**229 376**	**424 268**	**13 740 589**	**218 605**	**303 053**
福田区	Futian	5 771	5 771	10 069	333 607	1 265 975		
罗湖区	Luohu	9 972	66 328		5 051	493 501	23 345	750
盐田区	Yantian	23 555	1 310			425 804	8 376	38 111
南山区	Nanshan	44 798	44 279	4 176	437 352	2 200 465	316 593	80 669
宝安区	Baoan	32 249	30 615	131 444	57 200	4 363 587	12 100	55 946
龙岗区	Longgang	179 979	154 667	83 687	408 942	4 991 257	141 809	127 577

单位：万元 8-13 续表2 continued (10 000 yuan)

市 别	City	水利、环境和公共设施管理业 Management of Water Conservancy, Environment and Public Facilities	居民服务和其他服务业 Services to Households and Other Services	教育 Education	卫生、社会保障和社会福利业 Health, Social Security and Social Welfare	文化、体育和娱乐业 Culture, Sports and Entert-ainment	公共管理和社会组织 Public Management and Social Organization
全市总计	**Total**	**2 266 448**	**18 648**	**290 175**	**175 951**	**135 385**	**97 678**
福田区	Futian	18 632	1 225	12 199	13 572	19 850	425
罗湖区	Luohu	57 952		3 986	52 773	5 871	1 464
盐田区	Yantian	53 866		26 238	17 578	8 167	2 224
南山区	Nanshan	275 165		67 238	32 509	27 506	1
宝安区	Baoan	868 292	55 651	108 341	181 661	47 249	12 805
龙岗区	Longgang	992 541	38 228	72 173	122 142	26 742	80 759

8-14 国有经济固定资产投资主要指标
MAIN INDICATORS OF INVESTMENT IN FIXED ASSETS OF STATE-OWNED ECONOMY

单位：亿元 (100 million yuan)

项 目	Item	2010	2011	2012	2013	2014
建设项目个数(个)	**Number of Projects(unit)**					
施工项目	Projects under Construction	893	785	945	858	846
全部建成投产项目	Projects Completed and Put into Use	392	382	335	352	410
投资总额	**Total Investment**	**819.70**	**776.50**	**745.00**	**781.54**	**757.85**
#住宅	Residential Buildings	9.74	8.25	28.94	32.80	29.65
按构成分	Grouped by Structure of Investment					
建筑安装工程	Construction and Installation	564.52	520.20	556.47	580.85	576.85
设备工具器具购置	Purchase of Equipment and Instruments	146.53	132.52	62.50	60.68	72.58
其他费用	Others	108.65	123.78	126.03	140.01	108.42
按建设性质分	Grouped by Type of Construction					
#新建	New Construction	683.98	652.36	629.89	686.28	658.58
扩建	Expansion	20.94	52.20	28.12	15.88	20.52
改建	Reconstruction	87.61	71.94	86.99	79.38	78.75
按资金来源分	Grouped by Source of Funds	832.06	786.23	822.63	1 040.74	953.58
国家预算内资金	State Budget	8.75	3.20	304.40	330.50	315.05
国内贷款	Domestic Loans	127.53	100.50	113.28	123.86	138.52
利用外资	Foreign Investment			0.07		
自筹资金	Self-raising Funds	613.77	603.80	314.53	400.45	386.85
其他资金	Others	69.65	78.73	90.35	185.93	113.16
新增固定资产	**Newly Increased Fixed Assets**	**278.20**	**352.68**	**396.46**	**580.96**	**412.25**
房屋建筑面积(万平方米)	**Floor Space of Buildings(10 000 sq.m)**					
施工面积	Floor Space under Construction	673.25	650.20	801.32	952.52	758.58
竣工面积	Floor Space Completed	97.14	105.21	130.50	250.80	240.04
#住宅	Residential Buildings	0.60		4.13	6.18	5.87

注： 建设项目个数不含房地产开发部分。
Note: Number of projects exclude real estate development.

8-15 基础产业和基础设施完成投资额

COMPLETED INVESTMENT IN BASIC INDUSTRIES AND NFRASTRUCTURE

单位：亿元 (100 million yuan)

项　目	Item	2013	2014
基础产业投资完成额	Completed Investment in Basic Industries	635.76	597.73
#基础设施投资	Investment in Infrastructure	619.66	589.08
（一）电力、燃气及水的生产和供应业	Production and Supply of Electric Power,Gas and Water	45.33	64.64
（二）交通运输、邮政业	Transport and Postal Services	406.44	345.86
#交通运输业	Transport Service	384.00	326.76
1、铁路运输业	Railway Transport	25.09	21.35
2、道路运输业	Road Transport	69.59	59.22
3、城市公共交通业	Urban Public Transport	201.58	171.53
4、水上运输业	Waterway Trarsport	4.50	3.83
5、航空运输业	Air Transport	83.24	70.83
6、管道运输业	Pipeline Transport		
（三）信息传输、计算机服务和软件业	Information Tarismission,Computer Services and Software	32.10	29.63
（四）水利、环境和公共设施管理业	Management of Water Conservarcy,Environment and Public Facilities	170.74	226.64
#水利管理投资	Investment of Water Conservancy	11.34	15.05
1、防洪管理	Flood Prevention Management	8.20	10.88
2、水资源管理	Water Resources Management	1.56	2.07
3、其他水利管理	Other Water Conservacy	1.58	2.10
#能源产业投资	Investment of Energy Industry	34.83	
1、煤炭开采和洗选业	Mining and Washing of Coal		
2、石油和天然气开采业	Extraction of Petroleum and Natual Gas		
3、石油加工炼焦及核燃料加工业	Processing of Petroleum, Coking and Nuclear Fuel Processing		
4、电力、热力的生产和供应业	Production and Supply of Electric Power and Heat Power	25.78	36.76
5、燃气的生产和供应业	Production and Supply of Gas	9.05	17.91

8-16 各区固定资产投资财务拨款资金来源主要指标（2014年）
MAIN INDICATORS OF SOURCES OF FUNDS FOR INVESTMENT BY DISTRICT（2014）

单位：万元 (10 000 yuan)

市 别	City	本年资金来源合计 Sources of Funds	国家预算内资金 State Budget	国内贷款 Domestic Loans	利用外资 Foreign Investment	自筹资金 Self-raising Fund	其他资金 Others
全市总计	**Total**	**34 980 412**	**4 152 602**	**7 028 834**	**270 135**	**17 964 386**	**5 564 455**
福田区	Futian	3 436 780	64 297	979 196	6 600	1 568 477	818 210
罗湖区	Luohu	1 859 730	78 873	671 560		734 960	374 337
盐田区	Yantian	1 672 366	67 265	82 025	1 780	543 501	977 795
南山区	Nanshan	5 656 897	910 133	816 423	180 484	3 029 485	720 372
宝安区	Baoan	11 598 926	1 616 320	2 398 377	58 637	5 954 570	1 571 022
龙岗区	Longgang	10 755 713	1 415 714	2 081 253	22 634	6 133 393	1 102 719

8-17 各区按构成和建设性质分城镇固定资产投资（2014年）

INVESTMENT IN FIXED ASSETS IN URBAN AREA BY COMPOSITION OF FUNDS, TYPE OF CONSTRUCTION AND DISTRICT（2014）

单位：万元 (10 000 yuan)

市 别		投资额	按构成分 By Composition of Funds			按建设性质分 By Type of Construction		
市 别	City	投资额 Total Investment	建筑安装工程 Construction and Installation	设备、工器具购置 Purchase of Equipment and Instruments	其他费用 Others	#新建 New Construction	#扩建 Expansion	#改建、技术改造 Reconstruction and Technological Transformation
全市总计	**Total**	**27 174 226**	**18 924 383**	**4 017 477**	**4 232 366**	**23 925 161**	**538 149**	**2 710 916**
福田区	Futian	1 811 806	1 376 973	42 100	392 733	1 791 941	7 432	12 433
罗湖区	Luohu	951 102	684 793	63 694	202 615	925 535	7 938	17 629
盐田区	Yantian	921 701	663 625	84 669	173 407	863 530	44 450	13 721
南山区	Nanshan	4 159 002	2 807 148	93 500	1 258 354	4 100 800	5 600	52 602
宝安区	Baoan	10 488 710	7 237 380	1 783 515	1 467 815	8 684 684	269 911	1 534 115
龙岗区	Longgang	8 841 905	6 154 464	1 949 999	737 442	7 558 671	202 818	1 080 416

8-18 房屋施工建筑面积

FLOOR SPACE OF BUILDINGS UNDER CONSTRUCTION

单位：万平方米 （10 000 sq.m）

年 份 Year	合 计 Total	非房地产开发项目 Non-Real Estate Development	房地产开发项目 Real Estate Development
1979	29.26	29.26	
1980	52.36	52.36	
1981	96.88	96.88	
1982	250.71	250.71	
1983	368.40	368.40	
1984	644.59	644.59	
1985	1 030.94	1 030.94	
1986	940.39	771.29	
1987	887.21	642.48	
1988	1 161.77	888.29	
1989	1 088.02	926.36	
1990	848.65	408.71	304.62
1991	1 257.19	533.66	467.82
1992	1 813.80	532.45	950.06
1993	2 319.40	566.70	1 396.44
1994	2 733.59	704.15	1 298.82
1995	2 733.59	951.68	1 371.06
1996	2 878.53	965.41	1 495.27
1997	2 775.82	847.14	1 454.17
1998	3 218.81	862.96	1 656.65
1999	3 369.43	829.19	1 834.13
2000	3 591.22	790.57	2 134.95
2001	4 137.47	977.07	2 392.77
2002	4 467.16	861.88	2 776.29
2003	5 567.66	1 277.01	2 838.22
2004	5 856.65	2 177.17	3 120.25
2005	4 841.55	1 624.60	3 058.90
2006	4 512.66	1 204.30	3 122.10
2007	4 184.86	920.16	3 149.56
2008	4 619.53	1 116.83	3 276.30
2009	5 257.21	2 144.85	3 112.36
2010	5 178.84	2 238.90	2 939.94
2011	5 162.10	2 286.12	2 875.98
2012	5 259.50	2 042.81	3 216.69
2013	6 308.89	2 305.40	4 003.49
2014	6 249.70	1 757.52	4 492.18

8-19 房屋竣工建筑面积

FLOOR SPACE OF BUILDINGS COMPLETED

单位：万平方米 （10 000 sq.m）

年 份 Year	合 计 Total	非房地产开发项目 Non-Real Estate Development	房地产开发项目 Real Estate Development
1979	13.01	13.01	
1980	34.63	34.63	
1981	54.59	54.59	
1982	92.67	92.67	
1983	146.86	146.86	
1984	266.63	266.63	
1985	320.94	320.94	
1986	453.07	453.07	
1987	464.69	464.69	
1988	567.38	567.38	
1989	563.01	563.01	
1990	383.42	250.01	133.41
1991	539.20	388.76	150.44
1992	682.29	483.89	198.40
1993	781.07	499.61	281.46
1994	783.62	472.52	311.10
1995	838.46	526.91	311.55
1996	964.52	570.20	394.32
1997	942.91	615.87	327.04
1998	1 211.89	748.58	463.31
1999	1 267.00	764.85	502.15
2000	1 287.21	655.16	632.05
2001	1 526.90	798.93	727.97
2002	1 668.25	776.01	892.24
2003	2 228.44	1 208.13	1 020.31
2004	2 155.82	1 143.43	1 012.39
2005	1 488.86	543.08	945.78
2006	1 184.00	335.11	848.89
2007	905.56	269.54	636.02
2008	877.18	247.45	629.73
2009	712.58	310.57	402.01
2010	692.70	348.27	344.43
2011	962.10	637.10	325.00
2012	815.47	389.72	425.75
2013	895.76	542.21	353.55
2014	954.77	529.46	425.31

8-20 竣工房屋价值

VALUE OF BUILDINGS COMPLETED

单位：万元 （10 000 yuan）

年 份 Year	合 计 Total	非房地产开发项目 Non-Real Estate Development	房地产开发项目 Real Estate Development
1979	1 207	1 207	
1980	4 607	4 607	
1981	9 189	9 189	
1982	20 865	20 865	
1983	37 164	37 164	
1984	79 318	79 318	
1985	103 970	103 970	
1986	157 701	157 701	
1987	151 670	151 670	
1988	348 453	348 453	
1989	276 535	276 535	
1990	210 323	143 647	66 676
1991	308 940	209 291	99 649
1992	601 150	441 123	160 027
1993	640 545	402 632	237 913
1994	784 100	450 155	333 945
1995	1 343 491	589 564	753 927
1996	1 825 063	689 196	1 135 867
1997	1 745 964	831 798	914 166
1998	2 416 223	951 213	1 465 010
1999	2 670 993	1 196 580	1 474 413
2000	2 955 291	895 867	2 059 424
2001	2 795 702	1 029 008	1 766 694
2002	3 601 624	992 766	2 608 858
2003	4 260 940	1 578 186	2 682 754
2004	3 421 757	1 121 432	2 300 325
2005	3 632 843	673 980	2 958 863
2006	3 594 969	419 621	3 175 348
2007	2 933 541	523 025	2 410 516
2008	2 862 722	206 362	2 656 360
2009	2 993 216	585 173	2 408 043
2010	2 663 742	573 198	2 090 544
2011	3 340 401	1 731 089	1 609 312
2012	3 384 230	788 002	2 596 228
2013	4 851 340	2 101 465	2 749 875
2014	3 858 122	1 110 096	2 748 026

8-21 住宅投资
INVESTMENT IN RESIDENTIAL HOUSING

单位：万元 （10 000 yuan）

年 份 Year	合 计 Total	非房地产开发项目 Non-Real Estate Development	房地产开发项目 Real Estate Development
1979	914	914	
1980	2 838	2 838	
1981	6 428	6 428	
1982	19 021	19 021	
1983	27 640	27 640	
1984	38 406	38 406	
1985	64 863	64 863	
1986	46 940	46 940	
1987	54 629	54 629	
1988	114 993	114 993	
1989	123 617	123 617	
1990	184 564	113 964	70 600
1991	368 786	215 386	153 400
1992	886 272	435 872	450 400
1993	913 193	245 193	668 000
1994	1 131 517	257 417	874 100
1995	937 427	308 927	628 500
1996	1 101 662	315 262	786 400
1997	1 135 054	280 005	855 049
1998	1 500 548	501 698	998 850
1999	1 874 853	461 747	1 413 106
2000	2 185 195	398 406	1 786 789
2001	2 471 512	374 412	2 097 100
2002	3 046 579	337 379	2 709 200
2003	2 987 720	485 806	2 501 914
2004	3 018 249	459 849	2 558 400
2005	2 785 401	130 001	2 655 400
2006	3 384 498	134 044	3 250 454
2007	3 468 913	151 346	3 317 567
2008	3 494 643	344 854	3 149 789
2009	3 456 595	558 747	2 897 848
2010	3 601 242	552 364	3 048 878
2011	4 055 301	523 183	3 532 118
2012	5 422 058	676 077	4 745 981
2013	6 544 510	603 463	5 941 047
2014	7 779 946	477 182	7 302 764

8-22 住宅施工建筑面积

FLOOR SPACE OF RESIDENTIAL HOUSING UNDER CONSTRUCTION

单位：万平方米 （10 000 sq. m）

年 份 Year	合 计 Total	非房地产开发项目 Non-Real Estate Development	房地产开发项目 Real Estate Development
1979	13.41	13.41	
1980	27.81	27.81	
1981	43.34	43.34	
1982	128.3	128.3	
1983	156.68	156.68	
1984	258.52	258.52	
1985	362.7	362.7	
1986	366.59	366.59	
1987	339.69	339.69	
1988	447.03	447.03	
1989	434.43	434.43	
1990	393.02	200.87	192.15
1991	630.97	351.97	279
1992	1 040.81	439.71	601.1
1993	1 302.24	392.73	909.51
1994	1 344.78	475.92	868.86
1995	1 443.75	599.55	844.2
1996	1 474.14	533.53	940.61
1997	1 365.44	399.26	966.18
1998	1 866.76	719.79	1 146.97
1999	1 944.88	589.26	1 355.62
2000	2 059.39	482.5	1 576.89
2001	2 261.63	471.14	1 790.49
2002	2 575.33	450.47	2 124.86
2003	2 824.41	751.52	2 072.89
2004	2 944.42	686.74	2 257.68
2005	2 343.55	190.97	2 152.58
2006	2 292.72	135.33	2 157.39
2007	2 302.93	125.15	2 177.78
2008	2 487.73	277.37	2 210.36
2009	2 490.16	402.69	2 087.47
2010	2 510.02	484.88	2 025.14
2011	2 252.60	286.97	1 965.63
2012	2 547.67	440.08	2 107.59
2013	3 067.52	459.23	2 608.29
2014	3 165.22	295.22	2 870.00

8-23 住宅竣工建筑面积

FLOOR SPACE OF RESIDENTIAL HOUSING COMPLETED

单位：万平方米　　（10 000 sq. m）

年 份 Year	合 计 Total	非房地产开发项目 Non-Real Estate Development	房地产开发项目 Real Estate Development
1979	5.26	5.26	
1980	17.85	17.85	
1981	23.41	23.41	
1982	45.57	45.57	
1983	62.42	62.42	
1984	123.76	123.76	
1985	139.31	139.31	
1986	197.15	197.15	
1987	199.09	199.09	
1988	245.10	245.10	
1989	236.98	236.98	
1990	204.77	120.37	84.40
1991	305.17	213.95	91.22
1992	416.31	285.41	130.90
1993	440.36	243.61	196.75
1994	438.83	232.33	206.50
1995	485.23	268.85	216.38
1996	565.86	315.35	250.51
1997	512.24	269.05	243.19
1998	729.48	373.18	356.30
1999	800.60	388.14	412.46
2000	755.59	231.04	524.55
2001	852.58	279.37	573.21
2002	1 000.19	301.87	698.32
2003	1 290.61	473.99	816.62
2004	1 245.59	473.39	772.20
2005	781.54	77.10	704.44
2006	627.31	45.44	581.87
2007	507.71	70.57	437.14
2008	519.72	75.95	443.77
2009	415.18	145.64	269.54
2010	376.03	124.92	251.11
2011	283.34	50.68	232.66
2012	310.85	21.45	289.40
2013	229.38	33.05	196.33
2014	336.24	66.98	269.26

8-24 住宅竣工价值

VALUE OF RESIDENTIAL HOUSING COMPLETED

单位：万元 （10 000 yuan）

年 份 Year	合 计 Total	非房地产开发项目 Non-Real Estate Development	房地产开发项目 Real Estate Development
1979	449	449	
1980	2 440	2 440	
1981	4 322	4 322	
1982	9 873	9 873	
1983	15 043	15 043	
1984	37 418	37 418	
1985	38 341	38 341	
1986	54 880	54 880	
1987	46 707	46 707	
1988	88 625	88 625	
1989	109 242	109 242	
1990	105 056	54 141	50 915
1991	180 594	97 555	83 039
1992	256 111	126 101	130 010
1993	351 941	183 002	168 939
1994	432 365	197 797	234 568
1995	754 577	256 370	498 207
1996	918 088	320 698	597 390
1997	879 347	280 726	598 621
1998	1 426 708	381 849	1 044 859
1999	1 604 378	413 281	1 191 097
2000	2 023 916	295 545	1 728 371
2001	1 768 793	360 468	1 408 325
2002	2 317 417	256 691	2 060 726
2003	2 718 868	573 862	2 145 006
2004	2 140 997	349 310	1 791 687
2005	2 249 795	105 330	2 144 465
2006	2 166 187	35 346	2 130 841
2007	1 782 456	126 881	1 655 575
2008	2 859 458	403 511	2 455 947
2009	1 954 702	174 664	1 780 038
2010	1 809 542	145 208	1 664 334
2011	1 304 387	140 743	1 163 644
2012	1 731 885	41 786	1 690 099
2013	1 624 371	112 366	1 512 005
2014	2 098 830	182 101	1 916 729

8-25 固定资产投资完成情况主要指标
MAIN INDICATORS OF INVESTMENT IN FIXED ASSETS

单位：亿元 (100 million yuan)

指 标	Indicators	2011	2012	2013	2014
一、计划总投资及项目个数	**Total Planned Investment and Project Number**				
1、计划总投资	Total Planned Investment	10 039.86	12 013.06	13 270.69	14 165.50
其中：本年新开工项目	New Projects under Construction in Current Year	4 485.11	5 363.87	2 995.98	3 381.77
2、施工项目个数（个）	Number of Projects under Construction(unit)	1 970	2 152	2 466	2 928
其中：本年新开工（个）	Newly Started Projects of the Year(unit)	924	1 199	1 140	1 522
本年投产项目个数（个）	Number of Projects Put into Use in Current Year	977	841	1 072	1 895
二、本年完成投资	**Investment Completed in Current Year**	**2 060.92**	**2 194.43**	**2 391.46**	**2 717.42**
#基础设施	Infrastructure	763.02	527.60		
（一）按登记注册类型分组	Grouped by Registration Status				
#民营经济	Non-state-owned	380.00	371.90		
1、内资	Domestic-funded	1 776.38	1 879.65	2 127.58	2 435.24
国有经济	State-owned	776.50	745.00	783.47	757.85
集体经济	Collective-owned	54.06	96.87	73.83	98.48
其他内资经济	Others	945.82	1 037.78	1 270.28	1 578.91
2、港澳台商投资	Funds from Hong Kong,Macao and Taiwan	189.57	160.79	154.43	163.49
3、外商投资	Foreign-funded	94.97	153.99	109.45	118.69
（二）按建设性质分	Grouped by Type of Construction				
1、新建	New Construction	1 717.78	1 957.45	2 137.25	2 392.52
2、扩建	Expansion	47.96	38.68	45.02	53.81
3、改建	Reconstruction	286.43	191.16	209.19	271.09
4、其他	Others	8.75	7.14		
（三）按构成分	Grouped by Use of Funds				
1、建筑工程	Construction	1 249.48	1 439.85	1 605.94	1 704.29
2、安装工程	Installation	125.67	134.97	184.21	188.15
3、设备工器具购置	Purchase of Equipment and Instruments	366.43	278.75	331.66	401.75
4、其他费用	Other Expenses	319.34	340.86	269.65	423.23
（四）按主要产业分	Grouped by Major Industries				
#文化产业	Culture and Arts	57.40	104.99	83.08	96.06
新闻服务	Press Service				
出版发行和版权服务	Publication and Copyright Service	5.15	6.28	3.20	0.73
广播、电视、电影服务	Radio, Television and Film Service	3.11	1.79	0.74	0.93
文化艺术服务	Culture and Art Service	5.62	12.46	11.68	6.84
网络文化服务	Internet Service	1.41	5.24	10.23	4.10
文化休闲娱乐服务	Cultural and Entertaining Service	27.97	14.66	12.10	5.71
其他文化服务	Other Cultural Services	2.16	20.93	15.28	5.75
文化用品、设备相关文化产品生产	Production of Related Cultural Products and Equipments	11.50	24.44	14.08	46.00
文化用品、设备相关文化产品销售	Sales of Related Cultural Products and Equipments	0.48	19.19	15.77	26.00
#信息产业	Information Industry	266.62	221.94	165.99	209.40
电子信息设备制造	Manufacture of Electronic Information Equipment	220.46	168.57	128.30	167.73
电子信息设备销售和租赁	Sales and Leasing of Electronic Information Equipment	0.61	1.81	1.06	0.66

注： 计划总投资及项目个数不含房地产开发部分。

Note: The data of total planned investment and project number exclude the data of real estate development.

单位：亿元　　　　8-25 续表1 (100 million yuan)

指　标	Indicators	2011	2012	2013	2014
电子信息传输服务	Information Transmission Services	26.64	16.98	14.25	27.02
计算机服务和软件业	Computer Services and Software	17.35	29.54	19.94	12.61
其他信息相关服务	Other Information Related Service	1.55	5.04	2.44	1.38
1、第一产业	Primary Industry	0.06	3.85	2.93	0.39
2、第二产业	Secondary Industry	473.48	487.08	356.91	521.22
#工业合计	Total Industries	469.95	486.26	354.18	520.57
#工业九大产业	Nine Main Industrial Sectors	344.34	348.25	283.10	416.10
电子信息业	Electronic Information	224.65	161.35	134.78	198.10
电气机械及专用设备	Electrical Machinery and Special- Equipment	42.25	94.66	54.47	80.06
石油及化学	Petroleum and Chemistry	12.95	4.67	4.38	6.44
纺织及服装	Textile and Garments	10.48	7.29	12.81	18.83
食品饮料	Food and Beverage	4.02	1.71	3.44	5.06
建筑材料	Construction Materials	6.89	18.87	7.78	11.43
森工造纸	Paper Manufacturing	3.19	4.28	4.56	6.70
医药	Medicine	8.47	16.09	13.72	20.17
汽车	Automobile	31.43	39.33	47.16	69.32
3、第三产业	Tertiary Industry	1 587.38	1 823.50	2 031.62	2195.81
（五）按国民经济行业分	Grouped by Economic Sector				
农、林、牧、渔业	Agriculture,Forestry,Animal Husbandry and Fishery	0.06	3.85	2.93	0.39
采矿业	Mining	8.97	1.09		
制造业	Manufacturing	373.51	401.56	308.86	455.94
电力、燃气及水的生产和供应业	Production and Supply of Electric Power,Gas and Water	87.48	83.61	45.33	64.64
建筑业	Construction	3.53	0.83	2.73	0.65
交通运输、仓储和邮政业	Transport,Storage and Postal Services	336.23	240.01	406.44	345.86
信息传输、计算机服务和软件业	Information Transmission,Computer Services and Software	44.00	46.07	32.10	29.63
批发和零售业	Wholesale and Retail Trades	23.28	23.96	22.31	30.30
住宿与饮食业	Hotels and Catering Services	16.00	25.10	14.57	22.94
金融业	Financial Intermediation	13.44	54.65	40.24	42.43
房地产业	Real Estate	692.16	926.62	1 199.80	1374.06
租赁和商务服务业	Leasing and Business Services	19.50	51.81	41.70	21.86
科研、技术服务和地质勘察业	Scientific Research,Technical Services and Geological Prospecting	16.68	12.54	17.90	30.30
水利、环境和公共设施管理业	Management of Water Conservancy,Environment and Public Facilities	295.31	199.79	170.74	226.64
居民服务和其他服务业	Services to Households and Other Services	0.75	1.35	1.55	1.86
教育	Education	44.19	42.57	23.97	29.02
卫生、社会保障和社会福利业	Health,Social Security and Social Welfare	20.50	23.89	23.84	17.60
文化、体育和娱乐业	Culture,Sports and Recreation	41.88	23.06	23.17	13.54
公共管理和社会组织	Public Administration and Social Organization	23.44	32.07	13.28	9.76
国际组织	International Organizations				

指 标	Indicators	2011	2012	2013	2014
三、本年新增固定资产	**Newly Increased Fixed Assets in Current Year**	**1 310.31**	**1 669.57**	**2 374.24**	**2 374.10**
四、房屋面积	**Floor Space**				
本年施工房屋面积(万平方米)	Floor Space of Buildings Under Construction in Current Year(10 000sq.m)	5 162.10	5 259.50	6 308.89	6 249.70
其中：住宅(万平方米)	Residential Buildings(10 000sq.m)	2 252.60	2 547.67	3 067.52	3 165.22
本年竣工房屋面积(万平方米)	Floor Space of Buildings Completed in Current Year(10 000sq.m)	962.10	815.47	895.76	954.77
其中：住宅(万平方米)	Residential Buildings(10 000sq.m)	283.34	310.85	229.38	336.24
本年竣工房屋价值	Value of Buildings Completed in Current Year	334.04	338.42	485.13	385.81
其中：住宅	Residential Buildings	130.44	173.19	162.44	209.88
五、资金来源情况	**Source of Funds**				
（一）本年资金来源合计	Source of Total Funds This Year	3 354.84	3 505.91	4 337.64	4 370.12
上年末结余资金	Surplur Funds From the Year-end of Proceding Year	807.25	647.02	774.15	872.08
本年资金来源小计	Source of Sub-total Funds This Year	2 547.59	2 858.89	3 563.49	3 498.04
国家预算内资金	State Budget	304.68	359.15	340.55	415.26
国内贷款	Domestic Loans	569.62	496.99	674.24	702.88
债券	Bond				
利用外资	Foreign Investment	28.56	42.53	46.47	27.01
其中：外商直接投资	Foreign Direct Investment	17.02	27.71	29.38	4.45
自筹资金	Self-raising Funds	1 272.49	1 521.71	1 666.87	1 796.44
其他资金来源	Other Sources of Funds	372.24	438.51	835.36	556.45
（二）各项应付款合计	Total Payment Of This Year	372.18	448.49	430.11	511.53

8-26 各区（新区）固定资产投资

FIXED ASSET INVESTMENT BY DISTRICT (NEW DISTRIT)

单位：万元 (10 000 yuan)

地 区	District	2013	2014	2014年 增长率（%） Growth Rate
全市合计	**Total**	**23 914 648**	**27 174 226**	**13.6**
福田区	Futian	1 587 012	1 811 806	14.2
罗湖区	Luohu	856 308	951 102	11.1
盐田区	Yantian	882 702	921 701	4.4
南山区	Nanshan	3 163 926	4 159 002	31.5
宝安区	Baoan	9 279 146	10 488 710	13.0
新宝安区	New Baoan	4 061 033	4 606 802	13.4
光明新区	Guangming	2 075 511	2 311 908	11.4
龙华新区	Longhua	3 142 602	3 570 000	13.6
龙岗区	Longgang	8 145 554	8 841 905	8.5
新龙岗区	New Longgang	5 536 124	6 020 000	8.7
坪山新区	Pingshan	1 936 408	2 141 905	10.6
大鹏新区	Dapeng	673 022	680 000	1.0

主要统计指标解释

固定资产投资额 是以货币形式表现的在一定时期内建造和购置固定资产的工作量以及与此有关的费用的总称。它是反映固定资产投资规模、结构和发展速度的综合性指标，又是观察工程进度和考核投资效果的重要依据。固定资产投资包括国有经济单位投资、城乡集体及其他各种登记注册类型的单位投资和城乡居民个人投资。按照国家统计制度规定，固定资产投资统计范围包括：城镇和农村投资两大部分。城乡集体经济单位投资包括城镇集体所有制单位投资和农村集体所有制单位投资；其它各种经济类型单位投资包括联营经济、股份制经济、中外合资经济、中外合作经济、外资、与大陆合资经营、与大陆合作经营、港澳台独资及其它经济的单位投资；城乡居民个人投资包括城市、县城、镇、工矿区所辖范围内的个人建房和农村个人建房及购买生产性固定资产的投资。

1.城镇和农村建设项目投资月报统计范围为：城镇和农村各种登记注册类型的企业、事业、行政单位及个体户进行的计划总投资500万元及500万元以上的建设项目，包括城镇各种经济类型的建设项目和工矿区私人建房项目，以及农村非农户投资项目、农村农户建房和购置生产性设备投资。年报统计范围中的城镇和工矿区私人建房为市、县城、镇、工矿区所辖范围内的全部私人建房（不论其房主是否系本地的常住户口均应包括），其他部分与月报统计范围一致。年报统计范围中的农户固定资产投资为所辖范围内的全部私人建房和其他购置生产性设备等投资。

2.城镇建设项目投资在城乡分组中:“城镇”、农村非农户建设项目投资在城乡分组中“农村”，农村农户在城乡分组中填“农户”，汇总表中“农村”包含“农户”。

房地产开发投资 各种登记注册类型的房地产开发公司 、商品房建设公司及其他房地产开发单位统一开发的包括统代建、拆迁还建的住宅、厂房、仓库、饭店、宾馆、度假村、写字楼、办公楼等房屋建筑物和配套的服务设施、土地开发工程，如道路、给水、排水、供电 、供热、通讯、平整场地等基础设施工程的投资。包括实际从事房地产开发或经营活动的附营房地产开发单位。不包括单纯的土地交易活动。

新增生产能力（或工程效益） 指通过固定资产投资活动而增加的设计能力（或工程效益），是以实物形态表示的固定资产投资成果的指标，也是考核投资经济效果的重要依据之一。

住宅建筑面积 指施工和竣工房屋建筑面积中供居住用的房屋建筑面积。

房屋施工面积 指在报告期内施工的全部房屋建筑面积。包括本期新开工的面积和上期开工跨入本期继续施工的面积，以及上期已停建在本期恢复施工的房屋面积。本期竣工和本期施工后又停缓建的房屋，其建筑面积仍计入本期房屋施工面积中。

房屋竣工面积 指在报告期内房屋建筑按照设计要求已经全部完工，达到住人和使用条件，经验收鉴定合格（或达到竣工验收标准），正式移交使用的各栋房屋建筑面积的总和。

房屋建筑面积竣工率 是指一定时期内房屋竣工面积与施工面积的比率。它是从房屋建筑施工速度的角度反映投资效果的指标。

新增固定资产 指已经完成建造和购置过程，并已交付生产或使用单位的固定资产的价值。它是表示固定资产投资成果的价值指标，也是反映建设进度，计算固定资产投资效果的重要依据。

建设项目投产率 是建设周期的逆指标，是指一定时期内全部建成投产项目个数与同期施工项目个数的比率。它是从建设速度的角度反映投资效果的指标。

Explanatory Notes on Main Statistical Indicators

Amount of Investment in Fixed Assets refers to the sum in monetary terms of the volume of activities in the construction and purchase of fixed assets as well as related expenses. It is not only a comprehensive indicator of the size, proportional relations and developmental pace of investment in fixed assets, but also an important basis to follow the progress of projects and check the result of investment on. Total investment in fixed assets includes investment by state–owned units, urban and rural collective units, units of other types of ownership and individuals in urban and rural areas. According to China's current statistics system, investment in fixed assets is classified into two parts: urban and rural. Investment by urban and rural collective units includes investment by urban collective units and investment by rural collective units. Investment by units of other types of ownership includes investment by units of joint ownership economy, shareholding economy, Sino–foreign joint economy, Sino–foreign cooperative economy, economy exclusively funded by foreign investors, joint economy with the mainland, cooperative economy with the mainland, economy exclusively funded by compatriots from Hong Kong, Macao and Taiwan and units of other types of ownership. Investment by individuals in urban and rural areas includes investment in personal housing in areas under the jurisdiction of the city, county, town and special industrial and mining areas as well as investment in personal housing and purchase of productive fixed assets in rural areas.

Investment in Real Estate Development includes investment by real estate developers, commercial builders and other units of real estate development of various statuses of registration in the construction of house buildings, such as residential buildings, factory buildings, warehouses, restaurants, hotels, holiday resorts, office buildings, and complementary service facilities and land development projects, such as roads, water supply, water drainage, power supply, heating, telecommunications, land leveling and other projects of infrastructure. This indicator covers the activities of non–real estate companies engaged in real estate development or management, but excludes simple land transactions.

Newly Increased Production Capacity (or Project Efficiency) refers to the increase of designed capacity or project efficiency through investment in fixed assets, which is not only an indicator of the accomplishment in kind of investment in fixed assets but also an important basis to check the economic result of investment on..

Floor Space of Residential Buildings refers to the floor space of the residential buildings among the total space of buildings under construction or completed.

Floor Space under Construction refers to total floor space of all buildings under construction during the reference period, including floor space of newly started buildings during the reference period, floor space of construction extended from the previous period to the current period, and floor space of construction suspended during the previous period but resumed in the current period. Floor space of construction completed in the current period and floor space of construction started and then suspended in the current period are also included in floor space under construction.

Floor Space of Buildings Completed refers to total floor space of all buildings completed in the reference period, which have come up to the designed standards with proper conditions of residence and use, and have been examined and accepted (or met the standards for completion), and put into use.

Completion Rate of Floor Space of Buildings refers to the ratio of the floor space of buildings completed in a certain period of time to the floor space of buildings under construction in the same period, which reflects the investment result of the construction industry from the perspective of the speed of project construction.

Newly Increased Fixed Assets refer to the value of fixed assets which have been completed and transfered to production units or users. It is a value indicator of the achievements of investment in fixed assets as well as an important basis to evaluate the result of investment in fixed assets on.

Rate of Construction Projects Completed and Put into Use is the inverse indicator of construction period, referring to the ratio of the number of construction projects completed and put into use in certain period of time to the number of projects under construction in the same period. This reflects the investment efficiency from the perspective of the speed of project construction.

房地产开发

REAL ESTATE EDEVELOPMENT

CHAPTER

9-1 房地产开发投资额（按投资去向分）

INVESTMENT IN REAL ESTATE DEVELOPMENT（GROUPED BY INVESTMENT DESTINATION）

单位：亿元 (100 million yuan)

年 份 Year	本年完成投资 Investment Completed This Year	#土地购置费 Total Value of Land Purchased
1992	71.49	30.14
1993	102.77	19.69
1994	130.46	20.28
1995	103.04	3.90
1996	124.83	5.72
1997	136.65	13.52
1998	167.49	24.18
1999	215.25	32.88
2000	260.97	36.87
2001	315.64	70.99
2002	388.44	71.01
2003	412.66	75.82
2004	434.24	71.80
2005	423.69	64.05
2006	462.09	43.86
2007	461.04	62.22
2008	440.49	65.98
2009	437.46	45.25
2010	458.46	60.98
2011	514.74	89.01
2012	736.84	129.77
2013	887.71	98.88
2014	1069.49	195.67

9-1 房地产开发投资额（按用途分）

INVESTMENT IN REAL ESTATE DEVELOPMENT(GROUPED BY USE)

单位：亿元 (100 million yuan)

年 份 Year	本年完成投资 Investment Completed This Year	住 宅 Residential Buildings	办公楼 Office Buildings	商业用房 Houses for Business Use	其 他 Others
1992	71.49	45.04	7.86	10.72	7.86
1993	102.77	66.80	11.30	14.39	10.28
1994	130.46	87.41	13.05	18.26	11.74
1995	103.04	62.85	16.49	14.43	9.27
1996	124.83	78.64	19.97	16.23	9.99
1997	136.65	85.50	18.18	14.78	18.19
1998	167.49	99.89	12.10	19.97	35.53
1999	215.25	141.31	13.57	17.95	42.42
2000	260.97	178.68	13.62	22.90	45.77
2001	315.64	209.71	9.32	28.21	68.40
2002	388.44	270.92	13.00	35.26	69.26
2003	412.66	250.19	15.05	47.29	100.13
2004	434.24	255.84	24.51	57.43	96.46
2005	423.69	265.54	28.04	53.07	77.04
2006	462.09	325.05	30.63	67.40	39.01
2007	461.04	331.76	30.08	53.48	45.72
2008	440.49	314.98	26.12	51.96	47.43
2009	437.46	289.78	35.34	53.22	59.12
2010	458.46	304.88	37.98	59.35	56.32
2011	514.74	353.21	36.78	64.61	60.14
2012	736.84	474.60	27.00	90.11	145.13
2013	887.71	594.10	64.63	90.22	138.76
2014	1 069.49	730.28	104.22	118.22	116.77

9-2 房地产开发投资额（按构成分）

INVESTMENT IN REAL ESTATE DEVELOPMENT（GROUPED BY COMPOSITION）

单位：亿元 （100 million yuan）

年 份 Year	本年完成投资 Investment Completed This Year	建筑安装工程 Constructional Project	设备购置 Purchase of Equipment	其 他 Others
1992	71.49	51.80	2.95	16.74
1993	102.77	93.06	4.77	4.94
1994	130.46	104.23	8.75	17.48
1995	103.04	79.32	6.75	16.97
1996	124.83	92.22	12.38	20.23
1997	136.65	98.41	6.36	31.89
1998	167.49	115.79	7.35	44.35
1999	215.25	150.26	10.47	54.53
2000	260.97	187.90	9.59	63.47
2001	315.64	217.69	6.39	91.56
2002	388.44	281.11	11.35	95.99
2003	412.66	298.08	12.63	101.95
2004	434.24	315.44	15.06	103.74
2005	423.69	314.11	11.40	98.17
2006	462.09	380.02	10.93	71.14
2007	461.04	356.66	6.61	97.77
2008	440.49	327.83	10.53	102.13
2009	437.46	352.79	8.87	75.80
2010	458.46	347.15	8.67	102.66
2011	514.74	358.98	10.08	145.68
2012	736.84	488.33	8.58	239.94
2013	887.71	695.62	10.39	181.70
2014	1 069.49	794.76	17.85	256.88

9-2 房地产开发投资额（按区域分）

INVESTMENT IN REAL ESTATE DEVELOPMENT（GROUPED BY DISTRICT）

单位：亿元 （100 million yuan）

年 份 Year	本年完成投资 Investment Completed This Year	罗湖区 Luohu	福田区 Futian	南山区 Nanshan	宝安区 Baoan	新宝安区 New Baoan	光明新区 Guangming	龙华新区 Longhua	龙岗区 Longgang	新龙岗区 New Longgang	坪山新区 Pingshan	大鹏新区 Dapeng	盐田区 Yantian
1996	124.83	51.18	33.70	21.22	9.99				8.74				
1997	136.65	41.00	42.36	20.50	15.03				17.76				
1998	167.49	48.57	50.25	31.82	16.75				18.42				1.67
1999	215.25	53.81	73.19	38.75	15.07				32.29				2.15
2000	260.97	65.24	83.51	49.58	26.10				31.32				5.22
2001	315.64	66.28	107.32	72.60	31.56				34.72				3.16
2002	388.44	69.80	116.53	89.34	54.38				46.61				7.77
2003	412.66	66.18	118.23	101.93	61.75				53.50				11.07
2004	434.24	67.90	115.68	96.45	79.57				58.05				16.59
2005	423.69	53.21	104.13	86.26	107.38				62.88				9.83
2006	462.09	50.83	89.84	93.59	126.52				88.10				13.21
2007	461.04	36.11	54.35	82.73	139.68				128.47				19.70
2008	440.49	32.71	41.93	101.47	130.51				103.83				30.04
2009	437.46	36.50	40.82	99.12	96.36				122.98				41.68
2010	458.46	38.32	48.13	72.51	126.41				140.42				32.67
2011	514.74	37.11	44.50	69.33	160.00				176.83				26.97
2012	736.84	45.05	85.22	82.26	233.88	125.99	16.53	91.36	255.90	215.28	25.95	14.67	34.54
2013	887.71	42.32	115.79	95.90	253.84	118.40	22.03	113.41	341.24	281.44	47.20	12.60	38.63
2014	1 069.49	40.00	126.60	149.22	360.22	165.77	33.24	161.21	356.16	296.32	45.39	14.44	37.30

9-3 房地产开发投资额（按注册登记类型分）
INVESTMENT IN REAL ESTATE DEVELOPMENT（GROUPED BY REGISTRATION）

单位：亿元 （100 million yuan）

年 份	Year	2006	2007	2008	2009	2010	2011	2012	2013	2014
合计	Total	462.09	461.04	440.49	437.46	458.46	514.74	736.84	887.71	1 069.49
1、内资企业	Domestic Investment Enterprises	326.61	312.03	339.26	316.06	331.23	418.35	599.72	739.96	892.77
国有企业	State-Owned	6.76	3.24	28.19	28.79	30.17	33.64	50.35	57.57	47.39
集体企业	Collective-Owned	2.00	3.10	2.12	1.70	1.78	0.77	0.00	3.11	6.66
股份合作企业	Shareholding	2.54	0.50	1.14	1.71	1.79	3.26	5.16	5.48	2.44
联营企业	Joint Owned	11.67	2.06	1.00			0.13	0.04		
国有联营企业	State-Joint Owned	0.67	0.98	0.73	0.60	0.63				
集体联营企业	Collective-Joint Owned									
国有与集体联营企业	State Collective Joint Owned									
其他联营企业	Other Joint Owned	11.00	1.08	0.18	0.01	0.01		0.04		
有限责任公司	Limited-Liability Corporations	131.96	151.52	174.96	158.53	166.14	176.01	256.23	297.84	395.06
国有独资公司	Enterprises Solely Funded by the State	3.11	7.94	3.58	7.60	7.96		14.52		
其他有限责任公司	Others	128.85	143.58	171.38	150.93	158.15		241.71		
股份有限公司	Shareholding	13.34	24.44	36.73	46.85	49.10	45.80	66.67	54.35	66.74
私营企业	Private	158.34	126.89	87.67	73.10	76.61	149.58	218.97	314.90	374.44
其他内资	Others		0.28	7.45	0.98	1.03	9.16	2.31	6.71	0.04
2、港、澳、台商投资企业	Enterprises with Funds from Hong Kong,Macao and Taiwan	91.46	129.01	74.93	96.52	101.15	88.45	101.12	121.72	136.76
3、外商投资企业	Foreign Funded	44.02	20.00	26.30	24.88	26.07	7.94	36.00	26.03	39.96

9-4 房地产开发投资资金来源及构成
TOTAL CAPITAL SOURCE AND COMPOSITION OF REAL ESTATE DEVELOPMENT

单位：亿元 （100 million yuan）

年 份 Year	本年资金来源小计 Sud-total Capital Source of this Year	国内贷款 Domestic Loans	利用外资 Foreign Capital Utilized	自筹资金 Self-raising Capital	其他资金 Other Capital
1993	175.06	39.05		49.14	86.87
1994	189.90	40.01		63.56	86.33
1995	147.83	31.43	28.14	49.41	38.85
1996	149.10	29.46	28.30	45.49	45.85
1997	168.11	30.91	20.14	61.20	55.86
1998	223.04	55.03	9.31	80.32	78.38
1999	252.88	59.59	4.64	83.31	105.34
2000	333.36	89.06	6.68	96.11	141.52
2001	391.47	102.64	8.93	131.38	148.52
2002	516.40	127.01	9.24	138.96	241.19
2003	644.70	166.37	8.02	179.19	291.12
2004	663.35	149.33	7.04	197.98	309.00
2005	694.01	159.87	2.38	216.49	315.27
2006	837.85	229.39	8.94	174.78	424.74
2007	847.90	169.83	11.78	241.42	424.87
2008	396.35	124.78	0.45	97.90	173.22
2009	881.76	258.83	1.39	171.95	449.59
2010	773.08	199.88	10.33	203.97	358.90
2011	818.81	199.85	2.06	294.03	322.87
2012	1 190.97	302.88	0.00	473.24	414.84
2013	1 686.91	441.09	0.12	456.97	788.73
2014	1 631.90	538.02	20.46	545.65	527.77

9-5 商品房施工面积（按用途分）

TOTAL FLOOR SPACE UNDER CONSTRUCTION OF COMMODITY HOUSING (GROUPED BY USE)

单位：万平方米 (10 000 sq. m.)

年 份 Year	施工面积 Floor Space Under Construction	住 宅 Residential Buiding	办公楼 Office Building	商业用房 Houses For Business Use	其 他 Others
1992	950.06	601.10	101.91	139.21	107.84
1993	1 396.44	909.51	152.43	199.92	134.58
1994	1 298.82	868.86	132.75	176.36	120.85
1995	1 371.06	844.20	214.51	187.71	124.64
1996	1 495.27	940.61	238.93	193.68	122.05
1997	1 454.17	966.18	181.76	185.17	121.06
1998	1 656.65	1 146.97	175.09	208.97	125.62
1999	1 834.13	1 355.62	137.58	201.34	139.59
2000	2 134.95	1 576.89	146.62	225.46	185.98
2001	2 392.77	1 790.49	115.10	255.38	231.80
2002	2 776.29	2 124.86	120.83	279.14	251.46
2003	2 838.22	2 072.89	134.29	317.74	313.30
2004	3 120.25	2 257.68	147.78	379.15	335.64
2005	3 058.90	2 152.58	155.67	370.34	380.31
2006	3 122.10	2 157.39	171.88	385.71	407.12
2007	3 149.56	2 177.78	189.65	335.98	446.15
2008	3 276.30	2 210.36	201.55	346.45	517.94
2009	3 112.36	2 087.47	189.09	328.27	507.53
2010	2 939.94	2 025.13	182.36	298.62	433.83
2011	2 875.98	1 965.63	171.46	298.47	440.42
2012	3 216.69	2 107.59	156.93	339.25	612.92
2013	4 003.49	2 608.29	261.51	383.62	750.06
2014	4 492.18	2 870.00	337.32	481.78	803.09

9-5 商品房施工面积（按区域分）

TOTAL FLOOR SPACE UNDER CONSTRUCTION OF COMMODITY HOUSING (GROUPED BY DISTRICT)

单位：万平方米 (10 000 sq. m.)

年 份 Year	施工面积 Floor Space Under Construction	罗湖区 Luohu	福田区 Futian	南山区 Nanshan	宝安区 Baoan	新宝安区 New Baoan	光明新区 Guangming	龙华新区 Longhua	龙岗区 Longgang	新龙岗区 New Longgang	坪山新区 Pingshan	大鹏新区 Dapeng	盐田区 Yantian
1996	1 495.27	613.06	403.72	254.20	119.62				104.67				
1997	1 454.17	435.48	445.27	214.29	163.51				195.62				
1998	1 656.65	483.06	493.49	321.63	171.62				176.56				10.29
1999	1 834.13	459.35	622.47	334.98	125.71				274.85				16.77
2000	2 134.95	523.64	691.02	415.09	212.04				251.47				41.69
2001	2 392.77	510.52	807.12	554.37	228.69				262.16				29.91
2002	2 776.29	511.82	830.24	631.89	397.97				347.29				57.08
2003	2 838.22	472.85	812.15	717.41	436.46				343.28				56.07
2004	3 120.25	437.61	789.79	743.36	639.07				434.31				76.11
2005	3 058.90	333.72	667.26	513.84	865.27				601.91				76.90
2006	3 122.10	329.37	517.48	586.94	859.65				734.22				94.44
2007	3 149.56	192.14	397.80	603.23	891.86				966.87				97.66
2008	3 276.30	251.52	314.50	689.71	880.39				1 015.05				125.13
2009	3 112.36	236.45	315.12	547.83	823.30				1 051.31				138.35
2010	2 939.94	208.68	252.00	503.31	777.89				1 050.23				147.83
2011	2 875.98	227.71	257.07	377.74	871.40				1 005.61				136.45
2012	3 216.69	199.69	261.24	369.77	948.14	459.12	48.39	440.63	1286.72	1 170.81	81.51	34.41	151.13
2013	4 003.49	311.03	404.18	341.04	1 136.80	521.22	53.36	552.22	1 665.32	1 438.74	186.86	39.71	145.12
2014	4 492.18	247.94	522.37	558.18	1 307.34	569.65	119.64	618.05	1 688.26	1 457.18	169.95	61.13	168.10

9-6 商品房新开工面积（按用途分）

FLOOR SPACE OF NEWLY STARTED OF COMMODITY HOUSING (GROUPED BY USE)

单位：万平方米 (10 000 sq. m.)

年 份 Year	新开工面积 Floor Space of Newly Started Buildings	住 宅 Residential Buildings	办公楼 Office Buildings	商业用房 Houses For Business Use	其 他 Others
1998	414.14	333.27	25.62	33.19	22.06
1999	580.56	492.81	6.98	31.94	48.83
2000	646.41	487.48	26.10	64.72	68.12
2001	999.71	792.24	26.96	83.74	96.77
2002	959.32	747.50	41.71	101.12	68.99
2003	932.86	645.18	35.89	119.88	131.91
2004	1 025.55	766.91	25.32	123.24	110.08
2005	1 054.19	753.90	39.89	127.15	133.25
2006	798.12	609.46	19.91	69.98	98.77
2007	876.40	621.91	40.06	72.94	141.49
2008	752.60	471.80	46.61	84.91	149.28
2009	489.18	328.04	29.82	60.70	70.62
2010	470.96	355.17	15.25	38.69	61.84
2011	537.99	367.32	18.54	54.76	97.37
2012	905.24	561.89	50.69	103.47	189.18
2013	1 366.40	910.13	114.88	120.68	220.70
2014	932.68	549.50	91.30	118.00	173.88

9-6 商品房新开工面积（按区域分）

FLOOR SPACE OF NEWLY STARTED OF COMMODITY HOUSING (GROUPED BY DISTRICT)

单位：万平方米 (10 000 sq. m.)

年 份 Year	新开工面积 Floor Space of Newly Started Buildings	罗湖区 Luohu	福田区 Futian	南山区 Nanshan	宝安区 Baoan	新宝安区 New Baoan	光明新区 Guangming	龙华新区 Longhua	龙岗区 Longgang	新龙岗区 New Longgang	坪山新区 Pingshan	大鹏新区 Dapeng	盐田区 Yantian
1998	414.14	101.25	114.77	82.98	47.37				67.21				0.56
1999	580.56	119.44	201.65	114.81	47.33				94.49				2.84
2000	646.41	103.02	169.62	168.21	96.96				82.57				26.03
2001	999.71	132.88	299.01	305.10	140.30				115.68				6.74
2002	959.32	136.41	238.00	242.46	175.92				140.97				25.56
2003	932.86	158.89	220.77	210.84	199.54				118.52				24.30
2004	1 025.55	112.05	152.62	201.34	307.07				218.33				34.14
2005	1 054.19	24.81	208.29	205.98	319.96				257.16				37.99
2006	798.12	15.49	69.00	123.74	271.85				275.43				42.61
2007	876.40	36.93	38.69	211.70	203.18				360.87				25.03
2008	752.60	87.76	52.23	153.94	195.60				205.47				57.60
2009	489.18	44.61	24.29	144.97	126.67				114.36				34.27
2010	470.96	4.10	25.97	70.63	225.06				135.16				10.04
2011	537.99	13.98	33.69	42.06	230.90				181.90				35.46
2012	905.24	58.61	93.28	88.03	195.98	103.76	22.74	69.48	408.07	379.06	12.23	16.79	61.27
2013	1 366.40	103.63	187.83	83.63	312.42	120.91	22.77	168.74	662.77	559.84	97.35	5.57	16.11
2014	932.68	28.91	91.01	227.56	364.18	145.68	57.16	161.34	196.11	178.28	9.64	8.18	24.91

9-7 商品房竣工面积（按用途分）

TOTAL FLOOR SPACE OF COMMERCIAL HOUSES COMPLETED （GROUPED BY USE）

单位：万平方米 （10 000 sq. m.）

年份 Year	竣工面积 Floor Space Completed	住宅 Residential Buildings	办公楼 Office Buildings	商业用房 Houses For Business Use	其他 Others
1991	150.44	91.22	7.93	11.21	40.08
1992	198.40	130.90	9.20	14.70	43.60
1993	281.46	196.75	11.51	21.32	51.88
1994	311.10	206.50	10.01	39.90	54.69
1995	311.55	216.38	34.24	36.98	23.95
1996	394.32	250.51	42.50	48.58	52.73
1997	327.04	243.19	34.22	29.57	20.06
1998	463.31	356.30	42.26	41.05	23.70
1999	502.15	412.46	16.89	37.05	35.75
2000	632.05	524.55	12.94	53.92	40.64
2001	727.97	573.21	27.74	53.84	73.18
2002	892.24	698.32	25.07	79.15	89.70
2003	1 020.31	816.62	24.43	95.63	83.63
2004	1 012.39	772.20	35.66	105.54	98.99
2005	945.78	704.44	18.70	96.67	125.97
2006	848.89	581.87	36.83	126.63	103.56
2007	636.02	437.14	32.38	73.99	92.51
2008	629.73	443.77	27.55	59.79	98.62
2009	402.01	269.54	25.05	32.20	75.22
2010	344.43	251.10	32.05	25.26	36.02
2011	325.00	232.66	20.97	35.89	35.48
2012	425.75	289.40	12.30	39.75	84.31
2013	353.55	196.33	30.84	53.35	73.03
2014	425.31	269.26	10.97	39.22	105.86

9-7 商品房竣工面积（按区域分）

TOTAL FLOOR SPACE OF COMMERCIAL HOUSES COMPLETED（GROUPED BY DISTRICT）

单位：万平方米 （10 000 sq. m.）

年份 Year	竣工面积 Floor Space Completed	罗湖区 Luohu	福田区 Futian	南山区 Nanshan	宝安区 Baoan	新宝安区 New Baoan	光明新区 Guangming	龙华新区 Longhua	龙岗区 Longgang	新龙岗区 New Longgang	坪山新区 Pingshan	大鹏新区 Dapeng	盐田区 Yantian
1999	502.15	100.38	159.44	75.99	46.81				114.44				5.09
2000	632.05	142.36	161.53	113.69	96.68				104.70				13.09
2001	727.97	215.53	225.65	152.54	42.44				89.20				2.61
2002	892.24	186.66	208.95	234.61	117.81				123.11				21.10
2003	1 020.31	155.56	275.96	278.90	155.27				137.37				17.25
2004	1 012.39	106.41	258.59	343.98	173.98				108.23				21.20
2005	945.78	149.96	203.91	157.39	213.12				184.24				37.16
2006	848.89	91.89	176.37	159.17	228.39				165.71				27.36
2007	636.02	15.15	110.74	126.68	245.68				111.76				26.01
2008	629.73	59.61	32.97	214.86	179.03				134.75				8.51
2009	402.01	0.57	58.69	93.58	100.63				121.56				26.98
2010	344.43	0.24	20.12	70.60	120.97				122.63				9.87
2011	325.00	65.63	24.12	21.76	57.36				140.13				16.00
2012	425.75	8.28	50.32	73.97	151.25	72.29		78.97	135.52	121.16	14.36		6.41
2013	353.55	68.79	53.21	35.39	98.08	67.56		30.52	98.08	66.98	27.90	3.20	
2014	425.31	24.65	14.47	73.03	161.65	25.03	27.46	109.16	115.60	110.29	5.31		35.91

9 8　商品房销售面积（按用途分）
TOTAL FLOOR SPACE OF BUILDINGS SOLD(GROUPED BY USE)

单位：万平方米　　　　(10 000 sq.m.)

年　份 Year	销售面积 Floor Space of Buildings Sold	住　宅 Residential Buildings	办公楼 Office Buildings	商业用房 Houses For Business Use	其　他 Others
1992	151.46	96.00	9.00	10.00	36.46
1993	180.17	140.89	5.85	9.58	23.85
1994	246.93	183.28	13.29	17.14	33.22
1995	274.59	209.07	17.37	16.89	31.26
1996	324.92	261.13	32.33	21.23	10.23
1997	405.44	336.70	28.88	27.40	12.46
1998	432.22	372.38	22.06	19.85	17.93
1999	541.84	492.51	15.02	26.20	8.11
2000	611.37	556.82	12.19	26.32	16.04
2001	643.47	593.72	11.01	27.40	11.34
2002	791.70	724.41	17.94	46.36	2.99
2003	877.85	811.90	19.54	39.37	7.04
2004	908.62	802.58	26.90	58.09	21.05
2005	993.20	901.13	28.49	53.48	10.10
2006	797.66	704.89	37.64	46.89	8.24
2007	555.11	500.35	20.87	30.64	3.25
2008	466.71	413.65	5.59	33.58	13.89
2009	762.16	717.40	19.63	18.07	7.07
2010	465.59	413.80	15.00	21.88	14.91
2011	496.89	469.43	9.90	16.96	0.60
2012	525.83	488.44	5.98	21.00	10.41
2013	588.58	527.16	21.31	19.05	21.06
2014	532.57	474.81	23.17	23.59	11.00

9-8　商品房销售面积（按区域分）
TOTAL FLOOR SPACE OF BUILDINGS SOLD(GROUPED BY DISTRICT)

单位：万平方米　　　　(10 000 sq.m.)

年　份 Year	销售面积 Floor Space of Buildings Sold	罗湖区 Luohu	福田区 Futian	南山区 Nanshan	宝安区 Baoan	新宝安区 New Baoan	光明新区 Guangming	龙华新区 Longhua	龙岗区 Longgang	新龙岗区 New Longgang	坪山新区 Pingshan	大鹏新区 Dapeng	盐田区 Yantian
1998	432.22	90.89	135.99	75.68	54.63				67.34				7.69
1999	541.84	118.53	162.69	94.89	71.62				82.01				12.10
2000	611.37	86.13	200.59	125.39	78.65				113.04				7.57
2001	643.47	110.75	165.28	140.62	95.21				122.60				9.01
2002	791.70	129.45	206.81	182.60	127.22				135.95				9.67
2003	877.85	120.49	206.30	236.85	149.76				139.02				25.45
2004	908.62	83.90	164.74	285.04	186.40				171.22				17.32
2005	993.20	103.11	210.36	171.05	283.84				201.99				22.85
2006	797.66	53.56	122.22	130.60	260.36				212.29				18.63
2007	555.11	35.26	69.29	72.60	189.08				170.97				17.92
2008	466.71	37.27	35.47	71.11	161.66				145.65				15.55
2009	762.16	34.86	52.49	171.33	217.20				255.33				30.95
2010	465.59	17.10	18.74	81.76	122.11				211.51				14.37
2011	496.89	7.07	153.60	53.35	106.07				166.42				10.38
2012	525.83	9.36	22.53	61.84	214.73	104.16	8.01	102.56	209.90	184.54	25.01	0.36	7.47
2013	588.58	11.18	61.27	53.94	218.56	98.38	13.58	106.60	229.32	197.57	30.59	1.15	14.31
2014	532.57	8.42	39.06	58.42	204.45	107.52	7.53	89.4	200.16	163.32	35.01	1.84	22.06

9-9 商品住宅销售面积（按区域分）
TOTAL FLOOR SPACE OF RESIDENTIAL BUILDINGS SOLD （GROUPED BY DISTRICT）

单位：万平方米 （10 000 sq. m.）

年份 Year	销售面积 Floor Space of Buildings Sold	罗湖区 Luohu	福田区 Futian	南山区 Nanshan	宝安区 Baoan	新宝安区 New Baoan	光明新区 Guangming	龙华新区 Longhua	龙岗区 Longgang	新龙岗区 New Longgang	坪山新区 Pingshan	大鹏新区 Dapeng	盐田区 Yantian
1996	261.13	71.87	82.35	43.19	21.26				42.46				
1997	336.70	71.23	106.75	61.63	43.31				53.78				
1998	372.38	75.29	111.06	70.61	50.07				61.55				3.80
1999	492.51	109.57	147.54	88.59	64.24				76.21				6.36
2000	556.82	77.17	181.94	114.95	69.70				106.26				6.80
2001	593.72	97.85	155.44	135.20	86.75				110.51				7.97
2002	724.41	119.80	186.29	173.18	111.31				124.45				9.38
2003	811.90	111.08	186.59	222.60	142.53				124.82				24.29
2004	802.58	83.78	125.29	270.81	167.84				137.60				17.26
2005	901.13	100.15	172.73	157.76	266.25				182.49				21.77
2006	704.89	52.72	77.58	119.41	244.08				193.82				17.28
2007	500.35	31.36	49.22	63.95	176.32				162.00				17.50
2008	413.65	21.36	31.77	64.33	146.68				134.47				15.04
2009	717.40	34.46	37.11	167.42	205.59				242.55				30.27
2010	413.80	10.21	7.2	69.30	114.91				193.82				18.36
2011	469.43	5.25	148.36	46.44	101.80				157.55				10.03
2012	488.43	7.74	11.39	54.22	207.17	98.03	8.01	101.13	200.75	176.46	23.96	0.33	7.16
2013	527.16	10.54	36.20	49.61	213.02	93.83	13.58	105.61	208.32	178.51	29.11	0.70	9.46
2014	474.81	7.97	19.52	56.22	190.19	99.10	7.49	83.60	183.80	149.36	33.71	0.73	17.11

9-10 办公楼销售面积（按区域分）
TOTAL FLOOR SPACE OF OFFICE BUILDINGS SOLD（GROUPED BY DISTRICT）

单位：万平方米 （10 000 sq. m.）

年份 Year	销售面积 Floor Space of Buildings Sold	罗湖区 Luohu	福田区 Futian	南山区 Nanshan	宝安区 Baoan	新宝安区 New Baoan	光明新区 Guangming	龙华新区 Longhua	龙岗区 Longgang	新龙岗区 New Longgang	坪山新区 Pingshan	大鹏新区 Dapeng	盐田区 Yantian
1996	32.33	14.35	8.80	9.18									
1997	28.88	13.06	9.34	3.59	1.39				1.50				
1998	22.06	7.60	12.11	0.94					1.10				0.31
1999	15.02	3.70	9.30	0.63	0.06								1.33
2000	12.19	3.95	6.15	1.50	0.13				0.41				0.05
2001	11.01	5.77	2.91	0.66	0.01				1.52				0.14
2002	17.94	3.39	12.63	1.37	0.02				0.24				0.29
2003	19.54	2.16	13.72	1.68	1.45				0.53				
2004	26.90		23.11	3.66	0.01				0.12				26.90
2005	28.49		22.19	5.04	0.54				0.72				
2006	37.64	0.06	31.85	5.22					0.51				
2007	20.87	0.61	15.51	3.80	0.87				0.08				
2008	5.59		2.27	1.65	1.67								
2009	19.63		12.65	2.24	4.46				0.28				
2010	15.00	4.19	5.80	0.27	3.21				1.53				
2011	9.90	0.37	4.68	4.51	0.34								
2012	5.98		1.68	3.60	0.51	0.51			0.19	0.19			
2013	21.31	0.64	13.70	3.63	0.36			0.36	1.59	1.59			1.39
2014	23.17	0.45	9.69	2.06	6.03	2.53		3.50	2.84	2.84			2.10

9-11 商业用房销售面积（按区域分）

TOTAL FLOOR SPACE OF COMMERCIAL BUILDINGS SOLD

（GROUPED BY DISTRICT）

单位：万平方米 （10 000 sq. m.）

年 份 Year	销售面积 Floor Space of Buildings Sold	罗湖区 Luohu	福田区 Futian	南山区 Nanshan	宝安区 Baoan	新宝安区 New Baoan	光明新区 Guangming	龙华新区 Longhua	龙岗区 Longgang	新龙岗区 New Longgang	坪山新区 Pingshan	大鹏新区 Dapeng	盐田区 Yantian
1996	21.23	11.49	2.66	1.32	4.38				1.38				
1997	27.40	8.75	4.48	2.48	9.54				2.15				
1998	19.85	5.34	3.70	2.00	4.04				4.69				0.08
1999	26.20	5.26	2.15	2.91	5.85				5.60				4.43
2000	26.32	3.21	3.88	4.64	7.57				6.30				0.72
2001	27.40	4.92	3.42	2.59	8.23				7.96				0.28
2002	46.36	6.15	6.52	6.53	15.89				11.27				
2003	39.37	6.61	4.81	7.62	5.51				13.66				1.16
2004	58.09	0.94	8.16	9.66	17.79				21.39				0.15
2005	53.48	2.93	9.20	8.55	16.77				14.86				1.17
2006	46.89	0.69	7.72	5.96	16.25				14.91				1.36
2007	30.64	3.28	1.64	4.85	11.89				8.57				0.41
2008	33.58	15.91	1.43	2.20	4.85				8.68				0.51
2009	18.07	0.22	0.40	1.67	7.15				7.96				0.67
2010	21.88	1.79	0.35	1.79	4.70				13.18				0.07
2011	16.95	1.36	0.70	2.22	3.78				8.55				0.34
2012	21.00	1.62	0.68	4.01	7.06	5.62		1.43	7.33	6.25	1.05	0.02	0.30
2013	19.05		2.67	0.70	5.17	4.55		0.63	7.04	5.11	1.48	0.45	3.46
2014	23.59		3.70	0.14	4.02	2.94	0.04	1.04	12.88	10.49	1.29	1.10	2.85

9-12 商品房屋待售面积（按用途分）

TOTAL FLOOR SPACE OF COMMERCIALIZED BUILDINGS FOR SALE

（GROUPED BY USE）

单位：万平方米 （10 000 sq. m.）

年 份 Year	待售面积 Floor space of Commercialized Buildings	住 宅 Residential Buildings	办公楼 Office Buildings	商业用房 Houses For Business Use	其 他 Others
1996	328.68	191.94	40.31	55.20	41.23
1997	258.69	137.34	48.69	48.66	24.00
1998	296.94	158.88	55.96	56.73	25.37
1999	249.60	139.67	42.49	52.90	14.54
2000	272.62	170.92	47.17	48.49	6.04
2001	241.35	142.72	29.53	51.69	17.41
2002	311.03	206.50	23.03	59.99	21.51
2003	319.94	190.88	26.23	81.12	21.71
2004	251.53	138.15	21.62	68.45	23.31
2005	191.51	90.24	14.38	63.44	23.45
2006	185.41	69.63	23.98	66.41	25.39
2007	152.36	58.92	15.81	55.30	22.33
2008	231.58	121.17	15.02	69.22	26.17
2009	141.64	63.60	15.41	49.56	13.07
2010	134.36	53.15	9.00	51.82	20.39
2011	257.69	148.13	5.15	84.49	19.92
2012	310.05	188.94	16.89	80.14	24.09
2013	351.66	203.06	14.08	103.06	31.47
2014	319.85	191.95	16.09	96.27	15.54

9-13 商品房屋待售面积（按区域分）

TOTAL FLOOR SPACE OF VACANT BUILDINGS（GROUPED BY DISTRICT）

单位：万平方米　　　　　　　　　　　　　　　　　　　　　　　　　　　　(10 000 sq. m.)

年　份 Year	空置面积 Floor space of Vacant Buildings	罗湖区 Luohu	福田区 Futian	南山区 Nanshan	宝安区 Baoan				龙岗区 Longgang				盐田区 Yantian
						新宝安区 New Baoan	光明新区 Guangming	龙华新区 Longhua		新龙岗区 New Longgang	坪山新区 Pingshan	大鹏新区 Dapeng	
1996	328.68	105.18	92.03	55.88	49.30				26.29				
1997	258.69	78.56	55.41	59.13	37.47				28.12				
1998	296.94	82.92	74.08	76.22	39.61				21.52				2.59
1999	249.60	82.32	60.46	45.21	25.51				32.07				4.03
2000	272.62	98.36	61.38	50.22	29.99				29.85				2.82
2001	241.35	81.50	72.12	34.59	24.00				27.33				1.81
2002	311.03	75.29	89.77	69.26	30.38				37.29				9.04
2003	319.94	74.54	103.76	67.50	34.87				31.07				8.20
2004	251.53	61.37	81.49	38.04	22.46				35.79				12.38
2005	191.51	46.46	56.42	21.81	30.27				25.29				11.26
2006	185.41	48.47	57.02	26.31	12.79				33.42				7.40
2007	152.36	32.39	42.48	21.38	16.29				36.32				3.50
2008	231.58	33.45	36.14	43.75	46.79				64.57				6.88
2009	141.64	28.45	34.65	29.30	19.38				26.29				3.57
2010	134.36	23.00	31.51	16.51	33.34				21.25				8.75
2011	257.69	22.64	37.28	10.72	106.12				67.26				13.67
2012	310.05	20.36	45.64	18.02	93.40	56.75	0.33	36.33	116.12	114.21	0.63	1.28	16.51
2013	351.66	37.87	34.72	40.92	104.67	50.04	0.33	54.31	115.05	100.16	6.16	8.73	18.44
2014	319.85	27.68	18.49	45.92	98.76	49.01	6.87	42.87	103.52	84.76	10.63	8.12	25.48

9-14 商品房二级市场平均交易价格（按用途分）

AVERAGE SELLING PRICE OF COMMERCIAL HOUSES IN SECONDARY MARKET（GROUPED BY USE）

单位：元/平方米　　　　　　　　　　　　　　　　　　　　　　　　　　　　(yuan/ sq. m.)

年　份 Year	商品房二级市场平均交易价格 Average Selling Price of Commercial Houses in Secondary Market	住　宅 Residential Buildings	办公楼 Office Buildings	商业用房 Houses For Business Use	其　他 Others
1998	5 927	5 191	11 995	10 241	3 468
1999	5 503	5 004	10 504	11 195	3 743
2000	5 718	5 275	10 954	10 306	3 186
2001	5 779	5 517	13 717	11 916	4 126
2002	6 074	5 641	8 145	12 175	5 000
2003	6 215	5 879	8 678	11 624	2 804
2004	6 771	6 419	9 670	12 764	5 672
2005	7 582	6 996	12 374	15 083	6 869
2006	10 039	9 190	15 762	18 257	9 714
2007	14 050	13 370	23 535	19 103	10 203
2008	12 665	12 823	19 071	11 469	8 286
2009	15 214	14 858	23 919	20 826	12 768
2010	20 850	20 297	24 797	23 346	24 787
2011	20 674	19 038	39 481	31 654	28 603
2012	20 035	18 848	37 814	29 859	27 472
2013	23 776	21 808	36 402	18 059	28 337
2014	25 700	23 955	32 926	34 911	30 165

注：　本表数据取自深圳市规划和国土资源委员会。

Note: The data of this table adopts from the records of Shenzhen Municipal Bureau of Planning and Land Resources.

9-14 商品房二级市场平均交易价格（按区域分）

AVERAGE SELLING PRICE OF COMMERCIAL HOUSES IN SECONDARY MARKET (GROUPED BY DISTRICT)

单位：元/平方米 (yuan/ sq. m)

年份 Year	商品房二级市场平均交易价格 Average Selling Price of Commercial Houses in Secondary Market	罗湖区 Luohu	福田区 Futian	南山区 Nanshan	宝安区 Baoan	龙岗区 Longgang	盐田区 Yantian
1998	5 927	8 202	6 720	4 475	3 458	3 085	5 380
1999	5 503	8 763	6 299	4 472	3 222	3 226	3 379
2000	5 718	8 047	7 048	4 682	3 452	3 976	6 437
2001	5 779	6 272	7 171	6 007	3 256	3 537	4 079
2002	6 145	7 048	7 981	5 930	4 302	3 925	5 360
2003	6 215	7 444	7 787	6 041	3 866	4 046	6 111
2004	6 771	7 953	8 324	6 738	4 989	5 067	9 003
2005	7 582	8 548	9 565	8 929	5 799	5 889	7 896
2006	10 039	10 115	15 485	12 855	8 626	6 906	9 793
2007	14 050	17 834	20 639	18 196	12 256	10 785	14 293
2008	12 665	14 011	16 946	17 230	11 425	9 136	24 748
2009	15 214	22 674	24 338	19 751	13 677	9 822	25 349
2010	20 850	26 016	27 691	31 463	19 752	14 288	40 780
2011	20 674	26 118	39 481	35 936	18 236	15 010	20 869
2012	20 035	29 928	33 852	34 924	18 288	14 526	29 924
2013	23 776	34 715	42 843	41 636	21 616	17 621	25 964
2014	25 700	40 866	44 171	41 406	24 221	18 938	31 358

注：本表数据取自深圳市规划和国土资源委员会。

Note: The data of this table adopts from the records of Shenzhen Municipal Bureau of Planning and Land Resources.

9-15 商品住宅二级市场平均交易价格（按区域分）

AVERAGE SELLING PRICE OF COMMERCIAL HOUSES IN SECONDARY MARKET (GROUPED BYDISTRICT)

单位：元/平方米 (yuan/ sq. m.)

年份 Year	住宅平均平均交易价格 Average Selling Price of Commercial Houses in Secondary Market	罗湖区 Luohu	福田区 Futian	南山区 Nanshan	宝安区 Baoan	龙岗区 Longgang	盐田区 Yantian
1998	5 191	6 373	6 440	4 401	3 121	2 962	5 560
1999	5 004	7 394	6 027	4 390	3 074	3 033	3 194
2000	5 275	7 200	6 728	4 540	3 025	3 718	4 252
2001	5 517	6 408	6 465	5 709	2 851	3 402	4 139
2002	5 641	6 496	7 664	5 639	3 805	3 522	5 265
2003	5 879	6 866	7 640	5 778	3 640	3 485	6 076
2004	6 419	7 789	7 806	6 499	4 787	4 447	9 002
2005	6 996	8 135	8 627	8 502	5 353	5 353	7 698
2006	9 190	9 988	13 803	12 119	8 297	6 423	9 454
2007	13 370	16 946	18 441	18 008	12 212	10 478	14 178
2008	12 823	16 891	16 876	17 050	11 652	9 112	24 995
2009	14 858	22 607	23 216	19 636	13 726	9 626	25 366
2010	20 297	23 470	29 248	30 840	19 944	14 166	40 861
2011	19 038	24 656	29 866	35 370	17 805	14 705	19 392
2012	18 848	30 319	29 958	34 401	18 028	13 942	23 254
2013	21 808	36 396	41 439	42 273	20 947	17 118	19 485
2014	23 955	42 480	42 445	41 259	23 747	18 755	28 253

注：本表数据取自深圳市规划和国土资源委的网上合同备案资料。

Note: The data of this table adopts from the records of Shenzhen Municipal Bureau of Planning and Land Resources.

9-16 房地产开发企业主要财务指标

FINANCIAL INDICATORS OF REAL ESTATE COMPANIES

年 份	Year	2009	2010	2011	2012	2013	2014
一、年末资产负债（亿元）	**Total Assets and Liabilities at the year end (100 million yuan)**						
资产总计	Total Capital	4 439.42	5 125.05	6 280.20	7 721.12	9 851.81	10 048.95
负债合计	Total liabilities	4 001.76	4 760.07	4 620.12	5 562.67	7 304.97	7 743.89
所有者权益合计	Creditors' Equity	1 612.49	1 747.26	1 660.08	2 158.45	2 546.83	2 305.06
二、损益及分配（亿元）	**Profit,loss and distribution(100 million yuan)**						
1、主营业务收入	Business Revenue	1 166.67	852.70	722.91	1 029.48	1 181.42	1 320.40
#土地转让收入	Land Sales Revenue	5.21	0.56	1.00	2.17	0.22	0.02
商品房屋销售收入	Sales Revenue of Commodity	1 042.02	766.43	648.85	922.51	1 071.24	1 211.01
房屋出租收入	Revenue Leased	16.47	39.69	50.33	66.31	66.27	67.04
其他收入	Other Revenues	102.97	46.02	22.73	38.49	43.68	42.33
2、主营业务成本、主营业务税金及附加	Business Cost,Taxes and Extra Charge	832.26	563.55		694.90	820.76	855.77
主营业务成本	Business cost	716.48	458.70	334.82	528.71	644.11	703.72
主营业务税金及附加	Business Taxes and Extra Charge	115.78	104.85	107.05	166.19	176.65	152.05
3、费用合计	Total Expenses	112.39	121.92		150.84	177.22	178.26
销售费用	Sales Expenses	32.77	28.07	25.25	36.72	50.65	47.58
管理费用	Management Expenses	52.52	63.47	64.94	65.26	73.21	70.45
财务费用	Financial Expenses	27.10	29.39	32.15	48.86	53.36	60.23
4、其他业务利润	Other Profits	9.21	5.62	6.04	6.62	11.70	5.18
5、投资收益	Investment Revenue	67.78	0.59	60.39	117.02	202.94	122.73
6、营业外收入	Nonbusiness Revenue	7.02	2.96	4.32	5.19	4.81	3.72
7、营业外支出	Nonbusiness Expenses	5.34	6.01	3.27	4.23	5.84	10.65
8、利润总额	Total Profits	300.89	250.93	375.37	314.03	482.21	363.38
三、工资总额（亿元）	**Total Payable Salaries(100 million yuan)**	**24.70**	**24.17**	**29.19**	**42.41**	**29.86**	**31.21**
四、从业人员年平均人数(人)	**Average Number of Employed Persons(person)**	**44 703**	**38 598**	**10 665**	**26 697**	**26 660**	**24 638**
五、企业数(个)	**Number of Enterprises(unit)**	**570**	**597**	**400**	**459**	**461**	**453**

主要统计指标解释

房地产开发投资 指各种登记注册类型的房地产开发公司、商品房建设公司及其他房地产开发法人单位和附属于其他法人单位实际从事房地产开发或经营活动的单位统一开发的包括统代建、拆迁还建的住宅、厂房、仓库、饭店、宾馆、度假村、写字楼、办公楼等房屋建筑物和配套的服务设施，土地开发工程（如道路、给水、排水、供电、供热、通讯、平整场地等基础设施工程）的投资；不包括单纯的土地交易活动。

施工面积 指报告期内施工的全部房屋建筑面积。包括本期新开工的面积和上期开工跨入本期继续施工的房屋面积，以及上期已停建在本期恢复施工的房屋面积。本期竣工和本期施工后又停缓建的房屋，其建筑面积仍计入本期房屋施工面积中。

竣工面积 指在报告期内房屋建筑按照设计要求已经全部完工，达到住人和使用条件，经验收鉴定合格（或达到竣工验收标准），正式移交使用单位的各栋房屋建筑面积的总和。

Explanatory Notes on Main Statistical Indicators

Investment in Real Estate Development It includes the investment by the real estate development companies, commercial buildings construction companies and other real estate development units of various types of ownership in the construction of house buildings, such as residential buildings, factory buildings, warehouses, hotels, guesthouses, holiday villages, office buildings, and the complementary service facilities and land development projects, such as roads, water supply, water drainage, power supply, heating, telecommunications, land leveling and other projects of infrastructure. It excludes the activities in simple land transactions.

Floor Space under Construction refers to total floor space of all buildings under construction during the reference period, including floor space of newly started buildings during the reference period, floor space of construction extended from the previous period to the current period, and floor space of construction suspended during the previous period and resumed in the current period. Floor space of construction completed in the current period, and floor space of construction started and then suspended in the current period are also included in the floor space under construction of the current year.

Floor Space of Building Completed refers to the floor space of all buildings completed in the reference period, which have been appraised and accepted (or come up to the designed standards) and have been transferred to the owners for use.

商业和物价

COMMERCE AND PRICE

CHAPTER

10-1 社会消费品零售总额及指数

INDICES OF TOTAL RETAIL SALES OF CONSUMER GOODS

年 份 Year	社会消费品零售总额(万元) Total Retail Sales of Consumer Goods (10 000 yuan)	社会消费品零售总额指数 Retail Sales Indices	
		以1979年为100 (1979=100)	以上年为100 (Preceding year=100)
1979	11 259	100.0	
1980	19 615	174.2	174.2
1981	34 229	304.0	174.5
1982	54 185	481.3	158.3
1983	123 794	1 099.5	228.5
1984	201 107	1 786.2	162.5
1985	265 642	2 359.4	132.1
1986	273 712	2 431.1	103.0
1987	324 364	2 880.9	118.5
1988	502 430	4 462.5	154.9
1989	545 741	4 847.2	108.6
1990	667 580	5 929.3	122.3
1991	828 341	7 357.1	124.1
1992	1 148 908	10 204.4	138.7
1993	2 641 333	14 256.4	139.7
1994	3 639 756	19 641.2	137.8
1995	4 269 434	23 032.9	117.3
1996	4 888 502	26 380.3	114.5
1997	5 372 464	28 997.3	109.9
1998	5 732 419	30 940.1	106.7
1999	6 385 915	34 467.3	111.4
2000	7 350 188	39 671.9	115.1
2001	8 320 412	44 908.6	113.2
2002	9 419 443	50 836.5	113.2
2003	10 951 323	59 122.8	116.3
2004	12 506 411	67 518.2	114.2
2005	14 416 103	77 641.9	115.3
2006	16 804 604	90 219.9	116.6
2007	19 308 050	103 392.0	114.9
2008	22 765 855	121 589.0	117.9
2009	25 679 436	137 152.4	112.8
2010	30 007 629	160 331.2	116.9
2011	35 208 736	188 068.5	117.3
2012	40 087 794	219 099.8	116.5
2013	45 004 559	246 049.1	112.3
2014	49 189 983	268 931.7	109.3
年平均增长率 Average Annual Growth Rate		**25.3**	

注：2013、2014年数据已根据第三次全国经济普查结果进行修订。
Note: The data from 2013 to 2014 have adjusted by the 3rd China Economic Census.

10-2 限额以上批发零售贸易业商品分类销售（2014年）

TOTAL SALES OF ENTERPRISES OVER LEVELS IN WHOLESALE AND RETAIL SALE TRADES GROUPED BY CATEGORY OF COMMODITIES（2014）

单位：万元 （10 000 yuan）

项 目	Item	批发额 Value in Wholesale Trade	零售额 Value in Retail Sale Trade
总　计	**Total**	**181 847 183.6**	**32 029 628.0**
食品、饮料、烟酒类	Food,Beverage,Tobacco and Liquor	19 254 034.1	3 204 760.0
针、纺织品类	Knitwear and Textiles	1 557 980.8	500 466.1
服装、鞋帽类	Garments,Footwear and Headgear	8 058 062.9	4 379 895.5
化妆品类	Cosmetics	1 097 723.9	305 214.9
日用品类	Articles for Daily Use	7 223 827.4	2 155 288.8
五金、电料类	Hardwares and Electric Appliances	1 308 687.4	179 801.0
家用电器及音像器材类	Household Appliances and Video Appliances	4 946 882.2	1 610 856.8
电子出版类及音像制品类	E-journals and Video Products	115 962.2	67 326.8
体育、娱乐用品类	Sports and Recreational Articles	736 120.0	163 469.2
文化、办公用品类	Articles For Culture and Office Use	28 897 485.4	1 228 151.8
金银珠宝类	Gold, Silver and Jewelry	7 816 193.9	828 419.3
家具类	Furniture	1 111 442.2	509 693.5
中西药品类	Traditional Chinese and Western Medicines	3 751 661.4	295 388.8
书报杂志类	Newspapers and Magazines	273 043.3	116 924.2
通讯器材类	Communications Appliances	20 120 120.3	1 169 576.1
建筑材料类	Building Materials	2 109 505.1	84 491.2
木材及制品类	Timber and Related Products	209 716.8	
化工材料及制品类	Chemical Materials and Products	5 359 713.8	
金属材料类	Metal Materials	22 257 059.5	
机电设备及零件类	Mechanical and Electrical Products and Accessories	14 949 582.8	541 960.0
煤炭及制品类	Coal and Related Products	1 948 374.8	
石油及制品类	Petroleum and Related Products	9 500 234.5	3 408 623.4
种子饲料类	Seeds and Feedstuff	113 266.9	
棉麻类	Cotton and Hemp	12 781.4	
汽车类	Motor Vehicles	11 263 480.7	8 408 688.5
其他类	Others	7 854 239.9	2 870 632.1

10-3 限额以上批发和零售业法人企业商品购销存综合表（2014年）

TOTAL PURCHASES SALES AND INVENTORY OF ENTERPRISES ABOVE THE DESIGNATED SIZE IN WHOLESALE AND RETAIL TRADE（2014）

单位：万元

项　目	Item	法人企业（个）Number of Corporative Enterprises (unit)	从业人员期末人数（人）Number of Employees at the Year-end (person)
总　　计	**Total**	**3 301**	**379 410**
一、批发业	**Wholesale Trade**	**2 467**	**205 682**
1.按批发行业分组	Grouped by Sector		
农畜产品批发	Wholesale of Farm and Livestock Products	29	2 424
食品、饮料及烟草制品批发	Wholesale of Foods, Beverages&Tobaccos	221	28 695
纺织、服装及日用品批发	Wholesale of Textiles, Garments and Daily-use Products	394	41 387
文化、体育用品及器材批发	Wholesale of Cultural and Sports Articles and Appliances	210	15 532
医药及医疗器材批发	Wholesale of Medicine and Medical Appliances	107	16 346
矿产品、建材及化工产品批发	Wholesale of Mineral Products, Building Material and Chemical Products	569	31 121
机械设备、五金交电及电子产品批发	Wholesale of Mechanical Equipment,Hardware and Electronic Products	784	57 621
贸易经纪与代理	Trade Broker and Agent	76	3 002
其他批发	Other Wholesales	77	9 554
2.按登记注册类型分组	Grouped by Registration Status		
内资企业	Domestic-funded	2 100	161 651
国有企业	State-owned	24	1 564
集体企业	Collective-owned		
股份合作企业	Share-holding Cooperative Enterprises		
联营企业	Joint Ownership	1	
有限责任公司	Limited Liabilities Companies	357	42 384
股份有限公司	Share-holding Limited Companies	53	26 713
私营企业	Private-owned	1 661	90 873
港、澳、台商投资企业	Funded by Entrepreneur from Hong Kong,Macao and Taiwan	236	27 056
合资经营企业（港或澳、台资）	Joint-venture(Hong Kong,Macao and Taiwan)	24	2 589
合作经营企业（港或澳、台资）	Cooperative(Hong Kong,Macao and Taiwan)	1	53
港、澳、台商独资经营企业	Enterprises with Sole Funds(Hong Kong,Macao and Taiwan)	211	24 414
港、澳、台商投资股份有限公司	Share-holding Corporations Ltd(Hong Kong,Macao and Taiwan)		
外商投资企业	Foreign-funded	131	16 975
中外合资经营企业	Jointly-owned	27	3 129
中外合作经营企业	Cooperatively-owned	1	61
外资企业	Exclusively Foreign-owned	98	11 229
外商投资股份有限公司	Foreign-funded Investment Companies Limited	3	2 295
3.按控股情况分组	Grouped by Holding Condition		
国有控股	State-controlled	115	25 024
集体控股	Collective-controlled	24	3 633
私人控股	Private-controlled	1 862	118 014
港澳台商控股	Controlled by Entrepreneur from Hong Kong,Macao and Taiwan	230	27 527
外商控股	Foreign-funded-controlled	111	14 970
其他	Others	125	16 514
4.按经营形式分组	Grouped by Business Forms		
独立门店	Independent Stores	412	33 006

(10 000 yuan)

商品购进总额 Total Purchase	进口额 Imports	商品销售总额 Total Sales	批发额 Whosales Trade	出口额 Exports	零售额 Retail Trade	年末商品库存总额 Inventory (Year-end)	年末零售营业面积（平方米） Retail Business Area at the Year-end(sg.m)
127 221 241.0	**20 221 508.1**	**140 350 263.3**	**111 404 551.6**	**19 496 999.4**	**28 945 711.7**	**11 994 508.8**	**7 392 307**
104 929 260.1	**18 989 033.9**	**115 372 384.3**	**108 765 444.9**	**19 466 179.4**	**6 606 939.4**	**7 652 967.7**	**1 602 254**
808 813.0	210 899.1	979 066.7	874 328.5	31 277.0	104 738.2	96 919.1	11 710
12 388 514.1	564 206.5	13 608 547.5	13 387 542.1	112 356.9	221 005.4	690 401.4	125 779
4 312 956.7	712 953.0	5 939 775.7	5 134 778.6	1 776 989.2	804 997.1	853 271.1	197 572
5 379 456.6	549 202.2	6 034 239.9	5 877 797.3	960 480.3	156 442.6	2 177 743.5	194 257
2 536 789.5	459 183.9	3 084 310.9	3 025 040.8	45 051.7	59 270.1	286 065.0	47 753
37 299 570.9	2 304 387.2	39 421 981.7	35 519 980.6	1 475 741.3	3 902 001.1	1 451 260.3	609 296
30 355 282.4	5 527 297.3	33 263 871.9	32 006 711.1	6 121 876.3	1 257 160.8	1 781 070.3	325 340
3 465 076.3	988 671.3	3 795 660.0	3 778 865.1	491 095.8	16 794.9	267 352.8	61 176
8 382 800.6	7 672 233.4	9 244 930.0	9 160 400.8	8 451 310.9	84 529.2	48 884.2	29 371
78 186 944.6	6 678 653.2	86 395 453.6	81 577 714.6	7 849 070.0	4 817 739.0	6 313 251.1	1 314 644
1 958 407.4	62 827.8	2 582 666.9	2 572 402.3	96 798.4	10 264.6	66 067.8	22 725
		28 247.3	28 247.3				
34 690 032.5	1 634 582.7	36 481 126.3	35 856 419.2	1 013 612.7	624 707.1	1 633 677.7	204 215
12 058 818.1	617 648.4	12 732 129.3	10 886 105.0	2 407 623.6	1 846 024.3	1 769 056.1	256 600
29 428 111.6	4 363 594.3	34 516 184.0	32 179 441.0	4 331 035.3	2 336 743.0	2 839 674.6	830 493
15 155 680.0	10 020 333.1	16 857 812.2	15 323 365.3	9 270 553.6	1 534 446.9	792 242.0	211 882
1 414 000.5	157 525.5	1 545 984.0	1 475 243.9	26 549.2	70 740.1	55 718.7	13 294
13 167.4		15 132.1	15 132.1	15 132.1		41.0	230
13 728 512.1	9 862 807.6	15 296 696.1	13 832 989.3	9 228 872.3	1 463 706.8	736 482.3	198 358
11 586 635.5	2 290 047.6	12 119 118.5	11 864 365.0	2 346 555.8	254 753.5	547 474.6	75 728
1 775 672.9	321 494.2	1 896 252.7	1 881 510.4	213 066.8	14 742.3	89 004.0	20 451
65 335.9		63 847.8	63 847.8			6 273.3	2 027
9 646 837.4	1 952 279.7	10 003 770.6	9 836 059.7	2 133 489.0	167 710.9	424 973.1	49 183
58 010.9	10 972.7	93 471.3	21 171.0		72 300.3	27 166.6	3 987
24 191 843.6	1 211 753.7	25 844 568.2	23 836 265.7	2 802 201.2	2 008 302.5	808 937.8	299 801
863 435.7	30 848.9	1 354 506.7	1 312 198.7	158 812.0	42 308.0	122 230.3	15 057
41 759 600.6	5 375 489.9	47 628 055.1	45 122 969.8	5 012 843.1	2 505 085.3	4 821 528.5	965 607
15 177 658.9	9 975 515.4	16 841 496.5	15 307 499.7	9 279 105.2	1 533 996.8	780 549.1	207 191
9 998 238.9	1 964 224.0	10 450 719.2	10 209 948.1	2 133 489.0	240 771.1	496 988.3	57 650
12 938 482.4	431 202.0	13 253 038.6	12 976 562.9	79 728.9	276 475.7	622 733.7	56 948
10 413 506.3	1 108 938.5	12 347 741.1	11 843 732.3	640 191.3	504 008.8	848 522.6	298 065

单位：万元

项　目	Item	法人企业（个）Number of Corporative Enterprises (unit)	从业人员期末人数（人）Number of Employees at the Year−end (person)
连锁总店	General Chain Stores	26	6 379
连锁门店	Chain Stores	8	3 222
其他	Others	2 021	163 075
二、零售业	**Retail Trade Sector**	**834**	**173 728**
1.按零售行业分组	Grouped by Sector		
综合零售	Integrated Retail	91	53 327
食品、饮料及烟草制品专门零售	Special Retail of Foods, Beverages&Tobaccos	28	3 860
纺织、服装及日用品专门零售	Special Retail of Textile, Garments and Daily−use Articles	105	46 124
文化、体育用品及器材专门零售	Special Retail of Cultural and Sports Goods and Appliances	58	13 362
医药及医疗器材专门零售	Special Retail of Medicine and Medical Appliances	27	6 895
汽车、摩托车、燃料及零配件专门零售	Special Retail of Automobiles, Motorcycles, Fuels and Related Accessories	355	32 268
家用电器及电子产品专门零售	Special Retail of Household Electrical Appliances and Electronic Products	106	11 986
五金、家具及室内装修材料专门零售	Special Retail of Hardware, Furniture and lndoor Decoration Materials	34	2 170
无店铺及其他零售	Retail without Shops and Other	30	3 736
2.按登记注册类型分组	Grouped by Registration		
内资企业	Civil Funded	751	116 973
国有企业	State−owned	6	6 470
集体企业	Collective−owned	2	92
股份合作企业	Share−holding Cooperative Enterprise	1	48
联营企业	Joint Ownership	2	1 384
有限责任公司	Limited Liabilities Companies	225	52 360
股份有限公司	Share−holding Limited Companies	14	9 303
私营企业	Private−owned	498	46 445
港、澳、台商投资企业	Funded by Entrepreneur from Hong Kong, Macao and Taiwan	53	31 467
外商投资企业	Foreign−funded	30	25 288
3.按控股情况分组	Grouped by Holding Condition		
国有控股	State−controlled	49	25 762
集体控股	Collective−controlled	16	1 327
私人控股	Private−controlled	597	78 968
港澳台商控股	Controlled by Entrepreneur from Hong Kong,Macao and Taiwan	53	23 230
外商控股	Foreign−funded−controlled	23	24 314
其他	Others	96	20 127
4.按经营形式分组	Grouped by Business Forms		
独立门店	Independent Stores	427	54 739
连锁总店	General Chain Stores	77	60 526
连锁门店	Chain Stores	36	17 666
其他	Other	294	40 797
5.按零售业态分组	Grouped by Retail Format		
有店铺零售	Store−based Retailing	790	170 548
无店铺零售	Non−Store Retailing	44	3 180

10-3 续表 continued (10 000 yuan)

商品购进总额 Total Purchase	进口额 Imports	商品销售总额 Total Sales	批发额 Whosales Trade	出口额 Exports	零售额 Retail Trade	年末商品库存总额 Inventory (Year-end)	年末零售营业面积（平方米） Retail Business area at the Year-end(sg.m)
4 202 432.7	71 213.3	4 629 045.3	3 200 252.8	4 816.6	1 428 792.5	291 431.4	263 088
274 634.8		348 439.7	227 488.2	6 675.4	120 951.5	57 593.6	25 763
90 038 686.3	17 808 882.1	98 047 158.2	93 493 971.6	18 814 496.1	4 553 186.6	6 455 420.1	1 015 338
22 291 980.9	**1 232 474.2**	**24 977 879.0**	**2 639 106.7**	**30 820.0**	**22 338 772.3**	**4 341 541.1**	**5 790 053**
6 767 086.1	14 981.4	7 830 055.2	653 882.1		7 176 173.1	1 718 151.2	3 479 787
238 668.2	108 324.1	345 282.0	17 396.7		327 885.3	103 818.5	23 126
1 321 578.2	31 019.5	1 927 393.0	167 446.8	3 630.6	1 759 946.2	757 781.7	430 566
377 698.2		490 167.9	87 140.4		403 027.5	207 860.8	161 959
538 762.9	1 714.8	557 941.7	255 606.3		302 335.4	69 255.5	125 951
10 194 721.3	941 407.5	10 933 500.4	715 628.3		10 217 872.1	1 008 188.3	963 828
2 218 655.3	25 708.5	2 082 855.6	612 383.5	1 456.2	1 470 472.1	360 285.9	365 880
204 669.9	1 972.9	293 579.3	54 531.0	5 404.1	239 048.3	31 478.9	194 647
430 140.8	107 345.5	517 103.9	75 091.6	20 329.1	442 012.3	84 720.3	44 309
14 834 222.5	993 040.0	16 325 094.3	2 001 729.9	30 820.0	14 323 364.4	2 363 930.3	3 370 842
79 656.1		81 785.9	7 211.9		74 574.0	45 695.0	43 081
11 953.7		12 750.8			12 750.8	652.2	551
7 126.5		8 459.3			8 459.3	1 242.1	1 000
347.5		22 712.0			22 712.0	42.2	5 736
7 916 812.9	474 808.5	8 732 248.6	1 305 564.7		7 426 683.9	976 757.2	1 895 227
695 057.8		630 917.3	45 382.3		585 535.0	301 842.6	90 124
6 022 206.9	480 790.6	6 600 962.9	643 571.0	30 820.0	5 957 391.9	1 010 687.1	1 321 583
3 136 013.9	239 109.8	4 416 610.8	103 562.3		4 313 048.5	1 750 256.6	1 192 307
4 321 744.5	324.4	4 236 173.9	533 814.5		3 702 359.4	227 354.2	1 226 904
3 472 114.3	135 635.1	3 912 916.7	527 771.2		3 385 145.5	1 710 841.4	868 565
263 525.8	10 012.7	314 258.1	52 810.8		261 447.3	29 891.9	63 396
10 055 909.3	666 372.1	11 073 259.1	1 309 935.5	30 820.0	9 763 323.6	1 654 909.6	2 390 455
1 721 047.1	239 109.8	2 777 770.8	103 562.3		2 674 208.5	370 768.6	583 067
4 178 080.4	324.4	4 064 880.6	524 625.7		3 540 254.9	229 257.2	1 201 957
2 601 304.0	181 020.1	2 834 793.7	120 401.2		2 714 392.5	345 872.4	682 613
8 494 847.2	969 847.8	9 608 271.0	342 898.9	3 013.8	9 265 372.1	1 189 060.3	1 609 079
6 794 624.6	4 364.8	7 497 608.8	1 046 642.9		6 450 965.9	2 043 930.0	2 252 845
2 050 422.1	76 580.4	2 107 511.7	109 896.8		1 997 614.9	447 479.3	762 210
4 952 087.0	181 681.2	5 764 487.5	1 139 668.1	27 806.2	4 624 819.4	661 071.5	1 165 919
21 826 675.3	1 168 937.0	24 443 689.4	2 530 220.8	8 977.4	21 913 468.6	4 250 431.8	5 779 118
465 305.6	63 537.2	534 189.6	108 885.9	21 842.6	425 303.7	91 109.3	10 935

10-4 限额以上批发和零售业法人单位主要财务状况综合表（一）（2014年）

MAIN FINANCIAL INDICATORS OF WHOLESALE AND RETAIL SALES ABOVE THE SET SCALE Ⅰ（2014）

单位：万元

项目	Item	法人企业数（个）Number of Corporative Enterprises (unit)	流动资产合计 Total Current Assets	应收帐款 Accounts Payable
总计	**Total**	**3 301**	**73 513 451.9**	**17 903 343.9**
一、批发业	**Wholesale Trade**	**2 467**	**62 557 696.7**	**16 711 314.1**
1.按批发行业分组	Grouped by Sector			
农畜产品批发	Livestock products wholesale	29	482 233.7	29 144.4
食品、饮料及烟草制品批发	Wholesale of Foods, Beverages&Tobaccos	221	5 133 255.7	1 310 886.5
纺织、服装及日用品批发	Wholesale of Textiles, Garments and Daily-use Products	394	3 800 202.7	1 050 876.5
文化、体育用品及器材批发	Wholesale of Cultural and Sports Articles and Appliances	210	4 589 726.1	1 378 601.0
医药及医疗器材批发	Wholesale of Medicine and Medical Appliances	107	1 826 707.9	496 800.6
矿产品、建材及化工产品批发	Wholesale of Mineral Products, Building Material and Chemical Products	569	15 806 213.4	3 179 176.0
机械设备、五金交电及电子产品批发	Wholesale of Mechanical Equipment,Hardware and Electronic Products	784	19 450 077.9	4 165 410.4
贸易经纪与代理	Trade Broker and Agent	76	6 020 354.5	659 906.9
其他批发	Other Wholesales	77	5 448 924.8	4 440 511.8
2.按登记注册类型分组	Grouped by Registration Status			
内资企业	Domestic-funded	2 100	47 954 265.4	9 566 394.7
国有企业	State-owned	24	526 840.8	36 913.4
集体企业	Collective-owned			
股份合作企业	Share-holding Cooperative Enterprises			
联营企业	Joint Ownership	1	10 175.9	9 974.3
有限责任公司	Limited Liabilities Companies	357	14 726 485.2	3 085 761.4
股份有限公司	Share-holding Limited Companies	53	10 645 243.9	996 353.3
私营企业	Private-owned	1 661	22 036 039.0	5 432 421.0
港、澳、台商投资企业	Funded by Entrepreneur from Hong Kong,Macao and Taiwan	236	10 350 590.8	5 312 050.6
合资经营企业（港或澳、台资）	Joint-venture(Hong Kong,Macao and Taiwan)	24	547 467.0	93 077.7
合作经营企业（港或澳、台资）	Cooperative(Hong Kong,Macao and Taiwan)	1	5 195.6	1 788.9
港、澳、台商独资经营企业	Enterprises with Sole Funds(Hong Kong,Macao and Taiwan)	211	9 797 928.2	5 217 184.0
港、澳、台商投资股份有限公司	Share-holding Corporations Ltd(Hong Kong,Macao and Taiwan)			
外商投资企业	Foreign-funded	131	4 252 840.5	1 832 868.8
中外合资经营企业	Jointly-owned	27	934 655.6	216 088.0
中外合作经营企业	Cooperatively-owned	1	13 799.0	1 596.6
外资企业	Exclusively Foreign-owned	98	3 226 412.9	1 594 448.2
外商投资股份有限公司	Foreign-funded Investment Companies Limited	3	51 792.7	9 168.7
3.按控股情况分组	Grouped by Holding Condition			
国有控股	State-controlled	115	8 247 585.4	1 317 021.7
集体控股	Collective-controlled	24	802 823.4	144 812.9
私人控股	Private-controlled	1 862	35 070 971.0	7 256 212.8
港澳台商控股	Controlled by Entrepreneur from Hong Kong,Macao and Taiwan	230	10 381 741.6	5 364 077.2
外商控股	Foreign-funded-controlled	111	3 488 556.7	1 668 175.3
其他	Others	125	4 566 018.6	961 014.2
4.按经营形式分组	Grouped by Business Forms			
独立门店	Independent Stores	412	4 824 103.1	1 105 046.6

(10 000 yuan)

存货 Inventory	固定资产合计 Total Fixed Assets	固定资产原价 Original Value of Fixed Assets	累计折旧 Accumulative Depreciation	本年折旧 Depreciation of the Year	资产总计 Total Assets	流动负债合计 Total Current Liabilities	应付帐款 Accounts Payable
9 123 953.0	**2 963 861.5**	**4 796 261.5**	**1 975 456.9**	**322 340.0**	**86 399 551.9**	**65 397 940.0**	**22 991 713.7**
6 551 519.2	**2 169 783.6**	**3 430 380.5**	**1 312 382.8**	**192 384.1**	**72 773 721.7**	**56 760 474.2**	**20 731 209.8**
96 490.6	24 165.9	37 999.6	13 833.7	1 612.6	577 326.7	431 336.4	31 161.9
681 768.6	297 233.0	426 331.5	183 243.5	22 275.7	6 295 308.3	3 812 977.4	1 265 195.4
825 515.7	91 519.3	181 339.8	89 206.7	37 377.0	4 207 908.5	2 975 508.6	957 118.6
1 123 882.0	114 793.7	171 536.6	56 743.0	7 644.7	4 982 614.3	3 948 311.9	1 068 216.7
278 738.5	50 534.2	98 045.3	47 252.5	6 629.0	2 602 842.4	1 366 586.8	557 854.5
1 447 385.2	1 152 165.5	1 810 139.8	655 427.1	71 142.0	20 647 220.0	15 044 721.9	2 990 692.7
1 745 497.4	307 042.1	518 233.6	212 252.1	32 360.7	21 212 627.8	17 858 308.7	8 397 967.1
232 947.0	27 337.6	46 946.0	19 608.2	2 513.2	6 314 651.8	5 712 155.6	885 545.9
119 294.2	104 992.3	139 808.3	34 816.0	10 829.2	5 933 221.9	5 610 566.9	4 577 457.0
5 301 115.1	1 879 384.1	2 903 443.5	1 075 984.3	149 200.7	55 277 095.7	43 701 921.6	12 322 356.2
64 075.8	48 643.5	81 874.5	33 224.8	2 702.7	681 475.5	356 776.0	73 811.9
	18.3	109.0	90.7	11.1	10 194.2	13 819.1	13 327.6
1 641 592.2	380 147.8	566 151.8	238 583.1	44 919.2	16 461 543.9	12 962 152.1	2 052 450.8
810 186.4	1 064 907.3	1 629 126.3	564 219.0	50 896.4	14 003 474.5	10 305 068.0	5 499 065.5
2 784 081.4	385 359.6	625 671.1	239 663.5	50 468.1	24 110 383.3	20 058 612.2	4 682 069.7
787 159.3	173 173.9	263 931.9	90 590.7	24 189.2	12 235 827.9	9 502 173.3	6 628 974.5
53 280.6	16 018.0	34 874.3	18 860.1	1 223.8	616 020.9	411 385.3	266 200.6
41.0	14.8	69.9	55.1	6.0	5 647.5	−3 590.5	−3 372.8
733 837.7	157 141.1	228 987.7	71 675.5	22 959.4	11 614 159.5	9 094 378.5	6 366 146.7
463 244.8	117 225.6	263 005.1	145 807.8	18 994.2	5 260 798.1	3 556 379.3	1 779 879.1
114 303.2	68 097.9	146 241.3	78 143.4	6 936.5	1 367 350.8	744 618.9	204 063.7
5 361.8	676.1	1 634.8	958.7	73.6	14 531.0	10 143.7	2 935.9
316 486.2	45 568.7	110 435.1	64 894.7	11 769.9	3 792 642.3	2 770 966.0	1 557 900.9
27 036.0	2 654.4	4 359.0	1 704.6	390.0	58 176.1	18 610.5	9 136.5
971 937.7	1 170 141.6	1 832 863.8	715 945.1	62 027.5	11 962 901.9	7 243 855.3	1 229 836.7
107 567.7	19 158.2	36 954.4	17 744.7	1 713.8	938 220.8	640 904.2	94 805.3
3 771 578.5	533 631.6	867 836.9	333 950.7	81 123.9	38 215 232.0	32 124 863.7	10 448 669.9
784 494.0	166 926.9	251 507.3	84 409.3	24 005.9	12 250 669.9	9 589 117.7	6 638 275.6
387 445.0	49 974.4	119 890.7	69 944.6	12 322.1	4 072 206.8	2 956 153.5	1 639 003.6
528 496.3	229 950.9	321 327.4	90 388.4	11 190.9	5 334 490.3	4 205 579.8	680 618.7
881 496.3	185 696.8	309 129.8	122 018.0	21 871.6	5 965 662.3	4 081 551.8	937 388.0

单位：万元

项　目	Item	法人企业数（个）Number of Corporative Enterprises (unit)	流动资产合计 Total Current Assets	应收帐款 Accounts Payable
连锁总店	General Chain Stores	26	2 255 608.5	726 249.6
连锁门店	Chain Stores	8	121 946.8	22 339.7
其他	Others	2 021	55 356 038.3	14 857 678.2
二、零售业	**Retail Trade Sector**	**834**	**10 955 755.2**	**1 192 029.8**
1.按零售行业小类分组	Grouped by Sector			
综合零售	Integrated Retail	91	4 003 970.0	174 547.6
食品、饮料及烟草制品专门零售	Special Retail of Foods, Beverages&Tobaccos	28	301 437.6	15 771.8
纺织、服装及日用品专门零售	Special Retail of Textile, Garments and Daily-use Articles	105	1 316 303.0	161 306.2
文化、体育用品及器材专门零售	Special Retail of Cultural and Sports Goods and Appliances	58	414 073.8	46 763.5
医药及医疗器材专门零售	Special Retail of Medicine and Medical Appliances	27	348 580.0	128 242.3
汽车、摩托车、燃料及零配件专门零售	Special Retail of Automobiles, Motorcycles, Fuels and Related Accessories	355	3 230 491.5	438 042.7
家用电器及电子产品专门零售	Special Retail of Household Electrical Appliances and Electronic Products	106	957 886.9	140 295.9
五金、家具及室内装修材料专门零售	Special Retail of Hardware, Furniture and Indoor Decoration Materials	34	181 084.2	62 654.9
无店铺及其他零售	Retail without Shops and Other	30	201 928.2	24 404.9
2.按登记注册类型分组	Grouped by Registration			
内资企业	Domestic-funded	751	6 914 312.6	932 529.0
国有企业	State-owned	6	122 076.6	14 626.9
集体企业	Collective-owned	2	1 725.0	154.0
股份合作企业	Share-holding Cooperative Enterprise	1	2 748.3	95.4
联营企业	Joint Ownership	2	4 624.2	246.5
有限责任公司	Limited Liabilities Companies	225	3 442 875.3	380 502.2
股份有限公司	Share-holding Limited Companies	14	306 088.5	25 243.5
私营企业	Private-owned	498	2 915 681.9	493 380.1
港、澳、台商投资企业	Funded by Entrepreneur from Hong Kong, Macao and Taiwan	53	2 536 061.9	246 383.4
外商投资企业	Foreign-funded	30	1 505 380.7	13 117.4
3.按控股情况分组	Grouped by Holding Condition			
国有控股	State-controlled	49	1 327 089.5	79 155.7
集体控股	Collective-controlled	16	107 390.0	7 208.5
私人控股	Private-controlled	597	4 862 581.2	762 011.8
港澳台商控股	Controlled by Entrepreneur from Hong Kong,Macao and Taiwan	53	2 001 168.0	239 260.2
外商控股	Foreign-funded-controlled	23	1 497 870.0	10 875.7
其他	Others	96	1 159 656.5	93 517.9
4.按经营形式分组	Grouped by Business Forms			
独立门店	Independent Stores	427	3 668 728.4	502 298.9
连锁总店	General Chain Stores	77	3 798 870.8	314 801.5
连锁门店	Chain Stores	36	747 403.3	49 986.9
其他	Other	294	2 740 752.7	324 942.5
5.按零售业态分组	Grouped by Retail Format			
有店铺零售	Store-based Retailing	790	10 760 090.3	1 171 878.0
无店铺零售	Non-Store Retailing	44	195 664.9	20 151.8

10-4 （一）续表 （10 000 yuan）

存货 Inventory	固定资产合计 Total Fixed Assets	固定资产原价 Original Value of Fixed Assets	累计折旧 Accumulative Depreciation	本年折旧 Depreciation of the Year	资产总计 Total Assets	流动负债合计 Total Current Liabilities	应付帐款 Accounts Payable
104 437.2	106 115.0	212 191.9	106 426.4	6 394.9	2 531 569.1	2 114 772.3	109 572.4
61 029.0	9 571.9	20 690.4	11 118.5	994.1	143 808.5	84 144.6	20 617.9
5 504 556.7	1 868 399.9	2 888 368.4	1 072 819.9	163 123.5	64 132 681.8	50 480 005.5	19 663 631.5
2 572 433.8	**794 077.9**	**1 365 881.0**	**663 074.1**	**129 955.9**	**13 625 830.2**	**8 637 465.8**	**2 260 503.9**
268 079.1	307 246.5	482 351.6	254 713.7	39 159.5	4 964 221.5	2 729 275.4	1 054 363.5
99 165.4	13 298.9	26 663.0	13 355.3	1 948.4	477 015.9	175 240.5	38 578.2
678 189.2	70 657.0	101 723.9	42 774.9	17 689.7	1 516 867.5	928 962.6	435 707.6
159 906.1	128 506.4	268 250.7	139 744.4	11 682.0	618 761.6	318 321.4	121 023.4
68 832.6	10 704.0	18 523.8	7 819.7	1 037.5	385 503.2	316 265.5	96 447.5
1 008 776.2	210 727.5	365 339.0	154 574.8	40 700.5	3 891 577.4	2 957 403.9	267 088.8
177 641.0	12 009.1	28 360.6	16 351.4	4 995.6	1 070 386.0	796 769.0	157 596.5
33 477.1	26 607.6	42 479.2	15 871.6	10 524.0	445 965.2	267 771.3	38 528.8
78 367.1	14 320.9	32 189.2	17 868.3	2 218.7	255 531.9	147 456.2	51 169.6
2 008 477.4	445 043.8	871 656.6	426 670.5	76 994.9	8 397 438.9	5 905 240.2	1 175 098.7
30 960.1	110 615.9	237 488.0	126 872.2	10 209.0	281 849.4	94 014.1	39 087.0
185.0	70.5	204.4	133.9		9 186.3	7 940.7	17.0
1 242.2	141.4	567.5	426.1	42.6	2 889.7	2 900.6	303.1
42.6	1 079.7	3 703.6	2 623.9	177.2	6 003.6	8 078.5	1 147.3
877 677.0	164 303.7	331 236.0	166 924.2	36 685.3	4 203 349.0	2 938 428.9	632 946.4
112 191.2	13 854.1	28 463.2	14 609.1	2 404.4	357 168.1	184 178.5	44 832.3
963 412.9	147 145.9	259 311.7	112 231.5	24 716.4	3 404 934.4	2 563 502.5	451 809.2
448 746.0	178 067.7	283 231.8	116 872.1	20 629.5	3 334 765.3	1 474 874.0	546 329.3
115 210.4	170 966.4	210 992.6	119 531.5	32 331.5	1 893 626.0	1 257 351.6	539 075.9
332 099.6	184 171.9	380 033.4	195 759.1	14 854.6	1 786 192.4	815 506.5	258 702.8
28 756.7	5 886.3	16 311.5	10 425.2	1 371.2	132 423.4	99 063.5	19 652.6
1 408 647.5	236 894.7	428 124.5	191 286.7	44 325.0	5 704 395.9	4 247 411.0	743 237.0
383 840.8	139 167.6	219 271.4	91 811.8	18 103.7	2 732 451.9	1 149 674.6	462 656.8
116 957.7	166 270.1	201 319.8	114 658.3	30 555.5	1 880 738.6	1 243 774.5	533 851.0
302 131.5	61 687.3	120 820.4	59 133.0	20 745.9	1 389 628.0	1 082 035.7	242 403.7
1 128 225.8	294 992.5	540 164.2	245 146.1	56 096.7	4 394 065.2	3 234 734.5	653 908.7
563 113.0	251 667.6	315 014.8	142 955.8	21 964.9	4 647 087.9	2 291 067.2	957 542.2
248 511.8	71 812.5	129 124.6	57 312.1	25 768.5	1 080 557.4	634 275.1	211 943.7
632 583.2	175 605.3	381 577.4	217 660.1	26 125.8	3 504 119.7	2 477 389.0	437 109.3
2 487 043.3	789 182.3	1 354 030.7	656 128.2	128 754.9	13 409 193.4	8 482 894.0	2 213 522.5
85 390.5	4 895.6	11 850.3	6 945.9	1 201.0	216 636.8	154 571.8	46 981.4

10-4 限额以上批发和零售业法人单位主要财务状况综合表（二）（2014年）

MAIN FINANCIAL INDICATORS OF WHOLESALE AND RETAIL SALES ABOVE THE SET SCALE Ⅱ（2014）

单位：万元

项　目	Item	非流动负债合计 Total Non-working Liabilities	负债合计 Total Liabilities	所有者权益合计 Total Owner's Eguities
总　　计	**Total**	**2 448 758.9**	**67 734 132.6**	**18 661 540.7**
一、批发业	**Wholesale Trade**	**1 470 082.3**	**58 124 796.0**	**14 650 217.1**
1.按批发行业分组	Grouped by Sector			
农畜产品批发	Livestock products wholesale	17 899.6	449 236.0	128 090.7
食品、饮料及烟草制品批发	Wholesale of Foods, Beverages&Tobaccos	152 912.3	3 869 499.3	2 425 809.0
纺织、服装及日用品批发	Wholesale of Textiles, Garments and Daily-use Products	145 254.8	3 119 317.4	1 088 591.1
文化、体育用品及器材批发	Wholesale of Cultural and Sports Articles and Appliances	88 114.1	4 034 823.2	947 791.1
医药及医疗器材批发	Wholesale of Medicine and Medical Appliances	218 019.7	1 584 606.5	1 018 235.9
矿产品、建材及化工产品批发	Wholesale of Mineral Products, Building Material and Chemical Products	644 226.9	15 681 551.8	4 965 668.2
机械设备、五金交电及电子产品批发	Wholesale of Mechanical Equipment,Hardware and Electronic Products	131 116.5	17 990 500.9	3 223 418.3
贸易经纪与代理	Trade Broker and Agent	45 672.1	5 757 827.7	556 824.1
其他批发	Other Wholesales	26 866.3	5 637 433.2	295 788.7
2.按登记注册类型分组	Grouped by Registration Status			
内资企业	Domestic-funded	1 258 456.3	44 854 607.9	10 422 129.8
国有企业	State-owned	16 442.9	373 219.0	308 256.5
集体企业	Collective-owned			
股份合作企业	Share-holding Cooperative Enterprises			
联营企业	Joint Ownership		13 819.1	-3 624.9
有限责任公司	Limited Liabilities Companies	241 539.9	13 097 110.8	3 364 134.5
股份有限公司	Share-holding Limited Companies	477 473.7	10 778 764.7	3 224 709.8
私营企业	Private-owned	522 999.8	20 586 200.1	3 524 123.8
港、澳、台商投资企业	Funded by Entrepreneur from Hong Kong,Macao and Taiwan	95 573.6	9 597 746.9	2 639 730.4
合资经营企业（港或澳、台资）	Joint-venture(Hong Kong,Macao and Taiwan)	2 955.3	414 340.6	201 680.3
合作经营企业（港或澳、台资）	Cooperative(Hong Kong,Macao and Taiwan)		-3 590.5	9 238.0
港、澳、台商独资经营企业	Enterprises with Sole Funds(Hong Kong,Macao and Taiwan)	92 618.3	9 186 996.8	2 428 812.1
港、澳、台商投资股份有限公司	Share-holding Corporations Ltd(Hong Kong,Macao and Taiwan)			
外商投资企业	Foreign-funded	116 052.4	3 672 441.2	1 588 356.9
中外合资经营企业	Jointly-owned	103 572.6	848 201.0	519 149.8
中外合作经营企业	Cooperatively-owned		10 143.7	4 387.3
外资企业	Exclusively Foreign-owned	12 479.8	2 783 445.8	1 009 196.5
外商投资股份有限公司	Foreign-funded Investment Companies Limited		18 610.5	39 565.6
3.按控股情况分组	Grouped by Holding Condition			
国有控股	State-controlled	488 895.7	7 632 490.1	4 330 411.8
集体控股	Collective-controlled	28 337.2	663 219.6	275 001.2
私人控股	Private-controlled	706 368.7	32 839 378.5	5 375 794.1
港澳台商控股	Controlled by Entrepreneur from Hong Kong,Macao and Taiwan	93 899.8	9 683 017.5	2 569 301.8
外商控股	Foreign-funded-controlled	12 638.6	2 968 792.1	1 103 414.7
其他	Others	139 942.3	4 337 898.2	996 293.5
4.按经营形式分组	Grouped by Business Forms			
独立门店	Independent Stores	222 357.0	4 298 208.0	1 667 454.3

(10 000 yuan)

实收资本 Paid-in Capital	1.国家资本 State Capital	2.集体资本 Collective-owned Capital	3.法人资本 Capital of Juridical Person	4.个人资本 Private Capital	5.港澳台资本 Hong Kong, Macao and Taiwan Capital	6.外商资本 Foreign Capital	主营业务收入 Prime Operating Revenues	主营业务成本 Operating Losts	主营业务税金及附加 Sales Taxes and Extra Charges
8 873 617.2	**697 714.2**	**32 753.4**	**4 154 175.5**	**2 318 763.2**	**1 136 515.5**	**533 695.4**	**128 423 321.4**	**119 374 397.0**	**269 607.2**
6 719 458.6	**565 069.9**	**18 540.3**	**2 784 231.5**	**1 884 853.6**	**1 058 788.3**	**407 975.0**	**106 912 498.6**	**100 981 808.9**	**184 696.1**
73 495.5	11 268.0	76.0	40 905.0	17 951.0	2 295.5	1 000.0	947 319.6	913 907.1	501.1
594 131.4	90 276.0	647.0	141 843.9	131 874.3	38 825.0	190 665.2	12 032 971.5	10 899 311.7	93 634.1
513 289.5	19 301.5	805.0	218 297.7	133 578.4	81 698.3	59 608.6	5 681 038.1	4 901 130.8	12 796.2
705 590.4	3 944.9	20.0	392 202.5	239 462.0	42 380.3	27 580.7	6 189 652.6	5 821 392.1	6 851.9
403 591.8	31 094.2		185 455.5	97 286.1	61 659.1	28 096.9	2 812 276.1	2 260 765.9	11 322.7
2 704 650.4	369 895.0	8 323.0	1 127 362.2	531 094.4	612 556.2	55 419.6	36 664 639.4	35 511 565.2	27 552.0
1 388 986.4	34 352.3	8 619.3	527 861.3	672 664.1	107 732.4	37 757.0	29 712 542.6	28 260 109.4	27 641.2
175 469.4	2 496.0		78 213.1	38 330.3	50 015.6	6 414.4	3 670 172.0	3 542 526.6	1 803.2
160 253.8	2 442.0	50.0	72 090.3	22 613.0	61 625.9	1 432.6	9 201 886.7	8 871 100.1	2 593.7
4 950 609.7	542 196.8	18 464.0	2 514 212.7	1 821 999.7	35 917.0	17 819.5	79 580 315.0	75 436 973.8	153 786.8
102 945.1	71 364.4		31 580.7				2 283 432.2	2 085 688.2	70 756.3
1 500.0			1 500.0				23 413.2	21 715.9	119.0
1 302 067.2	233 758.4	12 209.0	889 236.8	148 048.5	1 000.0	17 814.5	32 144 086.2	30 700 499.4	33 826.1
1 113 941.0	236 924.0	5 240.0	372 145.1	464 981.9	34 650.0		12 430 102.3	11 714 440.8	18 786.8
2 427 106.4	150.0	1 015.0	1 218 700.1	1 206 969.3	267.0	5.0	32 646 034.8	30 864 828.1	30 251.3
1 073 995.7	2 873.1	76.3	68 205.2	1 887.7	986 762.1	14 191.3	16 248 399.0	15 182 862.4	19 281.5
70 587.2	2 873.1	76.0	24 546.0	629.8	28 376.2	14 086.1	1 447 218.5	1 327 090.2	2 329.8
1 543.8				1 257.9	285.9		15 132.1	13 167.4	
1 001 864.7		0.3	43 659.2		958 100.0	105.2	14 786 048.4	13 842 604.8	16 951.7
694 853.2	20 000.0		201 813.6	60 966.2	36 109.2	375 964.2	11 083 784.6	10 361 972.7	11 627.8
328 832.7	20 000.0		193 615.9	60 966.2	33 778.3	20 472.3	1 822 973.2	1 690 860.4	1 818.0
2 000.0			1 168.0		832.0		54 570.7	51 521.0	33.1
336 216.4			5 529.7		1 362.2	329 324.5	9 056 236.7	8 536 436.2	8 587.0
2 359.4			1 500.0			859.4	96 521.1	38 916.1	874.2
1 211 516.2	513 885.9	3 560.0	468 030.1	161 131.6	35 115.4	29 793.2	24 409 473.9	23 110 869.1	104 027.6
77 905.0	192.0	3 000.0	64 776.0	7 670.0	1 750.0	517.0	1 245 400.6	1 108 970.0	2 604.1
3 367 200.2	9 742.0	8 609.0	1 725 922.2	1 616 396.3	4 480.7	2 050.0	45 334 869.1	42 866 825.2	41 173.7
1 060 737.3	2 175.0	76.3	71 456.8	520.0	985 424.0	1 085.2	16 304 936.7	15 241 187.0	18 905.9
393 711.5			12 469.7		7 362.2	373 879.6	9 481 132.5	8 860 857.0	10 283.2
608 388.4	39 075.0	3 295.0	441 576.7	99 135.7	24 656.0	650.0	10 136 685.8	9 793 100.6	7 701.6
880 340.9	43 589.5	5 930.3	533 733.6	224 430.5	50 541.2	22 115.8	11 177 330.3	10 172 963.9	65 015.5

单位：万元

项 目	Item	非流动负债合计 Total Non-working Liabilities	负债合计 Total Liabilities	所有者权益合计 Total Owner's Eguities
连锁总店	General Chain Stores	27 018.5	2 141 790.8	389 778.3
连锁门店	Chain Stores	621.1	84 765.7	59 042.8
其他	Others	1 220 085.7	51 600 031.5	12 533 941.7
二、零售业	**Retail Trade Sector**	**978 676.6**	**9 609 336.6**	**4 011 323.6**
1.按零售行业小类分组	Grouped by Sector			
综合零售	Integrated Retail	588 209.9	3 317 485.3	1 646 736.2
食品、饮料及烟草制品专门零售	Special Retail of Foods, Beverages&Tobaccos	10 141.3	185 381.8	291 634.1
纺织、服装及日用品专门零售	Special Retail of Textile, Garments and Daily-use Articles	63 788.2	984 676.5	527 021.0
文化、体育用品及器材专门零售	Special Retail of Cultural and Sports Goods and Appliances	45 748.1	363 679.4	255 082.2
医药及医疗器材专门零售	Special Retail of Medicine and Medical Appliances	3 936.0	320 201.5	65 301.7
汽车、摩托车、燃料及零配件专门零售	Special Retail of Automobiles, Motorcycles, Fuels and Related Accessories	136 818.5	3 088 936.3	802 641.1
家用电器及电子产品专门零售	Special Retail of Household Electrical Appliances and Electronic Products	7 989.4	811 703.1	258 682.9
五金、家具及室内装修材料专门零售	Special Retail of Hardware, Furniture and Indoor Decoration Materials	118 796.7	386 568.0	59 397.2
无店铺及其他零售	Retail without Shops and Other	3 248.5	150 704.7	104 827.2
2.按登记注册类型分组	Grouped by Registration			
内资企业	Civil Funded	274 229.2	6 172 663.6	2 219 605.3
国有企业	State-owned	13 759.3	107 773.4	174 076.0
集体企业	Collective-owned		7 940.7	1 245.6
股份合作企业	Share-holding Cooperative Enterprise		2 900.6	-10.9
联营企业	Joint Ownership		8 078.5	-2 074.9
有限责任公司	Limited Liabilities Companies	78 966.7	3 018 532.1	1 184 816.9
股份有限公司	Share-holding Limited Companies	5 535.6	189 714.1	167 454.0
私营企业	Private-owned	175 967.6	2 731 527.8	668 236.6
港、澳、台商投资企业	Funded by Entrepreneur from Hong Kong, Macao and Taiwan	689 753.6	2 164 627.6	1 170 137.7
外商投资企业	Foreign-funded	14 693.8	1 272 045.4	621 580.6
3.按控股情况分组	Grouped by Holding Condition			
国有控股	State-controlled	17 298.7	832 805.2	953 387.2
集体控股	Collective-controlled	7.9	99 071.4	33 352.0
私人控股	Private-controlled	244 914.7	4 484 383.4	1 214 842.5
港澳台商控股	Controlled by Entrepreneur from Hong Kong,Macao and Taiwan	680 960.4	1 830 635.0	901 816.9
外商控股	Foreign-funded-controlled	14 702.2	1 258 476.7	622 261.9
其他	Others	20 792.7	1 103 964.9	285 663.1
4.按经营形式分组	Grouped by Business Forms			
独立门店	Independent Stores	127 044.6	3 362 142.6	1 031 922.6
连锁总店	General Chain Stores	571 598.5	2 862 665.7	1 784 422.2
连锁门店	Chain Stores	7 386.2	641 661.3	438 896.1
其他	Other	272 647.3	2 742 867.0	756 082.7
5.按零售业态分组	Grouped by Retail Format			
有店铺零售	Store-based Retailing	978 438.2	9 453 389.9	3 950 633.5
无店铺零售	Non-Store Retailing	238.4	155 946.7	60 690.1

实收资本 Paid-in Capital	1.国家资本 State Capital	2.集体资本 Collective-owned Capital	3.法人资本 Capital of Juridical Person	4.个人资本 Private Capital	5.港澳台资本 Hong Kong, Macao and Taiwan Capital	6.外商资本 Foreign Capital	主营业务收入 Prime Operating Revenues	主营业务成本 Operating Losts	主营业务税金及附加 Sales Taxes and Extra Charges
310 994.6	500.0		291 006.0	7 631.7	1 830.5	10 026.4	4 299 752.4	3 955 514.9	5 647.7
20 120.0	12 300.0	50.0	5 500.0	2 270.0			323 410.4	263 755.3	615.6
5 508 003.1	508 680.4	12 560.0	1 953 991.9	1 650 521.4	1 006 416.6	375 832.8	91 112 005.5	86 589 574.8	113 417.3
2 154 158.6	**132 644.3**	**14 213.1**	**1 369 944.0**	**433 909.6**	**77 727.2**	**125 720.4**	**21 510 822.8**	**18 392 588.1**	**84 911.1**
915 051.0	45 021.1	2 032.5	706 736.9	56 746.5	1 322.2	103 191.8	5 656 586.8	4 654 572.7	34 543.0
62 455.9	35 220.9	4 200.0	12 475.3	10 472.0	87.7		338 611.4	224 274.1	1 024.1
255 829.4	200.0	1 000.0	161 834.1	54 650.4	34 261.0	3 883.9	1 703 011.2	1 004 736.5	12 681.3
192 078.3	26 448.2	966.3	43 283.5	120 637.2	645.1	98.0	660 906.0	480 772.5	5 089.0
29 243.3	102.0	1 800.0	16 847.2	10 494.1			436 269.5	352 033.0	1 357.8
465 471.6	24 752.1	4 214.3	288 072.9	110 162.2	36 690.1	1 580.0	10 215 322.5	9 578 644.7	20 300.1
134 165.6	200.0		84 439.5	49 084.0	392.1	50.0	1 840 087.4	1 575 809.3	5 786.9
43 191.9			16 699.0	6 496.2	3 080.0	16 916.7	269 653.1	205 574.0	2 713.8
56 671.6	700.0		39 555.6	15 167.0	1 249.0		390 374.9	316 171.3	1 415.1
1 156 894.8	86 993.2	13 053.9	624 249.3	428 238.4	4 050.0	310.0	15 044 149.4	13 102 882.7	49 413.4
25 705.2	22 788.2		2 917.0				280 502.4	190 792.7	1 654.1
370.0		370.0					12 470.3	11 637.8	13.7
846.0			846.0				8 459.3	7 914.3	40.0
4 800.0	400.0		4 400.0				22 487.3	18 671.8	690.8
502 764.2	63 413.2	10 348.9	321 579.3	103 112.8	4 050.0	260.0	7 666 985.6	6 747 129.4	25 302.3
62 750.0	391.8		22 380.7	39 977.5			557 290.5	337 424.3	3 462.8
552 226.1		2 335.0	267 126.3	282 714.8		50.0	6 127 237.1	5 452 804.3	17 326.5
420 805.3		966.3	343 260.8	5 571.2	70 909.0	98.0	3 242 425.3	2 582 855.6	21 654.8
576 458.5	45 651.1	192.9	402 433.9	100.0	2 768.2	125 312.4	3 224 248.1	2 706 849.8	13 842.9
198 181.2	82 584.5		115 006.7	100.0		490.0	3 109 277.0	2 586 531.0	11 324.9
17 742.5	800.0	4 762.3	11 110.0	1 070.2			283 474.3	256 822.9	869.4
824 134.3		3 301.3	396 609.4	422 928.5	1 245.1	50.0	10 109 183.5	8 872 227.8	34 189.3
416 304.1			341 404.3	5 137.9	69 663.9	98.0	2 329 007.5	1 877 559.9	16 704.5
571 034.5	45 141.1	192.9	401 368.1			124 332.4	3 096 513.5	2 591 119.8	13 339.2
126 762.0	4 118.7	5 956.6	104 445.5	4 673.0	6 818.2	750.0	2 583 367.0	2 208 326.7	8 483.8
526 324.9	37 311.7	6 914.3	285 548.8	131 593.0	40 974.4	23 982.7	8 938 312.5	8 016 960.2	28 072.9
882 151.3	702.0		824 936.1	39 680.6	11 634.6	5 198.0	5 402 966.8	4 333 763.8	30 074.8
142 538.6	41 352.4	2 800.0	44 571.7	33 325.4	9 101.0	11 388.1	1 851 789.3	1 469 397.8	8 158.4
603 143.8	53 278.2	4 498.8	214 887.4	229 310.6	16 017.2	85 151.6	5 317 754.2	4 572 466.3	18 605.0
2 114 676.8	132 444.3	14 213.1	1 341 539.5	423 888.3	76 921.2	125 670.4	21 098 656.5	18 040 943.8	83 885.6
39 481.8	200.0		28 404.5	10 021.3	806.0	50.0	412 166.3	351 644.3	1 025.5

10-4 限额以上批发和零售业法人单位主要财务状况综合表（三）（2014年）
MAIN FINANCIAL INDICATORS OF WHOLESALE AND RETAIL SALES ABOVE THE SET SCALE III（2014）

单位：万元

项 目	Item	其他业务利润 Profits from Other Business	销售费用 Sale Expenses	管理费用 Management Expenses
总 计	**Total**	**445 738.1**	**4 576 769.3**	**2 373 515.1**
一、批发业	**Wholesale Trade**	**175 130.6**	**2 718 542.1**	**1 674 382.8**
1.按批发行业分组	Grouped by Sector			
农畜产品批发	Livestock products wholesale	8 264.9	29 899.8	12 860.7
食品、饮料及烟草制品批发	Wholesale of Foods, Beverages&Tobaccos	21 112.7	472 094.6	300 436.1
纺织、服装及日用品批发	Wholesale of Textiles, Garments and Daily-use Products	32 447.9	429 270.0	209 388.3
文化、体育用品及器材批发	Wholesale of Cultural and Sports Articles and Appliances	11 266.6	135 127.5	117 992.7
医药及医疗器材批发	Wholesale of Medicine and Medical Appliances	19 599.2	408 244.1	78 988.4
矿产品、建材及化工产品批发	Wholesale of Mineral Products, Building Material and Chemical Products	22 705.3	436 845.2	318 139.3
机械设备、五金交电及电子产品批发	Wholesale of Mechanical Equipment,Hardware and Electronic Products	54 845.1	689 545.3	547 076.0
贸易经纪与代理	Trade Broker and Agent	3 669.0	47 852.9	44 872.9
其他批发	Other Wholesales	1 219.9	69 662.7	44 628.4
2.按登记注册类型分组	Grouped by Registration Status			
内资企业	Domestic-funded	141 861.8	1 904 372.3	1 178 164.6
国有企业	State-owned	11 269.1	23 084.9	36 690.3
集体企业	Collective-owned			
股份合作企业	Share-holding Cooperative Enterprises			
联营企业	Joint Ownership		-155.6	
有限责任公司	Limited Liabilities Companies	46 104.6	866 484.7	267 085.8
股份有限公司	Share-holding Limited Companies	16 901.3	240 889.9	196 579.0
私营企业	Private-owned	67 586.8	772 809.4	674 874.3
港、澳、台商投资企业	Funded by Entrepreneur from Hong Kong,Macao and Taiwan	28 882.7	494 702.8	223 947.3
合资经营企业（港或澳、台资）	Joint-venture(Hong Kong,Macao and Taiwan)	469.2	63 167.7	25 209.5
合作经营企业（港或澳、台资）	Cooperative(Hong Kong,Macao and Taiwan)		850.4	971.4
港、澳、台商独资经营企业	Enterprises with Sole Funds(Hong Kong,Macao and Taiwan)	28 413.5	430 684.7	197 766.4
港、澳、台商投资股份有限公司	Share-holding Corporations Ltd(Hong Kong,Macao and Taiwan)			
外商投资企业	Foreign-funded	4 386.1	319 467.0	272 270.9
中外合资经营企业	Jointly-owned	1 211.3	42 634.1	34 294.0
中外合作经营企业	Cooperatively-owned	-128.6	257.0	830.2
外资企业	Exclusively Foreign-owned	3 186.4	238 563.1	226 952.8
外商投资股份有限公司	Foreign-funded Investment Companies Limited		29 815.6	6 518.0
3.按控股情况分组	Grouped by Holding Condition			
国有控股	State-controlled	32 950.2	455 548.2	239 162.5
集体控股	Collective-controlled	827.8	83 326.5	18 572.2
私人控股	Private-controlled	81 952.9	1 124 451.8	853 561.7
港澳台商控股	Controlled by Entrepreneur from Hong Kong,Macao and Taiwan	28 647.1	500 490.5	222 643.3
外商控股	Foreign-funded-controlled	3 303.5	296 416.0	247 091.0
其他	Others	27 449.1	258 309.1	93 352.1
4.按经营形式分组	Grouped by Business Forms			
独立门店	Independent Stores	17 795.3	499 229.3	200 703.2

(10 000 yuan)

财务费用 Financial Expenses	利息支出 Interest Expense	营业利润 Operating profits	投资收益 Profits of Investment	营业外收入 Non-operating Income	利润总额 Total Profits	应交所得税 Total Payable Tax	应付职工薪酬 Total Wages Payable	本年应交增值税 Total Value-added Payable	从业人员期末人数（人） Average Employed Persons (Persons)
801 012.5	**830 971.9**	**2 190 590.7**	**840 438.9**	**248 463.5**	**2 339 913.1**	**464 493.3**	**2 699 600.8**	**1 911 134.8**	**379 410**
655 232.9	**748 979.8**	**1 550 223.1**	**759 640.0**	**185 637.4**	**1 658 658.0**	**308 716.6**	**1 635 869.6**	**1 295 158.3**	**205 682**
3 171.8	5 749.3	−3 751.9	5 681.8	19 898.3	2 333.5	1 058.6	16 783.9	1 567.3	2 424
15 071.3	36 832.0	399 573.5	130 163.8	51 267.8	443 990.1	84 214.6	252 417.3	330 748.6	28 695
23 076.5	17 043.9	134 964.8	14 181.2	5 852.2	141 943.3	34 963.6	236 601.0	112 662.2	41 387
56 143.3	47 491.2	56 119.1	3 301.7	10 140.2	56 257.6	15 990.7	98 361.7	58 716.1	15 532
7 410.9	17 007.4	125 135.8	62 539.9	4 580.2	126 971.6	25 064.7	129 647.2	105 449.3	16 346
193 593.7	195 428.9	498 076.7	339 338.9	41 001.0	520 580.6	71 563.4	297 361.8	196 866.5	31 121
100 748.8	178 345.3	249 008.4	120 457.5	44 233.9	279 020.3	55 859.1	523 441.5	326 688.3	57 621
54 053.9	75 341.5	43 437.7	49 946.8	8 443.0	38 932.8	9 786.6	25 632.7	10 008.4	3 002
201 962.7	175 740.3	47 659.0	34 028.4	220.8	48 628.2	10 215.3	55 622.5	152 451.6	9 554
402 562.3	538 073.0	1 015 380.0	467 742.8	124 733.0	1 082 148.2	227 022.0	1 176 649.9	808 928.4	161 651
−1 195.7	6 448.5	67 892.3	3 935.3	8 798.9	76 134.2	12 371.2	22 259.9	36 390.8	1 564
−0.1	0.4	6 217.0		−4.5	6 221.5			356.0	
128 795.4	179 085.3	289 980.2	122 342.8	32 922.7	315 546.0	90 937.0	357 242.8	303 519.0	42 384
71 353.2	89 784.1	380 361.5	206 956.0	12 901.6	389 706.9	54 283.2	278 810.8	61 844.0	26 713
203 616.7	262 752.8	270 890.8	134 508.7	70 109.5	294 503.3	69 368.0	517 685.5	406 790.8	90 873
212 975.6	171 884.8	321 588.3	217 516.3	25 117.3	330 670.5	35 329.5	229 436.1	273 636.3	27 056
1 821.2	1 246.1	29 885.6	1 653.1	679.6	30 931.7	6 682.0	34 771.6	31 357.6	2 589
−47.1		210.6	20.6		210.6	56.2	452.4		53
211 201.5	170 638.7	291 492.1	215 842.6	24 437.7	299 528.2	28 591.3	194 212.1	242 278.7	24 414
39 695.0	39 022.0	213 254.8	74 380.9	35 787.1	245 839.3	46 365.1	229 783.6	212 593.6	16 975
12 127.4	15 511.4	50 468.6	11 891.8	1 490.3	49 889.0	10 156.9	29 174.4	7 707.3	3 129
−101.3	8.8	1 891.8		21.5	1 907.5	480.8	715.5	91.4	61
26 382.1	22 849.1	143 470.6	62 462.2	33 851.0	171 762.5	32 800.0	179 519.4	197 675.6	11 229
649.8	8.4	19 383.1	26.9	399.1	19 754.3	2 799.4	15 593.6	6 847.3	2 295
51 672.2	133 388.4	690 783.9	243 462.3	41 207.8	727 185.7	122 084.4	310 006.0	202 390.1	25 024
8 501.7	4 339.2	36 363.7	11 042.2	1 094.0	37 148.2	9 091.5	38 197.2	25 245.7	3 633
281 958.0	333 962.8	403 388.6	204 701.8	78 543.0	424 796.3	91 016.0	708 746.2	534 468.1	118 014
213 309.7	172 617.7	307 861.1	215 842.6	24 850.6	325 599.9	34 672.2	233 276.5	259 084.0	27 527
28 655.5	23 613.9	160 914.8	62 489.1	34 376.2	193 927.1	36 881.5	208 659.8	211 628.6	14 970
71 135.8	81 057.8	−49 089.0	22 102.0	5 565.8	−49 999.2	14 971.0	136 983.9	62 341.8	16 514
67 621.5	74 157.6	186 554.4	40 824.2	9 908.3	191 168.2	33 311.8	228 451.5	138 302.6	33 006

单位：万元

项　目	Item	其他业务利润 Profits from Other Business	销售费用 Sale Expenses	管理费用 Management Expenses
连锁总店	General Chain Stores	22 705.3	220 650.5	53 940.6
连锁门店	Chain Stores		43 130.2	7 910.6
其他	Others	134 630.0	1 955 532.1	1 411 828.4
二、零售业	**Retail Trade Sector**	**270 607.5**	**1 858 227.2**	**699 132.3**
1.按零售行业小类分组	Grouped by Sector			
综合零售	Integrated Retail	117 382.3	681 411.0	170 216.0
食品、饮料及烟草制品专门零售	Special Retail of Foods, Beverages&Tobaccos	15 324.1	43 169.9	17 779.8
纺织、服装及日用品专门零售	Special Retail of Textile, Garments and Daily-use Articles	7 431.4	433 089.1	136 994.9
文化、体育用品及器材专门零售	Special Retail of Cultural and Sports Goods and Appliances	10 141.0	58 108.5	70 962.1
医药及医疗器材专门零售	Special Retail of Medicine and Medical Appliances	11 831.9	66 305.8	19 755.3
汽车、摩托车、燃料及零配件专门零售	Special Retail of Automobiles, Motorcycles, Fuels and Related Accessories	87 526.9	332 264.9	195 878.8
家用电器及电子产品专门零售	Special Retail of Household Electrical Appliances and Electronic Products	17 883.2	162 966.7	46 203.3
五金、家具及室内装修材料专门零售	Special Retail of Hardware, Furniture and Indoor Decoration Materials	2 628.3	35 833.5	18 049.9
无店铺及其他零售	Retail without Shops and Other	458.4	45 077.8	23 292.2
2.按登记注册类型分组	Grouped by Registration			
内资企业	Civil Funded	214 700.2	1 110 314.5	497 198.9
国有企业	State-owned	9 110.9	2 913.7	42 971.9
集体企业	Collective-owned		714.1	27.2
股份合作企业	Share-holding Cooperative Enterprise			662.0
联营企业	Joint Ownership		611.0	2 312.0
有限责任公司	Limited Liabilities Companies	113 642.1	557 940.9	213 919.4
股份有限公司	Share-holding Limited Companies	2 246.4	123 448.6	19 941.3
私营企业	Private-owned	89 700.8	414 585.5	209 127.0
港、澳、台商投资企业	Funded by Entrepreneur from Hong Kong, Macao and Taiwan	38 551.6	394 926.3	114 770.0
外商投资企业	Foreign-funded	17 355.7	352 986.4	87 163.4
3.按控股情况分组	Grouped by Holding Condition			
国有控股	State-controlled	38 432.3	228 716.2	83 581.2
集体控股	Collective-controlled	1 137.5	12 525.7	6 515.7
私人控股	Private-controlled	169 024.0	791 557.3	338 675.7
港澳台商控股	Controlled by Entrepreneur from Hong Kong,Macao and Taiwan	33 447.3	281 485.9	103 004.6
外商控股	Foreign-funded-controlled	15 781.9	344 520.1	86 438.7
其他	Others	12 784.5	199 422.0	80 916.4
4.按经营形式分组	Grouped by Business Forms			
独立门店	Independent Stores	104 097.8	536 303.2	257 341.8
连锁总店	General Chain Stores	61 100.9	688 916.9	202 608.1
连锁门店	Chain Stores	53 820.3	226 501.6	64 616.4
其他	Other	51 588.5	406 505.5	174 566.0
5.按零售业态分组	Grouped by Retail Format			
有店铺零售	Store-based Retailing	270 400.2	1 824 731.5	675 866.3
无店铺零售	Non-Store Retailing	207.3	33 495.7	23 266.0

10-4 （三）续表 (10 000 yuan)

财务费用 Financial Expenses	利息支出 Interest Expense	营业利润 Operating profits	投资收益 Profits of Investment	营业外收入 Non-operating Income	利润总额 Total Profits	应交所得税 Total Payable Tax	应付职工薪酬 Total Wages Payable	本年应交增值税 Total Value-added Payable	从业人员期末人数（人） Average Employed Persons (Persons)
14 541.4	11 425.9	71 021.2	14 405.1	2 609.2	72 077.0	14 560.4	62 072.4	41 829.9	6 379
1 014.4	975.0	6 929.9	199.5	525.6	7 434.1	2 005.4	18 471.1	3 453.5	3 222
572 055.6	662 421.3	1 285 717.6	704 211.2	172 594.3	1 387 978.7	258 839.0	1 326 874.6	1 111 572.3	163 075
145 779.6	**81 992.1**	**640 367.6**	**80 798.9**	**62 826.1**	**681 255.1**	**155 776.7**	**1 063 731.2**	**615 976.5**	**173 728**
33 670.6	8 067.7	322 852.1	71 147.8	19 887.0	333 315.3	73 412.8	302 313.0	94 972.1	53 327
−6 860.2	953.9	78 402.9	6 813.9	3 528.8	80 396.8	19 697.5	28 632.9	6 824.3	3 860
16 050.8	4 299.0	92 549.5	1 095.3	2 938.3	97 811.3	23 323.7	257 402.5	98 584.5	46 124
3 788.8	3 039.0	52 223.8	500.0	7 625.9	56 505.1	1 235.3	91 969.8	10 250.6	13 362
1 866.5	1 002.8	7 460.9	1 236.4	935.7	4 810.8	1 970.8	34 760.5	49 731.2	6 895
85 557.2	60 248.6	79 662.4	138.6	22 781.5	95 265.1	31 667.3	234 787.0	329 922.0	32 268
8 342.5	2 593.8	−8 191.9	−1 953.8	2 192.6	−8 215.4	1 460.8	71 616.5	13 884.3	11 986
2 018.3	551.9	9 289.6	2 036.3	766.0	12 016.5	1 467.8	13 288.5	4 018.8	2 170
1 345.1	1 235.4	6 118.3	−215.6	2 170.3	9 349.6	1 540.7	28 960.5	7 788.7	3 736
108 535.9	74 788.0	328 819.0	23 742.8	44 735.0	345 349.1	84 759.8	712 176.6	437 380.4	116 973
−1 310.9		51 536.1	247.0	2 208.1	53 533.1	880.1	53 134.3	2 373.5	6 470
158.4	145.3	−80.9			82.0	17.2	304.9	97.7	92
16.9		−168.1	5.8	477.0	308.8	40.8	267.3	76.8	48
22.9	31.7	167.6		3.3	141.9	64.7	9 282.2	112.4	1 384
42 613.2	27 160.8	163 746.8	−2 950.4	18 229.2	168 137.9	50 302.4	326 137.4	153 300.4	52 360
5 732.6	1 502.8	44 911.6	24 759.3	1 306.6	45 817.7	5 914.3	59 871.8	19 147.0	9 303
54 628.2	41 113.6	62 433.7	1 681.1	22 238.4	70 999.2	25 833.9	258 548.9	259 841.3	46 445
24 320.5	5 034.9	211 503.1	55 036.5	8 148.5	224 333.9	38 799.9	198 253.5	110 987.9	31 467
12 923.2	2 169.2	100 045.5	2 019.6	9 942.6	111 572.1	32 217.0	153 301.1	67 608.2	25 288
4 412.3	3 547.2	254 079.1	19 452.9	5 495.5	258 183.4	46 415.4	185 107.3	52 137.0	25 762
2 284.5	670.8	3 578.7	270.0	188.9	3 805.6	1 402.8	8 326.4	2 893.4	1 327
92 394.8	61 781.7	108 699.2	18 384.4	34 521.0	117 254.4	38 906.3	462 370.6	357 342.3	78 968
20 231.7	4 819.8	124 432.5	43 569.8	6 542.4	135 861.7	21 760.6	143 978.4	91 670.4	23 230
12 421.2	1 920.9	95 255.9	2 516.1	9 855.0	106 693.9	31 144.2	144 765.9	46 925.0	24 314
14 035.1	9 251.7	54 322.2	−3 394.3	6 223.3	59 456.1	16 147.4	119 182.6	65 008.4	20 127
72 575.0	52 993.2	128 967.5	3 448.7	25 951.8	153 977.4	36 191.4	333 197.5	340 395.2	54 739
46 390.1	4 351.4	250 373.0	58 579.2	18 973.7	264 588.0	43 011.8	359 740.3	144 196.7	60 526
−1 060.7	4 121.9	86 337.3	−2 633.0	3 983.5	84 068.2	27 065.3	105 718.6	44 092.7	17 666
27 875.2	20 525.6	174 689.8	21 404.0	13 917.1	178 621.5	49 508.2	265 074.8	87 291.9	40 797
143 679.2	80 139.7	639 341.1	80 795.2	60 202.2	677 824.0	154 752.9	1 040 031.1	609 162.2	170 548
2 100.4	1 852.4	1 026.5	3.7	2 623.9	3 431.1	1 023.8	23 700.1	6 814.3	3 180

10-5 限额以上住宿和餐饮业法人企业主要财务状况综合表(一)（2014年）

MAIN FINANCIAL INDICAFORS OF ENTERPRISE ABOVE DESIGNATED SIZE OF HOTELS AND CATERING SERVICES I（2014）

单位：万元

项 目	Item	法人企业数（个）Number of Corporative Enterprises (unit)	流动资产合计 Total Current Assets	应收帐款 Accounts Payable
总 计	**Total**	**757**	**1 984 261.8**	**169 888.4**
一、住宿业	**Hotels**	**289**	**1 297 887.7**	**74 968.3**
1.按住宿行业分组	Grouped by Sector			
旅游饭店	Tour Restaurant	204	1 184 233.5	53 267.2
一般旅馆	General Restaurant	70	101 366.0	19 831.1
其他住宿服务	Other Hotel Services	15	12 288.2	1 870.0
2.按登记注册类型分组	Grouped by Registration Status			
内资企业	Domestic-funded	242	865 247.5	57 785.1
国有企业	State-owned	14	44 147.4	3 534.5
集体企业	Collective-owned	4	2 257.7	203.1
股份合作企业	Share-holding Cooperative Enterprise			
联营企业	Joint Ownership	5	10 102.2	1 113.7
有限责任公司	Limited Liabilities Companies	91	531 790.7	18 815.7
股份有限公司	Share-holding Limited Companies	7	11 193.9	2 300.8
私营企业	Private-owned	115	252 220.3	31 045.3
港、澳、台商投资企业	Funded by Entrepreneur from Hong Kong,Macao and Taiwan	30	184 121.4	12 147.1
合资经营企业（港或澳、台资）	Joint-venture(Hong Kong,Macao and Taiwan)	7	33 996.8	1 125.0
合作经营企业（港或澳、台资）	Cooperative(Hong Kong,Macao and Taiwan)	6	42 226.1	4 805.3
港、澳、台商独资经营企业	Enterprises with Sole Funds(Hong Kong,Macao and Taiwan)	16	105 178.3	5 621.8
港、澳、台商投资股份有限公司	Share-holding Corporations Ltd(Hong Kong,Macao and Taiwan)	1	2 720.2	595.0
外商投资企业	Foreign-funded	17	248 518.8	5 036.1
中外合资经营企业	Jointly-owned	8	162 884.1	1 733.6
中外合作经营企业	Cooperatively-owned	2	28 950.5	430.8
外资企业	Exclusively Foreign-owned	6	51 083.7	2 313.7
外商投资股份有限公司	Foreign-funded Investment Companies Limited	1	5 600.5	558.0
3.按控股情况分组	Grouped by Holding Condition			
国有控股	State-controlled	50	204 447.7	10 850.2
集体控股	Collective-controlled	8	4 087.6	1 446.0
私人控股	Private-controlled	145	558 315.4	37 524.9
港澳台商控股	Controlled by Entrepreneur from Hong Kong,Macao and Taiwan	29	207 983.6	11 503.0
外商控股	Foreign-funded-controlled	11	197 942.9	3 712.0
其他	Others	46	125 110.5	9 932.2
4.按经营形式分组	Grouped by Business Forms			
独立门店	Independent Stores	203	916 748.7	46 546.9
连锁总店	General Chain Stores	11	98 224.1	5 144.4
连锁门店	Chain Stores	11	22 959.1	822.4
其他	Other	64	259 955.8	22 454.6
5.按星级分组	Grouped by Star Rating			
五星	Five Star	23	588 492.2	15 215.3
四星	Four Star	34	179 063.5	5 794.7
三星	Three Star	60	103 801.5	14 472.5

(10 000 yuan)

存货 Inventory	固定资产合计 Total Fixed Assets	固定资产原价 Original Value of Fixed Assets	累计折旧 Accumulative Depreciation	本年折旧 Depreciation of the Year	资产总计 Total Assets	流动负债合计 Total Current Liabilities	应付帐款 Accounts Payable
67 271.9	**1 185 701.0**	**2 213 454.5**	**1 026 722.6**	**145 283.6**	**4 026 330.1**	**1 933 120.2**	**242 045.8**
20 861.0	**912 824.6**	**1 717 252.3**	**804 396.4**	**84 435.1**	**2 806 456.3**	**1 151 565.5**	**81 636.1**
21 188.2	834 335.1	1 587 738.7	753 372.3	78 021.5	2 527 461.5	1 001 211.5	68 016.0
2 017.9	34 300.7	74 523.4	40 222.7	4 028.4	211 075.2	129 933.5	11 792.9
−2 345.1	44 188.8	54 990.2	10 801.4	2 385.2	67 919.6	20 420.5	1 827.2
13 825.2	562 007.1	1 012 205.0	450 166.6	51 989.2	1 830 405.2	752 490.4	46 403.2
3 059.4	114 731.6	215 650.6	100 919.0	7 101.8	183 457.0	69 167.5	3 689.4
80.6	2 382.6	4 687.2	2 304.6	254.0	4 905.8	2 317.8	761.3
364.7	5 455.9	18 989.1	13 533.2	512.1	18 646.1	7 304.4	94.9
6 867.3	274 112.4	475 712.0	201 568.0	24 925.6	1 022 972.4	405 821.9	17 026.1
477.3	15 762.6	32 571.1	16 808.5	1 955.4	30 981.8	14 445.7	−1 808.4
2 788.6	121 273.7	234 270.7	112 997.3	16 744.3	526 320.7	221 519.4	25 543.7
4 220.0	183 046.3	422 710.2	239 663.9	11 596.1	447 220.8	256 940.4	24 898.6
933.2	29 865.4	121 468.7	91 603.3	2 470.9	75 412.8	38 984.3	3 235.6
1 266.2	108 857.8	202 704.4	93 846.6	5 965.2	184 652.4	114 103.5	12 809.6
1 891.5	17 164.3	71 142.2	53 977.9	3 102.7	144 227.4	99 269.1	8 623.5
129.1	27 158.8	27 394.9	236.1	57.3	42 928.2	4 583.5	229.9
2 815.8	167 771.2	282 337.1	114 565.9	20 849.8	528 830.3	142 134.7	10 334.3
1 338.1	41 128.1	93 730.7	52 602.6	16 046.4	245 789.5	103 341.2	4 132.9
104.9	11 815.1	37 908.2	26 093.1	57.6	50 566.7	15 521.7	949.8
967.1	114 828.0	150 698.2	35 870.2	4 745.8	226 873.6	54 034.3	3 344.7
405.7					5 600.5	−30 762.5	1 906.9
8 820.0	335 847.4	606 686.5	270 839.1	18 295.5	725 681.4	220 031.6	25 186.0
135.9	4 471.0	7 498.4	3 027.4	279.6	9 480.2	3 954.5	790.1
4 217.0	215 515.4	391 233.5	175 686.8	31 634.6	958 917.0	452 619.8	31 338.9
3 246.3	101 726.9	312 470.2	210 743.3	6 059.5	398 319.0	221 034.3	21 585.1
2 286.7	155 472.9	251 113.7	95 640.8	22 649.7	439 923.2	149 877.6	6 726.7
2 155.1	99 791.0	148 250.0	48 459.0	5 516.2	274 135.5	104 047.7	−3 990.7
11 674.0	536 521.6	1 066 716.9	530 195.3	58 805.9	1 788 549.8	798 808.2	58 228.0
1 960.7	29 861.4	71 079.1	41 186.1	3 586.6	201 302.5	94 656.9	−3 446.3
531.7	1 007.2	2 870.4	1 863.2	428.4	31 970.8	14 487.6	3 711.0
6 694.6	345 434.4	576 585.9	231 151.8	21 614.2	784 633.2	243 612.8	23 143.4
6 099.3	383 290.9	747 312.9	364 022.0	35 612.7	1 170 095.0	497 150.4	26 009.7
2 932.3	160 692.3	268 730.8	108 038.5	13 290.5	447 064.6	169 169.6	7 677.9
3 841.7	50 026.3	166 692.9	116 635.0	5 159.6	200 499.1	115 570.3	17 390.8

单位：万元

项　目	Item	法人企业数（个）Number of Corporative Enterprises (unit)	流动资产合计 Total Current Assets	应收帐款 Accounts Payable
二星	Two Star	10	16 479.2	88.1
一星	One Star	2		
其他	Others	160	410 051.3	39 397.7
二、餐饮业	**Catering Services**	**468**	**686 374.1**	**94 920.1**
1.按餐饮行业小类分组	Grouped by Sector			
正餐服务	Restaurant	415	400 854.6	51 817.1
快餐服务	Fast Food	35	237 149.9	32 688.2
饮料及冷饮服务	Beverages and Cold Drinks	5	22 581.9	321.2
其他餐饮服务	Others	13	25 787.7	10 093.6
2.按登记注册类型分组	Grouped by Registration			
内资企业	Domestic–funded	383	438 406.8	81 725.1
国有企业	State–owned	3	1 513.0	215.8
集体企业	Collective–owned	1	799.3	
股份合作企业	Share–holding Cooperative Enterprise	0		
联营企业	Joint Ownership	0		
有限责任公司	Limited Liabilities Companies	76	235 552.9	28 370.8
股份有限公司	Share–holding Limited Companies	1	133.0	2.1
私营企业	Private–owned	296	199 357.7	53 066.5
其他企业	Others	6	1 050.9	69.9
港、澳、台商投资企业	Funded by Entrepreneur from Hong Kong,Macao and Taiwan	63	200 534.9	8 308.9
合资经营企业（港或澳、台资）	Joint–venture(Hong Kong,Macao and Taiwan)	10	11 300.5	641.9
合作经营企业（港或澳、台资）	Cooperative(Hong Kong,Macao and Taiwan)	2	8 809.7	5 072.9
港、澳、台商独资经营企业	Enterprises with Sole Funds(Hong Kong,Macao and Taiwan)	51	180 424.7	2 594.1
港、澳、台商投资股份有限公司	Share–holding Corporations Ltd(Hong Kong,Macao and Taiwan)	0		
外商投资企业	Foreign–funded	22	47 432.4	4 886.1
中外合资经营企业	Jointly–owned	6	9 010.6	1 632.5
中外合作经营企业	Cooperatively–owned			
外资企业	Exclusively Foreign–owned	16	38 421.8	3 253.6
外商投资股份有限公司	Foreign–funded Investment Companies Limited			
3.按控股情况分组	Grouped by Holding Condition			
国有控股	State–controlled	13	30 558.1	12 645.5
集体控股	Collective–controlled	3	5 183.1	1 766.6
私人控股	Private–controlled	334	387 043.3	64 978.5
港澳台商控股	Controlled by Entrepreneur from Hong Kong,Macao and Taiwan	65	194 364.6	4 042.6
外商控股	Foreign–funded–controlled	19	40 567.4	3 279.1
其他	Others	34	28 657.6	8 207.8
4.按经营形式分组	Grouped by Business Forms			
独立门店	Independent Stores	320	284 588.5	39 727.4
连锁总店	General Chain Stores	30	218 822.0	8 682.6
连锁门店	Chain Stores	29	33 066.9	7 979.1
其他	Other	89	149 896.7	38 531.0

10-5 （一）续表 （10 000 yuan）

存货 Inventory	固定资产合计 Total Fixed Assets	固定资产原价 Original Value of Fixed Assets	累计折旧 Accumulative Depreciation	本年折旧 Depreciation of the Year	资产总计 Total Assets	流动负债合计 Total Current Liabilities	应付帐款 Accounts Payable
99.0	3 483.4	8 577.1	5 093.7	199.5	21 595.1	9 254.7	1 327.3
	29.6	42.3	12.7	6.2	592.1	88.6	
7 888.7	315 302.1	525 896.3	210 594.5	30 166.6	966 610.4	360 331.9	29 230.4
46 410.9	**272 876.4**	**496 202.2**	**222 326.2**	**60 848.5**	**1 219 873.8**	**781 554.7**	**160 409.7**
27 128.0	161 480.1	293 548.7	132 042.1	23 335.8	681 197.3	417 725.2	99 055.1
17 398.0	100 536.0	180 534.1	79 025.0	35 956.7	463 523.5	333 908.4	51 232.2
673.9	2 939.6	6 295.8	3 356.2	539.2	32 388.2	11 985.5	4 666.2
1 211.0	7 920.7	15 823.6	7 902.9	1 016.8	42 764.8	17 935.6	5 456.2
25 095.6	168 153.1	274 536.7	107 033.4	21 515.7	729 933.0	543 211.3	118 242.2
593.3	708.0	2 054.6	1 346.6	138.9	2 259.1	1 826.6	196.1
2.0		503.7	503.7		799.3	255.3	250.3
7 209.7	51 849.6	88 577.1	36 790.6	5 713.1	346 486.9	270 123.4	60 930.6
					133.0	7.1	
17 154.8	113 506.7	180 679.1	67 741.7	15 587.8	376 573.9	269 274.1	56 164.2
135.8	2 088.8	2 722.2	650.8	75.9	3 680.8	1 724.8	701.0
9 753.3	77 799.4	165 668.3	87 227.3	37 043.6	350 097.7	153 726.9	29 725.6
1 500.7	5 406.0	7 414.9	2 008.9	289.7	26 548.4	13 067.6	3 490.2
302.8	1 731.6	5 091.0	3 359.4	55.8	11 105.5	6 841.1	2 037.0
7 949.8	70 661.8	153 162.4	81 859.0	36 698.1	312 443.8	133 818.2	24 198.4
11 562.0	26 923.9	55 997.2	28 065.5	2 289.2	139 843.1	84 616.5	12 441.9
513.3	1 558.6	3 342.5	1 783.9	121.0	16 641.9	10 060.9	391.9
11 048.7	25 365.3	52 654.7	26 281.6	2 168.2	123 201.2	74 555.6	12 050.0
1 867.6	6 629.1	18 523.5	11 894.4	852.6	38 541.0	24 579.9	6 552.8
122.6	371.8	1 822.3	1 450.5	111.8	5 596.8	2 529.3	746.7
21 526.0	160 487.1	251 987.8	92 149.2	19 954.5	659 430.1	491 561.2	108 841.9
9 857.4	76 423.2	162 607.3	85 543.8	37 096.4	346 939.6	154 140.7	27 921.4
11 161.4	25 536.6	53 323.7	26 779.3	2 186.9	127 007.7	79 918.6	12 368.7
1 875.9	3 428.6	7 937.6	4 509.0	646.3	42 358.6	28 825.0	3 978.2
19 992.9	135 961.4	249 208.0	113 074.4	17 856.8	488 109.8	311 178.6	61 042.2
15 769.3	69 529.7	117 593.3	47 090.5	6 540.3	396 849.5	261 302.1	43 705.8
2 696.5	9 398.5	19 023.8	9 625.3	1 560.1	70 939.1	52 123.2	20 811.7
7 952.2	57 986.8	110 377.1	52 536.0	34 891.3	263 975.4	156 950.8	34 850.0

10-5 限额以上住宿和餐饮业法人企业主要财务状况综合表(二)(2014年)

MAIN FINANCIAL INDICAFORS OF ENTERPRISE ABOVE DESIGNATED SIZE OF HOTELS AND CATERING SERVICES II (2014)

单位：万元

项 目	Item	非流动负债合计 Total Non-working Liabilities	负债合计 Total Liabilities	所有者权益合计 Total Owner's Eguities
总 计	**Total**	**991 795.1**	**2 926 258.9**	**1 100 253.6**
一、住宿业	**Hotels**	**887 792.7**	**2 038 819.2**	**767 637.1**
1.按住宿行业分组	Grouped by Sector			
旅游饭店	Tour Restaurant	850 501.9	1 851 174.4	676 287.1
一般旅馆	General Restaurant	37 290.7	167 224.2	43 851.0
其他住宿服务	Other Hotel Services	0.1	20 420.6	47 499.0
2.按登记注册类型分组	Grouped by Registration Status			
内资企业	Domestic-funded	634 864.1	1 386 815.5	443 589.7
国有企业	State-owned	1 792.0	70 959.5	112 497.5
集体企业	Collective-owned	210.9	2 528.7	2 377.1
股份合作企业	Share-holding Cooperative Enterprise			
联营企业	Joint Ownership		7 304.4	11 341.7
有限责任公司	Limited Liabilities Companies	374 721.1	779 858.3	243 114.1
股份有限公司	Share-holding Limited Companies	10 480.0	24 925.7	6 056.1
私营企业	Private-owned	247 554.6	469 219.7	57 101.0
港、澳、台商投资企业	Funded by Entrepreneur from Hong Kong,Macao and Taiwan	101 617.7	358 558.1	88 662.7
合资经营企业（港或澳、台资）	Joint-venture(Hong Kong,Macao and Taiwan)		38 984.3	36 428.5
合作经营企业（港或澳、台资）	Cooperative(Hong Kong,Macao and Taiwan)	5 738.7	119 842.2	64 810.2
港、澳、台商独资经营企业	Enterprises with Sole Funds(Hong Kong,Macao and Taiwan)	41 661.8	140 930.9	3 296.5
港、澳、台商投资股份有限公司	Share-holding Corporations Ltd(Hong Kong,Macao and Taiwan)	54 217.2	58 800.7	-15 872.5
外商投资企业	Foreign-funded	151 310.9	293 445.6	235 384.7
中外合资经营企业	Jointly-owned	79 546.2	182 887.4	62 902.1
中外合作经营企业	Cooperatively-owned	13 342.0	28 863.7	21 703.0
外资企业	Exclusively Foreign-owned	58 422.7	112 457.0	114 416.6
外商投资股份有限公司	Foreign-funded Investment Companies Limited		-30 762.5	36 363.0
3.按控股情况分组	Grouped by Holding Condition			
国有控股	State-controlled	103 692.9	323 724.5	401 956.9
集体控股	Collective-controlled	210.9	4 165.4	5 314.8
私人控股	Private-controlled	443 295.2	896 052.3	62 864.7
港澳台商控股	Controlled by Entrepreneur from Hong Kong,Macao and Taiwan	116 484.6	337 518.9	60 800.1
外商控股	Foreign-funded-controlled	148 518.8	298 396.4	141 526.8
其他	Others	75 590.3	178 961.7	95 173.8
4.按经营形式分组	Grouped by Business Forms			
独立门店	Independent Stores	537 089.6	1 335 213.1	453 336.7
连锁总店	General Chain Stores	24 208.9	118 862.3	82 440.2
连锁门店	Chain Stores		14 487.6	17 483.2
其他	Other	326 494.2	570 256.2	214 377.0
5.按星级分组	Grouped by Star Rating			
五星	Five Star	312 105.7	809 256.1	360 838.9
四星	Four Star	218 419.9	387 589.5	59 475.1
三星	Three Star	24 688.4	140 040.2	60 458.9

（10 000 yuan）

实收资本 Paid-in Capital							主营业务收入 Prime Operating Revenues	主营业务成本 Operating Losts	主营业务税金及附加 Sales Taxes and Extra Charges
	1.国家资本 State Capital	2.集体资本 Collective-owned Capital	3.法人资本 Capital of Juridical Person	4.个人资本 Private Capital	5.港澳台资本 Hong Kong, Macao and Taiwan Capital	6.外商资本 Foreign Capital			
1 154 235.3	**282 816.8**	**14 601.4**	**391 526.9**	**130 246.1**	**229 306.5**	**105 737.6**	**2 980 546.9**	**1 221 175.3**	**150 990.3**
846 650.2	**275 196.2**	**12 150.6**	**264 609.9**	**65 264.4**	**160 904.6**	**68 524.5**	**1 090 615.2**	**341 421.9**	**61 908.2**
742 259.2	269 806.0	10 070.6	193 493.7	47 969.9	152 394.5	68 524.5	944 934.4	296 244.8	53 607.2
90 689.7	5 135.2	2 080.0	61 700.6	14 283.8	7 490.1		119 617.3	39 123.1	6 734.9
13 701.3	255.0		9 415.6	3 010.7	1 020.0		26 063.5	6 054.0	1 566.1
489 648.9	202 158.5	12 150.6	210 005.4	65 264.4	20.0	50.0	703 614.7	221 676.7	39 549.6
79 152.8	78 535.7		617.1				50 071.5	16 093.3	2 789.7
3 095.8		3 095.8					4 855.4	1 594.8	282.9
10 147.0	932.2	2 554.8	6 660.0				6 967.4	1 666.2	393.2
265 015.2	121 390.6	6 300.0	129 072.1	8 252.5			367 824.1	109 410.2	20 401.0
17 716.2			5 200.0	12 516.2			12 836.3	2 337.9	815.3
109 781.9	1 300.0	200.0	64 166.2	44 045.7	20.0	50.0	246 700.5	86 685.9	14 095.7
216 877.4	67 081.4		18 331.4		131 464.6		177 693.4	54 136.6	10 383.3
41 075.7	6 071.0		11 370.2		23 634.5		34 865.8	14 508.1	2 024.7
92 075.3	61 010.4		5 961.2		25 103.7		61 374.3	13 010.7	3 404.4
50 786.2			1 000.0		49 786.2		74 609.0	22 214.1	4 572.7
32 940.2					32 940.2		6 844.3	4 403.7	381.5
140 123.9	5 956.3		36 273.1		29 420.0	68 474.5	209 307.1	65 608.6	11 975.3
40 469.4	956.3		36 273.1		90.0	3 150.0	76 003.2	14 401.7	4 329.5
31 757.0					29 330.0	2 427.0	15 460.2	2 505.9	969.8
67 897.5	5 000.0					62 897.5	79 850.0	28 097.4	4 483.1
							37 993.7	20 603.6	2 192.9
318 531.1	264 940.7		51 900.4		1 690.0		290 881.5	80 851.4	16 302.2
5 337.8		5 095.8	242.0				7 730.6	2 818.6	450.6
159 658.1	1 300.0	1 400.0	97 403.7	59 484.4	20.0	50.0	315 769.4	102 701.0	18 158.2
187 683.2	2 067.0		27 186.4		158 429.8		168 961.2	52 103.2	9 986.6
101 671.4	5 000.0		30 623.9			66 047.5	131 919.7	38 964.3	7 000.0
73 768.6	1 888.5	5 654.8	57 253.5	5 780.0	764.8	2 427.0	175 352.8	63 983.4	10 010.6
445 951.8	100 395.6	5 750.6	158 417.7	52 165.0	117 218.7	12 004.2	653 170.0	215 358.7	37 222.5
58 585.0	6 000.0		27 500.0	3 440.0	21 645.0		109 662.2	29 483.0	6 358.3
9 100.0			4 887.5	4 212.5			36 462.5	7 474.4	1 905.3
333 013.4	168 800.6	6 400.0	73 804.7	5 446.9	22 040.9	56 520.3	291 320.5	89 105.8	16 422.1
341 740.3	131 010.5		48 958.5	7 030.0	89 193.8	65 547.5	370 427.1	122 517.7	21 124.5
120 215.7	13 251.3	5 000.0	55 241.9	6 660.0	40 062.5		142 324.7	45 512.1	8 376.8
100 600.0	33 503.4	1 754.8	34 014.7	7 805.0	23 522.1		120 112.1	33 286.8	6 847.5

单位：万元

项 目	Item	非流动负债合计 Total Non-working Liabilities	负债合计 Total Liabilities	所有者权益合计 Total Owner's Eguities
二星	Two Star	1 784.7	11 039.4	10 555.7
一星	One Star	205.0	293.6	298.5
其他	Others	330 589.0	690 600.4	276 010.0
二、餐饮业	**Catering Services**	**104 002.4**	**887 439.7**	**332 616.5**
1.按餐饮行业小类分组	Grouped by Sector			
正餐服务	Restaurant	76 187.2	495 795.0	185 584.8
快餐服务	Fast Food	22 551.1	356 459.5	107 063.9
饮料及冷饮服务	Beverages and Cold Drinks	1 246.9	13 232.4	19 155.8
其他餐饮服务	Others	4 017.2	21 952.8	20 812.0
2.按登记注册类型分组	Grouped by Registration			
内资企业	Domestic-funded	34 858.1	579 360.4	150 572.6
国有企业	State-owned		1 826.6	432.5
集体企业	Collective-owned		255.3	544.0
股份合作企业	Share-holding Cooperative Enterprise			
联营企业	Joint Ownership			
有限责任公司	Limited Liabilities Companies	15 739.7	285 863.1	60 623.8
股份有限公司	Share-holding Limited Companies		7.1	125.9
私营企业	Private-owned	19 118.4	289 683.5	86 890.4
其他企业	Others		1 724.8	1 956.0
港、澳、台商投资企业	Funded by Entrepreneur from Hong Kong,Macao and Taiwan	41 095.0	195 413.5	154 866.7
合资经营企业（港或澳、台资）	Joint-venture(Hong Kong,Macao and Taiwan)	1 500.0	14 567.6	11 980.8
合作经营企业（港或澳、台资）	Cooperative(Hong Kong,Macao and Taiwan)		6 841.1	4 264.4
港、澳、台商独资经营企业	Enterprises with Sole Funds(Hong Kong,Macao and Taiwan)	39 595.0	174 004.8	138 621.5
港、澳、台商投资股份有限公司	Share-holding Corporations Ltd(Hong Kong,Macao and Taiwan)			
外商投资企业	Foreign-funded	28 049.3	112 665.8	27 177.2
中外合资经营企业	Jointly-owned	3 918.7	13 979.6	2 662.3
中外合作经营企业	Cooperatively-owned			
外资企业	Exclusively Foreign-owned	24 130.6	98 686.2	24 514.9
外商投资股份有限公司	Foreign-funded Investment Companies Limited			
3.按控股情况分组	Grouped by Holding Condition			
国有控股	State-controlled	1 972.6	26 552.5	11 988.5
集体控股	Collective-controlled		2 529.3	3 067.5
私人控股	Private-controlled	33 133.1	525 985.3	133 444.8
港澳台商控股	Controlled by Entrepreneur from Hong Kong,Macao and Taiwan	41 544.4	196 276.7	150 845.4
外商控股	Foreign-funded-controlled	24 130.6	104 049.2	22 958.4
其他	Others	3 221.7	32 046.7	10 311.9
4.按经营形式分组	Grouped by Business Forms			
独立门店	Independent Stores	54 475.2	367 280.9	121 011.4
连锁总店	General Chain Stores	26 822.1	288 124.2	108 725.2
连锁门店	Chain Stores	4 590.3	56 073.3	14 865.8
其他	Other	18 114.8	175 961.3	88 014.1

实收资本 Paid-in Capital	1.国家资本 State Capital	2.集体资本 Collective-owned Capital	3.法人资本 Capital of Juridical Person	4.个人资本 Private Capital	5.港澳台资本 Hong Kong, Macao and Taiwan Capital	6.外商资本 Foreign Capital	主营业务收入 Prime Operating Revenues	主营业务成本 Operating Losts	主营业务税金及附加 Sales Taxes and Extra Charges
7 127.6	3 160.0	50.0	3 282.6		635.0		10 885.6	6 712.6	591.6
600.0				600.0			1 012.5	381.0	73.0
276 366.6	94 271.0	5 345.8	123 112.2	43 169.4	7 491.2	2 977.0	445 853.2	133 011.7	24 894.8
307 585.1	**7 620.6**	**2 450.8**	**126 917.0**	**64 981.7**	**68 401.9**	**37 213.1**	**1 889 931.7**	**879 753.4**	**89 082.1**
195 664.9	4 319.1	2 450.8	70 026.3	57 683.3	48 437.8	12 747.6	1 054 221.1	498 767.6	57 411.0
93 091.2	700.0		53 144.8	5 420.8	11 696.4	22 129.2	697 494.8	324 990.4	25 673.2
5 213.0			150.0		4 063.0	1 000.0	49 134.1	12 983.3	2 628.1
13 616.0	2 601.5		3 595.9	1 877.6	4 204.7	1 336.3	89 081.7	43 012.1	3 369.8
155 126.6	5 132.3	2 450.8	81 225.4	64 965.9	709.7	642.5	1 032 575.0	524 476.1	56 099.0
2 006.6	2 006.6						3 862.7	1 772.4	217.7
264.5		264.5					572.7	119.9	32.1
50 412.8	3 123.2	1 400.0	32 431.1	12 758.8	699.7		410 499.6	206 120.9	21 973.7
100.0				100.0			268.3	98.9	15.0
100 653.7	2.5	100.0	47 995.8	51 902.9	10.0	642.5	608 626.6	311 757.8	33 428.1
1 689.0		686.3	798.5	204.2			8 745.1	4 606.2	432.4
90 487.7	1 788.3		20 994.4	15.8	66 689.2	1 000.0	493 916.4	178 618.1	24 461.0
11 060.2			6 775.2		4 285.0		36 005.8	17 666.5	2 020.7
3 635.8	1 788.3				1 847.5		20 798.2	7 090.5	329.8
75 791.7			14 219.2	15.8	60 556.7	1 000.0	437 112.4	153 861.1	22 110.5
61 970.8	700.0		24 697.2		1 003.0	35 570.6	363 440.3	176 659.2	8 522.1
6 367.1	700.0		3 318.8		1 003.0	1 345.3	29 381.0	14 896.2	1 388.7
55 603.7			21 378.4			34 225.3	334 059.3	161 763.0	7 133.4
9 627.3	7 118.1		600.0	846.4	1 062.8		93 783.8	66 456.9	3 870.7
1 674.5		1 664.5	10.0				9 318.1	3 027.5	429.3
133 210.2	2.5	786.3	69 528.8	62 155.1	95.0	642.5	878 482.1	428 242.7	47 839.2
88 766.3			21 103.4	45.8	66 617.1	1 000.0	481 841.8	175 523.2	24 571.2
56 349.7			21 488.4		627.0	34 234.3	340 339.7	165 242.7	7 484.8
17 957.1	500.0		14 186.4	1 934.4		1 336.3	86 166.2	41 260.4	4 886.9
137 394.0	5 807.4	2 410.8	53 744.8	36 205.4	37 950.2	1 275.4	707 515.7	342 657.6	37 707.9
67 920.5			23 176.2	7 560.1	10 230.8	26 953.4	569 976.6	238 505.0	18 690.5
43 737.4			20 451.5	13 809.6	8 030.9	1 445.4	132 882.4	53 971.6	7 353.9
58 533.2	1 813.2	40.0	29 544.5	7 406.6	12 190.0	7 538.9	479 557.0	244 619.2	25 329.8

10-5 限额以上住宿和餐饮业法人企业主要财务状况综合表(三)(2014年)

MAIN FINANCIAL INDICAFORS OF ENTERPRISE ABOVE DESIGNATED SIZE OF HOTELS AND CATERING SERVICES III(2014)

单位：万元

项　目	Item	其他业务利润 Profits from Other Business	销售费用 Sale Expenses	管理费用 Management Expenses
总　　计	**Total**	**29 656.8**	**1 030 919.5**	**497 004.0**
一、住宿业	**Hotels**	**10 599.3**	**333 473.1**	**301 784.8**
1.按住宿行业分组	Grouped by Sector			
旅游饭店	Tour Restaurant	9 297.6	279 610.2	261 533.1
一般旅馆	General Restaurant	1 089.0	44 181.2	29 918.5
其他住宿服务	Other Hotel Services	212.7	9 681.7	10 333.2
2.按登记注册类型分组	Grouped by Registration Status			
内资企业	Domestic-funded	12 327.0	244 172.2	181 454.9
国有企业	State-owned	198.1	12 908.4	23 065.0
集体企业	Collective-owned	7.1	2 559.0	700.9
股份合作企业	Share-holding Cooperative Enterprise			
联营企业	Joint Ownership		1 814.8	2 291.0
有限责任公司	Limited Liabilities Companies	3 724.4	122 827.1	94 812.7
股份有限公司	Share-holding Limited Companies		6 228.7	4 011.4
私营企业	Private-owned	2 092.8	93 613.4	55 155.8
港、澳、台商投资企业	Funded by Entrepreneur from Hong Kong,Macao and Taiwan	-2 739.4	44 529.4	55 377.4
合资经营企业（港或澳、台资）	Joint-venture(Hong Kong,Macao and Taiwan)	247.3	7 468.6	8 226.1
合作经营企业（港或澳、台资）	Cooperative(Hong Kong,Macao and Taiwan)	126.5	15 287.4	24 208.7
港、澳、台商独资经营企业	Enterprises with Sole Funds(Hong Kong,Macao and Taiwan)	-3 113.2	21 406.0	19 890.3
港、澳、台商投资股份有限公司	Share-holding Corporations Ltd(Hong Kong,Macao and Taiwan)		367.4	3 052.3
外商投资企业	Foreign-funded	1 011.7	44 771.5	64 952.5
中外合资经营企业	Jointly-owned	1 011.7	24 572.8	32 615.2
中外合作经营企业	Cooperatively-owned		4 850.1	4 983.9
外资企业	Exclusively Foreign-owned		13 447.7	23 947.8
外商投资股份有限公司	Foreign-funded Investment Companies Limited		1 900.9	3 405.6
3.按控股情况分组	Grouped by Holding Condition			
国有控股	State-controlled	1 271.7	92 596.0	94 602.1
集体控股	Collective-controlled	7.1	3 540.2	1 148.0
私人控股	Private-controlled	2 098.9	117 443.5	78 361.7
港澳台商控股	Controlled by Entrepreneur from Hong Kong,Macao and Taiwan	-1 727.7	47 411.6	51 928.6
外商控股	Foreign-funded-controlled	24.9	31 266.7	43 904.3
其他	Others	8 924.4	41 215.1	31 840.1
4.按经营形式分组	Grouped by Business Forms			
独立门店	Independent Stores	7 014.6	188 388.6	187 982.2
连锁总店	General Chain Stores	678.7	39 349.0	26 943.8
连锁门店	Chain Stores	14.1	19 297.8	3 902.4
其他	Other	2 891.9	86 437.7	82 956.4
5.按星级分组	Grouped by Star Rating			
五星	Five Star	413.8	72 892.3	110 026.8
四星	Four Star	855.5	44 105.9	37 115.7
三星	Three Star	1 610.8	48 695.8	31 979.0

（10 000 yuan）

财务费用 Financial Expenses	利息支出 Interest Expense	营业利润 Operating profits	投资收益 Profits of Investment	营业外收入 Non-operating Income	利润总额 Total Profits	应交所得税 Total Payable Tax	应付职工薪酬 Total Wages Payable	从业人员期末人数（人） Average Employed Persons (Persons)
70 308.2	**45 746.0**	**26 056.6**	**7 077.7**	**20 009.9**	**-7 041.4**	**24 622.5**	**642 177.0**	**154 542**
57 800.1	**40 185.0**	**13 368.8**	**6 303.4**	**14 905.1**	**-11 014.7**	**11 912.1**	**242 225.3**	**47 109**
53 333.4	36 946.5	19 993.6	6 144.5	13 228.1	−6 356.9	11 307.9	209 428.7	39 346
4 006.8	3 006.0	−4 635.0	158.9	599.1	−3 953.3	503.2	25 581.1	6 252
459.9	232.5	−1 989.8		1 077.9	−704.5	101.0	7 215.5	1 511
41 102.8	30 680.2	−14 084.9	4 876.9	8 942.2	− 5 856.9	8 069.9	173 351.5	34 276
193.4	42.2	−4 790.6		5 809.6	953.6	88.0	16 063.8	2 235
21.1	19.8	−45.3		9.4	−41.5		1 235.5	232
25.7	1.9	918.1		317.3	1 344.5	340.4	2 113.1	363
15 350.7	9 008.7	11 516.4	3 821.4	1 536.5	12 568.1	5 638.0	90 391.1	15 374
968.0	863.0	−1 491.4			−1 448.8	14.5	3 317.1	817
21 881.6	18 169.6	−21 507.2	1 055.5	1 198.2	−20 562.8	1 669.2	57 968.3	14 716
6 514.7	944.5	12 122.6	27.7	5 623.6	−20 557.2	2 772.7	30 343.9	6 893
281.1	236.2	2 605.5		63.6	2 844.3	470.3	5 642.7	1 483
3 475.3	228.5	1 987.8		135.5	2 180.4	1 263.1	9 164.4	1 983
906.0	479.8	10 702.1	27.7	5 128.3	17 106.7	1 039.3	13 965.1	3 156
1 852.3		−3 172.8		296.2	−42 688.6		1 571.7	271
10 182.6	8 560.3	15 331.1	1 398.8	339.3	15 399.4	1 069.5	38 529.9	5 940
6 356.3	5 008.0	−5 234.7	209.5	271.9	−5 177.7	66.4	13 541.3	2 076
84.0		2 057.7		34.8	2 080.3	556.8	3 978.0	862
3 742.3	3 552.3	8 617.4	1 189.3	32.6	8 606.1	132.9	16 176.1	2 303
		9 890.7			9 890.7	313.4	4 834.5	699
6 837.8	6 224.5	4 930.0	3 841.9	7 358.5	12 626.4	3 735.6	70 686.5	10 106
31.8	19.8	36.8		9.4	40.6	22.0	1 934.8	429
26 107.1	19 741.8	−24 513.7	1 055.5	1 343.0	−23 535.1	2 293.5	73 966.2	18 532
6 930.0	794.0	6 890.9	237.2	5 737.3	−25 746.3	2 056.8	29 019.2	6 270
9 809.3	8 463.8	3 358.3	1 189.3	194.4	3 400.0	142.0	28 378.0	4 361
8 084.1	4 941.1	22 666.5	−20.5	262.5	22 199.7	3 662.2	38 240.6	7 411
35 555.8	25 433.3	−3 015.1	2 366.5	3 315.8	−39 831.4	6 000.1	154 361.7	31 399
2 615.2	2 560.1	9 744.1	27.7	79.3	10 171.9	3 590.4	18 198.1	3 802
292.0	38.9	3 505.3		64.7	3 735.8	910.4	6 368.4	1 263
19 337.1	12 152.7	3 134.5	3 909.2	11 445.3	14 909.0	1 411.2	63 297.1	10 645
25 332.0	19 318.0	29 447.1	4 892.1	456.8	29 052.8	3 758.8	67 446.1	10 962
15 250.3	9 596.3	−6 114.2	169.0	716.3	−45 243.4	1 883.6	32 068.7	7 241
2 848.3	1 825.5	−1 358.4	196.7	1 787.5	140.4	1 385.8	36 830.3	7 403

单位：万元

项　目	Item	其他业务利润 Profits from Other Business	销售费用 Sale Expenses	管理费用 Management Expenses
二星	Two Star	2 199.0	1 989.7	1 140.6
一星	One Star		147.6	694.9
其他	Others	5 520.2	165 641.8	120 827.8
二、餐饮业	**Catering Services**	**19 057.5**	**697 446.4**	**195 219.2**
1.按餐饮行业小类分组	Grouped by Sector			
正餐服务	Restaurant	17 170.7	366 422.7	120 223.3
快餐服务	Fast Food	1 886.8	283 630.7	56 893.8
饮料及冷饮服务	Beverages and Cold Drinks		24 792.7	3 728.9
其他餐饮服务	Others		22 600.3	14 373.2
2.按登记注册类型分组	Grouped by Registration			
内资企业	Domestic-funded	18 197.0	324 660.9	115 625.4
国有企业	State-owned		942.6	1 221.6
集体企业	Collective-owned		422.4	0.8
股份合作企业	Share-holding Cooperative Enterprise			
联营企业	Joint Ownership			
有限责任公司	Limited Liabilities Companies	3 521.0	132 596.0	32 854.1
股份有限公司	Share-holding Limited Companies		21.2	127.9
私营企业	Private-owned	14 676.0	188 429.9	80 239.9
其他企业	Others		2 248.8	1 181.1
港、澳、台商投资企业	Funded by Entrepreneur from Hong Kong,Macao and Taiwan	646.6	229 388.9	49 391.7
合资经营企业（港或澳、台资）	Joint-venture(Hong Kong,Macao and Taiwan)		9 796.8	6 813.1
合作经营企业（港或澳、台资）	Cooperative(Hong Kong,Macao and Taiwan)	322.4	1 535.5	10 263.3
港、澳、台商独资经营企业	Enterprises with Sole Funds(Hong Kong,Macao and Taiwan)	324.2	218 056.6	32 315.3
港、澳、台商投资股份有限公司	Share-holding Corporations Ltd(Hong Kong,Macao and Taiwan)			
外商投资企业	Foreign-funded	213.9	143 396.6	30 202.1
中外合资经营企业	Jointly-owned		11 293.9	2 139.3
中外合作经营企业	Cooperatively-owned			
外资企业	Exclusively Foreign-owned	213.9	132 102.7	28 062.8
外商投资股份有限公司	Foreign-funded Investment Companies Limited			
3.按控股情况分组	Grouped by Holding Condition			
国有控股	State-controlled	92.2	4 644.7	15 200.3
集体控股	Collective-controlled	1 375.1	3 598.8	1 503.0
私人控股	Private-controlled	16 477.0	291 180.9	100 080.7
港澳台商控股	Controlled by Entrepreneur from Hong Kong,Macao and Taiwan	646.6	232 007.6	40 002.8
外商控股	Foreign-funded-controlled	213.9	134 259.3	29 320.6
其他	Others	252.7	31 755.1	9 111.8
4.按经营形式分组	Grouped by Business Forms			
独立门店	Independent Stores	8 232.9	223 114.7	100 052.2
连锁总店	General Chain Stores	2 111.2	231 801.1	45 231.0
连锁门店	Chain Stores	6 655.4	65 225.0	14 078.2
其他	Other	2 058.0	177 305.6	35 857.8

财务费用 Financial Expenses	利息支出 Interest Expense	营业利润 Operating profits	投资收益 Profits of Investment	营业外收入 Non-operating Income	利润总额 Total Profits	应交所得税 Total Payable Tax	应付职工薪酬 Total Wages Payable	从业人员期末人数（人） Average Employed Persons (Persons)
134.0	0.1	304.9		7.2	254.1	150.8	3 167.4	591
5.4		−289.4			−140.4	2.4	374.0	108
14 230.1	9 445.1	−8 621.2	1 045.6	11 937.3	4 921.8	4 730.7	102 338.8	20 804
12 508.1	**5 561.0**	**12 687.8**	**774.3**	**5 104.8**	**3 973.3**	**12 710.4**	**399 951.7**	**107 433**
7 826.3	2 768.4	7 821.2	97.8	1 886.7	2 704.3	6 144.1	232 166.0	58 762
4 734.6	2 788.8	−5 890.2	676.5	2 467.7	−9 792.2	4 640.1	140 627.8	42 985
−188.0		5 189.0		646.1	5 674.6	1 465.0	5 661.3	1 735
135.2	3.8	5 567.8		104.3	5 386.6	461.2	21 496.6	3 951
9 763.9	4 714.1	7 208.1	635.2	2 393.6	7 658.7	6 457.3	238 953.0	61 618
18.3		−310.0		0.4	−312.5		905.9	313
		−2.5			−2.5		166.2	72
3 799.1	2 659.3	15 173.7	124.3	847.8	17 009.1	4 819.3	92 820.8	21 034
1.1		4.2			4.2	0.4	108.9	45
5 918.7	2 054.8	−7 839.9	510.9	1 543.0	−9 201.2	1 624.2	143 604.3	39 696
26.7		182.6		2.4	161.6	13.4	1 346.9	458
919.5	191.7	13 206.6	67.7	1 050.5	7 064.9	5 975.6	82 616.1	19 519
447.8	3.3	91.4	67.7	2.1	440.5	183.9	7 323.1	1 722
33.2	48.8	1 842.1		31.0	1 825.7	549.8	6 644.2	810
438.5	139.6	11 273.1		1 017.4	4 798.7	5 241.9	68 648.8	16 987
1 824.7	655.2	−7 726.9	71.4	1 660.7	−10 750.3	277.5	78 382.6	26 296
83.3	1.8	−421.5		9.6	−679.0	5.1	14 273.7	2 169
1 741.4	653.4	−7 305.4	71.4	1 651.1	−10 071.3	272.4	64 108.9	24 127
62.7		3 614.5		118.3	3 599.2	1 096.7	36 440.8	4 513
−14.2	0.1	2 238.6	89.4	3.4	2 240.6	558.9	3 013.0	528
9 214.2	4 653.1	6 353.4	510.9	2 244.9	5 342.1	5 088.8	197 296.7	54 157
1 002.6	188.7	10 864.9	102.6	1 026.8	4 741.0	5 425.8	78 191.1	19 129
1 761.2	653.4	−9 056.7	71.4	1 651.1	−12 107.5	277.5	65 471.9	24 503
481.6	65.7	−1 326.9		60.3	157.9	262.7	19 538.2	4 603
5 238.9	1 795.3	3 989.3	35.1	1 318.2	3 273.7	4 533.2	164 730.7	40 055
3 286.5	2 352.2	23 311.8	200.0	2 691.1	20 491.0	6 202.9	104 952.6	35 181
456.0	104.2	−8 226.6	34.9	140.6	−9 884.8	−146.9	30 764.5	7 855
3 526.7	1 309.3	−6 386.7	504.3	954.9	−9 906.6	2 121.2	99 503.9	24 342

10-6 限额以上住宿业和餐饮业法人企业经营情况综合表（2014年）

CONSOLIDATED TABLE OF ENTERPRISES ABOVE DESIGNATED SIZE OF HOTELS AND CATERING SERVICES （2014）

单位：万元

项 目	Item	法人企业数（个）Number of Corporative Enterprises (unit)	从业人员期末人数（人）Average Employed Persons (Persons)	营业额 Business Revenue
总　　计	**Total**	**757**	**154 542**	**2 997 870.8**
一、住宿业	**Hotels**	**289**	**47 109**	**1 106 571.9**
1.按住宿行业小类分组	Arouped by sector			
旅游饭店	Tour Restaurant	204	39 346	958 500.3
一般旅馆	General Restaurant	70	6 252	121 946.3
其他住宿服务	Other Hotel Services	15	1 511	26 125.3
2.按登记注册类型分组	Grouped by Registration			
内资企业	Domestic-funded	242	34 276	711 598.5
国有企业	State-owned	14	2 235	50 397.7
集体企业	Collective-owned	4	232	4 863.4
股份合作企业	Share-holding Cooperative Enterprise			
联营企业	Joint Ownership	5	363	4 921.9
国有联营企业	State-owned Joint Ownership	2	219	3 108.5
集体联营企业	Collective Joint Ownership	1	49	187.6
国有与集体联营企业	State & Collective Joint Ownership	2	95	1 625.8
其他联营企业	Other Jonit Ownership			
有限责任公司	Limited Liabilities Companies	91	15 374	372 928.9
国有独资公司	State-owned Companies Limited	9	2 373	44 134.0
其他有限责任公司	Other Companies Limited	82	13 001	328 794.9
股份有限公司	Share-holding Limited Companies	7	817	12 871.8
私营企业	Private-owned	115	14 716	251 249.7
私营独资企业	Exclusively Private-owned Companies	5	401	5 445.2
私营合伙企业	Joint Private-owned Companies			
私营有限责任公司	Private-owned Companies Limited	105	13 745	237 726.9
私营股份有限公司	Share-holding Private-owned Companies	5	570	8 077.6
其他企业	Others	6	539	14 365.1
港、澳、台商投资企业	Funded by Entrepreneur from Hong Kong,Macao and Taiwan	30	6 893	183 372.6
合资经营企业（港或澳、台资）	Joint-venture(Hong Kong,Macao and Taiwan)	7	1 483	35 232.8
合作经营企业（港或澳、台资）	Cooperative(Hong Kong,Macao and Taiwan)	6	1 983	61 515.6
港、澳、台商独资经营企业	Enterprises with Sole Funds(Hong Kong,Macao and Taiwan)	16	3 156	79 779.9
港、澳、台商投资股份有限公司	Share-holding Corporations Ltd(Hong Kong,Macao and Taiwan)	1	271	6 844.3
外商投资企业	Foreign-funded	17	5 940	211 600.8
中外合资经营企业	Jointly-owned	8	2 076	77 500.5
中外合作经营企业	Cooperatively-owned	2	862	15 460.2
外资企业	Exclusively Foreign-owned	6	2 303	80 646.4
外商投资股份有限公司	Foreign-funded Investment Companies Limited	1	699	37 993.7
3.按控股情况分组	Grouped by Holding Condition			
国有控股	State-controlled	50	10 106	290 881.5
集体控股	Collective-controlled	8	429	7 885.7
私人控股	Private-controlled	145	18 532	320 244.5
港澳台商控股	Controlled by Entrepreneur from Hong Kong,Macao and Taiwan	29	6 270	176 027.9
外商控股	Foreign-funded-controlled	11	4 361	133 771.9
其他	Others	46	7 411	177 760.4
4.按经营形式分组	Grouped by Business Forms			
独立门店	Independent Stores	203	31 399	663 413.8
连锁总店	General Chain Stores	11	3 802	114 621.4
连锁门店	Chain Stores	11	1 263	36 478.0
其他	Other	64	10 645	292 058.7
5.按星级分组	Grouped by Star			
五星	Five Star	23	10 962	376 709.6
四星	Four Star	34	7 241	144 658.2

（10 000 yuan）

客房收入 Revenue of Rooms	餐费收入 Total Revenue of Meals	商品销售收入 Total Sales of Commodities	其他收入 Others	客房间数（间） Number of Rooms (room)	床位数（张） Number of Beds (bed)	餐位数（位） Numder of Dining-seats (seat)	年末餐饮营业面积（平方米） Operating Area Catering (sg.m)
687 630.0	**2 104 699.2**	**33 003.4**	**172 538.2**	**71 448**	**103 726**	**508 296**	**1 842 024**
646 096.9	**328 622.3**	**3 190.9**	**128 661.8**	**65 588**	**94 533**	**83 080**	**632 863**
533 620.0	301 110.8	2 519.1	121 250.4	48 535	69 434	70 468	451 429
93 647.6	21 605.5	469.4	6 223.8	14 595	21 354	9 351	161 958
18 829.3	5 906.0	202.4	1 187.6	2 458	3 745	3 261	19 476
436 721.3	188 065.4	1 254.8	85 557.0	50 987	74 315	57 484	502 299
28 191.2	16 955.8		5 250.7	2 716	4 342	6 213	23 163
1 964.1	1 954.7		944.6	450	891	1 060	1 560
3 777.7	74.2	126.2	943.8	625	1 800	245	2 000
2 329.9	74.2	126.2	578.2	330	1 239	245	2 000
73.1			114.5	21	45		
1 374.7			251.1	274	516		
236 089.4	94 898.3	360.1	41 581.1	23 827	33 117	26 138	219 323
22 353.2	15 521.7	6.0	6 253.1	1 997	3 281	5 254	27 829
213 736.2	79 376.6	354.1	35 328.0	21 830	29 836	20 884	191 494
7 898.2	2 807.9	68.0	2 097.7	1 122	1 685	1 197	10 197
149 212.1	66 775.8	670.5	34 591.3	21 518	31 395	21 860	234 791
2 213.8	2 461.6		769.8	525	772	634	8 170
141 333.5	63 219.2	663.5	32 510.7	20 303	29 684	21 060	226 121
5 664.8	1 095.0	7.0	1 310.8	690	939	166	500
9 588.6	4 598.7	30.0	147.8	729	1 085	771	11 265
91 977.0	65 914.8	1 535.4	23 945.4	7 800	11 341	12 497	73 682
20 531.4	9 697.7	889.6	4 114.1	2 074	3 113	2 124	12 925
30 421.4	26 301.1	480.8	4 312.3	2 011	2 920	3 617	22 652
37 485.5	29 118.7	153.0	13 022.7	3 315	4 708	6 512	37 204
3 538.7	797.3	12.0	2 496.3	400	600	244	901
117 398.6	74 642.1	400.7	19 159.4	6 801	8 877	13 099	56 882
51 190.6	20 158.5	350.2	5 801.2	3 769	4 877	4 921	28 431
6 605.3	4 542.9		4 312.0	484	615	2 448	3 434
42 660.6	29 453.6	50.5	8 481.7	2 057	2 692	4 998	17 417
16 942.1	20 487.1		564.5	491	693	732	7 600
187 395.4	80 410.1	216.0	22 860.0	17 841	25 650	22 301	97 917
4 730.7	1 954.7		1 200.3	876	1 594	1 060	4 760
191 622.6	88 156.6	885.9	39 579.4	26 506	38 595	26 568	285 397
102 152.2	47 220.3	1 193.1	25 462.3	9 245	12 808	12 306	62 781
69 082.9	51 509.5	400.7	12 778.8	3 454	4 547	10 118	41 718
91 113.1	59 371.1	495.2	26 781.0	7 666	11 339	10 727	140 290
365 050.1	220 280.9	2 683.9	75 398.9	36 711	54 087	59 184	441 472
82 422.1	5 298.3	78.8	26 822.2	11 160	14 648	2 931	46 923
24 685.4	11 261.1		531.5	3 349	4 420	2 008	28 083
173 939.3	91 782.0	428.2	25 909.2	14 368	21 378	18 957	116 385
187 138.8	149 643.7	1 609.9	38 317.2	9 170	12 605	21 437	105 860
78 368.5	46 009.5	490.1	19 790.1	8 355	12 103	13 875	140 835

单位：万元

项目	Item	法人企业数（个）Number of Corporative Enterprises (unit)	从业人员期末人数（人）Average Employed Persons (Persons)	营业额 Business Revenue
三星	Three Star	60	7 403	121 714.5
二星	Two Star	10	591	10 890.8
一星	One Star	2	108	1 061.1
其他	Other	160	20 804	451 537.7
二、餐饮业	**Catering Services**	**468**	**107 433**	**1 891 298.9**
1.按餐饮行业小类分组	Grouped by sector			
正餐服务	Restaurant	415	58 762	1 044 589.8
快餐服务	Fast Food	35	42 985	709 789.9
饮料及冷饮服务	Beverages and lold Drinrs	5	1 735	47 850.4
其他餐饮服务	Others	13	3 951	89 068.8
2.按登记注册类型分组	Grouped by Registration			
内资企业	Domestic-funded	383	61 618	1 040 599.6
国有企业	State-owned	3	313	3 824.9
集体企业	Collective-owned	1	72	572.7
股份合作企业	Share-holding Cooperative Enterprise			
联营企业	Joint Ownership			
国有联营企业	State-owned Joint Ownership			
集体联营企业	Collective Joint Ownership			
国有与集体联营企业	State & Collective Joint Ownership			
其他联营企业	Other Jonit Ownership			
有限责任公司	Limited Liabilities Companies	76	21 034	412 353.5
国有独资公司	State-owned Companies Limited	2	871	28 102.0
其他有限责任公司	Other Companies Limited	74	20 163	384 251.5
股份有限公司	Share-holding Limited Companies	1	45	268.3
私营企业	Private-owned	296	39 696	615 323.6
私营独资企业	Exclusively Private-owned Companies	37	2 575	45 415.5
私营合伙企业	Joint Private-owned Companies	1	10	131.4
私营有限责任公司	Private-owned Companies Limited	250	36 277	557 146.1
私营股份有限公司	Share-holding Private-owned Companies	8	834	12 630.6
其他企业	Others	6	458	8 256.6
港、澳、台商投资企业	Funded by Entrepreneur from Hong Kong,Macao and Taiwan	63	19 519	476 915.8
合资经营企业（港或澳、台资）	Joint-venture(Hong Kong,Macao and Taiwan)	10	1 722	35 998.9
合作经营企业（港或澳、台资）	Cooperative(Hong Kong,Macao and Taiwan)	2	810	21 090.5
港、澳、台商独资经营企业	Enterprises with Sole Funds(Hong Kong,Macao and Taiwan)	51	16 987	419 826.4
港、澳、台商投资股份有限公司	Share-holding Corporations Ltd(Hong Kong,Macao and Taiwan)			
外商投资企业	Foreign-funded	22	26 296	373 783.5
中外合资经营企业	Jointly-owned	6	2 169	39 571.0
中外合作经营企业	Cooperatively-owned			
外资企业	Exclusively Foreign-owned	16	24 127	334 212.5
外商投资股份有限公司	Foreign-funded Investment Companies Limited			
3.按控股情况分组	Grouped by Holding Condition			
国有控股	State-controlled	13	4 513	104 004.4
集体控股	Collective-controlled	3	528	11 692.2
私人控股	Private-controlled	334	54 157	885 104.0
港澳台商控股	Controlled by Entrepreneur from Hong Kong,Macao and Taiwan	65	19 129	464 871.3
外商控股	Foreign-funded-controlled	19	24 503	340 492.9
其他	Others	34	4 603	85 134.1
4.按经营形式分组	Grouped by Business Forms			
独立门店	Independent Stores	320	40 055	717 223.9
连锁总店	General Chain Stores	30	35 181	553 492.8
连锁门店	Chain Stores	29	7 855	131 258.5
其他	Other	89	24 342	489 323.7

10-6 续表 (10 000 yuan)

客房收入 Revenue of Rooms	餐费收入 Total Revenue of Meals	商品销售收入 Total Sales of Commodities	其他收入 Others	客房间数（间） Number of Rooms (room)	床位数（张） Number of Beds (bed)	餐位数（位） Numder of Dining-seats (seat)	年末餐饮营业面积（平方米） Operating Area Catering (sg.m)
69 722.9	32 844.2	669.1	18 478.3	9 691	15 268	12 856	69 433
7 963.1	1 931.1		996.6	1 079	1 731	960	2 560
835.2	107.9		118.0	239	408	453	1 296
302 068.4	98 085.9	421.8	50 961.6	37 054	52 418	33 499	312 879
41 533.1	**1 776 076.9**	**29 812.5**	**43 876.4**	**5 860**	**9 193**	**425 216**	**1 209 161**
41 533.1	967 012.2	7 517.7	28 526.8	5 860	9 193	279 190	891 432
	696 945.6	1 232.2	11 612.1			134 009	294 278
	45 345.0	2 505.4				4 070	12 339
	66 774.1	18 557.2	3 737.5			7 947	11 112
35 639.2	961 330.2	11 920.3	31 709.9	5 467	8 531	1 701 457	910 146
285.6	3 396.5	46.1	96.7	68	123	920	1 758
86.8	485.9			33	59	600	2 532
5 883.0	385 608.1	6 163.5	14 698.9	671	1 030	77 508	248 695
	22 195.5	1 921.5	3 985.0			3 300	9 200
5 883.0	363 412.6	4 242.0	10 713.9	671	1 030	74 208	239 495
49.9	218.4			42	64	50	975
29 003.1	563 711.0	5 710.7	16 898.8	4 514	7 105	216 044	651 286
385.6	45 026.7		3.2	84	138	12 826	44 312
	131.4					130	400
25 741.3	508 932.6	5 710.7	16 761.5	4 117	6 546	198 849	596 264
2 876.2	9 620.3		134.1	313	421	4 239	10 310
330.8	7 910.3		15.5	139	150	2 270	4 900
5 893.9	452 104.4	16 940.9	1 976.6	393	662	56 980	146 934
146.0	35 837.4		15.5	60	70	3 519	20 478
	19 860.8	909.4	320.3			351	1 455
5 747.9	396 406.2	16 031.5	1 640.8	333	592	53 110	125 001
	362 642.3	951.3	10 189.9			70 844	152 081
	28 914.4	466.7	10 189.9			4 375	11 250
	333 727.9	484.6				66 469	140 831
605.6	82 252.2	3 137.5	18 009.1	128	243	12 582	33 883
2 838.5	3 058.5	569.8	5 225.4	158	299	2 430	5 855
29 383.8	832 465.2	5 888.5	17 366.5	4 695	7 319	262 206	803 659
5 893.9	439 841.8	17 159.0	1 976.6	393	662	57 479	150 785
	340 008.3	484.6				69 933	150 316
2 811.3	78 450.9	2 573.1	1 298.8	486	670	20 586	64 663
37 796.3	632 686.0	22 213.8	24 527.8	5 200	8 220	161 832	649 556
15.0	550 532.0	2 511.9	433.9	3	6	86 408	239 751
1 654.1	129 284.4	320.0		212	394	30 888	84 505
2 067.7	463 574.5	4 766.8	18 914.7	445	573	146 088	235 349

10-7 物价指数
PRICE INDICES

年 份 Year	以上年价格为100 Preceding Year=100			以1979年价格为100 1979=100		
	居民消费价格总指数 General Consumer Price Index	# 食品类 Food	# 服务项目 Services	居民消费价格总指数 General Consumer Price Index	# 食品类 Food	# 服务项目 Services
1979	100.0	100.0	100.0	100.0	100.0	100.0
1980	105.0	108.3	100.7	105.0	108.3	100.7
1981	110.7	117.9	101.6	116.2	127.7	102.3
1982	107.8	116.6	108.7	125.3	148.9	111.2
1983	102.0	105.9	100.9	127.8	157.7	112.2
1984	106.8	106.6	119.3	136.5	168.1	133.9
1985	122.5	128.5	117.2	167.2	216.0	156.9
1986	106.1	108.1	106.9	177.4	233.5	167.7
1987	114.4	118.7	107.4	203.0	277.1	180.1
1988	128.1	133.7	112.2	260.0	370.5	202.1
1989	125.4	126.6	125.7	326.0	469.1	254.1
1990	101.6	95.4	127.7	331.2	447.5	324.4
1991	103.0	99.2	115.4	341.2	443.9	374.4
1992	107.3	109.2	109.4	366.1	484.8	409.6
1993	120.1	122.6	120.9	439.7	594.3	495.2
1994	118.2	120.2	118.1	519.7	714.4	584.8
1995	112.4	116.7	118.1	584.1	833.7	690.6
1996	107.7	105.2	110.7	629.1	877.1	764.5
1997	103.3	100.2	118.2	649.9	878.9	903.6
1998	99.3	97.2	105.3	645.4	854.3	951.5
1999	99.3	94.5	107.7	640.9	807.3	1 024.8
2000	102.8	100.2	114.0	658.8	808.9	1 168.3
2001	97.8	97.5	99.3	644.3	788.7	1 160.1
2002	101.2	100.5	106.5	652.0	792.6	1 235.5
2003	100.7	101.2	101.6	656.6	802.1	1 255.3
2004	101.3	106.1	99.7	665.1	851.0	1 251.5
2005	101.6	104.5	100.8	675.7	889.3	1 261.5
2006	102.2	104.2	101.4	690.6	926.7	1 279.2
2007	104.1	108.6	103.4	718.9	1 006.4	1 322.7
2008	105.9	113.5	102.1	761.3	1 142.3	1 350.5
2009	98.7	98.5	99.5	751.4	1 125.2	1 343.7
2010	103.5	107.7	102.6	777.7	1 211.8	1 378.6
2011	105.4	111.9	103.0	819.7	1 356.0	1 420.0
2012	102.8	104.5	101.9	842.7	1 417.0	1 447.0
2013	102.7	102.9	105.2	865.5	1 458.1	1 522.2
2014	102.0	103.5	101.9	882.8	1 509.1	1 551.1

10-8 居民消费价格总指数（2014年）

GENERAL CONSUMER PRICE INDEX（2014）

以上年价格为100 （preceding year=100）

项 目	Item	指 数 Index
居民消费价格总指数	**General Consumer Price Index**	**102.0**
一、食品	**Food**	**103.5**
1.粮食	Grain	103.5
2.淀粉及制品	Starch	100.7
3.干豆类及豆制品	Dried Beans and Bean Products	101.2
4.油脂	Oil or Fat	95.6
5.肉禽及其制品	Meat, Poultry and Their Products	101.3
6.蛋	Eggs	106.2
7.水产品	Aquatic Products	107.2
8.菜	Vegetable	100.9
9.调味品	Flavoring	99.9
10.糖	Carbohydrate	102.8
11.茶及饮料	Tea and Beverages	99.3
12.干鲜瓜果	Dried and Fresh Melons and Fruits	113.9
13.糕点饼干、面包	Cake,Biscuit,bread	99.8
14.液体乳及乳制品	Liguid milk and Its Products	107.4
15.在外用膳食品	Dining Out	102.7
16.其他食品	Other Food	101.4
二、烟酒	**Tobacco, Liquor**	**99.5**
1.烟草	Tobacco	100.0
2.酒	Liquor	98.6
三、衣着	**Clothing**	**104.3**
1.服装	Garments	104.7
2.衣着材料	Clothing Materials	101.2
3.鞋袜帽	Footgear and Hats	103.0
4.衣着加工服务	Clothing Processing Services	103.9
四、家庭设备用品及维修服务	**Household Facilities'Articles and Repair Services**	**99.4**
1.耐用消费品	Durable Consumer Goods	99.2
2.室内装饰品	Interior Decorations	100.1
3.床上用品	Bed Articles	88.7
4.家庭日用杂品	Daily Use Household Articles	100.0
5.家庭服务及加工维修服务	Household Services and Processing and Repair Services	104.2
五、医疗保健和个人用品	**Health Care and Personal Articles**	**101.0**
1.医疗保健	Health Care	102.1
2.个人用品及服务	Personal Articles and Services	99.0
六.交通和通信	**Transportation and Communication**	**99.3**
1.交通	Transportation	99.4
2.通信	Communication	99.1
七、娱乐教育文化用品及服务	**Recreation, Education and Culture Articles and Services**	**101.3**
1.文娱用耐用消费品及服务	Durable Consumer Goods and Services for Recreational Use	96.6
2.教育	Education	102.1
3.文化娱乐类	Recreation and Culture Articles	104.1
4.旅游	Tourism	99.3
八、居住	**Residence**	**102.1**
1.建房及装修材料	Building Construction and Decoration Materials	101.1
2.住房租金	Rent	104.7
3.自有住房	Self Owned House	103.2
4.水、电、燃料	Water, Electricity and Fuels	99.9

10-9 住宅销售价格指数

SALES PRICES INDICES OF HOUSES

以上年价格为100 (Preceding year=100)

类别	Item	2011	2012	2013	2014
新建住宅	Newly-built Buildings	103.9	98.8	114.5	106.4
一、保障性住房	Affordable Buildings				
二、新建商品住宅	Newly-built Residential Buildings	103.9	98.8	114.8	106.5
(一) $90m^2$及以下	Less than 90 sq.m.	105.7	98.8	115.1	106.8
(二) $90-144m^2$	From 90 to 144 sq.m.	102.7	98.3	114.7	106.7
(三) $144m^2$以上	More than 144 sq.m.	102.8	98.9	114.5	106.0
二手住宅	Second-hand Housing	104.6	98.8	109.8	108.1
(一) $90m^2$及以下	Less than 90 sq.m.	104.9	99.3	110.5	109.8
(二) $90-144m^2$	From 90 to 144 sq.m.	106.0	99.1	110.7	107.0
(三) $144m^2$以上	More than 144 sq.m.	101.6	97.2	106.3	105.2

10-10 工业生产者出厂价格指数
INDUSTRIAL PRODUCER PRICE INDEX

以上年价格为100 （Preceding year=100）

类 别	Item	2003	2004	2005	2006	2007	2008	2009	2010	2011	2012	2013	2014
全部工业品	General Index	97.7	99.5	98.7	98.2	98.4	99.6	95.3	101.6	101.8	99.9	98.0	99.1
按轻重工业分	Grouped by industries												
轻工业	Light Industry	97.0	98.8	97.4	97.0	97.8	98.7	96.7	101.4	102.9	99.2	98.4	98.2
重工业	Heavy Industry	99.6	101.3	102.2	101.5	99.8	101.9	92.6	101.9	101.4	100.1	97.9	99.4
按生产、生活资料分	Grouped by Means of Production and Consumer Goods												
生产资料	Means of Production	97.8	100.0	98.3	97.9	97.9	99.1	94.4	100.7	101.3	100.3	98.0	99.5
生活资料	Consumer Goods	97.5	98.2	100.0	99.0	100.2	101.9	99.3	104.5	103.5	98.7	98.1	97.7
按工业部门分	Grouped by Industrial Department												
冶金工业	Metallurgical Industry	100.7	112.8	110.0	97.7	103.4	102.2	95.6	108.4	106.7	100.7	100.2	98.6
电力工业	Power Industry	93.3	98.6	101.3	100.0	100.2	100.8	98.4	99.3	99.6	100.5	100.5	99.7
石油工业	Petroleum Industry	124.7	121.3	127.8	130.0	104.1	130.8	62.4	136.8	126.9	101.7	92.4	95.2
化学工业	Chemical Industry	100.8	102.1	100.5	103.4	102.5	102.9	98.4	101.2	102.3	101.2	99.4	100.0
机械工业	Engineering Industry	95.9	97.7	96.3	96.1	96.9	97.4	95.9	99.0	99.8	99.6	97.7	99.1
建筑材料工业	Building Materials Industry	99.4	108.6	96.3	89.6	103.8	97.5	90.1	104.2	101.1	93.9	102.5	102.9
森林工业	Timber Industry	100.2	101.3	100.4	100.2	102.2	105.6	102.6	107.4	106.0	102.8	103.6	100.6
食品工业	Food Industry	101.4	102.5	100.5	99.6	104.7	109.1	92.4	102.7	106.1	107.0	102.3	100.2
纺织工业	Textile Industry	98.1	101.3	96.7	99.5	101.3	100.9	100.2	100.3	106.1	101.2	99.6	101.6
缝纫工业	Needlework Industry	101.1	97.7	111.7	105.7	108.4	103.2	104.6	103.9	107.5	102.5	104.3	104.8
皮革工业	Leather Industry	100.3	101.9	101.6	99.9	99.4	110.9	110.3	102.2	107.4	104.9	103.1	103.0
造纸工业	Paper Industry	99.5	101.9	102.7	96.2	101.2	108.5	100.2	101.1	104.1	102.2	99.3	100.4
文教艺术工业	Cultural, Educational & Handicrafts Articles	99.1	105.4	103.9	98.8	101.0	105.0	103.2	101.9	101.5	101.4	100.6	99.8
其它工业	Others	102.1	102.0	100.4	102.7	102.4	105.9	108.0	119.0	113.5	95.8	91.6	94.8

10-11 工业生产者购进价格指数
INDUSTRIAL PURCHASING PRICE INDEX

以上年价格为100 （Preceding year=100）

类 别	Item	2005	2006	2007	2008	2009	2010	2011	2012	2013	2014
总指数	General Index	105.1	104.2	102.9	105.3	96.3	104.7	105.9	100.0	98.3	99.6
燃料、动力类	Fuels and Power	107.8	106.5	102.6	107.5	97.8	105.1	105.9	102.5	95.1	99.1
黑色金属材料类	Ferrous Materials	110.2	97.6	103.9	105.9	94.7	102.7	106.5	95.1	95.4	96.4
其中：钢材	Steel	108.5	97.6	105.4	107.9	96.0	104.0	106.7	92.8	92.8	94.7
其它	Others	121.3	100.0	100.9	101.6	91.9	100.2	105.9	99.9	100.4	99.9
有色金属材料及电线类	Nonferrous Metal and Electris Wire	109.1	125.3	105.1	101.3	89.9	115.0	108.3	97.9	96.5	95.8
化工原料类	Chemical Raw Materials	111.7	102.7	103.6	103.8	91.9	105.5	107.2	97.5	99.2	99.0
木材及纸浆类	Wood and Paper Pulps	101.4	100.6	102.4	104.7	94.5	103.9	107.7	100.5	99.9	100.7
建筑材料及非金属矿类	Building Materials and Nonmetal Minerals	96.6	96.9	105.0	111.3	90.1	114.0	105.4	97.9	102.7	107.8
其它工业原材料及半成品类	Other Industrial Raw and Processed Materials	99.5	101.2	102.2	103.8	97.1	101.8	105.0	100.8	99.1	99.4
农副产品类	Farm and Sideline Products	98.0	102.3	104.4	109.6	104.3	107.9	104.3	100.5	103.4	103.7
纺织原料类	Textile Raw Material	100.7	100.4	102.6	105.6	100.8	105.1	106.4	100.4	99.3	100.8

主要统计指标解释

社会消费品零售总额 指各种经济类型的批发零售业、住宿餐饮业和其他行业的企业（单位）或个体户，售予城乡居民用于生活消费和社会集团用于公共消费的商品金额的总和。

批发零售业商品购进总额 指从本企业以外的单位和个人购进（包括从国外直接进口）作为转卖或加工后转卖的商品金额。本指标由“从生产者购进额”、“从批发零售业购进额”、“进口额”和“其他购进”组成。这个指标反映批发零售企业从国内、国外市场上购进商品的总量。

批发零售业商品销售总额 指售予本企业以外的单位和个人的商品金额（包括对国（境）外直接出口及售给本单位消费用的商品）。本指标由“对生产经营单位批发额”、“对批发零售业批发额”、“出口额”和“对居民和社会集团商品零售额”项目组成。这个指标反映批发零售业在国内市场上销售商品以及出口商品的总量。

批发 指除零售以外的一切商品销售活动。包括对生产经营单位批发、对批发零售业批发和出口。

零售 指出售城乡居民用于生活消费商品和社会集团直接用于公用消费商品的活动。

批发零售业年末库存总额 指批发零售企业已取得所有权的全部商品。这个指标反映批发零售贸易企业的商品库存情况，对市场商品供应的保证程度。

批发零售业住宿餐饮业法人单位 指各种经济类型独立核算法人批发零售企业、住宿餐饮企业的单位个数。法人单位应同时具备以下条件：1. 依法成立，有自己的名称、组织机构和场所，能够独立承担民事责任；2. 独立拥有和使用资产，承担负债，有权与其他单位签订合同；3. 独立核算盈亏，并能够编制资产负债表。

批发业 是指从工农业生产者或从商品流通企业单位和个体户购进商品，转卖给工业、农业、建筑业、运输邮电业、住宿餐饮业、服务业等生产经营单位作为生产经营用，以及将商品转卖给其他批发企业或零售企业的商品流通企业(单位)和个体户。

零售业 是指从工农业生产者、批发业或居民购进商品，转卖给城乡居民作为生活消费和售给社会集团作为公共消费的商品流通企业(单位)和个体户。

住宿业 是指为顾客提供临时住宿服务的企业(单位)和个体户。

餐饮业 是指从事食品的烹饪、调制并直接售给居民和社会集团的企业(单位)和个体户。

居民消费价格指数 是度量消费商品及服务项目价格水平随着时间而变动的相对数，反映居民家庭购买的消费品及服务价格水平的变动情况。它是宏观经济分析、决策、调控和价格总水平监测以及国民经济核算的重要指标。其按年度计算的变动率通常被用来作为反映通货膨胀(或紧缩)程度的指标。

商品零售价格指数 是度量市场商品零售价格水平变动趋势和变动程度的相对数，反映商品在流通过程中最后一个环节的价格即工业、商业、餐饮业和其他零售企业向城乡居民、机关团体出售生活消费品和办公用品价格水平的变动趋势。它可以为国家宏观调控和国民经济核算提供参考依据。

工业生产者出厂价格指数 反映工业企业产品第一次出售时的出厂价格的变化趋势和变动幅度。

工业生产者购进价格指数 反映工业企业作为中间投入产品的购进价格的变化趋势和变动幅度。

Explanatory Notes on Main Statistical Indicators

Total Retail Sales of Consumer Goods refer to the sum of retail sales of consumer goods sold by enterprises (establishments) or individuals in wholesale, retail trade, accommodations, catering services and other industries of various types of ownership to urban and rural households for living consumption and to social institutions for public consumption.

Total Purchases of Commodities by Wholesale and Retail Trades refer to the purchases of commodities from other establishments or individuals (including direct import from abroad) for the purpose of reselling, either with or without further processing of the commodities purchased This indicator includes the purchases from producers, the purchases from wholesale and retail trades, imports and other purchases

It is used to show the total value of purchases of commodities by wholesale and retail establishments from domestic and overseas markets.

Total Sales of Commodities by Wholesale and Retail Trades refer to the value of commodities sold to other establishments and individuals (including direct export and commodities sold to the sellers themselves for consumption). This indicator includes the value of wholesale to production and operation units, the value of wholesale to wholesale and retail trades, exports and retail sales to urban and rural households and social institutions It is an indicator of the total value of sales of commodities at domestic markets and export.

Wholesale refers to all selling activities of commodities except retail trade, including wholesale to production and operation units, wholesale to wholesale and retail trades and export.

Retail Sale refers to the selling of commodities to urban and rural households for living consumption and to social institutions for direct public consumption.

Total Inventory of Wholesale and Retail Trades at the Year-end refers to the total commodities possessed by wholesale and retail enterprises, which reflects the commodity stock level of various wholesale and retail enterprises and the potential for market supply.

Corporate Units in Wholesale and Retail Trades, Accommodations and Catering Services refer to the number of corporate enterprises of various types of ownership in the wholesale and retail trades, accommodations and catering services with independent accounting systems An enterprise can be called a corporate enterprise only when it simultaneously meets the following requirements:(1)It is established according to law, with its own name, organization and location for business operation, as well as the capability to independently assume civil responsibility (2)It owns and uses its assets independently, assumes liabilities and is entitled to sign contracts with other units (3)It has an independent accounting system and is able to compile balance sheets.

Wholesale Trade refers to the commodity circulation enterprises (establishments) and individuals which purchase commodities from producers in industry and agriculture or from commodity circulation enterprises and individuals for the purpose of reselling them to establishments in industry, agriculture, construction, transportation, postal and telecommunications services, accommodations and catering services and other services for their production and operation as well as reselling them to other wholesale or retail enterprises.

Retail Trade refers to the commodity circulation enterprises (establishments) and individuals which purchase commodities from producers in industry and agriculture, wholesale trade or residents for the purpose of reselling them to urban and rural households for living consumption and to social institutions for public consumption.

Hotel Services refers to the enterprises (establishments) and individuals engaged in providing temporary accommodation to customers.

Catering Services refer to the enterprises (establishments) and individuals engaged in food cooking, seasoning and selling food directly to households and social institutions.

Consumer Price Indices measure the relative change with time in prices of consumer goods and services, reflecting the rates of change in consumer goods and services purchased by households. It is an important indicator for macroeconomic analysis, decision–making, regularization and control, supervision of general price level and national economic accounting. The annualized rates of change are generally considered as an indicator of inflation or deflation.

Retail Price Indices measure the relative trend and degree of changes in retail prices of commodities, reflecting the trend of changes in prices in the last link of circulation, i.e. prices of consumer goods and office appliances sold to households or organizations by enterprises of industry, commerce, catering services and other retail trades. It provides a reference for macroeconomic adjustment and control as well as national economic accounting.

EX-factory Price Indices of Industrial Producers reflect the trends and degree of changes in prices of industrial products to sell the first time.

Purchasing Price Indices of Industrial Producers reflect the trends and degree of changes in prices of products as intermediate inputs.

财政收支

FISCAL REVENUE AND EXPENDITURE

CHAPTER

11-1 地方财政收支

LOCAL GOVERNMENT BUDGETARY REVENUE AND EXPENDITURE

单位：万元 （10 000 yuan）

项目	Item	2010年	2011年	2012年	2013年	2014年
地方财政收入合计	**Local Government Budgetary Revenue**	**13 443 339**	**16 106 501**	**17 929 886**	**22 312 100**	**27 698 077**
公共财政预算收入	Local government General Budgetary Revenue	11 068 166	13 395 728	14 820 800	17 312 618	20 827 326
税收收入	Taxes	9 919 813	11 951 356	13 299 766	14 989 200	17 548 398
#增值税	Value-added Tax	1 610 781	1 639 572	1 875 512	2 740 958	3 156 076
营业税	Business Tax	3 505 966	3 963 580	4 210 150	4 232 223	4 798 432
企业所得税	Corporate Income Tax	2 144 834	2 528 904	2 697 311	2 884 159	3 450 200
个人所得税	Individual Income Tax	1 116 847	1 348 772	1 391 188	1 384 659	1 684 918
非税收入	Non-Tax Revenue	1 148 353	1 444 372	1 521 034	2 323 418	3 278 928
#专项收入	Special Program Receipts	192 867	328 688	382 587	444 215	487 301
行政事业性收费收入	Charge of Administrative and Units	394 492	565 757	398 482	546 072	910 550
罚没收入	Penalty Receipts	160 667	245 245	209 042	177 672	267 880
政府性基金收入	Government Fund Revenue	2 375 173	2 710 773	3 109 086	4 999 482	6 870 751
地方财政支出合计	**Local Government Budgetary Expenditure**	**14 988 390**	**17 825 820**	**18 792 934**	**20 521 394**	**26 283 153**
公共财政预算支出	Local Government General Budgetary Expenditure	12 660 668	15 905 599	15 690 071	16 908 280	21 661 841
#教育	Expenditure for Education	1 524 955	1 967 928	2 461 343	2 877 280	3 294 137
科学技术	Expenditure for Science and Technology	1 166 617	704 863	792 651	1 329 814	945 707
文化体育与传媒	Expenditure for Culture, Sport and Media	567 668	460 504	328 388	329 433	580 070
社会保障与就业	Expenditure for Social Safety Net and Employment Effort	478 158	518 856	667 785	784 985	738 828
医疗卫生	Expenditure for Medical and Health Care	619 987	786 926	1 052 925	1 069 185	1 576 028
节能环保	Expenditure for Energy Saving	708 248	975 172	1 080 036	1 419 861	1 352 999
城乡社区事务	Expenditure for Urban and Rural Community Affairs	1 565 759	1 968 788	1 998 352	2 217 321	2 458 768
农林水事务	Expenditure for Agriculture, Forestry and Water Conservancy	141 550	297 590	446 591	614 196	566 042
交通运输	Expenditure for Transportation	726 532	1 048 244	1 000 381	1 116 493	2 938 739
政府性基金支出	Expenditure for Government Funds	2 327 722	1 920 221	3 102 863	3 613 114	4 621 312

11-2 公共财政预算收支及指数

INDICES OF LOCAL GOVERNMENT GENERAL BUDGETARY REVENUE AND EXPENDITURE

年 份 Year	收入(万元) Financial Revenue (10 000 yuan)	指 数 Index		支出(万元) Expenditure (10 000 yuan)	指 数 Index	
		以1979年为100 1979=100	以上年为100 Preceding Year=100		以1979年为100 1979=100	以上年为100 Preceding Year=100
1979	1 721	100.0		2 971	100.0	
1980	3 043	176.8	176.8	4 003	134.7	134.7
1981	8 787	510.6	288.8	8 411	283.1	210.1
1982	9 163	532.4	104.3	8 815	296.7	104.8
1983	15 605	906.7	170.3	15 025	505.7	170.4
1984	29 435	1 710.3	188.6	27 954	940.9	186.0
1985	62 894	3 654.5	213.7	58 651	1 974.1	209.8
1986	74 160	4 309.1	117.9	68 073	2 291.2	116.1
1987	87 521	5 085.5	118.0	69 688	2 345.6	102.4
1988	146 521	8 513.7	167.4	110 992	3 735.8	159.3
1989	228 668	13 286.9	156.1	173 007	5 823.2	155.9
1990	217 037	12 611.1	94.9	198 073	6 666.9	114.5
1991	273 291	15 879.8	125.9	243 012	8 179.5	122.7
1992	429 599	24 962.2	157.2	420 035	14 137.8	172.8
1993	672 507	39 076.5	156.5	593 327	19 970.6	141.3
1994	743 992	43 230.2	110.6	746 181	25 115.5	125.8
1995	880 174	51 143.2	118.3	934 041	31 438.6	125.2
1996	1 317 490	76 553.7	149.7	1 380 376	46 461.7	147.8
1997	1 420 557	82 542.5	107.8	1 394 181	46 926.3	101.0
1998	1 643 884	95 519.1	115.7	1 767 714	59 499.0	126.8
1999	1 842 085	107 035.7	112.1	2 108 978	70 985.5	119.3
2000	2 219 184	128 947.3	120.5	2 250 441	75 746.9	106.7
2001	2 624 944	152 524.3	118.3	2 537 019	85 392.8	112.7
2002	2 659 287	154 519.9	101.3	3 077 761	103 593.4	121.3
2003	2 908 370	168 993.0	109.4	3 489 526	117 452.9	113.4
2004	3 214 680	186 791.4	110.5	3 775 720	127 085.8	108.2
2005	4 123 787	239 615.7	128.3	5 991 560	201 668.1	158.7
2006	5 008 827	291 041.7	121.5	5 714 231	192 333.6	95.4
2007	6 580 555	382 368.1	131.4	7 279 677	245 024.5	127.4
2008	8 003 603	465 055.4	121.6	8 898 555	299 513.8	122.2
2009	8 808 168	511 805.2	110.1	10 008 394	336 869.5	112.5
2010	11 068 166	643 124.1	125.7	12 660 668	426 141.6	126.5
2011	13 395 728	778 368.9	121.0	15 905 599	535 361.8	125.6
2012	14 820 800	861 173.7	110.6	15 690 071	528 107.4	98.6
2013	17 312 618	1 005 963.0	116.8	16 908 280	569 110.7	107.8
2014	20 827 326	1 210 187.4	120.3	21 661 841	729 109.4	128.1

注：本表指数按自然口径计算。

Note: The index of this table is calculated by the nature caliber.

11 3 财政收支分级情况

BUDGETARY REVENUE AND EXPENDITURE BY LEVEL

单位：万元 （10 000 yuan）

项目	Item	2010年	2011年	2012年	2013年	2014年
公共财政预算收入合计	**Total General Budgetary Revenue**	**11 068 166**	**13 395 728**	**14 820 800**	**17 312 618**	**20 827 326**
市本级	City	7 300 324	8 027 480	8 790 168	10 483 258	12 760 545
罗湖区	Luohu	367 346	521 909	560 199	600 833	653 430
福田区	Futian	692 665	916 593	936 220	970 300	1 205 797
南山区	Nanshan	463 443	775 565	888 864	1 000 528	1 139 321
宝安区	Baoan	1 113 642	1 665 687	1 971 387	2 424 920	2 842 746
#光明新区	Guangming				259 447	460 630
龙岗区	Longgang	969 428	1 286 888	1 451 944	1 599 251	1 961 341
#坪山新区	Pingshan				191 911	218 786
盐田区	Yantian	161 318	201 606	222 018	233 528	264 146
公共财政预算支出合计	**Total General Budgetary Expenditure**	**12 660 668**	**15 905 599**	**15 690 071**	**16 908 280**	**21 661 841**
市本级	City	7 863 337	9 234 793	8 746 470	9 393 365	12 666 435
罗湖区	Luohu	476 663	676 234	686 862	684 949	775 071
福田区	Futian	867 880	1 022 858	1 025 120	1 056 306	1 256 272
南山区	Nanshan	621 834	921 527	1 028 071	1 142 749	1 295 858
宝安区	Baoan	1 441 126	2 222 291	2 171 216	2 505 390	3 034 325
#光明新区	Guangming				263 624	487 386
龙岗区	Longgang	1 176 613	1 588 294	1 801 321	1 873 570	2 364 553
#坪山新区	Pingshan				204 113	262 017
盐田区	Yantian	213 215	239 602	231 011	251 951	269 327

注：　宝安区包含光明新区和龙华新区，龙岗区包含坪山新区和大鹏新区。
Note: In this table,data of Guangming and Longhua are included in Baoan and data of Pingshan and Dapeng are included in Longgang.

主要统计指标解释

财政收入 是国家财政参与社会产品分配所取得的收入，是实现国家职能的财力保证。财政收入所包括的内容几经变化，目前主要包括：

各项税收：包括国内增值税、营业税、土地增值税、城市维护建设税、资源税、城市土地使用税、印花税、个人所得税、企业所得税、关税、农牧业税和耕地占用税等。

专项收入：包括征收排污费收入、征收城市水资源费收入、教育费附加收入等。

财政支出 国家财政将筹集起来的资金进行分配使用，以满足经济建设和各项事业的需要，主要包括一般公共服务、公共安全、教育、科学技术、文化教育与传媒、社会保障和就业、医疗卫生、节能环保、城乡社区事务等支出科目。

Explanatory Notes on Main Statistical Indicators

Government Revenue refers to income for the government finance through participating in the distribution of social products. It is the financial guarantee to ensure government functioning.The contents of government revenue have undergone constant changes. Currently they mainly include the following items:

Various tax revenues, including domestic value added tax, business tax, land value added tax, city maintenance and construction tax, resources tax, tax on use of urban land, stamp tax, individual income tax, corporate income tax, tariff, tax on agriculture and animal husbandry and tax on occupancy of cultivated land, etc.

Special program receipts, including receipts of pollutant discharge fee, urban water resource charge, education surtax, etc.

Government Expenditure refers to the distribution and use of the funds which the government finance has raised, so as to meet the needs of economic construction and various causes. It mainly includes the following items: expenditure for general public services, expenditure for public security, expenditure for education, expenditure for science and technology, expenditure for culture, sport and media, expenditure for social safety net and employment effort, expenditure for medical and health care, expenditure for energy saving, expenditure for urban and rural community affairs, etc.

12 第十二部分

金融保险业

FINANCE AND INSURANCE

CHAPTER

12-1 国内金融机构人民币存贷款

DEPOSITS AND LOANS IN RENMINBI OF DOMESTIC FINANCIAL INSTITUTIONS

单位：亿元 (100 million yuan)

项目	Item	2012	2013	2014
各项存款	**Total Deposits**	**25 910.24**	**29 830.99**	**32 497.75**
单位存款	Deposits by Enterprises and Institutions	14 918.79	17 414.71	19 609.49
# 活期存款	Current Deposits	4 694.71	5 144.85	5 229.09
定期存款	Time Deposits	5 733.32	6 906.77	8 753.31
通知存款	Notice Deposits	883.12	683.31	705.30
保证金存款	Margin Deposits	1 405.55	1 689.73	1 792.21
个人存款	Personal Deposits	8 389.06	9 289.37	9 974.01
储蓄存款	Savings Deposits	8 132.16	8 926.10	9 410.59
保证金存款	Margin Deposits	21.73	33.21	57.51
结构性存款	Structured Deposits	235.18	330.06	505.90
财政性存款	Fiscal Deposits	571.19	877.19	760.51
临时性存款	Temporary Deposits	111.30	112.91	60.24
委托存款	Entrusted Deposits	44.50	125.90	108.25
其他存款	Other Deposits	1 875.39	2 010.91	1 985.24
各项贷款	**Total Loans**	**17 305.47**	**19 803.58**	**22 671.10**
境内贷款	Domestic Loans	17 074.71	19 576.31	22 434.27
短期贷款	Short-term Loans	4 197.95	5 276.36	6 211.50
# 个人贷款及透支	Persoral Loans and Overdrafts	418.96	729.66	1 222.19
单位普通贷款及透支	Normal Loans and overdrafts by Enterprises and Institutions	3 263.91	4 043.32	4 371.35
贸易融资	Trade Financing	481.34	475.08	587.38
中长期贷款	Medium and Long-term Loans	11 821.15	13 172.47	14 658.33
# 个人贷款	Personal Loans	5 203.15	5 962.91	6 662.32
单位普通贷款	Normal Loans by Enterprises and Institutions	5 063.44	5 627.07	6 376.76
贸易融资	Trade Financing	96.69	96.07	100.34
融资租赁	Financing Leasing	486.43	656.52	806.67
票据融资	Bill Financing	565.04	457.31	732.45
各项垫款	All Advances Money	4.14	13.66	25.32
境外贷款	Overseas Loans	230.76	227.27	236.82

12-2 金融机构（含外资）本外币信贷情况

SOURCES AND USES OF CREDIT FUNDS OF FINANCIAL INSTITUTIONS (INCLUDE FOREIGN FUNDS)

单位：万元 （10 000 yuan）

年 份 Year	各项存款余额 All Deposits	各项贷款余额 All Loans
1990	3 606 500	3 739 800
1991	5 179 500	4 914 400
1992	8 015 100	6 432 400
1993	9 770 600	8 201 300
1994	14 138 100	12 448 700
1995	17 059 400	15 018 400
1996	21 442 800	18 619 700
1997	24 552 500	22 755 100
1998	28 818 300	24 838 400
1999	32 356 600	26 218 500
2000	39 741 200	29 553 700
2001	49 882 000	35 431 100
2002	59 412 900	43 084 300
2003	70 719 400	54 119 600
2004	81 362 100	65 715 600
2005	94 867 100	75 967 500
2006	106 160 100	83 538 200
2007	127 296 800	101 213 700
2008	142 609 400	112 340 500
2009	183 574 700	147 833 900
2010	219 378 900	168 081 200
2011	250 957 800	192 446 800
2012	296 624 000	218 083 400
2013	339 431 500	246 800 700
2014	373 505 000	279 221 300

12-3 金融机构（含外资）本外币分类存贷款

SOURCES AND USES OF CREDIT FUNDS OF FINANCIAL INSTITUTIONS (INCLUDE FOREIGN FUNDS)

单位：亿元 (100 million yuan)

项目	Item	2011	2012	2013	2014
各项存款	**Total Deposits**	**25 095.78**	**29 662.40**	**33 943.15**	**37 350.50**
单位存款	Deposits by Enterprises and Institutions	15 251.87	17 824.86	20 547.66	23 472.82
个人存款	Personal Deposits	8 143.51	9 171.97	10 130.87	10 835.44
# 储蓄存款	Savings Deposits	7 963.54	8 910.98	9 690.28	10 193.04
财政性存款	Fiscal Deposits	344.07	571.18	877.10	760.51
临时性存款	Temporary Deposits	73.45	126.08	148.75	74.91
委托存款	Entrusted Deposits	78.24	44.55	125.95	108.16
其他存款	Other Deposits	1 204.64	1 923.75	2 112.83	2 098.66
各项贷款	**Total Loans**	**19 244.68**	**21 808.34**	**24 680.07**	**27 922.13**
境内贷款	Domestic Loans	17 866.81	20 277.49	23 140.21	26 352.42
短期贷款	Short-term Loans	4 796.17	5 995.19	7 322.18	8 558.86
中长期贷款	Medium and Long-term Loans	12 124.36	12 945.01	14 451.59	15 941.99
融资租赁	Financing Leasing	420.59	584.09	749.61	929.09
票据融资	Bill Financing	519.68	747.81	601.48	891.96
各项垫款	All Advances Money	6.00	5.38	15.35	30.51
境外贷款	Overseas Loans	1 377.87	1 530.85	1 539.86	1 569.72

12-4 深圳证券交易所投资者开户情况

ACCOUNT-OPENING BY INVESTORS IN SHENZHEN STOCK EXCHANGE

单位：万户 (10 000 accounts)

指 标	Indicators	2008	2009	2010	2011	2012	2013	2014
年末开户总数	**Total Accounts Year-end**	**7 508.81**	**8 570.75**	**9 433.56**	**10 124.57**	**10 573.30**	**11 085.55**	**12 036.87**
个人	Private	7 484.16	8 542.60	9 402.68	10 091.17	10 537.82	11 047.51	11 995.30
机构	Institution	24.65	28.15	30.88	33.40	35.48	37.34	40.66
A股合计	A Shares Accounts	7 414.99	8 474.15	9 335.23	10 025.14	10 473.43	10 985.15	11 935.93
个人	Private	7 391.49	8 447.17	9 305.59	9 993.08	10 439.34	10 948.55	11 895.86
机构	Institution	23.50	26.98	29.64	32.06	34.09	36.61	40.08
B股合计	B Shares Accounts	93.82	96.60	98.33	99.43	99.87	100.40	100.94
个人	Private	92.67	95.43	97.09	98.10	98.47	98.96	99.44
机构	Institution	1.15	1.17	1.24	1.33	1.39	0.73	0.58
新开户总数	**Newly Opened Accounts During the Year**	**831.64**	**1 028.23**	**893.41**	**714.96**	**464.76**	**531.09**	**984.74**
个人	Private	828.69	1 024.35	890.26	712.08	462.25	528.08	980.76
机构	Institution	2.96	3.88	3.16	2.88	2.51	3.00	3.93
A股合计	Newly Opened Accounts of A Shares	828.76	1 025.24	891.40	713.87	464.15	530.38	984.02
个人	Private	825.94	1 021.45	888.35	711.12	461.75	527.46	980.14
机构	Institution	2.83	3.79	3.05	2.75	2.41	2.91	3.89
B股合计	Newly Opened Accounts of A Shares	2.88	2.99	2.02	1.09	0.61	0.71	0.72
个人	Private	2.75	2.90	1.91	0.96	0.50	0.62	0.62
机构	Institution	0.13	0.09	0.11	0.13	0.10	0.09	0.04

12-5 深圳证券交易所有价证券成交总额

TOTAL VOLUME OF PRICE SECURITIES TRADING IN SHENZHEN

单位：亿元 （100 million yuan）

指 标	Indicators	2006	2007	2008	2009	2010	2011	2012	2013	2014
合计	**Total**	**38 738.09**	**187 645.57**	**99 388.44**	**198 733.87**	**247 426.62**	**193 188.33**	**178 659.69**	**296 671.46**	**444 708.19**
股票	Stocks	32 652.29	155 121.94	86 682.71	189 474.86	241 321.53	184 089.28	150 122.41	238 462.58	366 750.87
# A股证券	A Shares	31 972.00	152 811.01	86 127.99	138 344.51	138 699.69	95 624.49	149 667.80	237 713.21	366 228.12
B股证券	B Shares	680.29	2 310.93	554.72	1 028.72	1 071.54	559.21	454.65	749.38	522.74
基金	Funds	978.30	4 321.85	2 130.82	3 790.96	4 224.73	3 464.40	4 952.49	5 796.68	9 753.40
债券	Bonds	149.03	267.84	510.86	828.71	1 291.60	5 634.65	23 584.79	52 412.20	68 203.92
# 国债现货	State Treasury Bond	3.31	5.08	46.63	30.20	71.61	10.02	8.62	32.65	

12-6 深证综合指数

SHENZHEN COMPOSITE INDEX

日历日期 Date	开市指数 Open	收市指数 Close	最高指数 High	交易日期 Exchange Date	最低指数 Low	交易日期 Exchange Date
2000-12-29	402.71	635.73	656.21	2000-11-24	401.67	2000-01-04
2001-12-31	636.62	475.94	665.57	2001-06-14	438.00	2002-10-22
2002-12-31	475.14	388.76	523.38	2002-06-25	366.84	2002-01-23
2003-12-31	386.61	378.63	453.45	2003-04-16	349.86	2003-11-19
2004-12-31	377.93	315.81	472.18	2004-04-07	314.98	2004-09-13
2005-12-30	313.81	278.75	334.14	2005-03-09	235.64	2005-07-19
2006-12-29	541.07	550.59	552.93	2006-12-29	278.99	2006-01-04
2007-12-28	1 455.60	1 447.02	1 567.74	2007-10-08	547.89	2007-01-05
2008-12-31	560.17	553.30	1 576.50	2008-01-15	456.97	2008-11-04
2009-12-31	1 193.32	1 201.34	1 234.17	2009-12-03	571.13	2009-01-05
2010-12-31	1 262.19	1 290.87	1 412.64	2010-11-11	890.24	2010-07-02
2011-12-30	852.43	866.65	1 316.19	2011-01-06	828.83	2011-12-28
2012-12-31	874.56	881.17	1 020.29	2012-03-04	724.97	2012-12-04
2013-12-31	887.36	1 057.67	1 106.27	2013-10-22	815.89	2013-06-25
2014-12-31	1 055.88	1 415.19	1 504.48	2014-12-16	1 004.93	2014-04-29

12-7 社会保险费实际征收收入和支出

PREMIUMS INCOME, AND PAYMENT IN MAIN YEARS

单位：万元 （10 000 yuan）

年 份 Year	保险费实际征收收入 Premium Income	社会保险基金 Social Insurance Fund Expenditure
1997	172 795	65 907
1998	203 014	82 818
1999	241 680	109 306
2000	315 636	136 454
2001	508 777	200 638
2002	569 878	246 587
2003	741 343	316 201
2004	1 092 084	446 943
2005	1 335 261	563 925
2006	1 724 096	701 087
2007	2 053 206	777 218
2008	2 637 923	926 975
2009	2 768 988	1 154 785
2010	3 401 499	1 437 736
2011	4 462 180	1 807 163
2012	5 499 183	2 021 871
2013	7 114 222	2 459 542
2014	7 993 834	2 921 421

12-8 保险费收入和赔款及给付

PRIMIUMS INCOME, INDEMNITY EXPENDITURE AND PAYMENT

单位：亿元 (100 million yuan)

年 份 Year	保险费收入 Premium Income	赔款及给付支出 Indemnity Expenditure and Payment	赔款率(%) Indemnity and Payment Ratio (%)
1996	30.92	8.54	27.60
1997	34.64	9.44	27.30
1998	34.94	9.06	25.90
1999	35.79	9.96	27.80
2000	40.66	9.64	23.70
2001	54.22	14.26	26.30
2002	65.84	18.40	28.00
2003	78.75	23.86	30.30
2004	91.77	24.44	26.60
2005	106.39	28.63	26.90
2006	134.69	35.15	26.10
2007	183.70	56.87	31.00
2008	240.82	67.94	28.20
2009	271.59	73.34	27.00
2010	361.49	73.94	20.45
2011	359.90	85.77	23.83
2012	401.27	107.71	26.84
2013	468.76	125.19	26.71
2014	548.66	155.76	28.39

12-9 保险公司及保险中介机构
INSURANCE COMPANIES AND INSURANCE AGENTS

单位：个 （unit）

年 份 Year	保险公司（法人机构） Insurance Companies (Legal Institution)	中 资 Domestic-Funded	外 资 Foreign-Funded	保险中介法人机构 Legal Institution of Insurance Intermediary
2012	17	14	3	118
2013	17	14	3	126
2014	20	18	2	126

12-10 保险公司主要业务指标（一）（2014年）
MAIN BUSINESS OF INSURANCE COMPANIES（2014）

单位：亿元 （100 million yuan）

指标名称	Indicators	保险金额 Insurance Amount	原保险保费收入 Original Premium Income	赔付支出 Indemnity Expenditure and payment
机动车辆险	Motor Vehicles Insurance	31 808.91	144.22	72.34
企业财产险	Enterprise Property Insurance	38 483.35	16.13	11.83
家庭财产险	Household Property Insurance	1 301.88	0.57	0.12
工程险	Engineering Insurance	3 873.49	3.39	1.48
责任险	Liability Insurance	31 228.15	9.31	3.35
信用险	Credit Insurance	2 708.86	10.42	3.34
保证险	Guarantee Insurance	692.32	7.83	0.93
船舶险	Shipping Insurance	377.29	1.42	2.88
货运险	Freight Insurance	23 417.39	5.02	1.83
特殊风险	Special Insurance	4 222.62	8.19	2.65
农业险	Agricultural Insurance	19.83	0.17	0.08
健康险	Health Insurance	18 533.29	2.14	2.09
意外险	Accident Insurance	99 764.69	6.64	1.87
其他险	Others	39.41	0.28	0.21
财产险公司合计	Total Property Insurance	256 471.48	215.73	105.00

12-10 保险公司主要业务指标（二）（2014年）
MAIN BUSINESS OF INSURANCE COMPANIES（2014）

单位：亿元 （100 million yuan）

指标名称	Indicators	累计新增保险金额 Accumulative total Insurance Amount	原保险保费收入 Original Premium Income	赔付支出 Indemnity Expenditure and payment
人寿保险	Life Insurance	3 880.94	282.91	40.60
健康险	Health Insurance	179 219.42	41.49	10.68
人身意外伤害险	Accident Insurance	6 604.85	17.32	3.43

主要统计指标解释

存款　指企业、机关、团体或居民根据必须收回的原则，把货币资金存入银行或其他信用机构保管并取得一定利息的一种信用活动形式。根据存款对象的不同可划分为企业存款、财政存款、机关团体存款、基本建设存款、城镇居民储蓄、农村存款等科目。它是银行信贷资金的主要来源。

贷款 指银行或其他信用机构根据资金必须归还的原则，按一定利率，为企业、个人等提供资金的一种信用活动形式。我国银行贷款分流动资金贷款、固定资产贷款、城乡个体工商户贷款以及农业贷款等科目。

城乡居民储蓄存款余额　指某一时点城乡居民存入银行及农村信用社的储蓄金额，包括城镇居民储蓄存款和农民个人储蓄存款，不包括居民的手存现金和工矿企业、部队、机关、团体等单位存款。

保险金额　指保险人承担赔偿或者给付保险金责任的最高限额。

保费　指投保人为取得保险人在约定范围内所承担赔偿责任而支付给保险人的费用。

赔款　指保险人根据保险合同的规定，向被保险人支付的赔偿保险责任损失的金额。

给付　包括死伤医疗给付和满期给付。死伤医疗给付是指保险人根据人寿保险及长期健康保险合同的规定，因被保险人在保险期内发生保险责任范围内的保险事故支付给被保险人（或受益人）的金额。满期给付是指被保险人生存期满，保险人按人寿保险合同规定支付给被保险人的满期保险金额。

Explanatory Notes on Main Statistical Indicators

Deposit is a form of credit by which enterprises, institutions, organizations or residents can put money into banks and other credit institutions for safekeeping and interest earning under the principle of free withdrawal. According to the different depositors, deposits are divided into enterprise deposits, treasury deposits, deposits of government agencies and organizations, capital construction deposits, urban savings deposits, rural deposits and other deposits. Deposits are major sources of the credit funds of banks.

Loan is a form of credit by which banks and other credit institutions provide funds at certain interest rates to enterprises and individuals in the light of the principle of unconditional repayment. Loans from Chinese banks include circulating capital loans, fixed assets loans, loans to urban and rural individuals engaged in industrial and commercial business and agricultural loans.

Savings Deposits by Urban and Rural Residents refer to the total value of savings deposits of urban and rural households in banks and rural credit cooperatives at a given point of time, including the savings deposit of urban residents and the savings deposit of rural residents. The cash in hand by residents and the deposits of organizations such as enterprises, military units, government agencies, institutions and others are not included.

Amount Insured refers to the maximum that the insurant will get for the claim of the case insured.

Premium is the fee paid by the insurant to the insurer to obtain the obligation of compensation from the insurance within the agreed terms. is the compensation paid by the insurer to the insurant in accordance with the insurance contract.

Settled Claim is the compensation paid by the insurer to the insurant in accordance with the insurance contract.

Payment includes payment for death, injury or medical treatment and payment at maturity. Payment for death, injury or medical treatment refers to the money paid to the insurant (or the beneficiary) in accordance with the life or health insurance contract when the insurant encounters accidents within the insured period covered in the contract. Payment at maturity refers to the payment to the insurant in accordance with the life insurance contract at the end of the insured period.

13 第十三部分 对外经济贸易和旅游

FOREIGN TRADE AND TOURISM

CHAPTER

13-1 利用外资签订协议（合同）项目

NUMBER OF THE SIGNED AGREEMENTS AND CONTRACTS FOR UTILIZATION OF FOREIGN CAPITAL

单位：项 (unit)

年份 Year	总计 Total	一、按投资方式分 Grouped by Investment Mode					
		对外借款 Foreign Loans	外商直接投资 Direct Foreign Investments	#合资经营 Joint Ventures	#合作经营 Cooperative Operation	#外商独资 Soly-Funded Foreign Enterprises	外商其他投资 Other Foreign Investments
1979	169		37	7	30		132
1980	303		33	4	24	5	270
1981	578		70	13	39	18	508
1982	577		66	11	47	8	511
1983	878		253	92	149	12	625
1984	988	5	334	188	134	12	649
1985	1 203	40	282	192	73	17	881
1986	454	31	224	152	64	8	199
1987	334	13	310	231	62	17	11
1988	694	4	591	443	93	55	99
1989	711	5	647	473	94	80	59
1990	796	6	757	434	100	223	33
1991	986	6	951	534	122	295	29
1992	1 561	1	1 553	822	227	504	7
1993	3 257	2	3 255	1 735	358	1 162	
1994	2 223	2	2 221	1 049	208	964	
1995	1 638	5	1 633	764	109	760	
1996	999		999	491	38	470	
1997	1 786		957	454	30	471	829
1998	1 915		1 391	513	31	844	524
1999	1 558		797	321	15	461	761
2000	1 835		1 130	339	24	766	705
2001	1 860		1 501	396	18	1 087	359
2002	2 191		1 917	361	8	1 544	274
2003	2 573		2 254	333	6	1 913	319
2004			2 718	356	9	2 352	2 36
2005			2 797	308	12	2 469	141
2006			3 105	269	7	2 827	62
2007			4 200	215	8	3 975	25
2008			3 046	139	11	2 896	6
2009			1 498	114	1	1 382	11
2010			1 929	124	1	1 800	
2011			2 513	149	2	2 360	
2012			2 428	134		2 289	
2013			2 056	180	5	1 870	
2014			2 490	266		2 222	

注： 1.根据《商务部、国家统计局关于印发〈外商投资统计制度〉的通知》从2004年开始外商投资统计制度发生变化：一是不再包括“对外借款”，且外商直接投资的统计口径缩小；二是对外公布的数据为经商务部核准的外商直接投资数据。

Note: There are two changes among the newly statistical system of foreign investment in 2004:1.The index was not include Foreign Loans and statistical scope of Direct Foreign Investments was reduced.2.The released data of Direct Foreign Investments have been verified by State Commercial Department.

2.本表数据来源为深圳市经济贸易和信息化委员会。

Data in this table are provided by Economy,Trade and Information Commission of Shenzhen Municipality.

年 份 Year	二、按国民经济行业分 Grouped by Sector					
	农、林、牧、渔业 Agriculture, Forestry, Animal Husbandry and Fishery	工 业 Industry	建筑业 Construction	交通运输、仓储和邮政业 Transportation,Storage,Postal and Telecommunications Services	商业、住宿和餐饮业 Commerce,Accommodation and Catering Services	房地产业 Real Estate
1979	6	112		3	5	3
1980	8	243		4	10	14
1981	9	321		5	5	28
1982	3	457		1	25	8
1983	19	714		15	87	21
1984	14	148		15	117	31
1985	10	164		8	84	15
1986	6	172	3	1	20	14
1987	7	303			1	10
1988	5	646	4	5	12	11
1989	5	666		3	12	10
1990	3	766	2	3	6	3
1991	5	908	3	6	22	30
1992	6	1 464	2	8	20	51
1993	10	2 836	18	23	115	205
1994	6	1 815	20	16	168	135
1995	5	1 377	10	15	104	59
1996	10	858	7	8	53	30
1997	8	1 526	4	13	89	138
1998	5	1 401	3	12	65	286
1999	3	1 351	3	7	28	157
2000	4	1 450	1	23	34	307
2001	3	1 397	1	22	43	315
2002	3	1 616	4	33	103	394
2003		1 660	2	48	100	439
2004	2	1 513	6	53	188	57
2005	1	1 344	9	38	357	77
2006	1	896	11	55	1 238	101
2007	2	860	4	127	1 828	49
2008		350	5	83	1 187	4
2009	1	388	3	28	737	15
2010	1	434	7	29	1 000	11
2011		1 030	6	23	924	19
2012	1	1 027	6	26	865	8
2013	1	335	6	27	971	14
2014		181	7	28	1 089	18

注： 从2008年起，此表按“国民经济行业分类”（GB/T4754-2002）分类。
Note: This table is grouped by National Economy Classification (GB/T4754-2002)from 2008.

单位：项　　　　13-1 续表 2 continued (unit)

年份 Year	二、按国民经济行业分 Grouped by Sector						
	卫生、社保和社会福利业 Health Care,Social Security and Welfare	教育、文化、体育和娱乐业 Education,Culture Sports and Entertainment	科研和综合技术服务业和地质勘查业 Scientific Research and Polytechnical Services,Geological Exploration	金融、保险业 Financial Intermediation and Insurance	信息传输、计算机服务和软件业 Information Transmission,Computer Services and Software	租赁和服务业 Rental and Services	其他行业 Others
1979							40
1980							24
1981							210
1982							83
1983							22
1984							663
1985							922
1986	1	2	1	1			233
1987				7			6
1988				4			7
1989		4	4				7
1990	1		5				7
1991		2	2	6			2
1992		4	4	1			1
1993	6	1	5	1			33
1994	5	8	33	1			15
1995	19	4	31	1			13
1996	8	3	11	2			9
1997	1		7				
1998	1	1	138				3
1999			9				
2000	1	2	13				
2001		1	77				1
2002	1		26	5			5
2003	1	2	298	6			17
2004		4	178	2			715
2005	1	2	348	6			614
2006		7	373	5			418
2007	1	8	947	2			372
2008		3	1 134	2	62	215	1
2009		6	95	3	30	191	1
2010		2	142	4	35	264	
2011			138	6	54	313	
2012	3	3	105	13	37	334	
2013		9	114	73	43	463	
2014		8	165	222	81	687	4

单位：项　　　　13-1 续表 3 continued (unit)

年　份 Year	三、按国别(地区)分 Grouped by Country (Territory)							
	中国香港、澳门 HongKong China, Macao China	中国台湾 Taiwan China	新加坡 Singapore	韩　国 Korea Rep	日　本 Japan	泰　国 Thailand	澳大利亚 Australia	马来西亚 Malaysia
1987	284		8		25	2	2	
1988	610	8	10		24			3
1989	630	25	2		16	1	2	
1990	699	45	5		12	2	2	1
1991	885	36	8	3	17	3	1	
1992	1 330	88	20	5	16	8	6	3
1993	2 834	154	24	8	27	15	14	5
1994	1 885	124	29	8	25	8	7	3
1995	1 288	100	26	14	36	11	9	6
1996	760	85	15	11	15	4	6	6
1997	1 576	85	14	9	13	3	5	5
1998	1 614	119	19	7	12	1	4	2
1999	1 355	45	14	7	8		2	
2000	1 474	67	19	12	9	1	7	2
2001	1 288	179	28	22	25	3	10	6
2002	1 498	239	34	25	35	3	13	11
2003	1 852	260	25	35	33	3	14	6
2004	1 959	122	44	42	51		14	10
2005	1 974	144	51	43	45	3	9	6
2006	2 233	152	48	42	38	2	28	17
2007	3 427	165	48	50	46	6	19	10
2008	2 582	82	27	34	41	2	10	15
2009	1 142	85	17	25	24	4	9	11
2010	1 472	112	23	24	34	3	5	15
2011	1 985	125	29	37	27	2	10	12
2012	1 988	76	25	40	25	3	10	12
2013	1 611	110	29	38	22	2	12	11
2014	2 011	119	41	55	21	2	9	12

单位：项　　　　13-1 续表 4 continued (unit)

年　份 Year	三、按国别(地区)分 Grouped by Country (Territory)							
	美　国 The United States	加拿大 Canada	德　国 Germany	法　国 France	英　国 The United Kingdom	瑞　士 Switzerland	荷　兰 Netherlands	其　他 Others
1987	10			1	1			1
1988	31	1	2	1	2			2
1989	16	2	1	9			1	6
1990	16	2		1	2	3		6
1991	18	2	2	3	2	1	1	4
1992	57	8	1	2	5		1	11
1993	104	22	2	4	16	2	3	23
1994	74	10	5	3	19		1	22
1995	71	9	3	1	18	2	4	40
1996	42	7	3	4	14	1	2	24
1997	35	8	2	3	5	3		20
1998	58	4	5	1	4	1	3	61
1999	37	12	3		4		1	70
2000	52	17	4	1	3		2	165
2001	72	14	2	2	2	2	2	203
2002	77	12	4	3	9	1	7	220
2003	72	23	2	3	7		4	234
2004	84	22	12	5	15	1	6	331
2005	100	16	14	4	24	7	9	348
2006	110	19	11	5	21	5	7	367
2007	78	15	12	3	15	2	5	299
2008	62	13	4	3	9	6	3	153
2009	49	10	7	7	5	1		102
2010	46	7	7	9	6	2	3	161
2011	51	8	15	9	7	1	2	193
2012	30	11	7	5	6	3	1	186
2013	36	12	8	9	10	4	5	137
2014	38	13	5	3	14	2	6	139

13-2 协议利用外资额

AMOUNT OF FOREIGN CAPITAL TO BE UTILIZED IN THE SIGNED AGREEMENTS AND CONTRACTS

单位：万美元 (USD 10 000)

年份 Year	总计 Total	一、按投资方式分 Grouped by Investment Mode					
		1、对外借款 Foreign Loans	2、外商直接投资 Direct Foreign Investments	#合资经营 Joint Ventures	#合作经营 Cooperative Operation	#外商独资 Soly-Funded Foreign Enterprises	3、外商其他投资 Other Foreign Investments
1979	2 984		1 790	851	939		1 194
1980	27 122		23 966	1 021	13 966	8 979	3 156
1981	86 360		86 360	442	72 636	13 282	
1982	18 028		17 546	643	14 498	2 405	482
1983	33 451		29 355	8 052	17 605	3 698	4 096
1984	64 564	1 962	53 342	21 240	31 704	398	9 260
1985	102 647	19 320	79 323	18 544	58 046	2 733	4 004
1986	51 360	22 474	24 396	9 776	13 189	1 431	4 490
1987	64 893	7 812	56 675	10 993	7 370	38 312	406
1988	48 739	4 500	43 021	25 163	9 310	8 548	1 218
1989	48 904	576	46 945	25 120	11 501	10 324	1 383
1990	69 344	1 062	67 899	18 869	16 099	32 931	383
1991	115 158	5 038	108 611	35 419	23 072	50 120	1 509
1992	251 774	1 188	249 496	75 010	65 597	108 889	1 090
1993	497 737	800	496 937	211 828	71 588	213 521	
1994	298 649	15 521	283 128	92 731	47 632	142 765	
1995	359 654	13 347	346 307	125 589	63 561	157 157	
1996	168 000		168 000	99 879	26 192	41 929	
1997	176 896		135 387	63 177	10 224	59 657	41 509
1998	274 571	42 093	203 475	78 016	8 484	115 293	29 003
1999	223 018	64 077	121 017	16 345	7 242	96 585	37 924
2000	263 996	43 671	173 813	28 374	11 926	128 739	46 512
2001	400 393	50 527	272 318	43 530	82 902	145 184	77 548
2002	518 626	38 735	354 400	61 955	5 952	202 075	125 491
2003	582 896	55 570	484 687	124 831	11 157	335 571	42 639
2004			412 131	103 316	13 546	281 272	71 913
2005			525 097	68 065	2 375	437 181	43 755
2006			526 410	93 298	6 117	412 952	107 288
2007			857 155	63 948	−3 985	787 701	15 570
2008			728 283	97 963	2 007	608 434	4 914
2009			355 805	81 851	−1 622	257 953	−4 195
2010			565 197	44 503	271	508 625	−6 219
2011			763 307	121 168	11 803	616 702	−14 417
2012			626 184	83 049	1 284	519 688	177
2013			670 003	122 240	911	541 041	
2014			1 089 537	123 337	840	950 075	

注：本表数据来源为深圳市经济贸易和信息化委员会。
Note: Data in this table are provided by Economy,Trade and Information Commission of Shenzhen Municipality.

年 份 Year	二、按国民经济行业分 Grouped by Sector					
	农、林、牧、渔业 Agriculture, Forestry, Animal Husbandry and Fishery	工 业 Industry	建筑业 Construction	交通运输、仓储和邮政业 Transportation, Storage, Postal and Telecommunications Services	商业、住宿和餐饮业 Commerce, Accommodation and Catering Services	房地产业 Real Estate
1979	119	1 163		537	179	538
1980	1 085	10 577		4 883	1 628	4 883
1981	3 454	33 680		15 545	5 182	15 675
1982	213	6 269		3 245	1 082	3 245
1983	1 345	13 145		5 978	2 085	6 042
1984	214	16 936		1 933	27 152	6 349
1985	439	56 558		3 935	13 510	4 928
1986	187	12 197	3 849	102	3 773	4 075
1987	359	54 644			13	2 065
1988	273	36 686	149	899	2 403	3 568
1989	120	37 885		643	3 499	4 939
1990	99	55 931	138	378	5 197	3 802
1991	888	77 756	3 839	1 665	5 742	17 197
1992	2 878	176 536	1 180	8 321	4 724	51 153
1993	378	292 842	3 646	37 086	48 641	77 660
1994	263	177 967	1 264	1 585	37 774	59 615
1995	438	243 725	4 468	21 376	21 903	51 630
1996	763	123 973	11 905	1 827	12 443	9 200
1997	481	129 826	2 671	4 864	7 977	29 839
1998	1 417	184 011	3 678	16 008	11 323	44 075
1999	89	207 778	225	−2 439	2 359	16 108
2000	94	216 845	−913	2 990	7 795	36 672
2001	−202	343 834	445	6 299	5 936	38 853
2002	98	357 927	650	29 752	15 303	43 677
2003	699	362 144	466	40 517	18 346	89 112
2004	1 040	246 824	525	8 923	12 230	29 502
2005	184	227 994	20 041	41 960	42 019	61 235
2006	84	215 287	490	39 107	78 194	80 598
2007	−561	250 677	−24	16 890	197 432	109 325
2008	−95	230 858	3 928	13 374	192 763	70 910
2009	52	90 645	682	51 452	64 715	56 192
2010	314	105 151	1 162	17 878	155 857	130 934
2011		262 143	1 222	20 028	144 719	95 492
2012		243 452	1 183	28 754	89 786	47 192
2013	524	122 170	594	2 490	141 389	34 874
2014	393	98 963	396	16 413	185 828	17 278

单位：万美元 13-2 续表 2 continued (USD 10 000)

年 份 Year	二、按国民经济行业分 Grouped by Sector						
	卫生、社保和社会福利业 Health Care, Social Security and Welfare	教育、文化、体育和娱乐业 Education,Culture Sports and Entertainment	科研和综合技术服务业和地质勘查业 Scientific Research and Polytechnical Services,Geological Exploration	金融、保险业 Financial Intermediation and Insurance	信息传输、计算机服务和软件业 Information Transmission,Computer Services and Software	租赁和服务业 Rental and Services	其他行业 Others
1979							448
1980							4 066
1981							12 824
1982							3 974
1983							4 856
1984							11 980
1985							23 277
1986	19	16	4	129			27 009
1987				6 000			1 812
1988				4 500			261
1989		300	108				1 410
1990	2 574		123				1 102
1991		669	240	5 038			2 124
1992		3 239	97	1 188			2 458
1993	991	2 900	94	2 100			31 106
1994	628	6 552	1 393	29			11 572
1995	625	1 250	1 103	2 170			2 966
1996	2 664	1 750	487	2 301			687
1997	161		426				651
1998	1 584	36	8 043	4 911			−515
1999	−5 037		579				3 356
2000	−460	158	486	27			302
2001	120	793	5 886	1 000			−2 571
2002	707	38	2 396	60 980			7 098
2003	779	2 071	21 947	13 654			28 054
2004		1 563	13 697	144			97 683
2005	993	1 371	36 825	8 813			83 662
2006	−132	4 288	38 188	3 085			67 221
2007	2 190	371	115 229	1 250			164 376
2008		1 351	135 320	594	32 517	45 135	1 628
2009		783	17 549	38 750	2 367	32 584	34
2010		2 902	52 828	4 004	17 687	76 480	
2011		1 866	52 673	−22 595	16 848	190 892	19
2012	665	17 005	29 983	30 563	17 235	120 366	
2013		3 235	28 016	160 495	8 517	167 699	
2014	−20	185	59 796	505 875	45 131	157 885	1 414

单位：万美元 13-2 续表 3 continued (USD 10 000)

年 份 Year	三、按国别(地区)分 Grouped by Country (Territory)							
	中国香港、澳门 HongKong China, Macao China	中国台湾 Taiwan China	新加坡 Singapore	韩 国 Korea Rep.	日 本 Japan	泰 国 Thailand	澳大利亚 Australia	马来西亚 Malaysia
1988	33 363	1 407	1 735		6 762			41
1989	40 214	986	328		1 131	2 585	48	
1990	54 729	4 839	3 134		1 058	1 092	550	17
1991	98 476	2 652	693	264	7 987	67	480	
1992	206 231	10 814	2 151	1 174	5 843	416	3 198	1 679
1993	411 673	21 908	2 132	665	7 491	5 284	7 934	392
1994	260 535	12 075	6 996	384	2 692	1 421	184	114
1995	274 815	7 344	7 940	1 926	20 914	978	227	2 024
1996	80 115	3 376	1 847	50 895	1 120	347	340	210
1997	98 839	4 951	1 874		2 517	59		293
1998	153 002	6 375	10 002	343	15 184	1 030		
1999	111 587	2 965	6 569	7	15 842		32	−154
2000	141 259	3 976	5 359	628	1 677	7	511	300
2001	180 030	19 328	6 371	888	8 379	115	920	56
2002	205 225	26 226	5 879	1 543	1 998	−939	2 381	1 570
2003	340 288	18 290	9 916	2 608	10 027	1 165	340	96
2004	198 695	9 276	6 479	4 506	6 025	400	745	3 838
2005	265 109	1 802	13 508	861	8 802	171	−139	−237
2006	362 411	3 883	8 107	486	8 866	26	1 822	3 568
2007	667 020	4 837	5 989	2 407	4 110	242	−1 190	133
2008	618 340	−1 030	1 618	804	4 138	17	−585	678
2009	323 420	245	4 974	239	−3 251	198	−283	672
2010	449 569	980	8 180	316	3 730	61	24	517
2011	536 353	9 961	22 437	23 771	15 026	8	−67	−771
2012	508 831	6 997	2 666	939	23 173	164	−308	1 001
2013	497 375	771	24 819	3 763	7 022	179	194	−2 534
2014	961 581	4 044	9 940	1 016	11 468	28	2 741	1 757

单位：万美元 13-2 续表 4 continued (USD 10 000)

年 份 Year	三、按国别(地区)分 Grouped by Country (Territory)							
	美 国 The United States	加拿大 Canada	德 国 Germany	法 国 France	英 国 The United Kingdom	瑞 士 Switzerland	荷 兰 Netherlands	其 他 Others
1988	3 441	100	1 162	22	603			103
1989	2 290	63	48	249			562	400
1990	1 253	115		8	772	809		968
1991	981	34	210	392	1 700	83	819	320
1992	4 764	4 067	31	111	5 373		5	5 917
1993	18 289	7 245	368	534	7 352	500	175	5 795
1994	8 010	921	222	78	2 421		25	2 571
1995	17 020	426	1 995	3 900	3 641	6	6 315	10 183
1996	3 876	368	357	227	2 493	15	2 659	19 755
1997	2 177	553	1 365	182		128	1 061	62 897
1998	10 759	215	3 077	21 270	7 489		4 142	41 683
1999	22 954	144	2 367	23 561	8 543	−17	2 853	25 765
2000	11 611	987	3 214	26 698	11 894		1 388	54 487
2001	5 239	997	1 224	33 920	5 987	683	−1 383	137 639
2002	79 346	−32	492	24 533	65 794	1 565	−199	103 244
2003	17 082	907	399	3 753	10 540	83	7 219	160 183
2004	14 007	434	2 379	2 317	11 263	140	7 154	144 473
2005	5 532	121	1 857	177	3 710	537	3 264	220 022
2006	4 974	196	911	482	1 748	299	7 136	121 495
2007	7 946	572	612	751	2 267	439	3 772	157 248
2008	11 773	2 385	1 357	4 445	636	922	756	82 029
2009	4 223	198	152	−946	2 398	381	401	22 784
2010	12 622	−2 011	−262	2 040	−1 162	−35	−1 158	91 786
2011	34 899	204	782	31 436		−9	−70	89 347
2012	1 600	−120	−355	−86	69	451	−5 078	86 240
2013	3 849	−185	317	77	1 830	84	1 843	130 599
2014	9 196	199	85	−1 121	1 143	−7	390	87 077

13-3 实际利用外资额

AMOUNT OF FOREIGN CAPITAL ACTUALLY USED

单位：万美元 (USD 10 000)

年 份 Year	总 计 Total	一、按投资方式分 Grouped by Investment Mode					
		对外借款 Foreign Loans	外商直接投资 Direct Foreign Investments	# 合资经营 Joint Ventures	# 合作经营 Cooperative Operation	# 外商独资 Soly-Funded Foreign Enterprises	外商其他投资 Other Foreign Investments
1979	1 537		548	192	356		989
1980	3 264		2 755	252	1 891	612	509
1981	11 282		8 618	1 073	5 427	2 118	2 664
1982	7 379		5 771	1 114	3 823	834	1 608
1983	14 394		11 316	1 906	6 077	3 333	3 078
1984	23 013	1 962	18 640	8 008	5 990	4 642	2 411
1985	32 925	13 585	17 989	6 993	10 316	680	1 351
1986	48 933	10 860	36 450	5 124	30 241	1 085	1 623
1987	40 449	12 436	27 379	8 489	17 826	1 064	634
1988	44 429	14 430	28 716	9 644	10 085	8 987	1 283
1989	45 809	15 563	29 252	16 852	7 182	5 218	994
1990	51 857	12 360	38 994	26 849	4 917	7 228	503
1991	57 988	17 184	39 875	27 330	5 185	7 360	929
1992	71 539	25 808	44 879	20 554	8 716	15 609	852
1993	143 217	43 762	98 900	48 165	15 097	35 638	555
1994	172 959	47 367	125 046	49 312	21 388	54 346	546
1995	173 545	42 556	130 989	33 120	28 003	69 866	
1996	242 242	37 177	205 065	89 228	26 776	89 061	
1997	287 168	57 095	166 112	53 271	20 771	92 070	63 961
1998	255 222	55 717	166 357	73 762	22 354	67 561	33 148
1999	275 422	64 077	177 839	74 848	18 954	82 556	33 506
2000	296 839	43 671	196 145	71 789	19 102	103 061	57 023
2001	360 277	44 527	259 080	59 076	56 621	139 157	56 670
2002	490 220	49 511	319 101	79 480	39 550	149 642	121 608
2003	504 213	57 928	362 344	115 245	20 850	193 915	83 941
2004			234 994	48 868	6 281	169 650	126 232
2005			296 872	50 807	8 299	230 996	104 841
2006			326 852	56 623	2 609	252 313	158 419
2007			366 220	64 843	1 334	295 550	99 277
2008			403 018	43 441	2 038	354 971	75 827
2009			416 001	54 993	551	342 234	12 242
2010			429 724	63 281	1 292	341 964	17 218
2011			459 921	48 409	1 367	397 391	23 696
2012			522 944	81 675	3 949	418 054	2 768
2013			546 789	79 900	1 340	461 585	403
2014			580 469	80 834	163	484 416	

注：本表数据来源为深圳市经济贸易和信息化委员会。
Note: Data in this table are provided by Economy,Trade and Information Commission of Shenzhen Municipality.

年 份 Year	二、按国民经济行业分 Grouped by Sector					
	农、林、牧、渔业 Agriculture, Forestry, Animal Husbandry and Fishery	工 业 Industry	建筑业 Construction	交通运输、仓储和邮政业 Transportation, Storage,Postal and Telecommunications Services	商业、住宿和餐饮业 Commerce, Accommodation and Catering Services	房地产业 Real Estate
1979	30	645		31	200	553
1980	65	1 371		65	424	1 175
1981	226	4 738		226	1 467	4 061
1982	148	3 099		148	959	2 656
1983	216	6 013		273	1 809	5 124
1984	57	8 235		881	5 251	4 412
1985	73	6 549		1 457	1 221	7 976
1986	138	31 874	13	416	974	2 965
1987	232	25 216	239	432	387	454
1988	383	28 645	45	917	1 069	4 652
1989	200	27 406	53	1 071	1 530	4 744
1990	28	32 306	6	440	858	5 576
1991	143	34 869	12	894	831	10 835
1992	55	44 056	122	300	807	9 503
1993	94	74 851	54	18 514	3 216	31 664
1994	626	113 192		18 900	6 798	14 220
1995	433	121 125		17 195	2 305	15 982
1996		193 141	30	6 944	11 852	16 970
1997	64	222 822	3 195	26 095	3 318	14 372
1998	428	156 925	7 906	35 333	7 715	31 208
1999	1 049	195 450	412	10 182	8 794	48 992
2000	145	222 702	5 384	12 129	5 587	40 473
2001	294	293 765	776	9 476	9 283	44 137
2002	27	336 943	657	18 696	13 115	51 018
2003	824	315 730	1 102	45 608	29 410	64 587
2004	169	145 123	2 223	12 313	11 407	18 694
2005	146	181 804	134	21 139	14 497	19 457
2006	146	189 097	12 690	23 308	15 423	21 097
2007	113	181 439	7 073	19 723	53 884	32 405
2008	207	152 987	27	30 071	80 362	42 717
2009	111	158 939	427	8 567	127 000	25 249
2010		164 623	2	5 947	89 554	56 872
2011	172	164 480	469	30 673	90 304	45 815
2012	150	181 153	810	32 239	121 492	55 414
2013	65	187 485	3 224	14 732	66 716	71 830
2014	392	124 187	494	6 233	104 299	80 317

年 份 Year	二、按国民经济行业分 Grouped by Sector						
	卫生、社保和社会福利业 Health Care,Social Security and Welfare	教育、文化、体育和娱乐业 Education,Culture Sports and Entertainment	科研和综合技术服务业和地质勘查业 Scientific Research and Polytechnical Services,Geological Exploration	金融、保险业 Financial Intermediation and Insurance	信息传输、计算机服务和软件业 Information Transmission,Computer Services and Software	租赁和服务业 Rental and Services	其他行业 Others
1979							78
1980							164
1981							564
1982							369
1983							959
1984							4 177
1985							15 649
1986		6		8 948			3 599
1987	6	39		10 247			3 197
1988	161	30	20	4 168			4 339
1989		33		10 666			106
1990		34		5 913			6 696
1991	35			9 837			532
1992	13	17		14 008			2 658
1993	500			254			14 070
1994	234	1 445	132	5 751			11 661
1995	10 921	625		4 327			632
1996	1 236	68	550	9 339			2 112
1997	1 750	470	17	6 638			8 427
1998	831	548	234	12 021			2 073
1999	4 659	441	3 383				2 060
2000	1 600	377	379	1 579			6 484
2001	758	18	501	1 000			269
2002	1 514	63	2 846	58 734			6 607
2003	220	626	2 809	18 587			19 586
2004	100		6 384	1 285			37 196
2005	120	346	9 366	20			49 843
2006		597	12 841	7 266			44 387
2007	439	334	22 843	1 566			46 401
2008	372	675	27 852		15 161	52 587	
2009		2 005	57 935		9 134	26 634	
2010		373	37 460	1 591	23 705	49 597	
2011		1 678	39 164	7 072	25 697	54 331	66
2012	186	8 758	39 668	1 338	5 135	76 601	
2013		5 867	39 518	19 972	7 258	130 122	
2014	556	928	34 870	67 505	22 184	138 504	

单位：万美元 13-3 续表 3 continued (USD 10 000)

年 份 Year	三、按国别(地区)分 Grouped by Country (Territory)							
	中国香港、澳门 HongKong China, Macao China	中国台湾 Taiwan China	新加坡 Singapore	韩 国 Korea Rep.	日 本 Japan	泰 国 Thailand	澳大利亚 Australia	马来西亚 Malaysia
1988	28 198	316	146		14 567		10	
1989	28 729	1 006	1 177		10 004		166	
1990	26 291	371	897		17 257		723	
1991	32 375	216	339	125	14 265		700	
1992	46 134	475	475		15 806	914	323	117
1993	92 455	4 532	1 197	170	20 822	1 577	155	
1994	125 890	10 671	1 270		18 740	102	645	
1995	105 172	6 954	845		32 067		520	
1996	150 126	13 665	7 525	7 094	29 860	3 381	340	2 024
1997	203 035	6 732	2 502	309	17 616	1 133	19	750
1998	182 956	3 479	1 089	352	8 959	257	56	45
1999	144 214	3 842	9 855	11 133	18 666	1 047	145	64
2000	184 531	3 940	6 023	8 136	5 113		219	1 724
2001	194 212	12 518	7 521	162	8 183	6	365	263
2002	216 516	28 876	8 449	541	10 498	1 307	687	245
2003	318 337	28 479	10 471	4 489	12 154	69	172	348
2004	125 379	4 002	4 576	411	3 215	200	345	1 394
2005	157 487	5 328	5 368	1 507	6 590	148	848	888
2006	167 338	3 044	11 352	484	4 660	31	422	587
2007	223 877	3 278	7 348	322	4 319	261	1 643	253
2008	256 893	4 565	4 280	1 339	2 887	35	264	540
2009	275 819	2 186	6 297	489	3 942	13	54	1 127
2010	310 221	1 737	9 393	472	2 774	136	148	398
2011	326 079	1 852	11 395	4 674	10 745	65	180	94
2012	379 918	4 484	6 112	19 729	5 235	51	46	1 320
2013	418 654	3 541	9 285	451	7 167	88	17	28
2014	438 748	5 635	7 143	3 708	7 027	43	25	123

单位：万美元 13-3 续表 4 continued (USD 10 000)

年 份 Year	三、按国别(地区)分 Grouped by Country (Territory)							
	美 国 The United States	加拿大 Canada	德 国 Germany	法 国 France	英 国 The United Kingdom	瑞 士 Switzerland	荷 兰 Netherlands	其 他 Others
1988	294	150	201	501	5			41
1989	1 143	16		3 399	112			57
1990	4 011		35	1 112	235	500	337	88
1991	6 963	5		1 668	457		819	56
1992	2 029			3 225	1 109	84	633	155
1993	14 531	450		3 153	64	510	3 511	90
1994	3 371	628	130	2 206	6 662		2 520	124
1995	14 145	194	250	8 963	1 099	2 623		713
1996	10 576	162	911	2 985	1 820	794	125	10 854
1997	24 306	215	1 365	182	3 888	6		25 110
1998	4 326	364	505	24 610	9 002	188	1 601	17 433
1999	688	22 111	650	23 933	9 291	170	5 721	23 892
2000	11 498	739	3 477	26 613	11 498	1 080	3 677	28 571
2001	5 929	668	1 339	27 912	8 238	1 551	497	90 913
2002	63 310	632	1 811	24 814	49 112	1 142	2 783	79 506
2003	10 540	907	289	3 759	9 417	1 006	1 686	102 090
2004	8 189	436	517	23	3 014	200	2 266	80 827
2005	9 066	594	347	1 449	8 517	21	3 251	95 463
2006	7 129	189	2 274	186	1 536	253	2 164	125 203
2007	4 052	181	1 437	931	1 555	137	6 227	110 399
2008	7 613	244	142	870	923	30	3 037	119 356
2009	5 071	263	626	1 721	1 328	202	1 282	115 581
2010	8 960	91	381	4	1 065	558	1 805	91 581
2011	8 188	196	890	1 109	116	133	12	94 193
2012	28 437	145	395	550	84	16	669	75 753
2013	4 705	70	842	22 026	995		1 077	77 843
2014	2 875	82	168	9 365	44	440	1 462	103 581

13-4 实际外商直接投资

DIRECT FOREIGN INVESTMENTS ACTUALLY USED

单位：亿美元 (USD 100 million)

年 份 Year	实际利用外资金额 Direct Foreign Investments Actually Used	指 数（%） Indices(%)	
		以1979年为100 1979=100	以上年为100 Preceding Year=100
1979	0.1	100.0	
1980	0.3	502.7	502.7
1981	0.9	1 572.6	312.8
1982	0.6	1 053.1	67.0
1983	1.1	2 065.0	196.1
1984	1.9	3 401.5	164.7
1985	1.8	3 282.7	96.5
1986	3.7	6 651.5	202.6
1987	2.7	4 996.2	75.1
1988	2.9	5 240.1	104.9
1989	2.9	5 338.0	101.9
1990	3.9	7 115.7	133.3
1991	4.0	7 276.5	102.3
1992	4.5	8 189.6	112.5
1993	9.9	18 047.4	220.4
1994	12.5	22 818.6	126.4
1995	13.1	23 903.1	104.8
1996	20.5	37 420.6	156.6
1997	16.6	30 312.4	81.0
1998	16.6	30 357.1	100.1
1999	17.8	32 452.4	106.9
2000	19.6	35 792.9	110.3
2001	25.9	47 277.4	132.1
2002	31.9	58 230.1	123.2
2003	36.2	66 121.2	113.6
2004	23.5	72 997.8	110.4
2005	29.7	92 196.2	126.3
2006	32.7	101 508.0	110.1
2007	36.6	113 689.0	112.0
2008	40.3	125 171.6	110.1
2009	41.6	129 177.1	103.2
2010	43.0	133 439.9	103.3
2011	46.0	142 780.7	107.0
2012	52.3	162 341.7	113.7
2013	54.7	169 809.4	104.6
2014	58.0	180 337.6	106.2
年平均增长率 **Average Annual Growth Rate**		**23.9**	

注：1. 本表指数按可比口径计算。
Note: Data in this table are calculated at comparable scope.
2.本表数据来源为深圳市经济贸易和信息化委员会。
Data in this table are provided by Economy,Trade and Information Commission of Shenzhen Municipality.

13-5 外商投资企业工商登记情况（按企业类别分）（2014年末）

BUSINESS REGISTRATION OF FOREIGN INVESTED ENTERPRISES AT YEAR-END (GROUPED BY REGISTRATION STATUS) (2014)

单位：万美元　　　　(USD 10 000)

项目	Item	期末实有 Final Actual Amount			
		户数（户） Enterprises (Unit)	投资总额 Total Investment	注册资本（认缴出资金额）(Subscribed Capital Contribution) 小计 Subtotal	#外方 Foreign Side
合计	**Total**	**34 135**	**13 415 257**	**8 255 077**	**6 090 798**
中外合资	Sino-foreign Joint Ventures	2 064	3 688 873	1 861 398	209 538
中外合作（法人）	Sino-foreign Cooperative Enterprises (Juridical Person)	229	614 092	231 392	121 229
中外合作（非法人）	Sino-foreign Cooperative Enterprises (Unincorporated)	265			
外资企业	Foreign-funded Enterprises	22 762	8 602 043	5 636 231	5 636 231
外商投资股份有限公司	Companies Limited by Shares with Foreign Investment	111	510 249	477 715	123 800
其他外商投资企业	Other Foreign-invested Enterprises				
合伙企业	Partnership Enterprises	36		48 341	
普通合伙	General Partnership Enterprises	12		207	
#特殊的普通合伙	Special General Partnership Enterprises	4			
有限合伙	Limited Partership Enterprises	24		48 134	
其他企业	Other Enterprises				
外商投资企业分支机构	Foregin-invested Enterprises Branches	8 668			

注：　本表数据来源为深圳市市场监督管理局。
Note: Data in this table are provided by Market Supervision Administration of Shenzhen municipality.

项目 Item		本期登记 Registration of the Current Period			
		户数（户） Enterprises (Unit)	投资总额 Total Investment	注册资本（认缴出资金额） (Subscribed Capital Contribution)	
				小计 Subtotal	#外方 Foreign Side
合计	**Total**	**3 117**	**1 163 082**	**982 096**	**703 282**
中外合资	Sino-foreign Joint Ventures	204	285 512	246 399	
中外合作（法人）	Sino-foreign Cooperative Enterprises (Juridical Person)	1	42	42	
中外合作（非法人）	Sino-foreign Cooperative Enterprises (Unincorporated)	11			
外资企业	Foreign-funded Enterprises	2 027	877 318	703 282	703 282
外商投资股份有限公司	Companies Limited by Shares with Foreign Investment	2	210	210	
其他外商投资企业	Other Foreign-invested Enterprises				
合伙企业	Partnership Enterprises	13		32 163	
普通合伙	General Partnership Enterprises	5		135	
#特殊的普通合伙	Special General Partnership Enterprises				
有限合伙	Limited Partership Enterprises	8		32 028	
其他企业	Other Enterprises				
外商投资企业分支机构	Foregin-invested Enterprises Branches	859			

13-5 续表2

项目 Item		注销（户） Logouted Enterprises(unit)		吊销（户） Revoked Enterprises(unit)	
		本期注销 Logouted Enterprises of the current period	累计注销 Total Number of Logouted Enterprises	本期吊销 Revoked Enterprises of the current period	累计吊销 Total Number of Revoked Enterprises
合计	**Total**	**879**	**9 300**	**729**	**24 133**
中外合资	Sino-foreign Joint Ventures	45	813	45	1 273
中外合作（法人）	Sino-foreign Cooperative Enterprises (Juridical Person)	5	156	10	1 164
中外合作（非法人）	Sino-foreign Cooperative Enterprises (Unincorporated)	5	261	3	250
外资企业	Foreign-funded Enterprises	475	3 480	604	18 733
外商投资股份有限公司	Companies Limited by Shares with Foreign Investment		4	1	29
其他外商投资企业	Other Foreign-invested Enterprises				
合伙企业	Partnership Enterprises	1	3		
普通合伙	General Partnership Enterprises	1	2		
#特殊的普通合伙	Special General Partnership Enterprises				
有限合伙	Limited Partership Enterprises		1		
其他企业	Other Enterprises				
外商投资企业分支机构	Foregin-invested Enterprises Branches	348	4 583	66	2 684

13-6 外商投资企业工商登记情况（按行业类别分）（2014年末）

BUSINESS REGISTRATION OF FOREIGN INVESTED ENTERPRISES AT YEAR-END (GROUPED BY SECTOR)(2014)

单位：万美元 (USD 10 000)

项目	Item	期末实有 Final Actual Amount			
		户数（户） Enterprises (Unit)	投资总额 Total Investment	注册资本（认缴出资金额） (Subscribed Capital Contribution)	
				小计 Subtotal	#外方 Foreign Side
合计	**Total**	**34 135**	**13 415 257**	**8 255 077**	**6 090 798**
农、林、牧、渔业	Agriculture,Forestry,Animal Husbandry and Fishery	24	3 875	3 312	2 297
农、林、牧、渔服务业	Agriculture,Forestry,Animal Husbandry and Fishery Services	5	140	140	20
采矿业	Mining	4	16 743	5 854	2 104
开采辅助活动	Mining Auxiliary Activities	2	1 950	854	854
制造业	Manufacturing	12 030	5 223 091	3 154 886	2 489 578
金属制品、机械和设备修理业	Metal Products Machinery And Equipmet Repair Services	68	7 423	4 605	4 446
电力、热力、燃气及水生产和供应业	Production and Supply of Electric Power,Gas and Water	120	883 927	237 703	134 009
建筑业	Construction	170	220 347	110 382	78 373
批发和零售业	Wholesale and Retail Trade	9 371	1 545 918	1 083 164	836 242
交通运输、仓储和邮政业	Transport,Storage and Postal Services	965	605 523	302 193	149 014
住宿和餐饮业	Hotels and Catering Services	1 467	130 076	80 820	55 425
信息传输、软件和信息技术服务业	Information Transmission,Computer Services and Software	2 785	795 134	603 823	513 474
金融业	Financial Intermediation	491	586 145	557 647	445 965
房地产业	Real Estate	1 512	1 073 441	608 683	484 432
租赁和商务服务业	Leasing and Business Services	3 280	1 296 901	942 001	638 733
科学研究和技术服务业	Scientific Research and Technical Services	1 404	920 124	451 968	180 820
水利、环境和公共设施管理业	Management of Water Conservancy, Environment and Public facilities	26	9 731	8 940	7 463
居民服务、修理和其他服务业	Resident Services,Repair and Other Servies	322	65 022	76 718	51 517
教育	Education	32	3 083	1 524	927
卫生和社会工作	Health Care and Social Work	8	3 519	2 009	1 900
文化、体育和娱乐业	Culture,Sports and Recreation	117	31 877	22 694	18 469
其他	Others	7	780	756	56

注：　本表数据来源为深圳市市场监督管理局。
Note: Data in this table are provided by Market Supervision Administration of Shenzhen municipality.

单位：万美元 13-6 续表1 continued（USD 10 000）

项目	Item	本期登记 Registration of the Current Period			
		户数（户） Enterprises (Unit)	投资总额 Total Investment	注册资本（认缴出资金额）（Subscribed Capital Contribution）	
				小计 Subtotal	#外方 Foreign Side
合计	**Total**	**3 117**	**1 163 082**	**982 096**	**703 282**
农、林、牧、渔业	Agriculture,Forestry,Animal Husbandry and Fishery	3	127	127	7
农、林、牧、渔服务业	Agriculture,Forestry,Animal Husbandry and Fishery Services	3	127	127	7
采矿业	Mining				
开采辅助活动	Mining Auxiliary Activities				
制造业	Manufacturing	207	15 901	11 264	10 347
金属制品、机械和设备修理业	Metal Products Machinery And Equipmet Repair Services	25	3 879	2 115	2 115
电力、热力、燃气及水生产和供应业	Production and Supply of Electric Power,Gas and Water	45	378	350	280
建筑业	Construction	16	436	408	401
批发和零售业	Wholesale and Retail Trade	1 376	247 432	179 402	134 158
交通运输、仓储和邮政业	Transport,Storage and Postal Services	52	11 126	9 578	9 578
住宿和餐饮业	Hotels and Catering Services	237	2 339	1 830	1 763
信息传输、软件和信息技术服务业	Information Transmission,Computer Services and Software	349	120 669	90 444	72 854
金融业	Financial Intermediation	130	209 963	219 498	145 210
房地产业	Real Estate	51	166 516	83 865	83 851
租赁和商务服务业	Leasing and Business Services	397	310 970	304 276	190 828
科学研究和技术服务业	Scientific Research and Technical Services	100	46 050	30 839	26 240
水利、环境和公共设施管理业	Management of Water Conservancy, Environment and Public facilities	5	1 854	1 854	854
居民服务、修理和其他服务业	Resident Services,Repair and Other Servies	119	28 397	47 437	26 146
教育	Education	6	44	44	38
卫生和社会工作	Health Care and Social Work	2	107	107	7
文化、体育和娱乐业	Culture,Sports and Recreation	22	773	773	720
其他	Others				

13-6 续表2 continued

项目	Item	注销（户） Logouted Enterprises(unit)		吊销（户） Revoked Enterprises(unit)	
		本期注销 Logouted Enterprises of the current period	累计注销 Total Number of Logouted Enterprises	本期吊销 Revoked Enterprises of the current period	累计吊销 Total Number of Revoked Enterprises
合计	**Total**	**879**	**9 300**	**729**	**24 133**
农、林、牧、渔业	Agriculture,Forestry,Animal Husbandry and Fishery		11		95
农、林、牧、渔服务业	Agriculture,Forestry,Animal Husbandry and Fishery Services				9
采矿业	Mining		7		56
开采辅助活动	Mining Auxiliary Activities				3
制造业	Manufacturing	286	3 339	376	17 008
金属制品、机械和设备修理业	Metal Products Machinery And Equipmet Repair Services	1	2		
电力、热力、燃气及水生产和供应业	Production and Supply of Electric Power,Gas and Water	2	12		9
建筑业	Construction	5	54	3	95
批发和零售业	Wholesale and Retail Trade	282	1 789	146	1 863
交通运输、仓储和邮政业	Transport,Storage and Postal Services	15	220	8	240
住宿和餐饮业	Hotels and Catering Services	64	297	14	348
信息传输、软件和信息技术服务业	Information Transmission,Computer Services and Software	69	825	42	811
金融业	Financial Intermediation	5	22	2	8
房地产业	Real Estate	16	550	19	298
租赁和商务服务业	Leasing and Business Services	78	909	57	1 040
科学研究和技术服务业	Scientific Research and Technical Services	45	261	54	679
水利、环境和公共设施管理业	Management of Water Conservancy, Environment and Public facilities	1	12		29
居民服务、修理和其他服务业	Resident Services,Repair and Other Servies	8	97	4	170
教育	Education		2		8
卫生和社会工作	Health Care and Social Work	1	3		13
文化、体育和娱乐业	Culture,Sports and Recreation	1	23	4	85
其他	Others	1	867		1 278

13-7 外商投资企业工商登记情况(按国别、地区分)（2014年末）

BUSINESS REGISTRATION OF FOREIGN INVESTED ENTERPRISES AT YEAR-END (GROUPEDBY COUNTRIES AND REGIONS)（2014）

单位：万美元

项目	Item	期末实有 Final Actual Amount			
		户数（户） Enterprises (Unit)	投资总额 Total Investment	注册资本（认缴出资金额） (Subscribed Capital Contribution)	
				小计 Subtotal	#外方 Foreign Side
合　计	**Total**	**25 166**	**13 415 257**	**8 206 736**	**6 090 798**
一、亚洲	**Asia**	**22 180**	**10 218 964**	**6 523 303**	**4 715 766**
日本	Japan	353	226 608	117 154	97 127
韩国	Korea	287	591 589	234 894	11 447
中国香港	Hongkong China	18 823	8 149 669	5 248 123	3 975 753
中国澳门	Macao China	132	28 671	18 501	15 606
中国台湾	Taiwan China	1 086	101 513	79 687	72 628
亚洲其他国家（地区）	Other Asian Countries(Regions)	1 499	1 120 914	824 944	543 205
二、非洲	**Africa**	**234**	**98 843**	**59 982**	**43 457**
埃及	Egypt	5	44	44	37
南非	South Africa	2	28	24	24
毛里求斯	Mauritius	99	87 357	51 405	35 666
塞舌尔	Seychelles	109	10 914	8 102	7 467
非洲其他国家（地区）	Other African Countries(Regions)	19	500	407	263
三、欧洲	**Europe**	**479**	**369 289**	**163 959**	**104 881**
英国	Britain	91	17 539	12 584	9 064
德国	Germany	87	63 368	29 498	11 982
法国	France	51	104 393	37 644	15 785
俄罗斯联邦	Russian Federation	21	756	473	350
欧洲其他国家（地区）	Other European Countries(Regions)	229	183 233	83 760	67 700
四、拉丁美洲	**Latin America**	**1 092**	**2 162 259**	**1 122 557**	**948 575**
巴西	Brazil	9	55	55	45
开曼群岛	Cayman Islands	91	610 059	287 440	287 378
英属维尔京群岛	British Virgin Islands	948	1 505 942	812 115	647 258
拉丁美洲其他国家（地区）	Other Latin American Countries(Regions)	44	46 203	22 947	13 894
五、北美洲	**North America**	**640**	**227 980**	**183 722**	**134 163**
加拿大	Canda	99	16 092	11 628	5 348
美国	America	531	179 889	140 115	99 924
百慕大群岛	Bermuda	10	31 999	31 979	28 891
北美洲其他国家（地区）	Other North American Countries(Regions)				
六、大洋洲	**Oceania**	**541**	**337 922**	**153 213**	**143 956**
澳大利亚	Australia	95	18 435	11 465	6 347
新西兰	Newzealand	12	1 211	816	316
萨摩亚	Samoa	403	305 744	133 637	130 163
大洋洲其他国家（地区）	Other Oceanian Countries(Regions)	31	12 532	7 295	7 130
七、其他	**Others**				

注：　本表数据来源为市场监督管理局。
Note: Data in this table are provided by Market Supervision Administration of Shenzhen municipality.

单位：万美元

13-7 续表1 continued（USD 10 000）

项目	Item	本期登记 Registration of the Current Period			
		户数（户） Enterprises (Unit)	投资总额 Total Investment	注册资本（认缴出资金额）(Subscribed Capital Contribution) 小计 Subtotal	#外方 Foreign Side
合　计	**Total**	**2 234**	**1 163 082**	**949 933**	**703 282**
一、亚洲	**Asia**	**2 066**	**1 111 371**	**905 584**	**660 950**
日本	Japan	18	10 886	3 905	3 905
韩国	Korea	54	730	642	547
中国香港	Hongkong China	1 448	563 765	501 283	400 282
中国澳门	Macao China	42	1 557	1 557	1 557
中国台湾	Taiwan China	96	3 568	2 803	2 340
亚洲其他国家（地区）	Other Asian Countries(Regions)	408	530 865	395 394	252 319
二、非洲	**Africa**	**15**	**523**	**490**	**280**
埃及	Egypt	1	2	2	2
南非	South Africa				
毛里求斯	Mauritius	2	121	100	100
塞舌尔	Seychelles	10	380	368	158
非洲其他国家（地区）	Other African Countries(Regions)	2	20	20	20
三、欧洲	**Europe**	**47**	**2 176**	**1 920**	**1 847**
英国	Britain	12	1 102	1 084	1 084
德国	Germany	5	96	93	93
法国	France	4	19	18	18
俄罗斯联邦	Russian Federation	3	51	38	38
欧洲其他国家（地区）	Other European Countries(Regions)	23	908	687	614
四、拉丁美洲	**Latin America**	**36**	**34 493**	**33 428**	**33 186**
巴西	Brazil	3	17	17	17
开曼群岛	Cayman Islands	3	5 084	5 084	5 070
英属维尔京群岛	British Virgin Islands	26	28 135	27 620	27 392
拉丁美洲其他国家（地区）	Other Latin American Countries(Regions)	4	1 257	707	707
五、北美洲	**North America**	**49**	**12 551**	**7 338**	**5 876**
加拿大	Canda	11	401	372	274
美国	America	37	11 450	6 266	4 902
百慕大群岛	Bermuda	1	700	700	700
北美洲其他国家（地区）	Other North American Countries(Regions)				
六、大洋洲	**Oceania**	**21**	**1 968**	**1 173**	**1 143**
澳大利亚	Australia	6	156	125	95
新西兰	Newzealand	2	12	12	12
萨摩亚	Samoa	13	1 800	1 036	1 036
大洋洲其他国家（地区）	Other Oceanian Countries(Regions)				
七、其他	**Others**				

13-7 续表2 continued

项目 Item		注销（户） Logouted Enterprises(unit)		吊销（户） Revoked Enterprises(unit)	
		本期注销 Logouted Enterprises of the current period	累计注销 Total Number of Logouted Enterprises	本期吊销 Revoked Enterprises of the current period	累计吊销 Total Number of Revoked Enterprises
合　计	**Total**	**525**	**4 453**	**660**	**21 199**
一、亚洲	**Asia**	**439**	**3 754**	**589**	**19 507**
日本	Japan	8	64	10	175
韩国	Korea	4	35	14	209
中国香港	Hongkong China	378	3 270	510	17 408
中国澳门	Macao China		5		108
中国台湾	Taiwan China	22	207	31	1 129
亚洲其他国家（地区）	Other Asian Countries(Regions)	27	173	24	478
二、非洲	**Africa**	**8**	**38**	**5**	**41**
埃及	Egypt			1	5
南非	South Africa				3
毛里求斯	Mauritius	3	23	3	17
塞舌尔	Seychelles	5	14	1	4
非洲其他国家（地区）	Other African Countries(Regions)		1		12
三、欧洲	**Europe**	**10**	**84**	**5**	**209**
英国	Britain	1	23		61
德国	Germany	1	14	2	34
法国	France	2	7	1	21
俄罗斯联邦	Russian Federation		2		12
欧洲其他国家（地区）	Other European Countries(Regions)	6	38	2	81
四、拉丁美洲	**Latin America**	**25**	**275**	**20**	**453**
巴西	Brazil				2
开曼群岛	Cayman Islands	2	32	2	30
英属维尔京群岛	British Virgin Islands	20	232	17	383
拉丁美洲其他国家（地区）	Other Latin American Countries(Regions)	3	11	1	38
五、北美洲	**North America**	**22**	**169**	**24**	**789**
加拿大	Canda	4	21	2	113
美国	America	17	145	21	674
百慕大群岛	Bermuda	1	3	1	2
北美洲其他国家（地区）	Other North American Countries(Regions)				
六、大洋洲	**Oceania**	**21**	**133**	**17**	**200**
澳大利亚	Australia	1	13	6	96
新西兰	Newzealand		2		8
萨摩亚	Samoa	18	97	11	73
大洋洲其他国家（地区）	Other Oceanian Countries(Regions)	2	21		23
七、其他	**Others**				

13 8 进出口总额

TOTAL IMPORTS AND EXPORTS

单位：万美元 （USD 10 000）

年 份 Year	进出口总额 Total Imports and Exports	出口总额 Total Exports	进口总额 Total Imports	进出口差额 Balance
1979	1 676	930	746	184
1980	1 751	1 124	627	497
1981	2 807	1 745	1 062	683
1982	2 534	1 597	937	660
1983	78 642	6 230	72 412	-66 182
1984	107 247	26 539	80 708	-54 169
1985	130 632	56 340	74 292	-17 952
1986	184 696	72 552	112 144	-39 592
1987	255 784	141 354	114 430	26 924
1988	344 277	184 949	159 328	25 621
1989	375 259	217 428	157 831	59 597
1990	1 570 136	815 165	754 971	60 194
1991	1 947 635	986 240	961 395	24 845
1992	2 357 562	1 200 019	1 157 543	42 476
1993	2 820 392	1 421 776	1 398 616	23 160
1994	3 498 281	1 830 921	1 667 360	163 561
1995	3 876 960	2 052 736	1 824 224	228 512
1996	3 905 342	2 120 781	1 784 561	336 220
1997	4 500 921	2 561 844	1 939 077	622 767
1998	4 527 417	2 639 611	1 887 806	751 805
1999	5 042 750	2 820 811	2 221 939	598 872
2000	6 393 982	3 456 333	2 937 649	518 684
2001	6 861 055	3 747 955	3 113 100	634 855
2002	8 723 148	4 655 704	4 067 444	588 260
2003	11 739 941	6 296 208	5 443 733	852 475
2004	14 728 302	7 784 632	6 943 670	840 962
2005	18 281 689	10 151 829	8 129 860	2 021 969
2006	23 738 573	13 609 556	10 129 017	3 480 539
2007	28 753 345	16 849 299	11 904 046	4 945 253
2008	29 995 499	17 971 995	12 023 504	5 948 491
2009	27 016 306	16 197 825	10 818 481	5 379 344
2010	34 674 930	20 418 355	14 256 575	6 161 780
2011	41 409 312	24 551 760	16 857 552	7 694 208
2012	46 683 020	27 136 163	19 546 857	7 589 306
2013	53 747 437	30 570 191	23 177 246	7 392 945
2014	48 774 049	28 436 157	20 337 892	8 098 265

注： 本表1992年以前为深圳市贸工局口径数；1993年以后为深圳海关口径数，按现行统计方法计算。
Note: The figures adopted from Shenzhen Bureau of Trade and Industry before 1992 and calculated from Shenzhen CIQ after 1993 by current statistical method.

13-9 进出口总额指数

INDICES OF TOTAL IMPORTS AND EXPORTS

单位：%　　　　(%)

年份 Year	以上年为100 Preceding Year=100			以1979年为100 1979=100		
	进出口总额 Total Imports and Exports	出口总额 Total Exports	进口总额 Total Imports	进出口总额 Total Imports and Exports	出口总额 Total Exports	进口总额 Total Imports
1980	104.5	120.9	84.0	104.5	120.9	84.0
1981	160.3	155.2	169.4	167.5	187.6	142.4
1982	90.3	91.5	88.2	151.2	171.7	125.6
1983	3 103.5	390.1	7 728.1	4 692.2	669.9	9 706.7
1984	136.4	426.0	111.5	6 399.0	2 853.7	10 818.8
1985	121.8	212.3	92.1	7 794.3	6 058.1	9 958.7
1986	141.4	128.8	151.0	11 020.0	7 801.3	15 032.7
1987	138.5	194.8	102.0	15 261.6	15 199.4	15 339.1
1988	134.6	130.8	139.2	20 541.6	19 887.0	21 357.6
1989	109.0	117.6	99.1	22 390.2	23 379.4	21 157.0
1990	145.8	137.8	156.8	32 643.8	32 213.0	33 180.8
1991	124.0	121.0	127.3	40 478.3	38 977.7	42 239.2
1992	121.0	121.7	120.4	48 978.8	47 435.9	50 856.0
1993	119.6	118.5	120.8	58 578.6	56 211.5	61 434.0
1994	124.0	128.8	119.2	72 637.5	72 400.5	73 229.3
1995	110.8	112.1	109.4	80 482.3	81 160.9	80 112.9
1996	100.7	103.3	97.8	81 045.7	83 839.2	78 350.4
1997	115.3	120.8	108.7	93 445.7	101 277.8	85 166.9
1998	100.6	103.0	97.4	94 006.4	104 316.1	82 952.6
1999	111.4	106.9	117.7	104 706.7	111 477.0	97 634.8
2000	126.8	122.5	132.2	132 763.4	136 592.5	129 084.0
2001	107.3	108.4	106.0	142 455.1	148 066.3	136 829.0
2002	127.1	124.2	130.7	181 060.4	183 898.3	178 835.5
2003	134.6	135.2	133.8	243 707.3	248 630.5	239 281.9
2004	125.5	123.6	127.6	305 852.7	307 307.3	305 323.7
2005	124.1	130.4	117.1	379 563.2	400 728.7	357 534.1
2006	129.8	134.1	124.6	493 052.6	537 377.2	445 487.5
2007	121.1	123.8	117.5	597 086.7	665 273.0	523 447.8
2008	104.3	106.6	101.0	622 761.4	709 181.0	528 682.3
2009	89.6	89.4	89.9	557 994.2	634 007.8	475 285.4
2010	128.4	126.1	131.8	716 464.6	799 483.8	626 426.2
2011	119.4	120.2	118.2	855 458.7	960 979.5	740 435.8
2012	112.7	110.5	115.9	964 102.0	1 061 882.3	858 165.1
2013	115.1	112.7	118.5	1 109 681.4	1 196 741.4	1 016 925.6
2014	90.7	93.0	87.7	1 006 480.9	1 112 969.5	891 843.8
年平均增长率 Average Annual Growth Rate				**30.1**	**30.5**	**29.7**

13-10 进出口总额分类

TOTAL IMPORTS AND EXPORTS

单位：万美元 (USD 10 000)

项目	Item	2010	2011	2012	2013	2014
进出口总额	**Total Imports and Exports**	**34 674 930**	**41 409 312**	**46 683 020**	**53 747 437**	**48 774 049**
一、出口总额	**Total Exports**	**20 418 355**	**24 551 760**	**27 136 163**	**30 570 191**	**28 436 157**
按隶属关系分类：	Grouped by Administrative Relationship					
1、国有企业	State-owned Enterprises	2 785 910	3 020 629	2 846 813	2 652 352	2 616 552
2、民营、集体企业	Collective-owned	5 554 849	7 685 402	10 273 390	13 333 696	11 678 654
3、"三资"企业	Foreign Investment Enterprises	12 077 596	13 845 729	14 015 960	14 584 143	14 140 951
按贸易方式分类：	Grouped by Form of Trade					
1、一般贸易	Original Trade	6 367 118	7 796 741	7 593 265	8 095 275	9 885 448
2、补偿贸易	Compensation Trade					
3、来料加工贸易	Processing and Assembly Trade	1 591 263	1 601 144	1 251 732	755 030	468 194
4、进料加工贸易	Processing Trade for Imported Material	10 151 423	12 268 030	13 143 247	12 846 772	12 630 380
5、出料加工贸易	Processing Trade for Exported Material					
6、易货贸易	Barter Trade					
7、其他	Others	2 308 551	2 885 845	5 147 919	8 873 114	5 452 135
二、进口总额	**Total Imports**	**14 256 575**	**16 857 552**	**19 546 857**	**23 177 246**	**20 337 892**
按隶属关系分类：	Grouped by Administrative Relationship					
1、国有企业	State-owned Enterprises	1 501 330	1 685 169	1 393 136	1 183 452	1 019 885
2、民营、集体企业	Collective-owned	3 688 453	5 559 070	8 701 398	12 553 756	9 758 673
3、"三资"企业	Foreign Investment Enterprises	9 066 792	9 613 313	9 452 323	9 440 038	9 559 334
按贸易方式分类：	Grouped by Form of Trade					
1、一般贸易	Original Trade	4 578 427	5 201 936	5 543 338	6 639 333	7 626 027
2、补偿贸易	Compensation Trade					
3、来料加工贸易	Processing and Assembly Trade	747 157	718 794	552 190	281 265	255 778
4、进料加工贸易	Processing Trade for Imported Material	6 417 898	8 245 833	8 994 315	8 662 863	8 680 131
5、以工缴费补偿期进口的设备	Imported Equipment by Processing Fee during Compensation Period					
6、租赁贸易	Leasing Trade	23 986	30 490	40 211	31 340	31 992
7、外商投资企业作为投资进口的设备	Imported Equipment and Materials as Investment of Foreign Investment Enterprises	111 935	61 988	40 214	23 173	26 064
8、外商投资企业进口供加工内销产品的料、件	Imported Materials and Parts of Foreign Investment Enterprises for Processing and Selling on Domestic Market					
9、易货贸易	Barter Trade					
10、其　他	Others	2 377 172	2 598 511	4 376 589	7 539 272	3 717 900

13-11 深圳市与主要国家（地区）进出口总额

SHENZHEN' S FOREIGN TRADE WITH MAIN RELATED COUNTRIES AND TERRITORIES

单位：万美元 (USD 10 000)

国 家（地区）	Country (territory)	2012			2013			2014		
		合 计 Total Imports and Exports	出口总额 Exports	进口总额 Imports	合 计 Total Imports and Exports	出口总额 Exports	进口总额 Imports	合 计 Total Imports and Exports	出口总额 Exports	进口总额 Imports
中国香港	Hongkong China	14 807 143	14 637 219	169 924	18 352 873	18 092 608	260 265	14 495 727	14 325 162	170 565
日 本	Japan	2 500 591	897 038	1 603 553	2 361 241	854 920	1 506 321	2 365 379	827 959	1 537 420
美 国	The United States	3 687 782	3 090 118	597 664	4 130 676	2 963 239	1 167 437	4 012 894	3 248 045	764 849
法 国	France	406 624	272 254	134 370	386 071	267 133	118 938	400 448	277 897	122 551
德 国	Germany	760 528	496 607	263 921	818 714	477 464	341 250	816 585	527 254	289 331
泰 国	Thailand	1 008 474	316 196	692 278	973 732	285 203	688 529	1 009 029	285 201	723 828
新加坡	Singapore	930 261	473 436	456 825	928 903	455 571	473 332	921 771	528 456	393 315
韩 国	Korea Rep.	1 795 618	258 105	1 537 513	2 139 570	250 232	1 889 338	2 438 202	328 727	2 109 475
中国台湾	Taiwan China	3 133 602	281 993	2 851 609	4 488 511	281 205	4 207 306	3 230 354	243 612	2 986 742
澳大利亚	Australia	471 649	272 536	199 113	526 354	276 084	250 270	530 005	300 170	229 835
印度尼西亚	Indonesia	386 231	270 508	115 723	296 709	189 385	107 324	316 862	200 723	116 139
马来西亚	Malaysia	1 033 540	261 991	771 549	1 230 435	256 375	974 060	1 096 616	239 703	856 913
英 国	The United Kingdom	500 339	434 870	65 469	517 632	461 263	56 369	576 245	512 367	63 878
意大利	Italy	230 339	163 055	67 284	239 292	163 877	75 415	270 537	191 761	78 776
巴 西	Brazil	257 851	228 939	28 912	282 954	248 969	33 985	302 180	242 877	59 303
加拿大	Canada	272 432	198 098	74 334	324 472	216 333	108 139	341 606	242 612	98 994
其 它	Others	14 500 016	4 583 200	9 916 816	15 749 298	4 830 330	10 918 968	15 649 609	5 913 631	9 735 978

13-12 进口主要商品金额
TOTAL VALUE OF FOREIGN IMPORTS OF MAJOR COMMODITIES

单位：万美元 (USD 10 000)

项 目	Item	2011	2012	2013	2014
集成电路	Semiconductor Integrated Circuit	4 511 465	5 058 198	7 286 169	4 973 433
自动数据处理设备及其部件	Automatic Data Processing Equipment and Parts	932 229	1 128 159	987 301	1 015 632
液晶显示板	LCD Monitor	606 954	1 009 585	1 248 349	858 559
农产品	Farm Produce	316 732	421 409	487 988	560 683
钢材	Steel	132 444	107 571	103 965	98 443
纺织纱线、织物及制品	Spinning, Textile and Related Products	110 356	108 099	112 806	108 139
电视、收音机及无线电讯设备的零附件	TV, Radio and Telecommunication Equipments	124 314	128 925	143 754	171 327
成品油	Oil	168 005	128 270	115 758	79 194
电线和电缆	Wire and Cable	94 898	95 839	143 255	100 732
粮食	Food	49 761	81 903	68 260	70 474

13-13 出口主要商品金额
TOTAL VALUE OF FOREIGN EXPORTS OF MAJOR COMMODITIES

单位：万美元 (USD 10 000)

项 目	Item	2011	2012	2013	2014
自动数据处理设备及其部件	Automatic Data Processing Equipment and Parts	3 254 194	3 669 256	3 370 599	3 205 094
电话机	Telephone Sets	2 697 541	2 334 517	2 421 536	2 824 149
服装及衣着附件	Clothing and Dresses	1 058 413	877 041	821 207	801 419
打印机(包括多功能一体机)	Printer(include MFP)	636 575	586 531	448 787	432 142
录、放像机	Radio Cassette Players	253 255	282 070	222 366	187 614
鞋类	Shoes	476 468	419 318	424 435	432 052
家具及其零件	Furniture and Dresses	471 587	384 107	451 469	487 953
纺织纱线、织物及制品	Spinning, Textile and Related Products	334 531	319 154	331 745	307 584
塑料制品	Plastic Products	275 931	279 240	308 530	383 481
液晶显示板	LCD Monitor	311 396	694 074	785 507	510 463

13-14 旅游业基本情况

BASIC CONDITIONS OF TOURISM

年 份 Year	过夜入境游客 (万人) Overnight International Tourists (10 000 persons)	外国人 Foreigners	华 侨 Overseas Chinese	港澳同胞 Compatriots from Hongkong and Macao	台 胞 Compatriots Form Taiwan
1992	214.37	16.98	1.29	183.14	12.96
1993	180.87	20.41	2.73	144.42	13.31
1994	186.39	31.07	2.58	139.75	12.99
1995	185.37	35.32	1.10	131.41	17.54
1996	151.47	30.91	1.37	101.48	17.71
1997	140.41	32.00	0.75	89.49	18.17
1998	148.47	30.83	0.72	97.52	19.41
1999	158.08	35.49	1.45	101.03	20.11
2000	397.34	61.09		287.62	48.63
2001	423.87	67.95		307.33	48.59
2002	449.35	80.59		319.87	48.89
2003	435.13	69.89		331.45	33.79
2004	559.79	105.19		406.99	47.61
2005	616.45	120.24		445.31	50.90
2006	712.74	139.16		520.40	53.18
2007	831.30	161.64		615.24	54.42
2008	869.57	151.42		671.98	46.17
2009	896.36	146.38		706.15	43.83
2010	1 020.61	167.58		806.57	46.45
2011	1 104.55	171.20		886.87	46.48
2012	1 206.43	169.10		991.81	45.52
2013	1 214.89	166.82		1 004.88	43.19
2014	1 182.18	161.12		979.37	41.69

注： 1. 1990-1999年过夜国际游客为宾馆、酒店部分，2000年后为旅游全口径，包括：宾馆、酒店、饭店、招待所、居民家住等各种住宿设施所接待的国际游客。
Note: The figures of overnight international tourists from 1990 to 1999 have been collected from hotels and guesthouses, and from 2000, it include hotels, guesthouses, public houses and residential houses.
2. 本表数据来源为深圳市文体旅游局。
Data in this table are provided by Shenzhen Municipal Bureau of Culture Sport and Tourism.

13-14 续表 continued

年 份 Year	过夜国内游客 (万人) Overnight Domestic Tourists (10 000 persons)	旅游外汇收入 (万美元) Total Foreign Exchange Earnings from International Tourism (USD 10 000)	商品性收入 Commody Income	劳务性收入 Service Income	宾馆、酒店、度假村开房率(%) Room Occupancy Rate of Hotels and Holiday Countries (%)
1992	497.77	39 100	14 774	24 326	79.6
1993	435.79	39 128	15 068	24 060	68.0
1994	373.32	48 821	17 483	31 338	63.0
1995	357.27	63 633	20 574	43 059	58.9
1996	360.55	58 384	21 489	36 895	56.3
1997	341.11	53 225	17 176	36 049	57.6
1998	340.33	59 025	18 413	40 612	55.5
1999	346.81	62 186	19 743	42 443	57.9
2000	927.71	141 100			62.5
2001	1 031.70	151 054	95 037	56 017	64.3
2002	1 073.54	172 342	98 904	73 438	64.1
2003	1 013.69	130 097	77 703	52 394	55.2
2004	1 383.14	178 723	111 496	67 227	60.6
2005	1 526.38	200 900	129 334	71 519	61.9
2006	1 604.54	226 515	147 496	79 019	62.5
2007	1 728.98	262 330	172 187	90 143	62.7
2008	1 789.73	270 865	174 835	96 030	61.5
2009	1 943.95	276 029	179 629	96 400	59.3
2010	2 264.71	317 976	204 895	113 081	62.4
2011	2 627.98	374 563	241 845	132 718	64.9
2012	2 941.29	432 879	288 947	143 932	63.0
2013	3 351.91	453 114	289 833	163 281	64.1
2014	3 808.88	456 568	309 473	147 095	67.19

注：1990-1999年过夜国内游客为宾馆、酒店部分，2000年后为旅游全口径，包括：宾馆、酒店、饭店、招待所、居民家住等各种住宿设施所接待的国内游客。
Note: The figures of overnight domestic tourists before from 1990 to 1999 have been collected from hotels and guesthouses, and from 2000 it include hotels , guesthouses , public houses and residential houses.

13-15 按国别分的外国旅游者人数（过夜）

NUMBER OF FOREIGN TOURISTS BY COUNTRY（Over night）

单位：人 （person）

国别	Country	1994	1995	1996	1997	1998	1999	2000	2001	2002	2003	2004
合　计	**Total**	**310 751**	**353 152**	**309 126**	**320 076**	**308 279**	**354 911**	**610 900**	**679 464**	**805 937**	**698 867**	**1 051 896**
日　本	Japan	80 336	89 555	83 203	78 264	74 275	93 172	150 479	197 853	245 265	221 780	319 817
菲律宾	Philippines	3 661	3 167	3 134	3 338	4 266	5 042	9 158	12 461	15 204	7 161	7 913
新加坡	Singapore	20 891	17 151	19 024	19 266	24 264	29 337	42 264	53 788	59 668	37 391	66 303
泰　国	Thailand	5 711	6 901	8 550	6 176	4 536	4 613	6 531	18 344	29 367	24 451	66 857
印度尼西亚	Indonesia	9 439	8 467	12 688	14 329	5 779	6 217	29 010	33 909	40 714	33 322	49 781
英　国	The United Kingdom	13 772	13 361	10 820	9 043	10 007	12 242	17 728	20 916	23 925	23 915	32 959
法　国	France	4 241	3 439	4 265	4 826	6 524	6 765	10 529	15 722	15 331	13 316	19 333
德　国	Germany	3 504	3 026	5 234	4 720	6 549	7 842	9 015	11 337	13 848	14 859	21 495
意大利	Italy	3 312	2 390	2 163	2 399	3 043	3 636	3 627	4 108	6 722	7 133	12 264
美　国	The United States	46 760	47 217	39 173	32 771	39 490	49 130	64 083	75 328	104 130	92 608	131 996
加拿大	Canada	7 000	6 297	6 939	6 208	8 476	9 217	11 431	14 092	16 356	14 183	21 293
澳大利亚	Australia	5 906	5 242	6 205	5 441	6 851	10 124	10 985	12 796	15 219	14 413	19 783
新西兰	New Zealand	1 274	750	993	804	1 397	1 642	1 702	2 292	2 937	2 888	4 342
俄罗斯	Russia	814	432	656	2 084	874	893	2 102	4 018	3 514	3 539	4 090
韩　国	Korea Rep.	7 078	10 899	32 015	30 885	18 696	20 133	27 612	45 172	65 443	69 068	90 640
马来西亚	Malaysia	11 909	19 081	24 430	23 269	43 931	50 554	50 537	42 186	50 516	32 075	46 536
其他	Others	851	115 777	49 634	76 253	49 321	44 352	164 107	115 142	97 778	86 765	136 494

注：本表数据来源为深圳市文体旅游局。
Note:Data in this table are provided by Shenzhen Municipal Bureau of Culture Sport and Tourism.

单位：人　　　　13-15 续表 continued (person)

国别	Country	2005	2006	2007	2008	2009	2010	2011	2012	2013	2014
合　计	**Total**	**1 202 373**	**1 391 612**	**1 616 415**	**1 514 186**	**1 463 809**	**1 675 798**	**1 712016**	**1 691 045**	**1 668 230**	**1 611 200**
日　本	Japan	315 128	355 401	393 176	352 516	345 864	372 023	366 266	371 557	316 669	302 349
菲律宾	Philippines	10 640	12 272	12 783	10 422	15 455	13 447	15 741	15 570	21 063	25 515
新加坡	Singapore	76 569	81 658	90 997	79 829	83 411	89 400	95 785	92 840	87 256	80 735
泰　国	Thailand	87 239	99 970	93 170	65 665	45 988	40 338	35 623	37 507	38 065	24 843
印度尼西亚	Indonesia	53 026	72 637	79 389	68 286	58 338	70 727	94 257	89 292	70 707	39 286
英　国	The United Kingdom	33 137	40 595	49 637	47 898	45 590	47 749	44 486	45 172	44 752	45 530
法　国	France	23 542	27 305	36 301	37 191	39 099	40 338	40 607	38 493	43 265	43 150
德　国	Germany	26 092	30 658	35 706	33 822	34 714	41 430	41 993	40 197	40 401	42 133
意大利	Italy	16 411	18 359	22 968	21 010	22 512	22 298	23 238	20 958	21 269	21 357
美　国	The United States	146 959	176 378	226 468	212 532	197 168	246 880	242 128	252 622	248 450	261 736
加拿大	Canada	26 325	30 440	36 893	36 391	34 547	39 184	38 306	36 651	35 841	35 398
澳大利亚	Australia	25 534	29 249	40 326	41 853	40 949	46 871	46 667	42 795	41 405	36 606
新西兰	New Zealand	4 682	4 445	5 743	6 066	6 425	6 291	6 128	6 271	6 864	6 198
俄罗斯	Russia	6 911	8 051	10 358	11 048	13 585	17 449	20 772	19 379	20 168	17 558
韩　国	Korea Rep.	108 688	116 976	152 234	134 340	108 389	142 505	141 365	141 952	173 537	160 301
马来西亚	Malaysia	61 256	68 624	81 513	88 265	84 052	105 664	112 675	106 889	95 042	78 475
其他	Others	180 234	218 594	248 753	267 052	287 723	333 204	345 979	332 900	363 476	390 030

13-16 旅游部门主要财务指标（2014年）
MAIN FINANCIAL INDICATORS OF TOURISM（2014）

单位：万元 （10 000 yuan）

指　标	Item	合　计 Total	宾馆、酒店 Hotels	旅行社 Travel Agencies	景　点 Scenic Spots
营业收入	Business Revenue	3 494 959	1 062 663	2 027 853	404 443
营业成本	Business Cost	2 355 970	296 724	1 898 475	160 770
营业费用	Business Expenses	423 830	334 362	53 685	35 783
营业税金及附加	Business Taxes and Extra Charges	86 313	60 110	6 687	19 517
经营利润	Operating Profits	1 052 676	705 829	122 691	224 155
管理费用	Management Expenses	447 666	292 831	66 543	88 292
财务费用	Financial Expenses	64 947	41 329	235	23 383
营业利润	Business Profits	116 233	37 308	2 228	76 697
投资收益	Earnings of Investment	9 113	3 563	1 263	4 287
营业外收支差	Non-operating Net Revenue or Expenditure	14 583	5 428	285	8 869
利润总额	Total Profits	139 929	46 299	3 776	89 853
年末固定资产原值	Original Value of Fixed Assets(year-end)	3 640 409	1 840 859	22 492	1 777 058
年末固定资产净值	Net Value of Fixed Assets (year-end)	2 300 132	1 316 056	14 578	969 498
年末职工人数(人)	Number of Staff and Workers (year-end)(person)	77 170	47 406	14 141	15 623

13-17 星级酒店基本情况（2014年末）

STATISTICS ON STAR-RATED HOTELS AT YEAR-END（2014）

单位：家 （unit）

项 目 Item		合 计 Total	五 星 Five-star	四 星 Four-star	三 星 Three-star	二 星 Two-star	一 星 One-star	出租率（%） Room Occupancy Rate	平均房价（元/间天） Average Price (yuan/pre room)
合计	**Total**	**134**	**23**	**27**	**63**	**21**		**68.87**	**399.7**
福田区	Futian	30	7	3	12	8		75.01	586.0
罗湖区	luofu	47	5	4	27	11		64.59	395.4
南山区	Nanshan	13	3	7	2	1		74.64	592.4
盐田区	Yantian	6	1	3	2			57.54	726.3
新宝安区	New Baoan	16	2	5	9			58.84	372.0
新龙岗区	New Longgang	14	4	3	7			55.54	335.9
光明新区	Guangming	1		1				65.00	310.2
坪山新区	Pingshan	1		1				63.42	295.1
龙华新区	Longhua	4	1		2	1		52.99	411.6
大鹏新区	Dapeng	2			2			41.78	482.7

注：本表数据来源为深圳市文体旅游局。
Note:Data in this table are provided by Shenzhen Municipal Bureau of Culture Sport and Tourism.

13 18 星级酒店客房基本情况（2014年末）

STATISTICS OF STAR-RATED HOTELS AT YEAR-END（2014）

单位：间 （Unit）

项　目 Item		合　计 Total	五　星 Five-star	四　星 Four-star	三　星 Three-star	二　星 Two-star	一　星 One-star
合计	**Total**	**26 849**	**8 699**	**7 177**	**9 284**	**1 689**	
福田区	Futian	5 746	2 702	711	1 560	773	
罗湖区	luofu	9 185	2 218	1 115	4 999	853	
南山区	Nanshan	3 034	906	1 810	255	63	
盐田区	Yantian	1 551	386	993	172		
新宝安区	New Baoan	3 539	768	1 522	1 249		
新龙岗区	New Longgang	2 625	1 531	610	484		
光明新区	Guangming	135		135			
坪山新区	Pingshan	281		281			
龙华新区	Longhua	626	188		438		
大鹏新区	Dapeng	127			127		

注：本表数据来源为深圳市文体旅游局。
Note: Data in this table are provided by Shenzhen Municipal Bureau of Culture Sport and Tourism.

13-19 星级酒店床位基本情况（2014年末）

FACILITIES OF STAR-RATED HOTELS AT YEAR-END（2014）

单位：张 （Unit）

项　目 Item		合　计 Total	五　星 Five-star	四　星 Four-star	三　星 Three-star	二　星 Two-star	一　星 One-star
合计	**Total**	**39 497**	**12 112**	**10 674**	**13 876**	**2 835**	
福田区	Futian	8 472	3 745	1 026	2 383	1 318	
罗湖区	luofu	13 827	3 005	1 700	7 728	1 394	
南山区	Nanshan	4 395	1 251	2 581	440	123	
盐田区	Yantian	2 700	602	1 761	337		
新宝安区	New Baoan	4 563	1 015	2 005	1 543		
新龙岗区	New Longgang	3 810	2 211	920	679		
光明新区	Guangming	280		280			
坪山新区	Pingshan	401		401			
龙华新区	Longhua	810	283		527		
大鹏新区	Dapeng	239			239		

注：本表数据来源为深圳市文体旅游局。
Note: Data in this table are provided by Shenzhen Municipal Bureau of Culture Sport and Tourism.

主要统计指标解释

进出口总额 指实际进出我国国境的货物（包括贸易和非贸易）的价值总和。主要包括对外贸易实际进出口货物，来料加工装配、补偿贸易、进料加工进出口货物，国家间及国际组织无偿援助物资和赠送品，华侨、港澳台同胞和外籍华人捐赠品，租赁期满归承租人所有的租赁货物，边境地方贸易及边境地区小额贸易进出口货物（边民互市贸易除外），中外合资、合作经营企业、外商独资经营企业进出口货物和公用物品，到、离岸价格在规定限额以上的进出口货样和广告品（无商业价值、无使用价值和免费提供出口的除外），从保税仓库提取在中国境内销售的进出口货物，以及其他进出口货物。进出口总额反映一个国家在对外经济贸易方面实际进出口货物的总规模。

利用外资 指我国政府、部门、企业和其他经济组织通过对外借款、吸收外商直接投资以及向境外发行债券、股票等方式筹借的境外资金。

外资的形式可以是现汇、实物、工业产权或专有技术等有形资本和无形资本。

我国自有外汇和中国银行自有外汇资金发放的外汇贷款购置国外设备和材料，华侨、港澳同胞的捐赠，联合国或其他国际组织的无偿赠送资金、无偿援建的项目均不属于外资范围 。

利用外资的方式有：对外借款，外国（或港澳地区）企业和经济组织或个人在我国境内开办独资企业、与我国境内的企业或组织共同开办合资企业、合作经营(企业)项目或合作开发资源，以及补偿贸易、国际租赁等。

对外借款 指我国政府、部门、企业和中国银行等单位向国际金融组织 、外国政府、企业等借用的长期、短期资本，到期需还本付息。借款按不同渠道划分为：①外国政府贷款； ②国际金融组织贷款；③外国银行贷款；④出口信贷；⑤发行债券。

外商直接投资 指外国企业和经济组织或个人（包括华侨、港澳同胞以及我在境外注册的企业）按我国有关政策、法规，在我国境内开办外商独资企业，与我国境内的企业或经济组织共同举办中外合资企业、合作经营企业或合作开发资源的投资，以及外商从企业得到收益的再投资。2002年起“外商直接投资”统计口径调整，“企业投资总额内的境外借款”只包括“企业投资总额内直接投资者对企业的贷款,即外方股东贷款”，不包括“直接投资者提供担保的第三方对企业的贷款即外方股东担保贷款”和“其他方式的企业境外借款即其他境外借款。

旅游人数 (1)入境旅游人数：指报告期内来我国观光、度假、探亲访友、就医疗养、购物、参加会议或从事经济、文化、体育、宗教活动的外国人、港澳台同胞等入境游客。统计时，外国人、港澳台同胞每入境一次统计1人次。

(2)出境人数：指中国（大陆）居民因公或因私出境前往其他国家、中国香港特别行政区、澳门特别行政区和台湾省观光、度假、探亲访友、就医疗养、购物、参加会议或从事经济、文化、体育、宗教活动的人数，即出境游客。统计时，按每出境一次统计1人次。

(3)国内旅游人数：指在报告期内在中国（大陆）观光游览、度假、探亲访友、就医疗养、购物、参加会议或从事经济、文化、体育、宗教活动的中国（大陆）居民人数，其出游的目的不是通过所从事的活动谋取报酬。统计时，国内游客按每出游一次统计1人次。

国际旅游(外汇)收入 指入境游客在中国（大陆）境内旅行、游览过程中用于交通、参观游览、住宿、餐饮、购物、娱乐等全部花费。

国内旅游收入 又称旅游总花费，指国内游客在国内旅行、游览过程中用于交通、参观游览、住宿、餐饮、购物、娱乐等全部花费。

国际旅行社 指经营业务范围包括入境旅游业务、出境旅游业务和国内旅游业务的旅行社。

国内旅行社 指经营范围仅限于国内旅游业务的旅行社。

星级饭店 指设备、设施、服务符合《旅游饭店星级的划分与评定》（GB/T14308-2003），通过相关旅游管理部门评定，并取得星级饭店称号的饭店（含预备星级饭店）。

Explanatory Notes on Main Statistical Indicators

Total Imports and Exports refer to the real value of commodities (both trade and non–trade) imported and exported across the border of China. They mainly include actual imports and exports through foreign trade, imported and exported goods in the categories of processing and assembling of customer's materials, compensation trade, and processing of import materials, supplies and gifts as aid given gratis between governments and by international organizations, donations by overseas Chinese, compatriots in Hong Kong, Macao and Taiwan and Chinese with foreign citizenship, leasing commodities owned by tenants at the expiration of leasing period, local trade and Small–amount trade in border areas (excluding exchange trade between border residents), imported and exported commodities and articles for public use of Sino–foreign joint ventures, cooperative enterprises and ventures with sole foreign investment. Also included are import or export of samples and advertising articles above designated CIF or FOB prices (excluding goods of no trading or use value and free commodities for export), import and export goods sold in China from bonded warehouse and other import and export goods. Total imports and exports is an indicator of the total size of actual imported and exported goods of a country in foreign trade and economic cooperation.

Utilization of Foreign Capital refers to funds financed from abroad by means of loans, foreign direct investment, and issuing bonds and shares undertaken by the Chinese governments at all levels, various departments, enterprises and other economic units.

The types of foreign capital include tangible capital and intangible capital, such as remittance, goods, industrial property rights and know–how.

Those excluded are the purchases of foreign equipment and materials with loans from state–owned foreign exchange and foreign exchange owned by the Bank of China, donations by overseas Chinese, compatriots in Hong Kong and Macao, and funds and projects as aid given gratis by the United Nations and other international organizations.

Utilization of foreign capital takes the forms of loans from abroad, sole investment in enterprises in the boundary of China by foreign (or Hong Kong and Macao) enterprises, economic organizations or individuals, investment in Sino–foreign joint ventures, cooperative projects (enterprises), cooperative exploitation of natural resources with enterprises or organizations in China, compensation trade and international lease, etc.

Foreign Loans refer to long–term capital and short–term capital borrowed from international financial organizations, foreign governments and enterprises by the Chinese governments at all levels, by various departments, enterprises and the Bank of China, etc, and repaid with interest at maturity. Foreign loans can be divided according to channels into: ①loans from foreign governments; ②loans from international financial organizations; ③loans from foreign banks; ④export credit; ⑤bonds and shares issued abroad.

Foreign Direct Investment refers to investment inside China by foreign enterprises and economic organizations or individuals (including overseas Chinese, compatriots from Hong Kong and Macao, and Chinese enterprises registered abroad), following the relevant policies and laws of China, for the establishment of foreign sole investment enterprises, Sino–foreign joint ventures and cooperative enterprises or for cooperative exploitation of resources with enterprises or economic organizations in China, and re–investment of foreign entrepreneurs with the profits gained from such enterprises and corporations. Starting from 2002, the foreign direct investment statistic has been adjusted such that the overseas borrowings in total investment of enterprises only include loans to the enterprises by direct investors or, in other terms, loans by foreign shareholders, but exclude loans from the third party guaranteed by the direct investors or, in other terms, loans guaranteed by the foreign shareholders, and overseas borrowings by enterprises in other manners or, in other terms, other overseas borrowings.

Number of Tourists (1) Visitor arrivals refer to the number of foreigners, Chinese compatriots from Hong Kong, Macao and Taiwan Chinese (mainland) who come to China (mainland) for sight–seeing, vacation, visiting relatives, medical treatment, shopping, attending conference, or to engage in economic, cultural, sports and religious activities. In compiling statistics, each time of entering China is counted as one person–time.

(2) Number of Chinese residents going abroad refer to the number of Chinese (mainland) residents going to other countries, Hong Kong Special Administrative region, Macao Special Administrative region and Taiwan for on official or private purposes, for sight–seeing, vacation, visiting relatives, medical treatment, shopping, attending conference, or to engage in economic, cultural, sports and religious activities. In compiling statistics, each time of leaving is counted as one person–time.

(3) Number of domestic tourists refers to the number of Chinese (mainland) residents who travel within China (mainland) for sight–seeing, vacation, visiting relatives, medical treatment, shopping, attending conference, or to engage in economic, cultural, sports and religious activities. In compiling statistics, each time of travelling is counted as one person–time.

Foreign Exchange Earnings from International Tourism refer to the total expenditure of foreigners, overseas Chinese, Chinese compatriots from Hong Kong, Macao and Taiwan during their stay in the mainland of China on transportation, sighting, accommodation, food, shopping and entertainment.

Income from Domestic Tourism refer to expenditure of domestic tourists on transportation, sighting, accommodation, food, shopping and entertainment while they travel.

International Travel Agencies refer to travel agencies engaged in tourism entering China, Chinese residents going abroad and domestic tourism.

Domestic Travel Agencies refer to travel agencies only engaged in domestic tourism.

Star-rated Hotels refer to hotels rated with stars as assessed by the relevant tourism authorities according to GB/T14308–2003 standard with reference to their infrastructure, facilities and service levels.

14 第十四部分 劳动工资

LABOR FORCE AND WAGE

CHAPTER

14-1 职工人数、工资总额及平均工资

NUMBER, TOTAL WAGES AND AVERAGE WAGE OF STAFF AND WORKERS

年 份 Year	年末职工人数 (万人) Number of Staff and Workers Year-end (10 000 persons)	# 国有单位 State-owned Units	工资总额 (万元) Total Wages (10 000 yuan)	# 国有单位 State-owned Units	年平均工资 (元) Average Yearly Wages (yuan)	# 国有单位 State-owned Units
1980	4.86	4.05	4 366	3 691	979	990
1981	5.31	4.51	5 930	5 046	1 132	1 119
1982	8.28	7.00	10 000	8 477	1 366	1 358
1983	12.57	10.10	16 142	12 976	1 545	1 571
1984	18.33	14.14	35 306	28 642	2 179	2 257
1985	22.66	16.84	51 912	38 465	2 418	2 427
1986	25.88	18.97	59 773	44 324	2 452	2 476
1987	32.29	22.04	80 013	54 333	2 677	2 637
1988	41.74	28.04	134 218	87 607	3 388	3 269
1989	48.24	30.34	179 042	114 650	3 858	3 917
1990	55.41	33.85	227 392	140 935	4 304	4 339
1991	64.89	38.77	307 950	175 169	5 016	4 908
1992	71.10	38.85	403 790	226 079	5 931	6 026
1993	78.11	41.45	619 647	356 949	8 145	8 854
1994	82.29	38.71	852 332	445 286	10 572	11 632
1995	88.75	40.17	1 076 083	545 013	12 276	13 709
1996	89.13	41.07	1 284 558	679 349	14 507	16 625
1997	91.18	40.92	1 479 515	744 781	16 531	18 515
1998	91.93	33.75	1 674 771	707 004	18 381	21 161
1999	92.52	32.94	1 890 338	775 020	20 714	23 602
2000	93.36	31.00	2 113 366	805 421	23 039	26 193
2001	94.88	31.31	2 441 713	968 330	25 941	31 187
2002	101.76	29.62	2 832 799	1 035 092	28 218	35 501
2003	108.20	30.10	3 259 896	1 213 966	30 611	40 893
2004	135.88	31.94	4 192 834	1 422 271	31 928	45 212
2005	165.38	35.85	5 167 453	1 640 306	32 476	47 762
2006	184.25	39.85	6 296 568	1 919 979	35 107	49 312
2007	193.04	40.03	7 335 805	2 293 671	38 798	58 347
2008	198.35	41.31	8 674 142	2 663 083	43 454	65 431
2009	220.16	42.89	10 029 764	3 051 566	46 723	72 278
2010	251.09	46.86	12 338 778	3 603 655	50 456	79 734
2011	261.43	48.92	14 384 948	4 117 941	55 143	85 218
2012	277.90	49.58	16 421 777	4 453 377	59 010	90 492
2013	445.84	48.60	28 135 080	4 310 481	62 619	90 393
2014	448.93	42.91	32 879 754	4 602 261	72 651	108 192

注：根据国家劳动统计报表制度的统一规定，从2013年年报起，原属于乡镇企业且符合城镇非私营单位条件的“四上”企业纳入城镇非私营单位从业人员及工资统计范围。后同。

Note: According to the provision of national labor statistics reporting form system, since the year reporting of 2013, the scope of statistics on employed persons in urban corporate unit excluding private units and labor wage covers four above designated size enterprises (refers to industrial enterprises above designated size, construction enterprises by qualification criteria, enterprises above designated size of wholesale trade, retail trade, hotels and catering services), which originally has been included township enterprises and in accordance with the condition of urban corporate unit excluding private units. The same applies to the following tables.

14-2 职工工资总额指数和平均工资指数

RELATED INDICES OF TOTAL WAGES AND AVERAGE WAGE OF STAFF AND WORKERS

以上年为100 (preceding year=100)

年 份 Year	工资总额指数 Related Indices of Total Wages	# 国有单位 State-owned Units	职工平均货币工资指数 Related Indices of Average Money Wage	# 国有单位 State-owned Units	职工平均实际工资指数 Related Indices of Average Real Wage	# 国有单位 State-owned Units
1980	147.9	147.3	127.3	126.1	121.2	120.1
1981	135.8	136.7	115.6	113.0	104.4	102.1
1982	168.6	168.0	120.8	121.4	112.1	112.6
1983	161.4	153.1	113.1	115.7	110.9	113.4
1984	218.7	220.7	141.0	143.7	132.0	134.6
1985	147.0	134.3	111.0	107.5	90.6	87.8
1986	115.1	115.2	101.4	102.0	95.6	96.1
1987	133.9	122.6	109.2	106.5	95.5	93.1
1988	167.7	161.2	126.6	124.0	98.8	96.8
1989	133.4	130.9	113.9	119.8	90.8	95.5
1990	127.0	122.9	111.6	110.8	109.8	109.1
1991	135.4	124.3	116.5	113.1	113.1	109.8
1992	131.1	129.1	118.2	122.8	110.2	114.4
1993	153.5	157.9	137.3	146.9	114.3	122.3
1994	137.6	124.7	129.8	131.4	109.8	111.2
1995	126.3	122.4	116.1	117.9	103.3	104.9
1996	119.4	124.6	118.2	121.3	109.7	112.6
1997	115.2	109.6	114.0	111.4	110.3	107.8
1998	113.8	95.7	110.2	112.3	111.0	113.1
1999	112.9	109.6	112.7	111.5	113.5	112.3
2000	111.8	103.9	111.2	111.0	108.2	108.0
2001	115.5	120.2	112.6	119.1	115.1	121.8
2002	116.0	106.9	108.8	113.8	107.5	112.5
2003	115.1	117.3	108.5	115.2	107.7	114.4
2004	120.7	114.1	105.6	110.6	104.2	109.1
2005	123.2	115.3	101.7	105.6	100.1	104.0
2006	121.9	117.1	108.1	103.2	105.8	101.0
2007	116.5	119.5	110.5	118.3	106.2	113.6
2008	118.2	116.1	112.0	112.1	105.8	105.9
2009	115.6	114.6	107.5	110.5	108.9	111.9
2010	123.0	118.1	108.0	110.3	104.3	106.6
2011	116.6	114.3	109.3	106.9	103.7	101.4
2012	114.2	108.1	107.0	106.2	104.1	103.3
2013	171.3	96.8	106.1	99.9	103.3	97.3
2014	116.9	106.8	116.0	119.7	113.7	117.4

14-3 职工工资总额指数和平均工资指数

RELATED INDICES OF TOTAL WAGES AND AVERAGE WAGE OF STAFF AND WORKERS

以1979年为100 （1979=100）

年 份 Year	工资总额指数 Related Indices of Total Wages	# 国有单位 State-owned Units	职工平均货币工资指数 Related Indices of Average Money Wage	# 国有单位 State-owned Units	职工平均实际工资指数 Related Indices of Average Real Wage	# 国有单位 State-owned Units
1980	147.9	147.3	127.3	126.1	121.2	120.1
1981	200.9	201.4	147.2	142.5	126.5	122.6
1982	338.8	338.4	177.6	173.0	141.8	138.0
1983	546.8	518.0	200.9	200.1	157.3	156.5
1984	1 196.0	1 143.4	283.4	287.5	207.6	210.6
1985	1 758.5	1 535.5	314.4	309.2	188.1	184.9
1986	2 024.8	1 769.4	318.9	315.4	179.8	177.7
1987	2 710.5	2 169.0	348.1	335.9	171.7	165.4
1988	4 546.7	3 497.3	440.6	416.4	169.6	160.1
1989	6 065.1	4 576.8	501.7	499.0	154.0	152.9
1990	7 703.0	5 626.1	559.7	552.7	169.1	166.8
1991	10 431.9	6 992.8	652.3	625.2	191.3	183.1
1992	13 678.5	9 025.1	771.3	767.6	210.8	209.5
1993	20 990.8	14 249.5	1 059.2	1 127.9	240.9	256.2
1994	28 873.0	17 775.9	1 374.8	1 481.8	264.5	284.9
1995	36 452.7	21 757.0	1 596.4	1 746.4	273.2	298.9
1996	43 514.8	27 119.7	1 886.5	2 117.8	299.7	336.6
1997	50 119.1	29 731.8	2 149.7	2 358.6	330.6	362.9
1998	57 035.5	28 453.3	2 369.0	2 648.7	367.0	410.4
1999	64 393.1	31 184.8	2 669.9	2 953.3	416.5	460.9
2000	71 991.5	32 401.0	2 968.9	3 278.2	450.7	497.8
2001	83 150.2	38 946.0	3 343.0	3 904.3	518.8	606.3
2002	96 454.2	41 633.3	3 637.2	4 443.1	557.7	682.1
2003	111 018.8	48 835.9	3 946.4	5 118.5	600.6	780.3
2004	133 999.7	55 721.8	4 167.4	5 661.1	625.8	851.3
2005	165 087.6	64 247.2	4 238.2	5 978.1	626.4	885.4
2006	201 241.8	75 233.5	4 581.5	6 169.4	662.7	894.3
2007	234 446.7	89 904.0	5 062.6	7 298.4	703.8	1 015.9
2008	277 116.0	104 378.5	5 670.1	8 181.5	743.9	1 075.8
2009	320 346.1	119 617.8	6 095.4	9 040.6	810.1	1 203.8
2010	394 025.7	141 268.6	6 583.0	9 971.8	844.9	1 283.3
2011	459 039.9	161 470.0	7 195.2	10 659.9	876.2	1 301.3
2012	524 223.6	174 549.1	7 698.9	11 320.8	912.1	1 344.2
2013	897 995.0	168 963.5	8 168.5	11 309.5	942.2	1 307.9
2014	1 049 756.2	180 453.0	9 475.5	13 537.5	1 071.3	1 535.5
年平均增长率(%) Average Annual Growth Rate(%)	**30.3**	**23.9**	**13.9**	**15.1**	**7.0**	**8.1**

14-4 城镇单位在岗职工工资总额与平均工资

TOTAL WAGES BILL AND AVERAGE WAGE OF STAFF AND WORKERS IN URBAN UNITS

年份 Year	工资总额(亿元) Total Wages Bill (100 million yuan)				平均工资(元) Average Wage (yuan)			
	合计 Total	国有单位 State-owned Units	城镇集体单位 Urban Collective-owned Units	其他单位 Other Types of Ownership	合计 Total	国有单位 State-owned Units	城镇集体单位 Urban Collective-owned Units	其他单位 Other Types of Ownership
1998	167.48	70.70	4.72	92.05	18 381	21 161	11 260	17 204
1999	189.03	77.50	5.38	106.15	20 714	23 602	13 228	19 530
2000	211.34	80.54	4.85	125.94	23 039	26 193	13 234	21 974
2001	244.17	96.83	5.00	142.34	25 941	31 187	13 427	23 981
2002	283.28	103.51	4.32	175.45	28 218	35 501	16 969	25 544
2003	325.99	121.40	4.02	200.58	30 611	40 893	17 061	26 940
2004	419.28	142.23	3.29	273.77	31 928	45 212	20 256	27 868
2005	516.75	164.03	4.72	348.00	32 476	47 762	17 112	28 521
2006	629.66	192.00	3.20	434.46	35 107	49 312	20 591	31 286
2007	733.58	229.37	3.26	500.95	38 798	58 347	21 793	33 787
2008	867.41	266.31	3.43	597.68	43 454	65 431	25 291	37 933
2009	1 002.98	305.16	3.11	694.71	46 723	72 278	24 715	40 582
2010	1 233.88	360.37	4.15	869.36	50 456	79 734	27 801	43 939
2011	1 438.49	411.79	4.78	1 021.92	55 143	85 218	31 830	48 422
2012	1 642.18	445.34	5.59	1 191.25	59 010	90 492	34 444	52 374
2013	2 813.51	431.05	12.60	2 369.86	62 619	90 393	30 207	59 627
2014	3 287.96	460.23	14.64	2 813.11	72 651	108 192	39 993	69 224

注： 从2000年起统计口径为在岗职工。
Note: Since 2000, statistical coverage refers to the fully employed staff and workers.

14-5 城镇单位从业人员和在岗职工人数（2014年末）

NUMBER OF STAFF AND WORKERS IN URBAN UNITS AT YEAR-END （2014）

项 目	Item	单位从业人员年末人数（人）Number of Staff Year-end (Person)	#女性 Female	#在岗职工年末人数 Number of Staff and Workers Year-end
总 计	**Total**	**4 584 759**	**1 901 184**	**4 489 272**
一、按登记注册类型分	Grouped by Registration			
1. 内资单位	Domestic Funded Units	2 215 590	730 021	2 143 207
①国有单位	State-owned Units	433 298	160 723	429 133
②集体单位	Collective-owned Units	33 649	11 226	33 580
③股份合作单位	Cooperative Units	27 510	8 325	26 287
④联营单位	Joint ownership Units	12 095	4 346	11 980
⑤有限责任公司	Limited Liability Corporations	1 090 965	334 151	1 040 183
⑥股份有限公司	Share-holding Corporations Ltd.	578 573	187 046	563 462
⑦其他内资单位	Others	39 500	24 204	38 582
2. 港澳台投资单位	Units with Funded from Hongkong,Macao and Taiwan	1 442 783	720 216	1 432 162
3. 外商投资单位	Foreign Funded Units	926 386	450 947	913 903
二、按企业、事业、机关分	Grouped by Enterprises, Institutions and Agencies			
1. 企业	Enterprises	4 294 188	1 778 907	4 201 116
2. 事业	Institutions	154 502	79 498	152 407
3. 机关	Agencies & Organizations	125 902	35 675	125 639
4.民间非盈利组织	Private non-protit organization	5 308	3 938	5 269
5.其他	Others	4 859	3 166	4 841
三、按国民经济行业分	Grouped by Sector			
1. 农、林、牧、渔业	Agriculture, Forestry, Animal Husbandry and Fishery	670	229	670
①农业	Agriculture	409	114	409
②林业	Forestry			
③畜牧业	Animal Husbandry	215	104	215
④渔业	Fishery	17	3	17
⑤农、林、牧、渔服务业	Services of Agriculture, Forestry,Animal Husbandry and Fishery	29	8	29
2. 采矿业	Mining	3 848	522	3 839
3. 制造业	Manufacturing	2 587 983	1 207 402	2 574 693
4. 电力、煤气及水的生产和供应业	Production and Distribution of Electricity,Gas and Water	17 417	4 114	17 401
5. 建筑业	Construction	303 622	32 048	264 696
①房屋建筑业	Building	111 993	8 731	105 663
②土木工程建筑业	Civil Engineering	31 342	3 161	19 384
③建筑安装业	Construction installation	30 276	5 233	29 737
④建筑装饰和其他建筑业	Construction Decoration and Other Construction	130 011	14 923	109 912
6. 批发和零售业	Wholesale and Retail Trades	257 536	131 853	248 878
①批发业	Wholesale	125 586	56 496	124 005
②零售业	Retail Sales	131 950	75 357	124 873
7. 交通运输、仓储和邮政业	Transportation, Storage and Post Services	256 719	75 537	244 299
①铁路运输业	Railway Transportation	39 483	5 006	37 557
②道路运输业	Road Transportation	95 320	24 502	94 197
③水上运输业	Water Transportation	9 149	1 295	9 105
④航空运输业	Air Transportation	29 957	9 319	29 697
⑤管道运输业	Petroleum and Gas Pipelines Transportation			
⑥装卸搬运和运输代理业	Loading Unloading and Other Transport Services	19 801	9 031	19 630
⑦仓储业	Storage	16 016	5 223	15 650
⑧邮政业	Post Services	46 993	21 161	38 463
8. 住宿和餐饮业	Hotels and Catering Services	103 259	52 470	99 314
①住宿业	Hotels	34 428	16 708	34 012

项 目	Item	单位从业人员年末人数（人）Number of Staff Year-end (Person)	# 女 性 Female	# 在岗职工年末人数 Number of Staff and Workers Year-end
②餐饮业	Catering Services	68 831	35 762	65 302
9. 信息传输、软件和信息技术服务业	Information Transmission, Computer Services and Software	132 670	46 508	127 530
①电信、广播电视和卫星传输服务	Tele communications,broadcast and satellite transmission services	35 506	15 612	31 755
②互联网和相关服务	Internet and related services	20 083	6 975	20 080
③软件和信息技术服务业	Software and IT Services	77 081	23 921	75 695
10. 金融业	Financial Intermediation	92 076	47 388	90 039
①货币金融服务业	Monetary and Financial Services	57 905	32 773	57 699
②资本市场服务业	Capital market Services	17 146	6 565	16 363
③保险业	Insurance	13 645	6 473	12 608
④其他金融业	Other Financial Actioities	3 380	1 577	3 369
11. 房地产业	Real Estate	169 794	51 852	168 803
①房地产开发经营	Real Estate Development and Operation	19 387	6 876	19 133
②物业管理	Real Estate Management	128 680	36 582	128 369
③房地产中介服务	Real Estate Services	14 108	5 614	14 030
12. 租赁和商务服务业	Leasing and Business Services	228 056	71 372	222 313
①租赁业	Leasing	2 104	459	1 763
②商务服务业	Business Services	225 952	70 913	220 550
13. 科学研究、技术服务业	Scientific Research and Technical Services	78 117	24 737	76 949
①研究和试验发展	Research and Experiment Development	11 968	4 683	11 807
②专业技术服务业	Professional Technology Services	61 269	18 168	60 335
③科技推广和应用服务业	Services of Science and Technology Exchanges and Promotion	4 880	1 886	4 807
14. 水利、环境和公共设施管理业	Management of Water Consercancy,Environment and Public Facilities	12 336	3 599	12 247
①水利管理业	Water Conservancy Administration	1 443	246	1 441
②生态保护和环境治理业	Ecological Protection and Environmental management	2 383	536	2 380
③公共设施管理业	Management of Public Facilities	8 510	2 817	8 426
15. 居民服务、修理和其他服务业	Services to Households and Other Services	18 941	7 754	18 856
①居民服务业	Services to Households	3 258	1 802	3 207
②机动车、电子产品和日用产品修理业	Repair Industry of motor Vehicles,Electronics and Household Goods.	4 436	1 313	4 419
③其他服务业	Other Services	11 247	4 639	11 230
16. 教育	Education	92 589	50 348	90 724
①初等教育	Primary Schools	29 838	16 190	29 514
②中等教育	Regular Secondary Schools	34 464	16 737	34 085
③高等教育	Regular Institution of Higher Education	8 902	3 957	8 100
17. 卫生和社会工作	Health and Social Work	61 278	40 080	60 797
①卫生	Health Care	58 569	38 300	58 089
②社会工作	Social Work	2 709	1 780	2 708
18. 文化、体育和娱乐业	Culture,sports and Entertainment	25 772	11 994	25 494
①新闻和出版业	Journalism and Publishing Activities	6 078	2 078	6 075
②广播、电视、电影和影视录音制作业	Culture, Sports and Entertainment	4 444	2 121	4 369
③文化艺术业	Cultural and Art Activies	2 572	1 180	2 542
④体育	Sports	7 958	4 522	7 941
⑤娱乐业	Entertainment	4 720	2 093	4 567
19. 公共管理、社会保障和社会组织	Publich Management,Securities and Social Organization	142 076	41 377	141 730
①中国共产党机关	Organs of Communist Party of China	1 643	388	1 637
②国家机构	Government Agencies	137 919	39 954	137 626
③人民政协、民主党派	People's Political Consultative Conference and Democratic Parties	196	60	196
④社会保障	Social Securities			
⑤群众社团、社会团体和其他成员组织	Non-Government Institutions, Social Organizations and Other member Organizations	2 318	975	2 271

14-6 分经济类型和行业单位从业人员工资总额、平均人数和平均工资（2014年）

TOTAL WAGES,AVERAGE NUMBER AND AVERAGE WAGE OF STAFF BY OWNERSHIP AND SECTOR（2014）

项 目	Item	单位从业人员工资总额（万元） Total Yearly Wages of Staff (10 000 yuan)	单位从业人员年平均人数（人） Average Number of Staff(Person)	年平均工资（元） Average Yearly Wages (yuan)
总　计	**Total**	**33 578 083**	**4 621 030**	**72 664**
一、按登记注册类型分	Grouped by Registration			
1. 内资单位	Domestic Funded Units			
①国有单位	State-owned Units	4 645 273	429 891	108 057
②集体单位	Collective-owned Units	147 099	36 703	40 078
③股份合作单位	Cooperative Units	118 602	27 358	43 352
④联营单位	Joint ownership Units	92 336	12 031	76 748
⑤有限责任公司	Limited Liability Corporations	8 444 446	1 083 678	77 924
⑥股份有限公司	Share-holding Corporations Ltd.	5 279 260	573 201	92 101
⑦其他内资单位	Others	225 524	38 666	58 326
2. 港澳台投资单位	Units with Funded from Hongkong,Macao and Taiwan	8 377 805	1 479 750	56 616
3. 外商投资单位	Foreign Funded Units	6 247 739	939 752	66 483
二、按企业、事业、机关分	Grouped by Enterprises, Institutions and Agencies			
1. 企业	Enterprises	30 349 818	4 332 402	70 053
2. 事业	Institutions	1 910 429	153 144	124 747
3. 机关	Agencies & Organizations	1 270 639	125 841	100 972
4.民间非盈利组织	Private non-protit organization	22 130	4 838	45 743
5.其他	Others	25 067	4 805	52 168
三、按国民经济行业分	Grouped by Sector			
1. 农、林、牧、渔业	Agriculture, Forestry, Animal Husbandry and Fishery	3 345	675	49 559
①农业	Agriculture	2 394	412	58 104
②林业	Forestry			
③畜牧业	Animal Husbandry	652	217	30 032
④渔业	Fishery	88	17	51 765
⑤农、林、牧、渔服务业	Services of Agriculture, Forestry,Animal Husbandry and Fishery	212	29	72 966
2. 采矿业	Mining	59 688	3 740	159 594
3. 制造业	Manufacturing	16 427 414	2 632 627	62 399
4. 电力、煤气及水的生产和供应业	Production and Distribution of Electricity,Gas and Water	278 877	17 701	157 549
5. 建筑业	Construction	1 625 078	295 263	55 038
①房屋建筑业	Building	538 668	107 253	50 224
②土木工程建筑业	Civil Engineering	187 896	31 783	59 118
③建筑安装业	Construction installation	175 115	30 086	58 205
④建筑装饰和其他建筑业	Construction Decoration and Other Construction	723 399	126 141	57 348
6. 批发和零售业	Wholesale and Retail Trades	1 747 920	257 748	67 815
①批发业	Wholesale	1 007 490	125 916	80 013
②零售业	Retail Sales	740 430	131 832	56 165
7. 交通运输、仓储和邮政业	Transportation, Storage and Post Services	2 063 592	256 773	80 366
①铁路运输业	Railway Transportation	350 198	39 282	89 150
②道路运输业	Road Transportation	603 666	96 215	62 741
③水上运输业	Water Transportation	127 917	9 168	139 525
④航空运输业	Air Transportation	384 426	28 743	133 746
⑤管道运输业	Petroleum and Gas Pipelines Transportation			
⑥装卸搬运和运输代理业	Loading Unloading and Other Transport Services	169 492	20 023	84 648
⑦仓储业	Storage	108 116	16 280	66 410
⑧邮政业	Post Services	319 778	47 062	67 948
8. 住宿和餐饮业	Hotels and Catering Services	436 149	102 791	42 431
①住宿业	Hotels	187 564	34 658	54 119

项 目 Item		单位从业人员工资总额（万元） Total Yearly Wages of Staff (10 000 yuan)	单位从业人员年平均人数（人） Average Number of Staff(Person)	年平均工资（元） Average Yearly Wages (yuan)
②餐饮业	Catering Services	248 585	68 133	36 485
9. 信息传输、软件和信息技术服务业	Information Transmission, Computer Services and Software	1 747 895	131 422	132 999
①电信、广播电视和卫星传输服务	Tele communications,broadcast and satellite transmission services	390 796	35 452	110 232
②互联网和相关服务	Internet and related services	339 327	20 196	168 017
③软件和信息技术服务业	Software and IT Services	1 017 772	75 774	134 317
10. 金融业	Financial Intermediation	1 948 962	91 048	214 059
①货币金融服务业	Monetary and Financial Services	1 185 476	57 660	205 598
②资本市场服务业	Capital market Services	421 326	16 620	253 506
③保险业	Insurance	226 309	13 499	167 648
④其他金融业	Other Financial Actioities	115 852	3 269	354 394
11. 房地产业	Real Estate	1 059 821	169 137	62 661
①房地产开发经营	Real Estate Development and Operation	255 820	18 924	135 183
②物业管理	Real Estate Management	650 369	124 762	52 129
③房地产中介服务	Real Estate Services	98 443	17 847	55 160
12. 租赁和商务服务业	Leasing and Business Services	1 605 042	234 897	68 330
①租赁业	Leasing	11 315	2 221	50 944
②商务服务业	Business Services	1 593 727	232 676	68 496
13. 科学研究、技术服务业	Scientific Research and Technical Services	1 020 696	77 008	132 544
①研究和试验发展	Research and Experiment Development	147 346	11 915	123 664
②专业技术服务业	Professional Technology Services	815 696	60 401	135 047
③科技推广和应用服务业	Services of Science and Technology Exchanges and Promotion	57 654	4 692	122 877
14. 水利、环境和公共设施管理业	Management of Water Consercancy,Environment and Public Facilities	98 725	12 053	81 909
①水利管理业	Water Conservancy Administration	15 058	1 432	105 156
②生态保护和环境治理业	Ecological Protection and Environmental management	21 512	1 957	109 923
③公共设施管理业	Management of Public Facilities	62 155	8 664	71 739
15. 居民服务、修理和其他服务业	Services to Households and Other Services	93 149	18 814	49 511
①居民服务业	Services to Households	18 431	3 272	56 329
②机动车、电子产品和日用产品修理业	Repair Industry of motor Vehicles,Electronics and Household Goods.	30 485	4 712	64 697
③其他服务业	Other Services	44 233	10 830	40 843
16. 教育	Education	907 808	91 556	99 153
①初等教育	Primary Schools	272 805	29 440	92 665
②中等教育	Regular Secondary Schools	369 927	34 348	107 700
③高等教育	Regular Institution of Higher Education	143 677	8 632	166 447
17. 卫生和社会工作	Health and Social Work	823 564	60 317	136 539
①卫生	Health Care	808 308	57 673	140 154
②社会工作	Social Work	15 256	2 644	57 700
18. 文化、体育和娱乐业	Culture,sports and Entertainment	222 903	25 663	86 858
①新闻和出版业	Journalism and Publishing Activities	88 032	6 177	142 516
②广播、电视、电影和影视录音制作业	Culture, Sports and Entertainment	36 984	4 367	84 689
③文化艺术业	Cultural and Art Activies	30 471	2 568	118 658
④体育	Sports	42 011	7 900	53 179
⑤娱乐业	Entertainment	25 405	4 651	54 622
19. 公共管理、社会保障和社会组织	Publich Management,Securities and Social Organization	1 407 455	141 797	99 258
①中国共产党机关	Organs of Communist Party of China	22 371	1 643	136 162
②国家机构	Government Agencies	1 356 429	137 656	98 538
③人民政协、民主党派	People's Political Consultative Conference and Democratic Parties	3 097	196	158 010
④社会保障	Social Securities			
⑤群众社团、社会团体和其他成员组织	Non−Government Institutions, Social Organizations and Other member Organizations	25 557	2 302	111 020

14-7 分经济类型和行业职工工资总额、平均人数和平均工资（2014年）

TOTAL WAGES，AVERAGE NUMBER AND AVERAGE WAGE OF STAFF AND WORKERS BY OWNERSHIP AND SECTOR（2014）

项　目	Item	在岗职工工资总额(万元) Total Wages (10 000 yuan)	在岗职工年平均人数(人) Average Number(person)	年平均工资(元) Average Yearly Wages (yuan)
总　计	**Total**	**32 879 754**	**4 525 741**	**72 651**
一、按登记注册类型分	Grouped by Registration			
1. 内资单位	Domestic Funded Units			
①国有单位	State-owned Units	4 602 261	425 380	108 192
②集体单位	Collective-owned Units	146 410	36 609	39 993
③股份合作单位	Cooperative Units	113 913	26 131	43 593
④联营单位	Joint ownership Units	91 959	11 912	77 199
⑤有限责任公司	Limited Liability Corporations	8 181 720	1 033 572	79 160
⑥股份有限公司	Share-holding Corporations Ltd.	5 179 010	558 179	92 784
⑦其他内资单位	Others	215 676	37 680	57 239
2. 港澳台投资单位	Units with Funded from Hongkong,Macao and Taiwan	8 245 283	1 468 922	56 132
3. 外商投资单位	Foreign Funded Units	6 103 522	927 356	65 816
二、按企业、事业、机关分	Grouped by Enterprises, Institutions and Agencies			
1. 企业	Enterprises	29 672 203	4 239 513	69 990
2. 事业	Institutions	1 891 700	151 063	125 226
3. 机关	Agencies & Organizations	1 269 303	125 576	101 078
4.民间非盈利组织	Private non-protit organization	21 592	4 802	44 964
5.其他	Others	24 956	4 787	52 133
三、按国民经济行业分	Grouped by Sector			
1. 农、林、牧、渔业	Agriculture, Forestry, Animal Husbandry and Fishery	3 345	675	49 559
①农业	Agriculture	2 394	412	58 104
②林业	Forestry			
③畜牧业	Animal Husbandry	652	217	30 032
④渔业	Fishery	88	17	51 765
⑤农、林、牧、渔服务业	Services of Agriculture, Forestry,Animal Husbandry and Fishery	212	29	72 966
2. 采矿业	Mining	59 631	3 731	159 826
3. 制造业	Manufacturing	16 251 373	2 618 740	62 058
4. 电力、煤气及水的生产和供应业	Production and Distribution of Electricity,Gas and Water	278 521	17 686	157 481
5. 建筑业	Construction	1 415 517	256 192	55 252
①房屋建筑业	Building	505 659	100 832	50 149
②土木工程建筑业	Civil Engineering	123 751	19 334	64 007
③建筑安装业	Construction installation	172 832	29 594	58 401
④建筑装饰和其他建筑业	Construction Decoration and Other Construction	613 275	106 432	57 621
6. 批发和零售业	Wholesale and Retail Trades	1 710 794	249 002	68 706
①批发业	Wholesale	986 037	123 998	79 520
②零售业	Retail Sales	724 757	125 004	57 979
7. 交通运输、仓储和邮政业	Transportation, Storage and Post Services	1 996 973	244 520	81 669
①铁路运输业	Railway Transportation	345 006	37 481	92 048
②道路运输业	Road Transportation	601 000	95 100	63 197
③水上运输业	Water Transportation	126 770	9 110	139 154
④航空运输业	Air Transportation	374 794	28 500	131 507
⑤管道运输业	Petroleum and Gas Pipelines Transportation			
⑥装卸搬运和运输代理业	Loading Unloading and Other Transport Services	167 784	19 909	84 276
⑦仓储业	Storage	104 750	15 888	65 930
⑧邮政业	Post Services	276 870	38 532	71 854
8. 住宿和餐饮业	Hotels and Catering Services	424 290	99 230	42 758
①住宿业	Hotels	185 163	34 234	54 087

项　目	Item	在岗职工工资总额(万元) Total Wages (10 000 yuan)	在岗职工年平均人数(人) Average Number(person)	年平均工资(元) Average Yearly Wages (yuan)
②餐饮业	Catering Services	239 127	64 996	36 791
9. 信息传输、软件和信息技术服务业	Information Transmission, Computer Services and Software	1 709 486	127 065	134 536
①电信、广播电视和卫星传输服务	Tele communications,broadcast and satellite transmission services	370 998	32 168	115 332
②互联网和相关服务	Internet and related services	339 201	20 183	168 063
③软件和信息技术服务业	Software and IT Services	999 287	74 714	133 748
10. 金融业	Financial Intermediation	1 900 241	89 043	213 407
①货币金融服务业	Monetary and Financial Services	1 167 922	57 428	203 372
②资本市场服务业	Capital market Services	411 745	15 834	260 039
③保险业	Insurance	208 083	12 523	166 160
④其他金融业	Other Financial Actioities	112 490	3 258	345 274
11. 房地产业	Real Estate	1 052 473	168 114	62 605
①房地产开发经营	Real Estate Development and Operation	253 983	18 707	135 769
②物业管理	Real Estate Management	648 578	124 385	52 143
③房地产中介服务	Real Estate Services	97 196	17 769	54 700
12. 租赁和商务服务业	Leasing and Business Services	1 550 781	229 005	67 718
①租赁业	Leasing	10 538	1 880	56 054
②商务服务业	Business Services	1 540 243	227 125	67 815
13. 科学研究、技术服务业	Scientific Research and Technical Services	1 003 083	75 744	132 431
①研究和试验发展	Research and Experiment Development	144 928	11 746	123 385
②专业技术服务业	Professional Technology Services	800 957	59 377	134 894
③科技推广和应用服务业	Services of Science and Technology Exchanges and Promotion	57 198	4 621	123 779
14. 水利、环境和公共设施管理业	Management of Water Consercancy,Environment and Public Facilities	98 366	11 920	82 522
①水利管理业	Water Conservancy Administration	15 050	1 430	105 245
②生态保护和环境治理业	Ecological Protection and Environmental management	21 502	1 954	110 042
③公共设施管理业	Management of Public Facilities	61 813	8 536	72 415
15. 居民服务、修理和其他服务业	Services to Households and Other Services	92 280	18 732	49 263
①居民服务业	Services to Households	18 127	3 224	56 226
②机动车、电子产品和日用产品修理业	Repair Industry of motor Vehicles,Electronics and Household Goods.	30 042	4 696	63 974
③其他服务业	Other Services	44 111	10 812	40 798
16. 教育	Education	887 720	89 746	98 915
①初等教育	Primary Schools	270 349	29 124	92 827
②中等教育	Regular Secondary Schools	364 826	33 967	107 406
③高等教育	Regular Institution of Higher Education	136 445	7 938	171 888
17. 卫生和社会工作	Health and Social Work	818 157	59 781	136 859
①卫生	Health Care	802 919	57 142	140 513
②社会工作	Social Work	15 238	2 639	57 740
18. 文化、体育和娱乐业	Culture,sports and Entertainment	221 086	25 366	87 158
①新闻和出版业	Journalism and Publishing Activities	87 595	6 139	142 685
②广播、电视、电影和影视录音制作业	Culture, Sports and Entertainment	36 867	4 299	85 757
③文化艺术业	Cultural and Art Activies	29 952	2 540	117 923
④体育	Sports	41 687	7 883	52 882
⑤娱乐业	Entertainment	24 985	4 505	55 461
19. 公共管理、社会保障和社会组织	Publich Management,Securities and Social Organization	1 405 637	141 449	99 374
①中国共产党机关	Organs of Communist Party of China	22 325	1 637	136 380
②国家机构	Government Agencies	1 354 949	137 361	98 641
③人民政协、民主党派	People's Political Consultative Conference and Democratic Parties	3 097	196	158 010
④社会保障	Social Securities			
⑤群众社团、社会团体和其他成员组织	Non-Government Institutions, Social Organizations and Other member Organizations	25 266	2 255	112 046

14-8 工业、建筑业企业在岗职工人数和工资（2014年）

NUMBER AND WAGE OF STAFF AND WORKERS IN INDUSTRY AND CONSTRUCTION ENTERPRISES（2014）

项 目	Item	年末人数(人) Year-end Figure (person)	工资总额(万元) Total Wages (10 000 yuan)	年平均工资(元) Average Yearly Wages (yuan)
总 计	**Total**	**2 860 629**	**18 005 042**	**62 165**
一、工 业	**Industry**	**2 595 933**	**16 589 525**	**62 835**
(一)按登记注册类型分	Grouped by Registration			
1. 国有单位	State-owned Units	4 213	36 050	81 950
2. 城镇集体单位	Urban Collective Owned Units	14 884	67 953	39 368
3. 其他类型单位	Units of Other Types of Ownership	2 576 836	16 485 522	62 958
(二)按行业分	Grouped by Sector			
1. 采矿业	Mining	3 839	59 631	159 826
煤炭开采和洗选业	Mining and Washing of Coal			
石油和天然气开采业	Extraction of Petroleum and Natural Gas	3 037	52 949	179 124
黑色金属矿采选业	Mining and Processing of Ferrous Metal Ores			
有色金属矿采选业	Mining and Processing of Nonferrous Metal Ores			
非金属矿采选业	Mining and Processing of Nonmetal Ores			
开采辅助活动	Support Activities for Mining	802	6 682	86 219
其他采矿业	Mining and Processing of Other Ores			
2.制 造 业	Manufacturing	2 574 693	16 251 373	62 058
农副食品加工业	Processing of Food from Agricultural Products	7 287	47 484	65 431
食品制造业	Manufacture of Foods	11 923	60 770	51 387
酒、饮料和精制茶制造业	Manufacture of Wine, Beverages and Refined tea	11 967	81 393	69 734
烟草制品业	Manufacturc of Tobacco	652	13 681	216 473
纺织业	Manufacture of Textile	11 526	54 115	46 703
纺织服装、服饰业	Manufacture of Textile Wearing Apparec	84 530	428 863	49 396
皮革、毛皮、羽毛及其制品和制鞋业	Manufacture of Leather, Fur, Feather and Related Products	51 548	207 779	38 488
木材加工和木、竹、藤棕、草制品业	Processing of Timber, Manufacture of Wood, Bamboo, Rattan, Palm Fiber & Straw Products	2 052	8 597	41 214
家具制造业	Manufacture of Furniture	26 210	125 200	47 604
造纸和纸制品业	Manufacture of Paper and Paper Products	23 626	112 837	45 022
印刷和记录媒介复制业	Printing and Record Medium Reproduction	42 370	235 625	54 567
文教、工美、体育和娱乐用品制造业	Manufactuer of Articles for Culture, Education and Sport Activities	112 743	504 274	40 695

项 目	Item	年末人数(人) Year-end Figure (person)	工资总额(万元) Total Wages (10 000 yuan)	年平均工资(元) Average Yearly Wages (yuan)
石油加工、炼焦和核燃料加工业	Processing of Petroleurn, Coking and Nuclear Fuel Processing	738	19 201	262 306
化学原料和化学制品制造业	Manufacture of Raw Chemical Materials and Chemical Products	18 178	151 680	80 698
医药制造业	Manufacture of Medicines	14 143	116 030	82 303
化学纤维制造业	Manufacture of Chemical Fibers	514	2 563	49 090
橡胶和塑料制品业	Manufacture of Rubber and Plastics	153 021	767 368	49 083
非金属矿物制品业	Manufacture of Non-metallic Mineral Products	56 253	283 478	49 046
黑色金属冶炼和压延加工业	Smelting and Pressing of Ferrous Metals	2 487	17 480	67 752
有色金属冶炼和压延加工业	Smelting and Pressing of Nonferrous Metals	6 668	34 554	51 320
金属制品业	Manufacture of Metal Products	84 886	497 177	57 243
通用设备制造业	Manufacture of General-purpose Machinery	86 498	480 623	54 804
专用设备制造业	Manufacture of Special-purpose Machinery	103 821	796 679	77 839
汽车制造业	Manufactuer of Automobiles	66 153	374 967	63 572
铁路、船舶航空航天和其他运输设备制造业	Manufacture of Railways,Ships, Aerospace and Other Transport Equipment	25 163	138 282	56 118
电气机械和器材制造业	Manufacture of Electrical Machinery and Equipment	338 219	1 810 522	51 008
计算机、通信和其他电子设备制造业	Manufacture of Communication Equipment, Computers and Other Electronic Equipment	1 141 482	8 424 250	73 221
仪器仪表制造业	Manufacture of Measuring Instruments	76 822	386 499	50 037
其他制造业	Other Manufacturing	11 410	51 232	43 631
废弃资源综合利用业	Recycling and Disposal of Waste	104	671	44 733
金属制品、机械和设备修理业	Manufacture of Metal Products,Machinery and Eguipment Repair	1 699	17 500	104 043
3.电力、热力、燃气及水生产和供应业	Production and Distribution of Electricity,Heat,Gas and Water	17 401	278 521	157 481
电力、热力生产和供应业	Production and Supply of Electric Power and Heat Power	8 597	185 286	213 095
燃气生产和供应业	Production and Supply of Gas	739	11 955	161 340
水的生产和供应业	Production and Supply of Water	8 065	81 280	98 521
二、建筑业	**Construction**	**264 696**	**1 415 517**	**55 252**
按登记注册类型分	Grouped by Registration			
1.国有单位	State-owned Units	14 764	89 370	62 606
2.城镇集体单位	Urban Collective Owned Units	152	1 380	72 251
3.其他单位	Units of Other Types of Ownership	249 780	1 324 767	54 804

主要统计指标解释

社会劳动者 指从事一定社会劳动并取得劳动报酬或经营收入的人员。包括：

(1)在岗职工；

(2)私营和个体从业人员；

(3)乡镇企业从业人员；

(4)其他从业人员；

这一指标反映了一定时期内全部劳动力资源的实际利用情况，是研究我国基本国情国力的重要指标。

单位从业人员 指在各级国家机关、政党机关、社会团体及企业、事业单位中工作，并取得劳动报酬的全部人员。包括在岗职工和其他从业人员。各单位的从业人员反映了各单位实际参加生产或工作的全部劳动力。包括：在岗职工和其他从业人员两部分。

单位从业人员=在岗职工+其他从业人员

其他从业人员 指各级国家机关、政党机关、社会团体及企业、事业单位中再就业的离退休人员、民办教师以及在各单位中工作的外方人员和港、澳、台方人员、兼职人员、借用的外单位人员和第二职业者。

在岗职工 指在调查时期(点)在国有经济、城镇集体经济、联营经济、股份制经济、外商和港、澳、台投资经济、其他经济单位及其附属机构中有工作岗位，并参加实际工作和在本单位领取工资的各类人员。

城镇私营和个体从业人员 城镇私营从业人员指在工商管理部门注册登记，其经营地址设在县城关镇（含城关镇）以上的私营企业从业人员。包括：私营企业投资者和雇工。城镇个体从业人员指在工商管理部门注册登记，并持有城镇户口或在城镇长期居住，经批准从事个体工商经营的从业人员。包括：个体经营者和在个体工商户劳动的家庭帮工和雇工。

单位从业人员工资总额 指各单位在一定时期内直接支付给本单位全部从业人员的工资总额。包括在岗职工的工资总额和其他从业人员的工资总额两部分。

在岗职工工资总额 指各单位在一定时期内直接支付给本单位在岗职工的工资总额。

平均工资 指单位就业人员在一定时期内平均每人所得的工资额。它表明一定时期工资收入的高低程度，是反映就业人员工资水平的主要指标。计算公式为：

$$\text{平均工资} = \frac{\text{报告期就业人员工资总额}}{\text{报告期就业人员平均人数}}$$

平均工资指数 指报告期就业人员平均工资与基期就业人员平均工资的比率。是反映不同时期就业人员货币工资水平变动情况的相对数。计算公式为：

$$\text{平均工资指数} = \frac{\text{报告期就业人员平均工资}}{\text{基期就业人员平均工资}} \times 100\%$$

Explanatory Notes on Main Statistical Indicators

Social Laborers refer to persons who are engaged in social labor and receive remuneration payment or earn business income, including:

1. fully employed staff and workers,

2. employed persons in private enterprises and individual economy,

3. employed persons in township enterprises,

4. other employed persons .

This indicator reflects the actual utilization of total labor force during a certain period of time and is often used for the research on China' s economic situation and national strength.

Persons Employed in Various Units refer to all persons working with payment in government agencies of various levels, political and party organizations, social organizations, enterprises and institutions, including fully employed staff and workers and other employed persons. This indicator reflects the total number of laborers actually engaged in production or other operations in various units,including fully employed staff and workers and other employed persons.

Persons Employed in Various Units =Fully Employed Staff and Workers + Other Employed Persons

Other Employed Persons refer to re-employed retirees working in government agencies of various levels, political and party organizations, enterprises and institutions, and teachers working in schools run by the local people, as well as foreigners and Chinese compatriots from Hong Kong, Macao and Taiwan working in various units,part-time emplogees,employees of other units working temporarily at current posts,and employees holding the second job.

Fully Employed Staff and Workers refer to persons who have work posts, work in and receive payment from units of state ownership, collective ownership, joint ownership, share holding ownership, foreign ownership, and ownership by entrepreneurs from Hong Kong, Macao and Taiwan, and other types of ownership and their affiliated units at the reference period (point).

Persons Employed in Private Enterprises and Self-employed Individuals in Urban Areas Persons employed in private enterprises refer to persons employed in private enterprises which are registered at the department of industrial and commercial administration and are situated at a county town (i.e. a town where the county government is located) for business operation or at urban areas with the level higher than a county town, including investors and employees of private enterprises. Self-employed individuals in urban areas refer to persons who hold the certificates of residence in urban areas or have resided in the urban areas for a long time and have been registered at the department of industrial and commercial administration and approved to be engaged in individual industrial or commercial business, including self-employed persons as well as helpers and hired laborers who work in the individual households engaged in industrial or commercial business.

Total Wage Bill of Persons Employed in Units refer to the total wages directly paid to all the employed persons during a certain period of time,including wages to fully employed persons in working units and wages to other employed persons.

Total Wages refer to total wages directly paid to fully employed persons in working units during a certain period of time.

Average Wage refers to the average per capita wage during a certain period of time for employed persons.Is shows the general level of wage income during a certain period of time,one major indictaor to reflect the wage level. It is calculated as follows:

$$\text{Average Wage} = \frac{\text{Total Wage Bill of Employed Persons at Reference Time}}{\text{Average Number of Persons Employed at Reference Time}}$$

Average Wage Indices refers to the ratio of average wage of employed persons the reporting period to that at the base period,which reflects the change of wage of employed persons at the different period.It is calculated as follows:

$$\text{Average Wage Indices} = \left(\frac{\text{Average Wage of Employed Persons at Reference Time}}{\text{Average Number of Persons Employed at Base Period}}\right) \times 100\%$$

15 第十五部分 科学技术

SCIENCE AND TECHNOLOGY

CHAPTER

15-1 高新技术产品进出口情况

TOTAL IMPORTS AND EXPORTS OF HIGH TECHNOLOGY INDUSTRY

单位：万美元 (USD 10 000)

年 份 Year	高新技术产品进出口总额 Total Imports and Exports of High Technology Industry	进 口 Imports	出 口 Exports
2001	2 335 757	1 198 796	1 136 961
2002	3 344 119	1 775 195	1 568 924
2003	5 158 146	2 643 846	2 514 300
2004	6 928 262	3 422 565	3 505 697
2005	8 868 653	4 159 435	4 709 218
2006	11 536 580	5 401 421	6 135 159
2007	13 463 800	6 209 300	7 254 500
2008	14 099 495	6 162 273	7 937 222
2009	15 345 520	6 843 409	8 502 111
2010	19 770 075	8 897 407	10 872 668
2011	22 416 000	9 936 000	12 480 000
2012	25 206 532	11 084 532	14 122 000
2013	30 784 842	13 884 285	16 900 557
2014	24 762 288	11 088 208	13 674 080

15-2 专利申请授权概况

PATENT APPLICATIONS EXAMINED AND GRANTED

单位：件 (piece)

年 份 Year	申请总量 Number of Patent Applications	发明专利 Invention Patent 申请量 Applications Examined	发明专利 Invention Patent 授权量 Applications Granted	实用新型专利 Utitity Model Patent 申请量 Applications Examined	实用新型专利 Utitity Model Patent 授权量 Applications Granted	外观设计专利 Design Patent 申请量 Applications Examined	外观设计专利 Design Patent 授权量 Applications Granted	授权总量 Number of Patents Certified
1991	261	49	1	141	88	71	71	160
1992	507	73	5	215	113	219	56	174
1993	696	82	10	331	183	283	234	427
1994	1 009	160	9	383	221	466	184	414
1995	1 104	124	7	491	280	489	434	721
1996	1 405	116	18	563	364	726	541	923
1997	1 440	165	13	486	410	789	837	1 260
1998	2 093	233	16	722	311	1 138	1 037	1 364
1999	3 314	490	31	1 169	733	1 655	1 352	2 116
2000	4 431	669	1	1 494	750	2 268	1 650	2 401
2001	6 033	1 033	7	1 904	1 239	3 096	2 260	3 506
2002	7 917	1 846	91	2 522	1 624	3 549	2 781	4 486
2003	12 361	3 526	276	3 797	1 879	5 038	2 782	4 937
2004	14 918	4 751	864	4 410	2 741	5 757	4 132	7 737
2005	20 940	8 327	917	5 687	3 458	6 928	4 608	8 983
2006	29 728	14 576	1 361	6 765	4 860	8 387	5 273	11 494
2007	35 808	19 198	2 257	7 876	6 682	8 734	6 613	15 552
2008	36 249	18 757	5 409	9 008	7 971	8 484	5 425	18 805
2009	42 279	20 520	8 132	12 709	9 001	9 050	8 761	25 894
2010	49 430	23 956	9 615	15 117	14 266	10 357	11 070	34 951
2011	63 522	28 823	11 826					39 363
2012	73 130	31 075	13 068					48 662
2013	80 657	32 208	10 987					49 756
2014	82 254	31 077	12 040					53 687

注：　从2011年开始，取消“实用新型专利”、“外观设计专利”分类。
Note: From 2011, the data of Utitity Model Patent and Design Patent have canceled.

15-3 大中型工业企业科技活动基本情况
BASIC STATISTICS ON SCIENTIFIC AND TECHNOLOGICAL ACTIVITIES OF LARGE AND MEDIUM-SIZED INDUSTRIAL ENTERPRISES

项目	Item	2009	2010	2011	2012	2013	2014
一、企业科技活动人员（人）	**Number of Personnel Engaged in Scientific and Technological Activities (person)**	**161 958**	**225 999**	**218 880**	**257 006**	**239 894**	**257 100**
#R&D人员	Personnel in R&D	113 732	151 426	145 105	182 729	172 522	157 567
二、科技项目经费内部支出（万元）	**Intramural Expenditure on Scientific and Technological Projects (10 000 yuan)**	**3 097 008**	**3 954 089**	**4 645 789**	**5 300 926**	**6 092 225**	**7 875 367**
#R&D经费支出（万元）	Expenditures on R&D (10 000 yuan)	2 402 938	3 014 888	3 725 656	4 389 801	5 058 158	5 521 261
三、R&D经费支出占主营业务收入的比重（%）	**Percentage of R&D Expenditures in Main Business (%)**	**1.99**	**1.64**	**2.20**	**2.46**	**2.71**	**2.79**
四、科技项目情况	**Scientific and Technological Projects**						
参加项目人员（人）	Number of Personnel Engaged in Projects(person)	129 255	190 687	180 357	214 200	201 161	214 714
#R&D项目人员（人）	Number of Personnel Engaged in R&D Projects (person)	95 000	139 310	131 527	166 556	157 817	142 973
科技活动项目数（项）	Number of Projects (item)	10 659	17 277	11 947	12 806	14 369	14 899
五、新产品产值（亿元）	**Output of New Products (100 million yuan)**	**2 648.81**	**5 113.65**	**5 583.37**	**6 010.54**	**6 010.54**	**6663.94**

注： 1、R&D的中文名称是科学研究与试验发展。
Note: R&D means scientific research and experimental development.
2、2008年个别指标因统计口径变化而产生波动。
Some indicators of 2008 were fluctuated because the change of the statistical coverage.

15-4 全市R&D经费支出基本情况
TOTAL R&D EXPENDITURE

项目	Item	2009	2010	2011	2012	2013	2014
一、全市R&D经费支出（亿元）	Total R&D expenditure (100 million yuan)	279.71	333.31	416.14	488.37	584.61	640.07
二、全市R&D经费支出占GDP比重（%）	Percentage of total R & D expenditure in GDP（%）	3.4	3.5	3.6	3.8	4.0	4.0

注：全市R&D经费支出包括企业、研究机构和高等学校的R&D经费支出。
Note:Total R&D expenditure includes the expenditure of enterprises,research institutes and higher education institutions.

主要统计指标解释

科技活动 是指在所有科学技术领域内，即自然科学、农业科学、医学科学、工程与技术科学、人文科学与社会科学中，与科技知识的产生、发展、传播和应用密切相关的全部的、有组织的、系统的科技活动。所谓有组织的、系统的科技活动，是指在一个机构的范围之内，并列入这一机构的工作计划，由这一机构的人员有计划地进行的科技活动。科技活动包括三类：(1)研究与试验发展活动（简称R&D,包括基础研究、应用研究和实验发展）；(2)科学研究与试验发展成果应用活动；(3)科技服务活动。我们的统计调查只包括前两类活动。

科技活动统计单位 指制度调查范围内的调查单位个数，对于自然科学领域、社会与人文科学领域的科学研究与技术开发机构（含县属研究与开发机构）、科学技术情报与文献机构是以一个机构为一个调查单位；对于高等学校，是以一个学校为一个调查单位；对于企业是以一个企业为一个调查单位。

科技活动人员 指直接从事科技活动、以及专门从事科技活动管理和为科技活动提供直接服务累计从事科技活动的实际工作时间占全年制度工作时间10%及以上的人员。（1）直接从事科技活动的人员包括：在独立核算的科学研究与技术开发机构、高等学校、各类企业及其他事业单位内设的研究室、实验室、技术开发中心及中试车间（基地）等机构中从事科技活动的研究人员、工程技术人员、技术工人及其它人员；虽不在上述机构工作，但编入科技活动项目（课题）组的人员；科技信息与文献机构中的专业技术人员；从事论文设计的研究生等。（2）专门从事科技活动管理和为科技活动提供直接服务的人员包括：独立核算的科学研究与技术开发机构、科技信息与文献机构、高等学校、各类企业及其他事业单位主管科技工作的负责人，专门从事科技活动的计划、行政、人事、财务、物资供应、设备维护、图书资料管理等工作的各类人员，但不包括保卫、医疗保健人员、司机、食堂人员、茶炉工、水暖工、清洁工等为科技活动提供间接服务的人员。

科技项目经费内部支出 指统计单位内部在报告期进行科技项目研究和试制等的实际支出。包括劳务费、原材料费、设备购置费、其他日常支出、外协加工费等；不包括委托或与外单位合作进行项目研究而拨付给对方使用的经费、企业科技活动管理部门的费用、用于科技活动目的的基建支出以及为科技活动提供间接服务人员的费用等。

科技机构内课题(项目)个数 指调查单位列入科研计划或已为本单位科研管理部门认可，可作为本单位科研工作任务，并在当年开展活动的研究与发展、研究与发展成果应用、科技服务课题（项目）数。包括当年新开课题和上年尚未完成，在统计年度内继续进行的课题。

研究与试验发展（R&D） 是指在科学技术领域，为增加知识总量、以及运用这些知识去创造新的应用进行的系统的创造性的活动，包括基础研究、应用研究、试验发展三类活动。

研究与试验发展人员 指参与研究与试验发展项目研究、管理和辅助工作的人员，包括项目（课题）组人员，企业科技行政管理人员和直接为项目（课题）活动提供服务的辅助人员。

新产品 指采用新技术原理、新设计构思研制、生产的全新产品，或在结构、材质、工艺等某一方面比原有产品有明显改进，从而显著提高了产品性能或扩大了使用功能的产品。既包括政府有关部门认定并在有效期内的新产品，也包括企业自行研制开发，未经政府有关部门认定，从投产之日起一年之内的新产品。

Explanatory Notes on Main Statistical Indicators

Scientific and Technological Activities refer to all those organized and systematic activities of science and technology which are closely connected with the emergence, development, diffusion and application of scientific and technological knowledge in all scientific and technological fields, such as natural sciences, agricultural science, medical science, engineering and technical science, humanities and social sciences. Organized and systematic activities refer to activities within the range of an institution, regarded as regular work of the institution and organized in a planned way by the personnel of the institution. Scientific and technological activities classified into three categories: (1) activities of research and development (R&D, it includes basic research, applied research and experiments and development); (2) applied activities of research and development; (3) service activities of science and technology. Our survey only included the first two activities.

Surveyed Units of Scientific and Technological Activities refer to the number of survey units within the survey coverage. As for research and development institutions (including those under county administration) and scientific and technological information and literature institutions in natural sciences, social sciences and humanities, one institution constitutes a survey unit; as for institutions of higher education, one university or college accounts for a survey unit; as for enterprises, one enterprise is a survey unit.

Personnel Engaged in S&T Activities refer to personnel directly engaged in S&T activities, in the management of S&T activities, and in providing direct service to S&T activities, who spend over 10% of the total working hours in a year in S&T activities. (1) Personnel directly engaged in S&T activities include researchers, engineers, technicians and other related personnel engaged in S&T activities in independent–accounting R&D institutions, institutions of higher learning, and in research institutes, laboratories, technology development centers and central experiment workshops under enterprises and institutions. Also included people are working in S&T research project teams, professional and technical personnel working in S&T information archiving institutes, and graduate students working on the design of their thesis. (2) Personnel engaged in the management of S&T activities and in providing direct service to S&T activities include senior management people responsible for S&T activities in independent–accounting R&D institutions, S&T information archiving institutes, institutions of higher learning, and in enterprises and institutions where S&T activities are undertaken. Also included are people responsible for the planning, administration, personnel management, financial management, logistics supply, equipment maintenance, information and library management that are related with S&T activities. People providing indirect services are excluded, such as security, medical service, drivers, plumbers, cleaners and those providing catering and related service.

Internal Expenditure of Funds on Science and Technology Projects refers to actual expenditure of internal funds of the surveyed units on research and test of R&D projects at the reference period, including service fee, material expenditure, equipment purchase cost, other daily expenditure, cost of external process; excluding expenditure of funds transferred to other cooperated and entrusted units of the projects, expenditure of management department for enterprise science and technology activities, capital construction expenditure for science and technology activities, cost of indirect service for science and technology activities and etc.

Number of Research Tasks (Projects) of Scientific and Technological Institutions refers to the number of research tasks (projects) on R&D, application of R&D and scientific and technological services, which are listed in the plans of scientific research or approved by administrative departments of the survey units and launched in the current year. It includes those newly started and those uncompleted in the preceding year but continued into the current statistical year.

Research and Development (R&D) refers to systematic and creative activities in the field of science and technology aiming at increasing the knowledge and using the knowledge for new application. R&D includes 3 categories of activities: basic research, applied research and experiments and development.

R&D Personnel refer to persons engaged in research, management and supporting activities of R&D, including persons in the project teams, persons engaged in the management of S&T activities of enterprises and supporting staff providing direct service to the research projects.

New Products refer to products produced with new technology and new design, or products that represent noticeable improvement in terms of structure, material, or production process so as to improve significantly the character or function of the older versions. They include new products certified by relevant government agencies within the period of certification, as well as new products designed and produced by enterprises within a year without certification by government agencies.

第十六部分 文化和教育

CULTURE AND EDUCATION

CHAPTER

16-1 各级各类学校数

NUMBER OF SCHOOL BY LEVEL AND TYPE

单位：所 (unit)

年份 Year	普通高等学校 Institutions of Higher Education	中等职业教育 Vocational Secondary Education	普通中学 Regular Secondary Schools	小学 Primary Schools	幼儿园 Kindergartens
1979			24	226	90
1980			24	238	52
1981			26	244	32
1982			28	246	50
1983	1		30	248	69
1984	2		35	260	87
1985	2		38	258	79
1986	2		40	257	273
1987	2		43	255	187
1988	2		47	257	195
1989	2		47	264	207
1990	2		49	263	228
1991	2		51	260	257
1992	2		53	261	282
1993	3		51	267	281
1994	3		56	269	333
1995	2		62	274	349
1996	2		71	274	380
1997	2		73	275	446
1998	2		78	286	488
1999	2		83	325	560
2000	2		94	353	562
2001	3		107	377	588
2002	9		132	395	634
2003	9	25	179	376	656
2004	9	16	216	378	699
2005	9	16	245	358	744
2006	9	13	260	357	758
2007	8	13	273	347	819
2008	8	13	277	342	865
2009	8	13	285	346	974
2010	8	13	295	340	1 040
2011	9	13	299	334	1093
2012	10	15	302	333	1 186
2013	10	15	314	335	1 313
2014	10	16	325	331	1 402

注：根据教育部的统一要求及深圳实际，将普通中专、成人中专和职业高中合并统称为中等职业教育。该指标由于深圳市布局调整的原因产生了波动。

Note: According to unified requirements of the Ministry of Education and the actual situation of Shenzhen, the index, vocational secondary educa-tion was mergered by technical secondary school, specialized secondary schools for adults and vocational senior secondary schools. This index was fluctuated by layout adjusting in shenzhen.

16-2 各级各类学校教职工数

STAFF AND WORKERS BY LEVEL AND TYPE OF SCHOOL

单位：人 (person)

年份 Year	普通高等学校 Institutions of Higher Education	中等职业教育 Vocational Secondary Education	普通中学 Regular Secondary Schools	小学 Primary Schools	幼儿园 Kindergartens
1986	816		2 871	3 632	
1987	972		3 182	3 959	1 616
1988	1 034		3 455	4 302	1 558
1989	1 393		3 758	4 596	1 969
1990	1 348		3 920	5 061	2 267
1991	1 381		4 308	5 388	2 716
1992	1 405		4 650	5 768	3 113
1993	1 536		5 106	6 337	4 154
1994	2 753		5 589	7 129	5 294
1995	1 187		6 063	7 666	5 929
1996	1 331		6 669	8 702	6 817
1997	1 430		7 079	9 148	8 328
1998	1 649		7 369	9 786	9 761
1999	1 819		7 886	11 449	11 605
2000	1 902		8 739	14 697	12 787
2001	2 165		9 763	17 370	14 515
2002	3 369		11 662	20 621	16 483
2003	3 820	2 029	13 379	23 382	17 778
2004	4 421	1 758	15 401	25 460	19 345
2005	5 025	1 733	18 713	30 194	21 376
2006	4 995	1 712	20 500	31 748	23 167
2007	5 458	1 711	23 191	33 985	25 711
2008	5 796	1 791	26 044	35 816	28 483
2009	6 149	1 868	27 577	36 203	33 156
2010	6 042	2 077	28 874	37 167	38 693
2011	6 260	2 184	45 293	23 624	42 837
2012	6 823	2 739	47 733	24 805	46 617
2013	7 603	2 790	50 332	25 476	52 400
2014	8 057	3 023	53 254	26 792	57 021

注：根据全国教育事业统计口径，2014年九年一贯制学校教职工纳入初中阶段学校统计；十二年一贯制学校、完全中学学校教职工纳入普通高中阶段学校统计。
Note:According to the statistical scope of national education, in 2014, the numbers of 9-Year Schools' educational personnel is included in senior secondary education; the numbers of 12-Year Schools and their educational personnel are included in senior secondary education.

16-3 各级各类学校专任教师数

FULL-TIME TEACHERS BY LEVEL AND TYPE OF SCHOOL

单位：人 (person)

年 份 Year	普通高等学校 Institutions of Higher Education	中等职业教育 Vocational Secondary Education	普通中学 Regular Secondary Schools	小 学 Primary Schools	幼儿园 Kindergartens
1979			752	1 588	
1980			625	1 763	159
1981			676	1 948	141
1982			860	1 954	259
1983	80		1 044	2 025	365
1984	162		1 372	2 282	575
1985	288		1 902	2 749	483
1986	406		2 138	2 977	573
1987	468		2 376	3 265	1 005
1988	524		2 603	3 571	937
1989	533		2 771	3 810	1 193
1990	484		2 915	4 221	1 317
1991	533		3 255	4 514	1 451
1992	493		3 533	4 832	1 698
1993	535		3 892	5 342	2 288
1994	978		4 290	6 015	2 745
1995	629		4 675	6 429	3 202
1996	747		5 004	7 046	3 665
1997	793		5 276	7 567	4 613
1998	865		5 502	7 940	5 257
1999	1 049		5 935	8 914	6 092
2000	1 114		6 596	11 550	7 234
2001	1 295		7 224	13 254	7 690
2002	2 080		8 643	15 763	8 893
2003	2 341	1 392	9 989	17 920	9 539
2004	2 572	1 215	11 625	19 660	10 670
2005	2 796	1 216	14 196	23 866	11 973
2006	2 905	1 234	15 678	25 203	12 815
2007	3 139	1 251	17 846	27 209	14 381
2008	3 293	1 282	20 091	28 540	15 761
2009	3 592	1 330	21 335	28 906	18 133
2010	3 550	1 534	22 417	29 769	20 786
2011	3 528	1 638	23 897	31 186	21 627
2012	3 889	1 948	25 807	33 496	24 154
2013	4 184	2 070	27 048	35 546	26 803
2014	4 462	2 279	28 320	39 115	28 782

注：根据全国教育事业统计口径，2013年开始小学专任教师含九年一贯制学校、十二年一贯制学校小学部的专任教师；初中专任教师含九年一贯制学校、十二年一贯制学校初中部专任教师；高中专任教师含十二年一贯制学校、完全中学学校高中部专任教师。

Note: According to the statistical scope of national education, from 2013, the numbers of fulltime teachers from primary department of 9-Year Schools and 12-Year Schools is included in the number of Primary Schools ' fulltime teachers; the numbers of fulltime teachers from junior secondary department of 9-Year Schools and 12-Year Schools is included in the number of Junior Secondary schools' fulltime teachers; the numbers of fulltime teachers from senior secondary department of 12-Year Schools and Secondary Schools(FromGrade7-12) is included in the number of Senior Secondary schools ' fulltime teachers.

16-4 各级各类学校在校学生数

STUDENTS ENROLLMENT BY LEVEL AND TYPE OF SCHOOL

单位：人 （person）

年份 Year	普通高等学校 Institutions of Higher Education	中等职业教育 Vocational Secondary Education	普通中学 Regular Secondary Schools	小学 Primary Schools	幼儿园 Kindergartens
1979			13 686	47 022	4 587
1980			12 296	49 168	3 377
1981			13 088	51 560	5 074
1982			17 080	54 538	7 723
1983	216		20 982	56 319	9 252
1984	1 236		27 636	62 021	12 140
1985	3 206		35 334	70 277	14 338
1986	3 478		40 208	77 884	22 703
1987	4 330		44 910	84 601	26 072
1988	4 710		43 267	96 474	27 106
1989	4 419		45 056	104 041	34 781
1990	3 964		46 473	111 711	36 041
1991	3 779		50 625	118 460	43 877
1992	3 653		55 857	127 978	49 985
1993	3 680		60 337	139 272	56 024
1994	4 227		66 073	147 186	63 316
1995	5 291		71 540	157 210	62 571
1996	6 493		76 949	170 983	68 769
1997	7 601		82 155	190 192	71 378
1998	8 497		86 009	215 652	77 623
1999	10 568		91 260	256 060	88 322
2000	14 123		106 996	313 852	93 164
2001	18 556		126 190	363 657	103 083
2002	26 778		150 654	415 097	110 390
2003	32 106	17 010	179 628	469 684	123 856
2004	41 251	18 833	211 224	526 419	135 019
2005	45 314	21 598	240 508	566 278	147 672
2006	51 220	24 779	256 630	564 891	152 330
2007	58 910	25 978	279 180	575 160	169 496
2008	65 632	27 706	298 939	585 852	191 222
2009	66 952	28 604	316 024	589 481	221 182
2010	67 324	29 731	334 752	618 459	260 873
2011	70 004	29 336	346 942	651 307	285 146
2012	75 570	32 067	359 643	683 058	316 929
2013	82 401	33 618	371 735	730 232	368 937
2014	87 674	36 870	378 690	793 178	399 014

16-5 各级各类学校招生数

NEW STUDENTS ENROLLMENT BY LEVEL AND TYPE OF SCHOOL

单位：人 (person)

年 份 Year	普通高等学校 Vocational Secondary Education	中等职业教育 Vocational Secondry Education	普通中学 Regular Secondary Schools	小 学 Primary Schools	幼儿园 Kindergartens
1979			5 612	8 978	
1980			5 344	9 064	
1981			5 046	9 978	
1982			7 401	9 561	
1983	216		8 142	8 936	
1984	473		10 053	9 700	8 734
1985	1 482		12 954	11 876	10 148
1986	1 173		12 826	14 269	10 932
1987	1 573		15 121	15 191	9 344
1988	1 378		12 583	17 235	8 369
1989	1 228		16 654	18 525	15 273
1990	1 041		17 034	19 122	17 494
1991	1 126		17 956	19 634	28 493
1992	1 070		21 242	22 129	32 847
1993	1 309		22 417	26 333	37 035
1994	1 664		24 286	27 860	26 213
1995	2 134		26 463	31 198	35 630
1996	2 470		27 752	33 692	37 869
1997	2 580		29 773	37 306	33 906
1998	3 078		31 286	41 824	32 822
1999	4 211		34 380	55 876	39 019
2000	6 522		41 980	64 265	39 392
2001	7 239		48 533	72 220	50 354
2002	10 210		58 847	81 107	40 523
2003	11 915	6 108	69 711	88 203	51 989
2004	14 455	7 430	79 359	96 554	54 735
2005	15 044	8 913	92 305	101 274	58 658
2006	17 916	9 071	94 866	95 359	57 007
2007	19 396	8 439	102 093	98 106	63 442
2008	20 578	10 198	111 454	98 525	71 062
2009	20 488	10 051	113 516	103 166	87 747
2010	20 330	9 610	120 335	118 028	110 977
2011	22 914	10 223	123 382	128 091	118 843
2012	25 794	12 233	127 983	137 276	122 138
2013	27 613	12 076	131 160	147 097	143 792
2014	28 062	13 628	130 769	162 498	174 195

16-6 各级各类学校毕业生数

GRADUATES BY LEVEL AND TYPE OF SCHOOL

单位：人 （person）

年 份 Year	普通高等学校 Institutions of Higher Education	中等职业教育 Vocational Secondary Education	普通中学 Regular Secondary Schools	小 学 Primary Schools	幼儿园 Kindergartens
1984			4 677	8 505	6 710
1985			7 468	10 669	7 824
1986			9 169	11 481	9 892
1987	1 028		11 401	14 411	7 529
1988	828		14 305	8 821	7 741
1989	1 491		13 388	12 947	13 090
1990	1 334		13 914	13 363	13 848
1991	1 191		11 885	14 428	23 140
1992	1 187		14 035	16 555	27 126
1993	1 203		14 739	17 685	30 000
1994	1 064		15 345	19 010	17 749
1995	1 143		17 617	20 876	33 187
1996	1 210		18 891	21 030	25 889
1997	1 474		20 215	22 095	32 459
1998	2 126		23 651	23 871	26 560
1999	2 146		23 179	27 040	35 545
2000	2 382		24 874	33 219	39 917
2001	2 779		28 424	38 987	44 157
2002	3 927		32 503	47 025	43 912
2003	4 740	5 141	40 200	55 017	48 797
2004	6 282	5 680	48 061	62 032	49 575
2005	9 007	5 429	58 363	75 517	54 204
2006	12 413	5 325	66 047	81 554	58 421
2007	13 568	6 836	71 162	84 734	59 134
2008	13 635	8 227	80 616	88 805	65 231
2009	17 230	8 659	85 599	91 176	72 451
2010	18 003	8 083	92 053	91 909	76 909
2011	18 311	9 075	100 845	92 979	78 547
2012	18 327	9 519	105 384	99 359	100 648
2013	18 618	8 937	109 616	98 650	118 688
2014	21 187	9 593	112 233	97 928	131 220

16-7 文化事业
CULTURAL INSTITUTIONS

项 目	Item	2006	2007	2008	2009	2010	2011	2012	2013	2014
电影放映企业数(个)	Film Projection Units (unit)				44	56	68	88	104	130
电影观众人数(万人次)	Spectators (10 000 person-times)	465	542	1 132	1 302	1 820	2 175	2 347	2 926	3 528
群众艺术、文化馆(座)	Art and Cultural Centers(unit)	7	7	7	7	7	7	8	8	8
公共图书馆(座)	Public Libraries (unit)						643	641	633	625
公共图书馆总藏量 (万册件)	Collection of Public Libraries (10 000 books)	1 030.5	1 210.5	1 344.5	2 006.3	2 296.5	2 492.0	2 695.7	2 854.4	3 063.2
博物馆、纪念馆(座)	Museums (unit)	19	19	20	25	25	25	28	37	41
广播电台(座)	Broadcasting Stations (unit)	1	1	1	1	1	1	1	1	1
电视台(座)	Television Stations (unit)	2	2	2	2	2	2	2	2	2
广播人口覆盖率(%)	Listener Rating(%)	100	100	100	100	100	100	100	100	100
电视人口覆盖率(%)	Viewer Rating(%)	100	100	100	100	100	100	100	100	100
图书出版数(万册)	Books Published(10 000 copies)	461	461	356	1 490	1076	1 086	1 150	1 072	1 027
杂志出版数(万册)	Magazines Published(10 000 copies)	1 900	2 167	2 100	2 400	2 230	2 453	2 562	2 619	2 103
报纸出版数(万份)	Newspapers Published(10 000 copies)	67 000	69 104	42 700	75 274	72 338	75 232	76 170	72 707	68 036

注： 1、从2008年开始，电影观众人数指标从往年的公益电影人数改为公益加商业电影人数。
Note: From 2008, the number of film audience is not only refers to the number of public movies, which stands for the indicies for past years, but also refers to the number of commercial films.
2、从2009年开始，公共图书馆总藏量、图书出版数和报纸出版数统计口径有调整。
From 2009, the statistical range of collection of public libraries, books published and newspapers published have been adjusted.

主要统计指标解释

普通高等学校　指按照国家规定的设置标准和审批程序批准举办，通过国家统一招生考试，收高中毕业生为主要培养对象，实施高等教育的全日制大学、独立设置的学院和高等专科学校，高等职业学校和其他机构。

电影放映单位　指具有放映机器设备、固定或不固定的放映场所与专职或兼职的放映技术人员，经有关部门登记批准，经常为一定的观众对象放映电影的机构。包括经批准对外开放进行营业，并与电影发行放映管理机构分帐的专用放映单位和军委系统租片单位。

艺术表演观众人数（人次）　指公开售票、包场等商业性艺术演出、公益性演出的观众人次数。不包括彩排审查和内部观摩演出的观看人次数。

Explanatory Notes on Main Statistical Indicators

Regular Institutions of Higher Education refer to educational establishments set up according to government standards and evaluation and approval procedures, mainly enrolling graduates from senior secondary schools through uniform national matriculation examinations and providing higher education. Such institutions include full–time universities, independent colleges, technical colleges, professional colleges, and other institutions.

Film Projection Units refer to units with film projection equipment, full or part–time projectionists, permanent or non–permanent cinemas, approved by and registered with related administrative departments to show films regularly for certain groups of audience, including film projection units which have been approved to give commercial shows and share profits with administrative agencies of film circulation and projection, as well as film renting units of the military system.

Number of Spectators at Art Performance (person-time) refers to the number of attendants at commercial shows, completely booked shows or free shows given in public areas as public service, excluding the number of spectators at rehearsals for examination and internal shows for study.

17 第十七部分

卫生、社会保障和社会福利业

PUBLIC HEALTH,SOCIAL SECURITY AND SOCIAL WELFARE

CHAPTER

17-1 卫生事业（一）
PUBLIC HEALTH（Ⅰ）

年 份 Year	一、医疗卫生机构数合计（个） Health Care Institutions (unit)	1. 医院合计 Total Hospitals	# 综合医院 General Hospitals	# 街道医院 Community Hospitals	2. 疗养院 Sanatoriums	3. 门诊部、卫生室、诊所 Outpatient Departments Clinics	4 . 专科疾病防治院 Specialized Prevention & Treatment Stations	5. 疾病预防控制中心（卫生防疫站） Disease Prevention and Control Centers (Antiepidemic Stations)
1979	62	25	25	24		31	1	1
1980	74	24	24	23		44	1	1
1981	77	24	24	23		47	1	1
1982	121	26	26	23		87	1	2
1983	128	30	28	23		91	1	2
1984	150	29	26	18		109	2	6
1985	215	31	27	17		169	2	6
1986	297	32	28	18	1	234	2	7
1987	311	34	30	19	1	253	2	7
1988	308	35	30	19	1	249	4	6
1989	332	35	29	17	1	271	5	6
1990	354	38	32	18	1	291	4	6
1991	360	41	35	22	1	293	4	6
1992	397	45	37	23	1	326	4	6
1993	400	45	37	23	1	324	3	8
1994	496	48	38	25	1	416	3	8
1995	506	63	53	40	1	407	6	8
1996	1 422	65	54	31	1	1 314	7	8
1997	1 126	72	59	28	1	1 011	7	8
1998	899	72	59	28	1	784	7	8
1999	687	71	58	26	1	574	7	7
2000	683	72	59	28	1	568	4	7
2001	723	75	62	28	1	600	4	7
2002	761	77	62	26	1	638	5	7
2003	893	85	68	24	1	759	5	7
2004	856	87	71	24	1	706	6	7
2005	1 063	97	78	23	1	902	7	7
2006	1 692	99	80	23	1	1 529	7	7
2007	1 781	101	81	24	1	1 615	7	7
2008	1 806	100	79	24	1	1 638	7	7
2009	1 963	101	79	24	1	1 794	7	7
2010	1 827	107	79	24	1	1 651	7	7
2011	1 854	110	78	24	1	1 676	7	8
2012	2 008	115	80	24	1	1 823	7	9
2013	2 228	117	79	22	1	2 038	8	10
2014	2 532	122	80	21	1	2 338	8	11

注：自2002年开始计划生育指导中心、药检所等不记入卫生事业机构中；医生仅统计执业医师与执业助理医师，护士仅统计注册护士，未取得执业证的医师和未注册的护士计入其他卫生技术人员，不得从事医护工作。

Note: The number of health care institutions since 2002 does not include the number of birth-control centers and medicines and chemical reagent test labs. The numder of doctors just include licensed doctors and licensed assistant doctors, the number of nurses include registered nurses only.

17-1（一） 续表 1 continued

年 份 Year	6. 妇幼保健院 Women and Children Care Agencies	7. 医学科学研究机构 Institutions of Medical Science	8. 其他卫生机构 Other Health Care Institutions	二、床位数(张) Beds (bed)	1. 医院病床 Hospital Beds	(1) 综合医院 General Hospitals	# 街道医院 Community Hospitals
1979	1		2	597	597	597	428
1980	1		2	643	643	643	474
1981	1		2	790	790	790	529
1982	1		3	717	717	717	367
1983	1		2	1 023	1 023	965	435
1984	1		2	1 634	1 634	1 455	671
1985	1	1	4	1 885	1 885	1 600	482
1986	5	1	5	2 112	2 028	1 749	507
1987	6	2	5	2 309	2 225	1 941	543
1988	5	2	5	2 580	2 496	2 086	528
1989	5	2	6	2 922	2 838	2 305	475
1990	5	2	6	3 192	3 108	2 560	567
1991	6	2	6	3 582	3 498	2 847	643
1992	6	2	6	4 550	4 466	3 483	981
1993	7	4	7	5 252	5 168	4 146	1 374
1994	7	4	8	6 124	6 040	4 844	1 702
1995	7	4	9	6 724	6 640	5 351	2 079
1996	7	4	15	7 455	7 105	5 777	1 936
1997	7	4	15	8 288	7 813	6 224	2 013
1998	7	4	15	8 899	8 353	6 760	2 118
1999	7	4	15	9 332	8 720	7 120	2 343
2000	7	4	19	10 294	9 616	7 983	2 623
2001	7	4	24	11 159	10 542	8 919	2 962
2002	7	3	22	12 404	11 808	10 019	3 238
2003	7	3	25	13 588	12 607	10 818	3 589
2004	7	3	39	15 069	14 186	12 125	3 978
2005	7	3	39	16 824	15 577	13 332	4 344
2006	7	3	39	17 553	16 193	13 946	4 612
2007	7	3	40	18 086	16 766	14 325	4 716
2008	7	3	43	19 913	18 435	15 482	5 286
2009	7	3	43	21 399	19 872	16 517	5 681
2010	7	3	44	22 842	21 166	17 474	6 015
2011	7	3	42	24 079	22 322	18 202	6 020
2012	7	3	43	27 984	26 124	21 294	6 471
2013	9	3	42	29 261	27 079	22 096	6 453
2014	10	3	39	31 042	28 853	23 061	6 791

年 份 Year	(2) 专科医院 Specialized Hospitals	2.其他医疗卫生机构 Other Health Care Institutions	三、卫生工作人员数（人） Medical Personnel (person)	1. 卫生技术人 员 Medical Technical Personnel	(1)执业医师 Licensed Doctors
1979			1 214	988	364
1980			1 335	1 088	438
1981			1 514	1 270	518
1982			1 967	1 609	708
1983	58		2 910	2 343	1 073
1984	179		3 869	3 064	1 484
1985	285		4 861	3 857	1 862
1986	279		5 800	4 657	2 217
1987	284		6 354	5 117	2 408
1988	410		7 115	5 715	2 754
1989	533		7 923	6 451	3 103
1990	548		8 619	6 996	3 426
1991	651		9 405	7 618	3 737
1992	983		10 643	8 571	4 247
1993	1 022		12 261	9 888	4 798
1994	1 196		13 853	11 034	5 347
1995	1 289		15 591	12 449	6 050
1996	1 328	266	17 925	14 652	7 266
1997	1 589	325	18 553	14 932	7 400
1998	1 593	396	18 707	14 975	7 191
1999	1 600	462	18 841	15 143	7 062
2000	1 633	528	19 691	15 720	7 418
2001	1 623	467	21 362	17 135	8 097
2002	1 789	446	23 100	18 615	7 853
2003	1 789	831	26 178	21 234	8 909
2004	2 061	883	28 593	22 895	9 846
2005	2 245	1 247	31 577	25 681	10 961
2006	2 247	1 360	53 441	43 266	16 238
2007	2 441	1 320	59 170	46 877	17 450
2008	2 953	1 478	63 488	50 608	18 807
2009	3 355	1 527	67 028	53 778	19 963
2010	3 692	1 676	67 678	54 081	20 122
2011	4 120	1 757	71 969	58 059	21 517
2012	4 830	1 860	76 684	61 961	22 831
2013	4 983	2 182	82 105	65 782	24 221
2014	5 792	2 189	86 535	69 936	25 728

注： 由于卫生工作人员统计口径的变化，而使该类人数指标产生了较大的增幅。
Note: Because of changing of statistics range,the data of medical personnel increased substantially.

年 份 Year	执业中医师 Licensed Doctors of Chinese Medicine	（2）执业助理医师 Licensed Assistant Doctors	中医执业助理医师 Licensed Assistant Doctors of Traditional Chinese Medicine	（3）注册护士 Registered Nurses	（4）药剂人员 Pharmacists	（5）检验人员 Laboratory Technicians	（6）其它 Others	2.其他技术人员 Other Technical Personnel
1979	96			138	22	32	432	
1980	88			186	31	41	392	13
1981	98			237	46	48	421	15
1982	116			323	76	60	442	5
1983	141			551	121	91	507	21
1984	171			716	173	125	566	41
1985	243			997	222	158	618	29
1986	304			1 246	260	211	723	44
1987	341			1 450	292	257	710	48
1988	374			1 734	409	283	535	86
1989	433			1 971	431	321	625	85
1990	463			2 145	475	355	595	118
1991	503			2 372	539	365	605	156
1992	579			2 705	630	375	614	183
1993	650			3 225	744	464	657	169
1994	739			3 625	823	538	701	318
1995	823			4 034	906	612	847	386
1996	1 292			4 654	1 005	664	1 063	427
1997	1 122			4 828	1 063	708	933	519
1998	928			5 025	1 111	760	888	502
1999	879			5 230	1 108	812	931	614
2000	919			5 425	1 130	847	900	689
2001	958			5 945	1 194	871	1 028	605
2002	865	407	28	6 635	1 292	965	1 463	800
2003	939	530	41	7 321	1 499	1 085	1 890	1 056
2004	1 015	521	42	7 975	1 569	1 219	1 765	1 243
2005	1 134	658	45	8 981	1 710	1 362	2 009	1 191
2006	1 548	1 347	110	16 583	2 796	2 340	3 962	2 117
2007	1 625	1 335	121	17 869	2 876	2 190	5 157	1 974
2008	1 873	1 366	93	19 339	2 979	2 382	5 735	2 072
2009	2 017	1 425	155	21 008	3 046	2 578	5 758	2 171
2010	2 151	1 109	85	21 866	2 896	2 486	5 602	2 213
2011	2 230	1 140	89	23 987	3 021	2 615	5 779	2 232
2012	2 649	1 111	124	25 931	3 143	2 652	6 293	2 192
2013	2 911	1 137	284	28 035	3 343	3 022	6 024	2 592
2014	3 069	1 130	103	29 723	3 469	3 086	6 800	2 779

年 份 Year	3.管理人员 Managerial Personnel	4.工勤人员 Logistics Workers	四、医疗机构总诊疗人次（万人次） Total Patients Treated	五、入院总人数（万人） Total Inpatients (10 000 persons)	六、病床使用率(%) Utilization Rate of Beds (%)	七、病床周转次数（次） Turnover of Beds(time)
1979	123	103				
1980	112	122				
1981	120	109		1.41		
1982	168	185		1.97		
1983	193	353		3.44		
1984	221	543		4.11		
1985	354	621		4.88		
1986	394	705		4.68	66.2	24.4
1987	411	778		5.84	73.6	22.2
1988	465	849	960	6.97	75.6	28.8
1989	517	870	1 116	7.87	78.4	29.0
1990	463	1 042	1 215	8.73	81.4	29.0
1991	514	1 117	1 424	10.08	85.2	30.3
1992	645	1 244	1 773	11.40	81.9	28.0
1993	965	1 239	1 426	12.59	83.9	24.1
1994	1 108	1 393	1 459	12.81	70.1	23.2
1995	1 195	1 561	1 810	13.07	65.0	20.8
1996	1 252	1 594	1 961	14.63	64.3	21.5
1997	1 426	1 676	1 821	16.15	67.4	21.9
1998	1 381	1 849	1 941	19.05	68.6	24.1
1999	1 386	1 698	2 050	21.12	69.3	24.5
2000	1 479	1 803	2 175	26.61	75.4	28.3
2001	1 729	1 893	2 408	30.23	77.3	29.4
2002	1 753	1 932	2 689	35.74	80.2	31.3
2003	1 807	2 081	3 052	41.57	84.0	33.5
2004	2 100	2 355	3 514	49.00	82.4	34.9
2005	2 367	2 338	4 055	54.68	79.9	34.6
2006	3 058	5 000	5 170	59.24	81.6	35.6
2007	3 450	6 869	5 954	68.09	87.5	38.6
2008	3 867	6 941	6 842	75.34	89.1	37.9
2009	3 925	7 154	7 549	79.70	86.1	38.4
2010	4 060	7 324	8 127	89.1	89.2	40.1
2011	3 638	8 040	8 878	96.2	90.5	41.4
2012	3 557	8 974	8 638	105.4	85.8	40.1
2013	3 620	10 111	9 112	109.4	84.2	38.4
2014	3 590	10 230	8 853	119.4	85.5	39.4

注： 根据最新国家卫生统计调查制度，从2012年开始总诊疗人次变更统计口径，不包括健康体检和计划免疫人次。
Note: According to the latest national health system, from 2012, the statistics range of Total Patients Treated has changed,not including health examination and planned immunization personnel.

17-1 卫生事业（二）

PUBLIC HEALTH（Ⅱ）

项目	Item	2008	2009	2010	2011	2012	2013	2014
总诊疗人次（万人次）	Total Patients Treated	6 842.0	7 549.4	8 127.4	8 878.0	8 638.0	9 112.1	8 852.6
#门诊人次（万人次）	#Outpatient Visits	5 602.4	6 031.6	6 496.0	7 034.8	7 326.1	7 629.3	7 685.6
急诊人次（万人次）	Emergency Visits	518.0	572.4	616.2	683.5	686.8	747.3	724.5
出院人数（人）	Number of Discharged Patients(person)	754 734	793 280	890 542	960 190	1 050 687	1 092 137	1 193 257
出院病人平均住院日（日）	Average Stay Days in Hospital(day)	8.4	8.1	8.0	7.9	7.8	7.9	7.7
门诊病人次均医疗费用（元）	The Average Medical Expenses Of Outpatient Every Time(yuan)	117.9	123.1	131.8	142.3	157.4	170.1	201.7
出院病人次均医疗费用（元）	The Average Medical Expenses Of Discharged Patients Every Time(yuan)	5 230.4	5 734.9	6 241.0	6 650.6	6 979.7	7 745.4	8 243.3

注：2013年起，“急诊人次”口径有调整。
Note: From 2013, the statistical coverage of “Emergency Visits” has been adjusted.

17-2 体育事业

BASIC STATISTICS ON SPORTS

项目	Item	2008	2009	2010	2011	2012	2013	2014
二级运动员发展人数（人）	New Number of Athletes of Grade II(person)	457	537	400	138	378	250	541
二级裁判员发展人数（人）	New Number of Referees of Grade II(person)	330	342	257	0	266	320	652
举办单项比赛次数（次）	Number of Individual Sports Activities(times)	187	203	108	106	112	111	119
全民健身活动情况	Nationwide Body-building Activities							
#举办1000人以上的群体健身活动次数（次）	Number of Nationwide Body-building Activities more than 1000 persons(times)	143	154	240	300	186	190	200
参加活动人数（万人）	Number of Persons Taking Part in(10 000 persons)	187	228	320	360	360	370	380
国民体质测试（受测人数）（人）	National Physical Fitness Test (number of subjects) (person)	63 421	74 693	69 126	65 077	86 741	91 441	91 268
国民体质合格以上率（%）	Pass Rate of National Physical Fitness Test(%)	87.2	88.8	91.8	91.0	89.9	90.2	89.8

注： 1. 由于2011年为大运年，同时2011年开始对发展运动员、教练员、开展群体活动等都有新的规定，因此2011、2012年数据与之前相比有波动。
Note: Because of University Games in 2011 and new regulations, the data of New Number of Athletes of Grade Ⅱ, New Number of Referees of Grade Ⅱ and Number of Individual Sports Activities have adjusted.
2. 2011年以后，运动员等级标准调整次数较多，数据有波动。
After 2011, there are many times to adjust the grade standard of athletes, so the data of “New Number of Athletes of Grade Ⅱ” fluctuated.

17-3 建立最低生活保障制度以来历年低保情况

LIST OF MINIMUM STANDARD OF LIVING SECURITY

年 份 Year	户 数（户） Households (Household)	人 数（人） Persons (Person)	金 额（万元） Total Funds (10 000 yuan)
1997	965	1 667	122.02
1998	771	2 014	212.28
1999	1 150	3 145	374.96
2000	1 372	3 783	558.80
2001	1 796	4 978	730.40
2002	2 783	8 478	1 288.00
2003	3 718	11 203	1 972.30
2004	4 467	13 364	2 427.40
2005	4 887	14 602	3 522.70
2006	5 103	15 026	3 700.20
2007	5 105	14 833	4 048.70
2008	4 962	14 214	4 513.40
2009	4 885	13 601	5 521.90
2010	4 470	12 220	4 121.70
2011	4 009	10 716	4 752.00
2012	3 320	8 598	5 358.10
2013	2 866	7 095	3 657.79
2014	2 787	6 729	3 688.45

17-4 最低生活保障标准调整表

ADJUSTMENT DATA OF MINIMUM STANDARD OF LIVING SECURITY

单位：元/ 人 .月　　(yuan/person . month)

年 份 Year	特区居民 Residents in Special Region	宝安、龙岗城镇居民 Residents in Baoan and Longgang	农村居民 Rural Residents
1997年3月	205	170	120
1998年1月	245	210	150
1999年7月	319	273	195
2002年1月	344	290	205
2005年1月	344	344	344
2006年10月	361	361	361
2007年10月	361	361	
2008年7月	415	415	
2010年7月	450	450	
2011年8月	510	510	
2012	560	560	
2013	560	560	
2014	620	620	

17-5 社会养老机构、救助管理站基本情况

BASIC STATISTICS ON SOCIAL PENSION INSTITUTIONS AND RELIEF MANAGEMENT STATIONS

年 份 Year	社会养老机构 Social Pension Institutions			救助管理站 Relief Management Stations		
	单位（个） Units（unit）	床位数（张） Beds（bed）	年末收养人数（人） Year-end Population Housed（person）	单位（个） Units（unit）	床位数（张） Beds（bed）	人数（人） Population Housed（person）
2003	26	2 919		3		2 027
2004	26	2 919		3		11 203
2005	26	2 919	2 340	3		16 057
2006	27	3 419	2 457	3		13 525
2007	27	2 288	1 316	3		24 962
2008	29	2 797	1 530	3		28 377
2009	30	3 597	1 760	3		30 203
2010	30	3 597	1 742	3	300	23 500
2011	30	4 597	1 869	3	750	23 474
2012	31	5 194	2 063	3	830	23 815
2013	31	4 908	2 554	3	750	25 079
2014	31	6 775	3 699	3	850	23 024

注： 救助管理站2003年人数为2003年8月至2003年12月。
Note: Number of relief management stations in 2003 is from Aug 2003 to Dec 2003.

主要统计指标解释

卫生技术人员 指卫生事业机构支付工资的全部固定职工和合同制职工，现任职务为卫生技术工作的专业人员。包括中医师、西医师、中西医结合高级医师、护师、中药师、西药师、检验师、其他技师、中医士、西医士、护士、助产士、中药剂士、西药剂士、检验士、其他技士、其他中医、护理员、中药剂员、西药剂员、检验员，其他初级卫生技术人员。

医生 指经卫生部门审查合格，具有执业资格的医疗专业人员。

执业医师 指具有《医师执业证》及其“级别”为“执业医师”且实际从事医疗、预防保健工作的人员，不包括实际从事管理工作的执业医师。执业医师类别分为临床、中医、口腔和公共卫生。

执业助理医师 指具有《医师执业证》及其“级别”为“执业助理医师”且实际从事医疗、预防保健工作的人员，不包括实际从事管理工作的执业助理医师。执业助理医师类别同样分为临床、中医、口腔和公共卫生四类。

Explanatory Notes on Main Statistical Indicators

Medical Technical Personnel refer to all permanent and contract medical staff and workers employed by medical institutions, including doctors of Chinese and Western medicine, senior doctors who integrate traditional Chinese therapeutics with Western therapeutics in practice, senior nurses, pharmacists of Chinese and Western medicine, laboratory specialists, other specialists, paramedics of Chinese and Western medicine, nurses, midwives, druggists in Chinese and Western medicine, laboratory technicians, other technicians, other practitioners of Chinese medicine, nursing attendants, pharmacological workers of Chinese and Western medicine, laboratory workers, and other primary medical personnel.

Doctors refer to qualified medical professionals approved to practice by public health departments.

Licensed Doctors refer to the medical workers who have obtained the licenses of qualified doctors and are employed in medical treatment, disease prevention or healthcare institutions, excluding the licensed doctors engaged in management job. The classification of licensed doctors is clinician, Chinese medicine, dentist and public health.

Licensed Assistant Doctors refer to the medical workers who have obtained the licenses of qualified assistant doctors and are employed in medical treatment, disease prevention or healthcare institutions, excluding the licensed assistant doctors engaged in management job. The classification of licensed assistant doctors is clinician, Chinese medicine, dentist and public health.

18 第十八部分

城市建设和环境保护

URBAN CONSTRUCTION AND ENVIRONMENTAL PROTECTION

CHAPTER

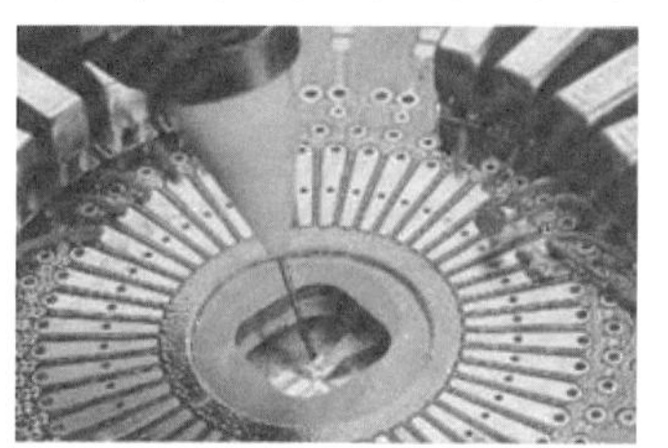

18-1 城市建设及公用设施
URBAN CONSTRUCTIONS AND PUBLIC UTILITY

指标名称	Indicators	2009	2010	2011	2012	2013	2014
一、城市园林绿化	**Parks,Gardens and Green Areas in UrbanDistricts**						
绿化覆盖面积（公顷）	Coverage Area of Afforestation (hectare)	97 598	97 592	97 575	97 670	98 635	98 805
其中：建成区（公顷）	Developed Areas(hectare)	36 609	37 384	37 918	38 906	39 267	40 123
建成区绿化覆盖率（%）	Green Coverage Rate in Developed Areas(%)	45	45	45	45	45	45
园林绿地面积（公顷）	Area of Gardens and Green Areas(hectare)	96 374	96 368	96 352	96 382	96 697	97 442
其中：建成区（公顷）	Developed Areas(hectare)	31 821	32 495	32 960	33 820	34 136	34 881
建成区绿地率（%）	Rate of Green Areas in Developed Areas(%)	39.1	39.2	39.2	39.2	39.2	39.2
公园绿地面积（公顷）	Public Green Areas(hectare)	14 527	16 987	17 271	17 508	17 750	18 152
人均公园绿地面积（按常住人口计算）（平方米）	Per Capita Public Green Areas(sq.m)	16.3	16.4	16.5	16.6	16.7	16.8
公园数（个）	Number of Parks(unit)	653	683	824	841	869	889
公园面积（公顷）	Area of Parks(hectare)	20 452	20 541	21 907	21 948	21 950	21 953
二、市政及环卫设施	**Public Facilities and Environmental Sanitation in urban Districts**						
道路长度（公里）	Length of Roads(1000 m)	6 035	6 184	5 977	6 015	6 364	6 375
道路面积（万平方米）	Area of Roads(10 000 sq.m)	8 864	8 941	10 616	10 629	11 496	11 633
人均道路面积（平方米）	Per Capita Area of Roads(sq.m)	8.9	8.6	10.1	10.1	10.8	10.8
城市排水管道总长度（公里）★	Total Length of Sewer Pipelines(1000 m)	12 153	12 844	10 420	11 472	10 420	11 634
污水处理厂设计规模（万吨/日）	Design Scale of Sewage Disposal(10 000 tons/day)	262.5	266.5	390.0	421	445	480
道路照明灯（盏）	Number of Street Lights(unit)	280 000	305 629	320 915	240 718	250 771	275 768
生活垃圾清运量（万吨）	Volume of Living Garbage Disposal(10 000 tons)	476	479	482	490	522	541
生活垃圾无害处理量（万吨）	Volume of Living Garbage Harmless Disposal(10 000 tons)	449	453	458	466	513	541
垃圾无害化处理率（%）	Rate of Garbage Harmless Disposal(%)	94.3	94.6	95.0	95.1	98.4	100

注： 1.道路长度、道路面识、市政城市排水管道总长度自2011年开始统计口径有变化。
Note: From 2011,the statistical scope of Length of Roads,Area of Roads,Toads and total Length of Sewer Pipelines have been adjusted.
2.路灯数统计口径自2012年开始有变化。
From 2012,the statistical Scope of Number of Street Lights has been adjusted.

18-2 城市环境保护
URBAN ENVIRONMENTAL PROTECTION

项 目	Item	1996	1997	1998	1999
一、环境质量	**Environment Quality**				
可吸入颗粒物年平均值(mg/m³)	Average yearly Amount of the Inhalable Particles(mg/m3)	★0.135	★0.095	★0.092	★0.087
二氧化硫年平均值(mg/m³)	The Average Yearly Indicators of Sulfur Dioxde(mg/m3)	0.012	0.008	0.009	0.013
二氧化氮年平均值(mg/m³)	The Average Yearly Amount of Nitrogen Dioxide(mg/m3)	★0.064	★0.054	★0.062	0.048
集中式饮用水水源地水质达标率(%)	Up-to-Standard Rate of Drinking Water Quality(%)	96.80	96.81	97.20	98.10
区域环境噪声平均值dB(A)	The Average Indicator of Urban Noise dB(A)	58	57.2	57.2	57.1
二、环境建设	**Environmental Construction**				
城市生活污水处理率（%）	Rate of Treatment of City Living Waste Water(%)		42.99	50.87	53.65
生活垃圾无害化处理率（%）	Rate of Living Garbage Harmless Disposal(%)	100	100	100	100
三、污染控制	**Pollution Control**				
工业二氧化硫排放量（吨）	Percentage of Industrial Waste Gas Treated(10 000 tons)	19 474	20 510	23 344	28 986
工业烟尘排放量（吨）	Volume of Industrial Soot Emission(ton)	3 661	3 452	2 923	3 396
工业粉尘排放量（吨）	Volume of Industrial Dust Emission(ton)	113	69	68	75
工业烟（粉）尘排放量（吨）	Volume of Industrial Soot (Dust) Emission (ton)				
工业固体废物产生量（万吨）	Volume of Industrial Solid Wastes Produced(10 000 tons)	30.11	35.58	32.56	33.32
工业固体废物处置利用率（%）	Percentage of Wastes Utilized in Industrial Solid Wastes Treatment(%)	100	99.97	99.59	99.34
四、环境管理	**Environmental Management**				
环境保护投资（亿元）	Environmental Protection Investment(100 million yuan)	17.29	20.82	23.07	26.62
环境保护投资占GDP比重(%)	Percentage of Investment in Environment to GDP(%)	1.86	1.84	1.79	1.85

注：环境保护投资和环境保护投资占GDP比重数据来自环保模范城这项工作，由于此项工作从2012年至今未开展，故自2012年无这两项数据。

Note:The data of environmental protection investment and percentage of investment in environment to GDP are from the project of environment protection model cities,but this project has not carried out since 2012,there are no data.

18-2 续表 continued

2000	2001	2002	2003	2004	2005	2006	2007	2008	2009	2010	2011	2012	2013	2014
0.059	0.063	0.061	0.070	0.076	0.064	0.064	0.064	0.063	0.057	0.057	0.057	0.054	0.062	0.053
0.027	0.027	0.018	0.020	0.024	0.021	0.030	0.023	0.016	0.013	0.011	0.011	0.010	0.011	0.009
0.055	0.058	0.050	0.057	0.072	0.039	0.053	0.054	0.047	0.042	0.045	0.048	0.040	0.040	0.035
98.73	93.45	96.11	97.13	96.71	98.11	98.07	98.86	99.87	100	100	100	100	100	100
57	56.1	56	56	56.1	56.2	56.5	56.5	56.4	56.8	56.7	56.7	56.9	56.8	56.8
54.03	58.1	61.80	62.30	62.85	60.50	65.23	70.45	75.03	80.17	88.81	93.97	96.00	96.22	96.5
100	100	100	100	81	90.03	93.72	94.05	94.17	94.30	94.60	95.0	95.1	98.36	100.00
38 427	39 264	40 780	40 872	43 633	43 453	42 380	37 957	33 850	31 947	32 642	9 482	9 847	8 193	8 079
3 258	3 421	4 227	4 923	6 131	6 367	4 009	3 153	2 988	2 450	912	1 155			
94	56	60	129	110	101	19.65	108.96	1 056.69	1 056.62	758.23	61.19			
											1 254.50	827.76	753.15	724.93
43.08	43.80	42.24	58.63	83.37	85.39	107.35	161.82	141.58	139.45	146.44	132.59	121.53	123.84	141.42
99.70	99.82	99.88	88.79	98.93	98.65	97.98	98.96	99.14	99.89	99.82	99.81	99.16	98.94	99.81
30.68	42.86	47.44	61.87	79.50	115.70	156.60	193.50	218.58	233.73	272.96	298.65			
1.84	2.25	2.12	2.16	2.32	2.35	2.75	2.86	2.8	2.85	2.87	2.60			

18-3 用电量、供水量

ELECTRICITY CONSUMPTION AND TAP WATER SUPPLY

年 份 Year	用电总量(万千瓦小时) Total Electricity Consumption (10 000 kwh)	农、林、牧、渔业 Farming, Forestry Animal Husbandry and Fishery	工 业 Industry	建筑业 Construction	交通运输、仓储、邮政业 Transportation, Storage and Post Services	信息传输、计算机服务和软件业 Information Transmission, Computer Services and Software
1993	746 795	9 650	444 328	23 472	11 183	
1994	879 100	11 609	503 780	26 502	14 229	
1995	913 600	11 258	499 757	27 081	15 877	
1996	1 014 427	13 041	547 085	26 138	22 364	
1997	1 125 781	14 558	617 016	23 974	20 571	
1998	1 294 332	16 225	644 973	25 805	21 982	
1999	1 498 759	22 045	749 834	36 735	28 215	
2000	1 903 494	34 659	1 018 794	42 482	24 329	
2001	2 122 871	48 247	1 168 146	50 425	28 584	
2002	2 599 161	114 324	1 472 361	60 653	36 477	
2003	3 234 299	172 253	1 793 262	57 644	37 904	
2004	3 903 060	228 808	2 234 774	62 493	41 722	
2005	4 402 089	252 793	2 462 690	81 148		
2006	4 872 038	245 405	2 790 275	85 968	41 541	91 925
2007	5 678 193	241 447	3 331 541	94 212	54 364	94 400
2008	5 837 586	225 570	3 462 946	96 540	58 013	102 807
2009	5 856 808	113 898	3 237 528	75 192	84 721	114 674
2010	6 635 475	29 049	4 161 345	63 880	108 383	59 286
2011	6 960 198	24 658	4 186 359	62 642	151 177	70 315
2012	7 221 044	22 116	4 232 405	62 331	176 093	83 141
2013	7 297 680	22 003	4 393 588	72 041	182 803	84 425
2014	7 886 841	24 325	4 731 235	90 222	208 186	87 900

18-3 续表 continued

年 份 Year	商业、住宿和饮食业 Business, Accom-Modation and Catering Trade	金融、房地产、商务及居民服务业 Banking, Real Estate Trade, Business and Residential Services	公共事业及管理组织 Public Service and Management Organizations	城乡居民生活用电 Residential Electricity Consumption	自来水生产能力(万吨/日) Tap Water Production Capacity (10 000 tons/day)	自来水供水总量(万吨) Volume of Tap Water Supply (10 000 tons)
1993	82 664		110 819	64 467		
1994	102 166		125 292	95 447	244	52 308
1995	105 512		128 134	125 834	268	57 408
1996	121 650		132 108	151 795	328	64 743
1997	150 755		124 155	174 576	328	70 194
1998	168 155		150 517	266 520	339	79 596
1999	176 589		195 198	289 927	364	86 560
2000	218 196		231 113	333 585	380	92 068
2001	226 547		248 025	352 722	390	97 334
2002	347 290		245 553	322 334	412	108 070
2003	374 271		389 140	409 616	442	122 795
2004	428 738		445 363	460 985	508	135 026
2005	380 550		687 479	537 429	534	139 487
2006	400 936	472 581	149 949	583 485	591	145 227
2007	430 487	529 424	182 882	717 521	638	154 230
2008	431 764	558 283	197 898	702 181	670	156 956
2009	466 208	717 667	254 082	791 322	670	150 094
2010	475 271	706 670	263 752	766 538	692	156 470
2011	501 705	774 252	293 417	894 161	692	161 480
2012	526 599	758 050	315 756	1 043 007	692	160 360
2013	588 761	680 041	317 648	1 039 391	674	159 139
2014	521 487	682 603	335 878	1 203 653	675	164 132

注： 2006年及以后各行业分类用电量按国民经济行业分类标准（GB/T4757-2002）分类。

Note: Since 2006, electricity consumption of all sectors are grouped by National Economy Classification(GB/T4757-2002).

18-4 公共交通

PUBLIC TRANSPORTATION

年 份 Year	年末实有公共汽车(辆) Number of Buses (year-end)	年末公共汽车营运线路条数(条) Number of Operating Bus Lines (year-end)	公共汽车客运总人数（万人次） Number of Passengers Carried of Bus Lines (10 000 person-times)	的士(辆) Taxi（unit）	轨道交通线路长度（公里） Length of Operation Lines(km)	轨道交通客运总量（万人次） Volume of Pussenger Traffic of Operation Lines(10 000 person-times)	轨道交通线路条数(条) Number of Operation Lines(line)
1979	12	2		10			
1980	38	3		160			
1981	44	6		199			
1982	52	7		233			
1983	88	9	1 399	860			
1984	132	19	2 974	1 226			
1985	153	27	5 184	1 700			
1986	171	29	5 827	1 794			
1987	205	32	9 068	1 896			
1988	248	37	16 399	2 305			
1989	305	38	16 747	2 365			
1990	403	42	21 947	2 394			
1991	501	51	19 821	3 152			
1992	507	55	27 248	6 083			
1993	851	61	30 600	6 212			
1994	1 144	68	31 020	7 400			
1995	1 468	80	35 390	8 255			
1996	1 784	89	35 495	8 505			
1997	2 128	125	36 202	8 505			
1998	2 461	137	37 250	8 505			
1999	2 772	145	40 600	8 505			
2000	2 920	131	42 800	8 505			
2001	3 495	138	47 072	8 505			
2002	3 495	138	51 714	9 705			
2003	4 885	185	50 719	10 255			
2004	5 376	208	100 820	10 305			
2005	6 091	227	101 621	10 305	22	5 766	2
2006	7 305	277	123 084	10 305	23	8 990	2
2007	8 188	316	135 668	11 205	24	11 765	2
2008	8 396	340	145 701	12 991	25	13 550	2
2009	11 928	578	213 603	13 411	25	13 823	2
2010	12 456	758	228 058	14 340	64	16 271	4
2011	15 365	825	223 735	14 735	177	45 985	5
2012	14 546	854	228 305	15 300	177	78 129	5
2013	14 617	881	220 178	15 973	177	91 715	5
2014	15 074	886	225 739	16 275	177	103 675	5

注：　由于指标调整，本表中指标口径2009年以前为“公共大巴”口径，2009年及以后为“公共汽车”口径，包括原大巴、中巴、小巴。

Note: After the adjustment in 2009,the statistical scope of Buses include Large-sized buses,medium-sized buses and small-sized buses,while it just refters to large-sized buses before.

18-5 气象情况

CLIMATE

年 份 Year	平均气温(摄氏度) Mean Air Temperature (℃)	降雨量(毫米) Precipitation (mm)	日照时数(小时) Sunshine Duration (hour)	平均相对湿度(%) Mean Relative Humidity (%)
1990	23.0	1 396.9	1 842.1	76.0
1995	22.5	2 309.8	1 858.2	74.0
2000	23.4	2 533.6	1 939.5	74.9
2001	23.6	2 747.3	1 811.3	73.7
2002	23.9	1 882.8	1 652.3	73.9
2003	23.7	1 608.1	1 975.0	72.3
2004	23.6	1 299.4	1 927.0	70.9
2005	23.2	2 143.6	1 574.3	70.0
2006	23.4	1 936.5	1 624.3	73.0
2007	23.5	1 581.5	1 937.1	70.0
2008	22.8	2 710.0	1 907.6	69.0
2009	23.2	1 611.0	1 987.3	70.0
2010	23.0	1 634.0	1 775.6	73.0
2011	22.6	1 269.7	2 054.4	71.0
2012	23.1	1 554.8	1 781.5	79.0
2013	23.1	2 203.6	1 906.6	75.0
2014	23.2	1 725.5	2 034.6	73.0

主要统计指标解释

废水排放总量 包括生产废水和生活污水。生产废水指企、事业单位在生产、科研过程中所有排放口向外环境排放的废水量总和。生活污水指城镇居民区和企、事业单位职工集中居住区排放的污水量。

工业废水排放总量 指经过工业企业厂区所有排放口排到企业外部的工业废水量。包括外排的直接冷却水、超标排放的矿井地下水和与工业废水混排的厂区生活污水，不包括外排的间接冷却水（清污不分流的间接冷却水应计算在内）。

工业粉尘排放量 指工业企业在生产工艺过程中排入的固体微粒总重量。如钢铁企业的耐火材料粉尘、焦化企业的筛焦系统粉尘、烧结机的粉尘、石灰窑的粉尘、建材企业的水泥粉尘等。不包括电厂排入大气的烟尘。

工业固体废物产生量 指工业企业在生产过程中产生的固体状、半固体状和高浓度液体状废弃物的总量，包括冶炼废渣、粉煤灰、炉渣、煤矸石、化工废渣、尾矿、放射性废渣和其它废渣等；不包括矿山开采的剥离废石和掘进废石（煤矸石和呈酸性或碱性的废石除外）。酸性或碱性废石是指采掘的废石其流经水、雨淋水PH值小于4或PH值大于10.5者。

工业固体废物综合利用量 指已用作农业肥料、造田、生产建筑材料、筑路以及其它方式综合利用的固体废物量（包括当年利用往年的工业固体废物堆存量）。综合利用量由原产固体废物的单位统计。

Explanatory Notes on Main Statistical Indicators

Total Volume of Waste Water Discharged includes the volume of production waste water and domestic sewage. Production waste water refers to the total waste water discharged in the process of production and scientific research by enterprises and institutions, through all outlets to the outside environment.Domestic sewage refers to the sewage volume discharged in the urban residential areas and the residential areas of staff and workers of enterprises and institutions.

Total Volume of Industrial Waste Water Discharged refers to the volume of industrial waste water discharged, through all outlets to the outside of industrial enterprises, including direct cooling water, underground water from mines that does not meet the discharge standards, and domestic sewage mixed up with industrial waste water when discharged, but excluding indirect cooling water discharged (except unclassified discharge of indirect cooling water).

Industrial Dust Discharged refers to the total weight of solid dust discharged by industrial enterprises in the production process, such as dust of refractory materials from iron plants, dust from coke screening system or from sintering machines of coking plants, dust from lime kilns, cement dust from building material enterprises, etc, but excluding smoke and dust discharged by power plants.

Volume of Industrial Solid Wastes Produced refers to the total volume of solid, semi solid or high concentration liquid residues produced by industrial enterprises in their production process, including residues from melting, slag, powdered coal ash, gangue, chemical residues, tailings, radioactive residues and other residues, but excluding stripped or dug stones in mining (except gangue and acid or alkali waste stones, which are waste stones washed or soaked by water with a PH value smaller than 4 or larger than 10.5).

Volume of Industrial Solid Wastes Utilized in a Comprehensive Way refers to the volume of solid wastes utilized in a comprehensive way, such as the solid wastes utilized as fertilizers, building materials, for building up fields and making roads or for other purposes (including the volume of industrial solid wastes stored up in previous years and utilized in the current year). Statistical data on utilization of industrial solid wastes are collected by solid wastes producing units.

19 第十九部分

人民生活

PEOPLE'S LIVELIHOOD

CHAPTER

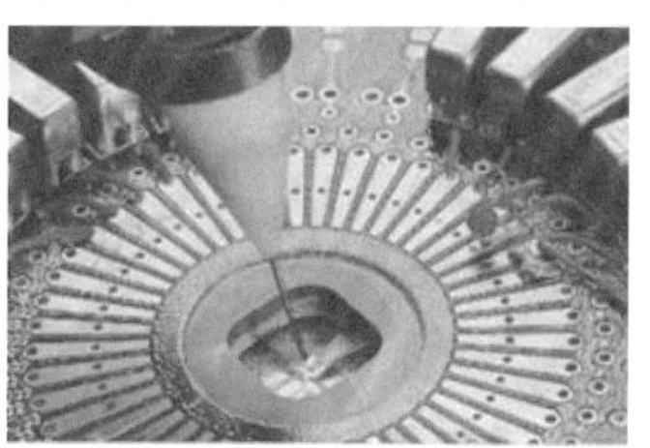

19-1 职工年平均工资

AVERAGE ANNUAL WAGES

年份 Year	职工年平均工资(元) Average Annual Wages of Staff and Workers (yuan)	国有单位 State-owned Units	集体单位 Collective-owned Units	其他单位 Other Ownership Units
1979	769	785	688	
1980	979	990	922	687
1981	1 132	1 119	1 211	1 156
1982	1 366	1 358	1 410	1 363
1983	1 545	1 571	1 470	1 528
1984	2 179	2 257	1 805	2 023
1985	2 418	2 427	1 932	2 753
1986	2 452	2 476	2 048	2 637
1987	2 677	2 637	3 223	3 021
1988	3 388	3 267	2 737	3 615
1989	3 858	3 917	2 855	3 733
1990	4 304	4 339	3 348	4 203
1991	5 016	4 908	3 984	5 240
1992	5 931	6 026	4 435	6 270
1993	8 145	8 854	5 681	7 633
1994	10 572	11 632	7 076	10 208
1995	12 276	13 709	7 229	12 184
1996	14 507	16 625	8 668	13 685
1997	16 531	18 515	10 320	15 872
1998	18 381	21 161	11 260	17 204
1999	20 714	23 602	13 228	19 530
2000	23 039	26 193	13 234	21 974
2001	25 941	31 187	13 427	23 981
2002	28 218	35 501	16 969	25 544
2003	30 611	40 893	17 061	26 940
2004	31 928	45 212	20 256	27 868
2005	32 476	47 762	17 112	28 521
2006	35 107	49 312	20 591	31 286
2007	38 798	58 347	21 793	33 787
2008	43 454	65 431	25 291	37 933
2009	46 723	72 278	24 715	40 582
2010	50 456	79 734	27 801	43 939
2011	55 143	85 218	31 830	48 422
2012	59 010	90 492	34 444	52 374
2013	62 619	90 393	30 207	59 627
2014	72 651	108 192	39 993	69 224

19-2 居民家庭生活基本情况

BASIC CONDITIONS OF URBAN HOUSEHOLDS

年份 Year	平均每户家庭人口(人) Average Persons per Household (person)	平均每户就业人口(人) Average Employees per Household (person)	平均每一就业者负担人口(人) Persons Supported by Each Employee (person)
1987	3.94	2.16	1.82
1988	3.90	2.17	1.80
1989	3.92	2.16	1.82
1990	3.81	2.16	1.76
1991	3.78	2.21	1.71
1992	3.73	2.23	1.67
1993	3.59	2.14	1.68
1994	3.60	2.10	1.72
1995	3.61	2.06	1.75
1996	3.50	2.06	1.70
1997	3.46	2.03	1.70
1998	3.48	1.96	1.78
1999	3.41	1.89	1.80
2000	3.42	1.86	1.84
2001	3.43	1.82	1.88
2002	3.32	1.86	1.79
2003	3.38	1.80	1.88
2004	3.34	1.68	1.99
2005	3.35	1.73	1.94
2006	3.33	1.80	1.85
2007	3.29	1.83	1.80
2008	3.25	1.59	2.04
2009	3.24	1.66	1.95
2010	3.22	1.68	1.92
2011	3.15	1.67	1.89
2012	3.21	1.70	1.89
2013	3.19	1.68	1.90
2014	2.20	1.40	1.57

19-2 续表 continued

年份 Year	平均每人每月可支配收入(元) Per Capita Monthly Disposable Income(yuan)	平均每人每月消费性支出(元) Per Capita Monthly Consumption Expenditures(yuan)
1987	174.28	159.30
1988	214.10	195.45
1989	304.71	256.59
1990	343.95	305.92
1991	380.31	347.98
1992	481.94	419.54
1993	644.72	515.97
1994	875.27	789.43
1995	1 064.22	919.86
1996	1 357.97	1 087.00
1997	1 548.23	1 217.53
1998	1 601.16	1 230.35
1999	1 626.70	1 169.48
2000	1 742.14	1 358.89
2001	1 896.66	1 418.73
2002	2 078.39	1 577.16
2003	2 161.32	1 663.36
2004	2 299.70	1 630.80
2005	1 791.20	1 325.99
2006	1 880.59	1 385.68
2007	2 025.12	1 539.54
2008	2 227.44	1 648.26
2009	2 437.04	1 793.84
2010	2 698.41	1 900.55
2011	3 042.09	2 006.67
2012	3 395.16	2 227.31
2013	3 721.09	2 401.04
2014	3 412.33	2 404.40

注：从2014年起，国家统计局开展了城乡一体化住户收支与生活状况调查，19-2至19-6表数据来源于此调查样本，与2013年及之前住户调查的调查范围、调查方法、指标口径有所不同。

Note: The NBS started an integrated household income and expenditure survey in 2014, including both urban and rural households. The data shown in Tables 19-2 to 19-6 are compiled on the basis of the survey. The coverage, methodology and definitions used in the survey are different from those used for the separate urban and rural household surveys prior to 2014.

19-3 一体化住户调查样本调查户基本情况（2014年）

ASIC CONDITIONS OF INTEGRATED HOUSEHOLD AND EXPENDITURE SURVEY（2014）

单位：人 （person）

指标名称	Item	2014
样本量（宅）	Sample Size（household）	1 338
户均常住成员	Average Resident per Household	2.2
户均常住从业人数	Employed Resident Persons per Household	1.4
每一从业人员负担人口	Average Number of Dependents per Employed Person	1.6
人均住房建筑面积（平方米/人）	Per Capita Floor Space of Residential Building（sq.m/person）	21.1

19-4 城镇居民人均可支配收入（2014年）

PER CAPITA DISPOSABLE INCOME OF URBAN HOUSEHOLDS（2014）

单位：元 （yuan）

指标名称	Item	2014
可支配收入	**Per Capita Disposable Income**	**40 948.00**
一、工资性收入	**Income from Wages and Salaries**	**34 579.22**
(一)工资	Wages	32 741.13
(二)实物福利	Welfare	598.08
(三)其他	Others	1 240.01
二、经营净收入	**Net Business Income**	**5 074.98**
(一)第一产业净收入	Net Income of Primary Industry	0.93
(二)第二产业净收入	Net Income of Secondary Industry	949.53
(三)第三产业净收入	Net Income of Tertiary Industry	4 124.52
三、财产净收入	**Net Income from Properties**	**3 668.61**
其中：出租房屋净收入	Net Income from Rent	1 488.22
四、转移净收入	**Net Income from Transfer**	**-2 374.81**
(一)转移性收入	Income from Transfer	2 230.07
#养老金或离退休金	Old-age Pension or Retired Pay	1 832.99
(二)转移性支出	Expenses on Transfer	4 604.88
#外来从业人员寄给家人的支出	Expenture for Sending to Their Families	1 167.80
赡养支出	Expenditure for Support	487.30

19-5 城镇居民人均消费支出（2014年）

PER CAPITA CONSUMPTION EXPENDITURE OF URBAN HOUSEHOLDS（2014）

单位：元　　　　(yuan)

指标名称	Item	2014
居民生活消费支出	**Daily Consumption Expenditure**	**28 852.77**
一、食品烟酒	**Food,Tobacco and Liquor**	**9 550.26**
(一)食品	Food	6 114.47
(二)烟酒	Tobacco and Liquor	627.06
(三)饮料	Drink	200.56
(四)饮食服务	Catering	2 608.17
二、衣着	**Clothing**	**1 952.88**
(一)衣类	Clothes	1 616.40
(二)鞋类	Shoes	336.48
三、居住	**Residence**	**6 976.81**
其中：租赁房房租	Rent	2 334.09
四、生活用品及服务	**Household Facilities, Articles and Services**	**1 610.16**
(一)家具及室内装饰品	Furniture and Interior Decoration	136.06
(二)家用器具	Household Appliances	312.00
(三)家用纺织品	Home Textiles	115.65
(四)家庭日用杂品	Family Daily Groceries	526.38
(五)个人用品	personal Belongings	361.58
(六)家庭服务	Domestic Service	158.49
五、交通通信	**Transport and Communications**	**4 345.33**
(一)交通	Transport	2 825.81
(二)通信	Communications	1 519.52
六、教育文化娱乐	**Education, Cultural and Recreation**	**2 559.83**
(一)教育	Education	1 165.74
(二)文化娱乐	Cultural and Recreation	1 394.09
七、医疗保健	**Health Care and Medical Services**	**1 008.42**
(一)医疗器具及药品	Medical Apparatus and Medicine	382.45
(二)医疗服务	Medical Services	625.97
八、其他用品及服务	**Miscellaneous Goods and Services**	**849.08**
(一)其他用品	Miscellaneous Goods	437.25
(二)其他服务	Miscellaneous Services	411.83

19-6 居民物质文化生活提高情况
IMPROVEMENT IN RESIDENTS' MATRIAL AND CULTURAL LIFE

项 目	Item	2008	2009	2010	2011	2012	2013	2014
就业	**Employment**							
城镇登记失业率(%)	Urban Unemployment Rate(%)	2.30	2.55	2.45	2.20	2.42	2.4	2.3
收入	**Income**							
可支配收入(元/人)	Per Capita Disposable Income (yuan)	26 729	29 245	32 381	36 505	40 742	44 653	40 948
支出	**Expenditure**							
消费性支出(元/人)	Per Capita Consumption Expenditure (yuan)	19 779	21 526	22 807	24 080	26 728	28 812	28 853
居住	**Residence**							
人均住房建筑面积（平方米）	Per Capita Building Space (sq.m)	25.99	26.62	27.03	27.94	27.91	27.58	21.1
通讯	**Telecommunication**							
每百人拥有电话(部)	Number of Telephone Sets per 100 Persons	246	234	243	274	296	286	362
城市公用业	**Public Utilities in Urban Areas**							
人均生活用电量(度)	Per Capita Residential Electicity Consumption(kwh)	752	812	814	858	993	982	1 124
自来水普及率(%)	Rate of Access to Tap Water(%)	100	100	100	100	100	100	100
全市生活用水量(万吨)	Tap Water for Residential Consumption of Total Areas(10000ton)	100 417	84 660	87 986	91 691	91 964	91 204	95 274
教育娱乐	**Education and Recreation**							
教育文化娱乐支出(元)	Expenditures of education, Recreation and Cultural Service (yuan)	2 463.92	2 661.77	2 653.23	2 890.26	2 960.13	3 015.14	2 559.83
#文化娱乐	Cultural Recreational Articles and	580.54	594.93	671.91	752.93	546.78		1394.09
教育	Education	1 164.39	1 272.32	1 064.65	1 225.94	1 406.47		1 165.74
卫生	**Public Health**							
每万人拥有医生数(人)	Number of Doctors per 10 000 Persons (person)	21	21	21	22	23	24	25
每万人拥有医院病床(张)	Number of Hospital Beds per 10 000 Persons(bed)	19	20	20	21	25	25	27

主要统计指标解释

居民消费水平 居民消费水平是指按人口平均计算的居民消费额。居民消费水平表明国家对人民的物质文化生活需要的满足程度，它是反映一个国家（或地区）的经济发展水平和人民物质文化生活水平的综合指标。居民消费水平，可以按国民收入口径，即居民物质产品消费进行计算，也可以按国内生产总值口径，即包括劳务以内的总消费进行计算。根据计算居民消费的不同价格，可以计算出按当年价格计算的居民消费和按可比价格计算的居民消费水平，后者便于观察居民实际消费水平的增长变化。为了观察居民消费的实物构成，还可以进一步计算各种消费品的平均消费的数量和金额，以反映居民在取得基本生存资料的基础上逐步向需要享受资料和发展资料的方向发展的趋势。

城镇居民家庭可支配收入 是指调查户可用于最终消费支出和其他非义务性支出以及储蓄的总和，即居民家庭可以用来自由支配的收入。它是家庭总收入扣除交纳的个人所得税、个人交纳的社会保障支出以及调查户的记帐补贴后的收入。

城镇居民家庭消费性支出 是指调查户用于本家庭日常生活的全部支出，包括食品、衣着、居住、家庭设备用品及服务、医疗保健、交通和通讯、娱乐教育文化服务、其他商品和服务八大类支出。

Explanatory Notes on Main Statistical Indicators

Consumption Level of Residents refers to per capita consumption of residents. Reflecting the degree of satisfaction by the nation of needs in people' s material and cultural life, it is a comprehensive indicator of the economic development of a country (or region) and the standard of the material and cultural life of people.

Consumption level of residents can be calculated either in terms of national income (i.e. the material product consumption of residents) or in terms of gross domestic product (i.e. the total consumption including that of labor services). Through calculating different prices of consumption by residents, the consumption of residents at current prices and that at comparable prices are obtained respectively. The latter is used to reflect the growth of actual consumption of residents. In order to observe the composition of residential consumption in kind, the volume and value of average consumption of various consumer goods can be further calculated to reflect the growing needs of residents for means of pleasure and development upon satisfaction of the needs for means of existence.

Disposable Income of Urban Households refers to the actual income at the disposal of Respondent households which can be used for final consumption, other non−compulsory expenditure and savings. This equals to total income minus income tax, personal contribution to social security and subsidy for keeping diaries in being a sample household.

Consumption Expenditure of Urban Households refers to total expenditure of the sample households for consumption in daily life, including expenditure on eight categories: food; clothing; housing; household appliances and services; health care and medical services; transport and communications; recreational, educational and cultural services; and miscellaneous goods and services.

中国统计出版社最新图书简目

（仅供参考，以最后出书为准）

统计资料

中国统计年鉴 中国统计摘要 中国发展报告
中国经济普查年鉴2013 国际统计年鉴 金砖国家联合统计手册
中国-东盟国家统计手册 中国区域经济统计年鉴 中国县域统计年鉴
中国城市统计年鉴 中国农村统计年鉴 中国地区经济监测报告
中国贸易外经统计年鉴 中国对外直接投资统计公报 中国商品交易市场统计年鉴
大中型批发零售和住宿餐饮企业统计年鉴 中国零售和餐饮连锁企业统计年鉴 中国住户调查年鉴
中国价格统计年鉴 中国农产品价格调查年鉴 全国农产品成本收益资料汇编
中国环境统计年鉴 中国能源统计年鉴 国外资源、能源和环境统计资料汇编
中国工业统计年鉴 中国建筑业统计年鉴 中国房地产统计年鉴
中国城市建设统计年鉴 中国城乡建设统计年鉴 中国第三产业统计年鉴
中国证券期货统计年鉴 中国科技统计年鉴 中国高技术产业统计年鉴
工业企业科技活动资料 中国劳动统计年鉴 中国人口和就业统计年鉴
中国人才资源统计报告 中国社会统计年鉴 中国文化及相关产业统计年鉴
文化及相关产业统计概览 中国教育经费统计年鉴 中国民政统计年鉴
中国民族统计年鉴 中国工会统计年鉴 中国残疾人事业统计年鉴
中国妇女儿童状况统计资料（英） 中国乡镇街道行政区域简册

省级综合统计年鉴系列

北京 天津 河北 山西 内蒙古 辽宁 吉林 黑龙江 上海 江苏 浙江 安徽 福建 江西 山东
河南 湖北 湖南 广东 广西 海南 重庆 四川 贵州 云南 西藏 陕西 甘肃 青海 宁夏
新疆 新疆生产建设兵团

市(县)级综合统计年鉴系列

天津滨海新区 石家庄 唐山 邯郸 保定 沧州 邢台 廊坊 承德 衡水 秦皇岛 张家口 太原 大同
阳泉 长治 晋城 朔州 晋中 运城 忻州 临汾 呼和浩特 呼和浩特新城区 鄂尔多斯 包头 沈阳 大连
长春 四平 哈尔滨 齐齐哈尔 黑龙江垦区 上海浦东新区 南京 无锡 徐州 常州 苏州 南通 连云港
淮安 盐城 扬州 镇江 泰州 宿迁 江阴 丹阳 杭州 宁波 温州 嘉兴 绍兴 金华 衢州
舟山 台州 丽水 合肥 安庆 马鞍山 福州 厦门 宁德 南昌 九江 上饶 新余 抚州 济南
青岛 枣庄 滕州 郑州 洛阳 平顶山 三门峡 南阳 商丘 济源 武汉 十堰 荆州 宜昌 荆门
咸宁 长沙 广州 深圳 惠州 东莞 南宁 柳州 桂林 来宾 海口 三亚 成都 贵阳 昆明
西安 兰州 庆阳 银川 乌鲁木齐 兵团一师 兵团十师

调查年鉴系列

天津 山西 内蒙古 辽宁 吉林 上海福建河南 湖北 湖南 广西 重庆四川云南 甘肃 宁夏 新疆

“十二五”规划教材

统计学（经济管理类专业本科适用，单薇 等） 抽样调查理论与方法（冯士雍 等） 贝叶斯统计（茆诗松 等）
统计学（黄良文 等） 试验设计（茆诗松 等） 统计学：从数据到结论（吴喜之）
医学统计学（于浩） 统计学（经济、管理类专业基础教材，张小斐） 概率论与数理统计三十三讲（魏振军）
概率论与数理统计三十三：学习指导与习题解答（魏振军） 非参数统计（吴喜之 等）
统计学：经济与管理中的数据分析（李慧云 等） 卫生管理统计学（新编医学院校基础课教材，尚磊）
医院统计学（新编医学院校基础课教材，徐天和 等） 社会统计学（蒋萍 等）
现代金融投资统计分析（李腊生 等） 国民经济核算初级教程（经济类、统计类、管理类专业适用，蒋萍 等）

重点图书

图解中国经济2015 新编英汉汉英统计大词典 中华医学统计百科全书
挑大学选专业2016—考研择校指南 挑大学选专业2015—高考志愿填报指南